国家社会科学基金重点项目（18ATJ006）

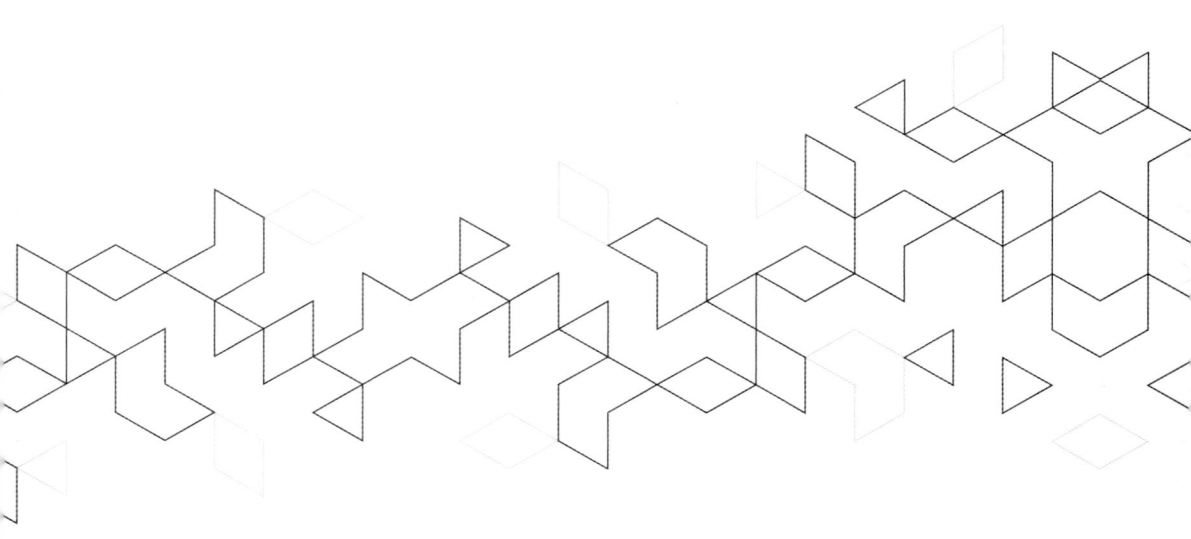

彭国富 等◎著

居民福利统计评估体系研究

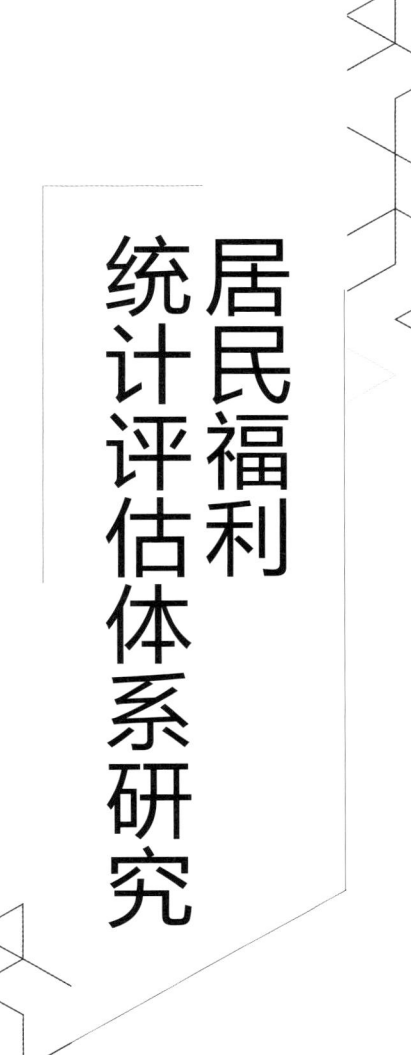

中国社会科学出版社

图书在版编目（CIP）数据

居民福利统计评估体系研究 / 彭国富等著. -- 北京：中国社会科学出版社，2024. 11. -- ISBN 978-7-5227-4210-6

Ⅰ. D632.1

中国国家版本馆 CIP 数据核字第 2024UQ5644 号

出 版 人	赵剑英
责任编辑	戴玉龙
责任校对	周晓东
责任印制	郝美娜

出　　版	中国社会科学出版社
社　　址	北京鼓楼西大街甲 158 号
邮　　编	100720
网　　址	http：//www.csspw.cn
发 行 部	010-84083685
门 市 部	010-84029450
经　　销	新华书店及其他书店
印　　刷	北京明恒达印务有限公司
装　　订	廊坊市广阳区广增装订厂
版　　次	2024 年 11 月第 1 版
印　　次	2024 年 11 月第 1 次印刷
开　　本	710×1000　1/16
印　　张	19
字　　数	310 千字
定　　价	158.00 元

凡购买中国社会科学出版社图书，如有质量问题请与本社营销中心联系调换
电话：010-84083683
版权所有　侵权必究

序　言

居民福利作为居民生活水平、生活质量的综合体现，长期以来备受各国政府的关注。从世界各国来看，第二次世界大战后，美、英等十多个国家先后推行了福利国家制度，联合国开发计划署也自1990年开始定期发布"人类发展指数"，用它来衡量各个国家人类发展水平。自中华人民共和国成立后，党和政府一直将最大限度地满足人民日益增长的物质和文化生活的需要为己任，制定并实施了许多相关政策与措施。党的十八大以来，我国更是将增进民生福祉、提高人民生活品质作为各项工作的核心，并将民生福祉的增进作为社会经济发展的根本目的。由此可见，居民福利水平的提升，关乎国计民生，开展居民福利统计评估，具有非常重要的理论与现实意义。

基于此，自2017年起，我们就开始了居民福利统计评估体系的研究，所申报的课题"基于拓展货币度量效用函数的居民福利统计评估体系研究"，经全国哲学社会科学工作办公室审批，于2018年6月列入了2018年度国家社科基金重点资助项目，并在课题组全体科研人员的共同努力下，如期完成了相关研究任务，以"良好"的鉴定等级结项，本书即为该课题的最终研究成果。

本书是以构建具有科学性、普适性和可操作性的多视角、多层次、多维度、多功能的居民福利统计评估理论方法体系为目的的。在研究过程中，我们遵从了一个从理论研究到方法研究、再由方法研究到实证研究的基本思路，采用了理论研究与实证检验相结合、系统分析与关联分析相结合以及模拟、拓展、外生变量内生化相结合的方法。并在理论研究、方法研究和实证研究等方面得出了一系列的研究结论，在学术思想、学术观点以及研究方法等方面取得了一定的创新。

本书作为我们所承担的2018年度国家社科基金重点资助项目的最终研究成果，是在河北经贸大学彭国富教授的主持下研制完成的，参加该课题研究以及本书撰写的人员依次是：河北经贸大学彭程讲师、张玲芝教授、王琦副教授、申博讲师、张梅副研究员以及河北省统计科研所谢英欣正高级统计师。

本书相关内容的研究，得到了河北经贸大学科研处、统计与数学学院、经济学院、研究生学院相关领导和老师的大力支持与帮助，中国社会科学出版社编辑戴玉龙老师为本书的出版付出了大量的辛勤劳动，在此一并表示感谢。

需要说明的是，在本书相关内容的研究过程中，我们参阅了大量的国内外相关研究文献，在此，谨向这些文献的作者表示衷心感谢。同时，由于我们的水平有限，本书中的缺点和错误在所难免，敬请各位专家学者予以批评指正。

课题组

2024 年 5 月

目 录

第一章 概论 …………………………………………………………… 1

 第一节 引言 …………………………………………………… 1
 第二节 内容结构 ……………………………………………… 9
 第三节 创新与不足 …………………………………………… 14

第二章 居民福利统计评估的理论基础 ……………………………… 19

 第一节 功利、福利、可行能力 ……………………………… 19
 第二节 福利测度理论与方法 ………………………………… 22
 第三节 福利评价理论与方法 ………………………………… 27
 第四节 福利增进理论与方法 ………………………………… 30

第三章 居民福利的形成机制与评估机理分析 ……………………… 33

 第一节 居民福利概念的界定 ………………………………… 33
 第二节 居民福利的形成机制分析 …………………………… 37
 第三节 居民福利的评估机理 ………………………………… 43

第四章 居民福利统计评估模型体系的构建 ………………………… 54

 第一节 相关背景假设和相关变量定义 ……………………… 54
 第二节 居民福利测度模型的构建 …………………………… 60
 第三节 居民福利评价模型的构建 …………………………… 64
 第四节 居民福利增进路径分析模型的构建 ………………… 68

**第五章 居民福利统计评估指标体系的设计与相关数据的
   收集与整理** …………………………………………………… 94

 第一节 收支类指标体系的设计与相关数据的收集与整理 ……… 94

第二节　价格类指标体系的设计与相关数据的收集与整理 …… 110
　　第三节　公共服务类指标体系的设计与相关数据的收集与整理 … 120

第六章　基于获得感的中国居民福利统计评估 …………………… 151
　　第一节　基于获得感的中国居民福利水平的测度 ……………… 151
　　第二节　基于获得感的中国居民福利水平发展变化的
　　　　　　合理性评价 ……………………………………………… 160
　　第三节　基于获得感的中国居民福利水平增进路径分析
　　　　　　——以北京市为例 ……………………………………… 177

第七章　基于安全感的中国居民福利统计评估 …………………… 200
　　第一节　基于安全感的中国居民福利水平的测度 ……………… 200
　　第二节　基于安全感的中国居民福利水平发展变化的
　　　　　　合理性评价 ……………………………………………… 207
　　第三节　基于安全感的中国居民福利水平增进路径分析
　　　　　　——以北京市为例 ……………………………………… 224

第八章　基于幸福感的中国居民福利统计评估 …………………… 232
　　第一节　基于幸福感的中国居民福利水平的测度 ……………… 232
　　第二节　基于幸福感的中国居民福利水平发展变化的
　　　　　　合理性评价 ……………………………………………… 240
　　第三节　基于幸福感的中国居民福利水平增进路径分析
　　　　　　——以北京市为例 ……………………………………… 256

第九章　结论与对策建议 …………………………………………… 279
　　第一节　结论 ……………………………………………………… 279
　　第二节　对策建议 ………………………………………………… 288

参考文献 ……………………………………………………………… 294

第一章 概论

第一节 引言

一 问题的提出

党的十九大报告提出,要坚持在发展中保障和改善民生,增进民生福祉是发展的根本目的。民生福祉问题,由此而得到了国内外各界人士更加广泛的关注,我国各级政府更是将民生福祉的增进问题作为头等大事来抓,并为此出台了一系列政策和措施,取得了许多令人瞩目的成绩。"十三五"时期,我国国内生产总值突破100万亿元,5575万农村贫困人口实现脱贫,城镇新增就业超过了6000万人,基本医疗保险覆盖超过了13亿人,基本养老保险覆盖近10亿人,全面建成小康社会取得了决定性成就。

为进一步加快民生事业的发展步伐,我国国民经济和社会发展第十四个五年规划和2035年远景目标纲要,将"民生福祉达到新水平"作为了我国"十四五"时期经济社会发展的一个重要目标,将"不断增强人民群众获得感、幸福感、安全感"作为了民生福祉增进的落脚点,并从国家公共服务制度体系的健全、就业优先战略的实施、收入分配结构的优化、多层次社会保障体系的健全等方面,制定了一系列的民生福祉增进措施,同时强调要通过规划实施监测评估、政策保障、考核监督机制的建立健全,来加强对"十四五"规划实施的组织、协调和督导。

在此背景下,居民福利作为民生福祉的一个重要体现,加强居民福利评估,已具有重大社会需求,从获得感、安全感、幸福感视角来开展居民福利统计评估体系研究,具有重要的理论与现实意义。

二　文献综述

在学术界，从获得感、安全感、幸福感视角来开展居民福利统计评估理论与方法的研究，目前尚处于起步阶段，国内外学者的相关研究，主要集中在福利以及居民福利的内涵、测度、评价和增进等几个方面。

（一）关于福利内涵的研究

福利内涵的明确，是福利研究的一个重要前提条件，为此，自杰里米·边沁（Jeremy Bentham）开始，许多专家学者都对福利的概念进行了研究。但在阿瑟·塞西尔·庇古（Arthur Cecil Pigou）的经济福利概念提出之前，经济学界所关注的主要是功利或称之为效用的概念，而在庇古之后，阿马蒂亚·森（Amartya Sen）所提出的可行能力概念则是独树一帜的。关于外国学者在福利内涵方面的观点，Des Gaspe（2005）从五个角度进行了归纳：福利就是快乐（快乐论），福利是偏好/欲望的实现（欲望理论），福利即效用、愉快、满足（其他理论），一个人的利益（福利）意味着一个人的选择（自由意志论），福利是一个人的能力（阿马蒂亚·森的可行能力理论）。

关于福利的内涵，我国学者更多的是关注了福利与福祉的差异。例如，杨缅昆（2008）认为，西方理论界的welfare和well-being都可以翻译为福利，但二者的含义并不完全相同，welfare旨在反映能够产生幸福感的利益或客观事物，well-being则是指欲望或需求得到满足的心理反映，即幸福感或满意感本身；武康平等（2012）认为，我国理论界把well-being与welfare混同地解释为福利是不妥的，应加以区分，其中福祉反映的主要是让人们产生幸福感的事物，可能与收入高低无关，福利反映的则是人们的需要得以满足的程度，与收入高低有关，福祉表达的是人们的主观评价，福利表达的则是客观评价。秦永超（2015）认为，福祉是一种良好的、健康的、满意的与幸福的生活状态，福利是指人们获得的幸福和利益，社会福利是指一个社会共同体的集体的幸福和正常的存在状态。

（二）关于福利测度问题的研究

关于福利水平，早期的经济学家都主张用经济总量或人均经济总量来加以反映，英国的经济学家、统计学家威廉·配第（William Petty）首开国民收入估算之先河，美国经济学家西蒙·史密斯·库兹涅茨（Simon Smith Kuznets），更是将国民收入估算推进到了国民（国内）生产总值的估算，并在理查德·斯通（Richard Stone）等的努力下，联合国统计委员会于 1953 年公布并开始执行首版国民账户体系（1953 年版 SNA）。但在 SNA 体系实施期间，将国内生产总值（GDP）作为一种福利测度，也受到了各国学者的质疑，进而国内外学者围绕着如何依据福利的内涵、选用其他指标和方法来测度福利以及经济福利问题，开展了一系列研究，并取得了丰硕的研究成果。例如：

基于福利的效用内涵，Haefen（2003）提出了一种利用随机效用模型来测算福利的方法；Jäntti 等（2014）依据行为经济学中的点依赖、损失厌恶和递减敏感性等理论，提出了一个新的等价收入概念，并据此对社会福利、贫困和不平等进行了度量；赵鑫铖等（2020）采用 Lucas 提出的"消费等价"福利测算方法，对我国的区域经济福利进行了测度与分析。

基于福利的欲望的实现或需求的内涵，Cooper 等（2015）通过对两个流行的需求系统的修正，推导出了非同质收入效应反事实分析所需的隐含福利评估公式；Lloyd–Smith（2018）利用多重离散—连续极值（MDCEV）规范的分析特性，开发出了一种用于计算 Kuhn-Tucker 消费者需求模型中福利指标的新方法。

张伟（2010）着眼于 GDP 在衡量经济福利方面所存在问题的修正，构建了中国经济增长和真实社会经济福利的指标体系；赵维良等（2010）基于联合国发展计划署提出的人类发展指数，对居民福利水平测度指标和测度方法进行了研究；陈志鸿等（2018）利用结构模型，对我国分区域城镇居民福利水平进行了测度与分析；Cookson 等（2021）引入了一个汇总指标，并借助最低消费、标准消费和消费边际价值弹性三个参数，对特定时期与终生福利进行了测度。

基于福利的能力内涵，杨爱婷等（2012）运用集对分析法，从功能和能力视角对中国的社会福利水平进行了测度；王冰等（2014）基于可行能力理论，运用模糊综合评价法对我国城镇居民多维福利进行了追踪测度；梁辰等（2014）依据阿马蒂亚·森的可行能力理论，基于改革开放后的宏观数据，通过熵值法与集对分析法对我国社会福利水平进行了测度；贾晶（2015）依据可行能力理论，采用熵值法对城镇居民的居住福利水平进行了测度与分析；吴士炜等（2016）基于阿马蒂亚·森的可行能力理论，采用模糊数学理论和主成分分析法，对我国社会福利指数进行了测度与分析。

(三) 关于福利评价问题的研究

一般来讲，福利评价是指依据相关的福利评价标准对评价对象的福利状况所进行的分析与判断，因此，福利评价标准、福利评价方法以及福利评价实证分析构成了福利评价研究的三个方面。

在福利评价标准研究方面，杰里米·边沁（Jeremy Bentham，1789）提出的最大幸福原则应该是较早的福利评价标准，在此之后，许多经济学家都根据各自的主张，提出了相应的福利评价标准。其中比较著名的有赫尔曼·海因里希·戈森（Hermann Heinrich Gossen，1854）提出的享用总量（效用）最大化标准，维尔弗雷多·帕累托（Vilfredo Pareto，1896）提出的帕累托最优标准，A. C. 庇古（1920）提出的收入分配均等化标准，尼古拉斯·卡尔多（Nicholas Kaldor，1939）和约翰·希克斯（J. R. Hicks，1941）提出的补偿标准等。目前，有关福利评价标准的研究工作仍在继续，我国学者陈春娥（1992）就曾依据我国国情，提出公平、效率、适度和社会化的有机结合，是我国综合福利的一般评价准则。

在福利评价方法方面，许多专家学者也开展了大量的研究工作，并创立了许多评价方法。其中，由约翰·希克斯（J. R. Hicks，1943）在消费者剩余基础上发展出来的等价变化测度和补偿变化测度方法，为基于效用最大化标准的福利评价提供了一个非常实用的方法；由安东尼·巴恩斯·阿特金森（Anthony B. Atkinson，1970）创立的阿特金森指数，为基于收入分配均等化标准的福利评价提供了一个更加科学的方法。除此之外，洛伦兹曲线、基尼系数、泰尔指数等用于测度与分析收入分配不平等的方法，也常被用于基于收入分配均等化标准的福利评价，也有许多学者通过这些收入分配不平等测度方法的拓展，来构建新的福利评价方法。例如，我国学者武康平等（2012），就基于社会福利与不公平指数之间所存在的倒 U 形曲线关系，通过基尼系数的拓展，建立了适合我国国情的民生福利评价指数。

从福利评价的实证分析来看，我国学者主要采用了综合评价方法，其分析模式主要包括两类。一是在福利水平测算的基础上，通过横向、纵向的对比来判断福利水平发展变化的状况；二是在根据福利观测点设计福利评价指标，并依据各指标值评分标准或属性对其进行评分或计算隶属度的基础上，经综合评价指标值的测算，对评价对象的福利状况进行评价。例如，王维国等（2018）在运用社会福利支出占国内生产总值的比重，来测算我国1952—2016年社会总福利水平的基础上，运用动态相对数对我国社会福利发展变化状况进行了评价与分析；莫思凡（2018）在构建社会福利指标体系的基础上，经指标数据的标准化处理、主成分分析、综合得分的计算，得出了我国西北地区和东部地区10个省份的社会福利水平的综合得分及排名，并通过东西省份的对比，对西北地区各省份的福利状况以及提升路径进行了分析；高进云等（2007）在依据阿马蒂亚·森的可行能力理论，从功能性活动视角构建农民福利指标体系的基础上，运用模糊综合评判方法，对农地城市流转前后的农民福利状况进行了评价。

（四）关于福利增进问题的研究

在福利增进路径的研究方面，各国专家学者所取得的研究成果也是非常丰硕的，其中，帕累托改进、庇古的政府补贴方案、卡尔多—希克斯补偿原则等，都为相关福利政策的制定，提供了有力支撑。不过，上述理论比较宏观，一般学者在福利增进问题研究过程中，更多的是从福利影响因素分析入手去寻找福利的增进对策。

例如，韩岩博（2020）通过研究发现，对我国各省份经济福利水平影响较大的因素，是收入水平、消费水平、教育水平和医疗保障水平，据此建议各省要根据本省的区位优势，在不断提高居民收入水平和消费水平的基础上，不断加大相关财政投入，努力提高教育水平、不断地完善医疗卫生体系；刘琼芳等（2018）通过对河北省各地级市福利水平差异的成因分析，发现经济发展水平、居民收入情况、城市医疗条件，是影响河北省社会福利水平的关键因素，并据此提出了提升各地市福利水平的对策与建议；王帆（2015）在运用基尼系数和阿玛蒂亚·森社会福利函数，对中国居民收入分配福利状况进行评价的过程中，发现中国居民的收入分配福利状况，会随着人均收入水平的提高而改善，但福利水平的增速却由于收入差距的扩大而放缓，据此，从居民收入增加、注重差异化发展、完善利益表达机制三个方面，提出了我国居民收入分配福利增进的对策建议。

（五）评述

国内外学者所取得的相关研究成果表明，有关福利评估的理论与方法正在不断发展与完善，可为居民福利统计评估体系的构建提供坚实的理论与方法支撑。但从基于获得感、安全感和幸福感等视角开展居民福利评估来看，国内外学者的相关研究，仍存在如下三个方面的可拓展空间。

1. 将"满足"或"幸福"的福利基本内涵向获得感、安全感和幸福感进行拓展

传统福利以及经济福利理论，通常将福利的基本内涵定义为"满足"或"幸福"，而从现实来看，"十四五"时期我国"民生福祉达到新水平"的实现，更多的是强调人民群众获得感、幸福感、安全感的不断增强，所以，为了满足当前我国民生事业发展过程监测与分析的需要，我们应将居民福利的内涵建立在获得感、安全感和幸福感上。

2. 居民福利统计评估体系的构建，应满足多视角、多层次、多维度、多功能等方面的需求

当居民福利的内涵向着获得感、安全感和幸福感进行拓展之后，居民福利的评估也就具有了多视角。在此基础上，鉴于居民存在进一步分类、居民福利的影响因素存在着多样性、居民福利统计评估任务存在多种类型，因此，所构建的居民福利统计评估体系，也应具有多视角、多层次、多维度、多功能的特征，并由此弥补国内外学者相关研究的不足。

3. 居民福利统计评估体系研究，应以居民福利形成机制与评估机理的分析为前提

在福利以及居民福利评估理论与方法的研究过程中，国内外学者普遍存在对福利以及居民福利的形成机制以及评估机理分析不足的问题，并由此而影响到所构建的居民福利评估理论与方法的科学性。基于此，关于居民福利统计评估体系的研究，必须将其建立在居民福利形成机制和评估机理分析的基础上。

三　研究目的、思路与方法

从居民福利统计评估体系研究的可拓展空间出发，我们确立了居民福利统计评估体系的研究目的、研究思路和研究方法。

（一）居民福利统计评估体系的研究目的

构建具有科学性、普适性和可操作性的多视角、多层次、多维度、多功能的居民福利统计评估理论方法体系，是我们开展居民福利统计评估体系研究的基本目的。

（二）居民福利统计评估体系的研究思路

从上述研究目的出发，在基于相关理论来开展居民福利统计评估体

系的研究过程中，我们遵从如下研究思路。

1. 从居民福利概念的界定入手，来开展居民福利统计评估体系的研究

居民福利作为居民福利统计评估的研究对象，居民福利统计评估体系的研究，自然要从居民福利概念的认识开始。

由于民生福祉也具有福利的内涵，因此，关于居民福利的概念，其既可从传统福利理论来理解，也可从当代的民生福祉概念来解析。而将这两种内涵加以融合，则是对居民福利概念进行界定的基本途径。据此，可将居民福利界定为居民由能与货币收支相联系的各种生活活动所得而获得的获得感、安全感和幸福感。

2. 通过居民福利概念的解析，来梳理居民福利的形成机制

由居民福利的概念可以看出，居民福利的形成过程是居民各种生活活动所得的形成过程与居民获得感、安全感和幸福感形成过程的相互衔接。这样，若将居民各种生活活动所得形成过程，界定为居民各种生活物品的使用与各种公共服务的享用相互结合与作用的过程，将居民获得感的形成过程界定为各种生活消费活动所得与他人进行比较的过程，将居民安全感的形成过程界定为居民生活保障活动所得与他人进行比较的过程，将居民幸福感的形成过程界定为居民各种生活活动所得与他人和过去进行比较的过程，可分别梳理出基于获得感、安全感和幸福感的居民福利形成过程。

3. 在相关理论的指导下，基于居民福利的形成机制来分析居民福利的测度、评价和增进路径分析机理

一般来讲，居民福利的测度是依据居民福利形成机制所揭示的居民福利水平与居民福利影响因素之间的数量关系，对居民福利水平所进行的测算。根据居民消费偏好未知的现实，可利用居民（消费者）支出最小化分析框架，依据对偶原理，通过货币度量福利（效用）函数的求解与拓展，来构建居民福利测度模型，用于居民福利水平的测度。

在此基础上，依据新时代我国社会主要矛盾和行为经济学的损失厌恶理论，可将"递增性""平衡性"和"充分性"作为各类居民各种福利水平发展变化的合理性评价标准，对各类居民各种福利水平发展变化的合理性进行评价，并着眼于各类居民各种福利水平发展变化不合理的成因，来分析各类居民各种福利水平的增进路径与对策。

4. 依据居民福利测度、评价和增进机理，来构建居民福利统计评估

模型体系

依据居民福利测度、评价和增进机理，可通过相关方法的选用，构建起居民福利测度、评价与增进路径分析模型体系。

其中，在利用居民支出最小化分析框架来构建各类居民各种福利测度模型的过程中，要重点做好作为支出最小化问题约束条件的各类居民各种福利函数的构建工作。

鉴于居民福利的评价过程是一个依据递增性、平衡性和充分性评价标准，对居民福利水平发展变化的合理性所进行的分析和判断，所以，居民福利评价模型实际上是居民福利水平发展变化的递增系数、平衡系数、充分系数测算方法，与其相应评价规则的集合体。

关于居民福利增进路径分析，通常可依据居民福利增进路径分析机理，将其分为居民福利水平增进目标分析、居民福利水平发展变化不合理成因分析以及居民福利水平增进对策分析几个环节。

5. 通过居民福利统计评估指标体系的设计和相关数据的收集与整理，为实证研究工作的开展做好前期准备

为了对所构建的居民福利统计评估体系的科学性和有效性进行检验，也为了解我国各类居民各种福利水平的实际发展状况，运用所构建的居民福利统计评估体系来开展实证研究，是非常必要也是非常重要的一个工作环节。该工作环节通常分为居民福利统计评估指标体系的设计、居民福利统计评估指标数据收集与整理方法的构建以及居民福利统计评估指标数据收集与整理三项工作内容。

6. 运用所构建的居民福利统计评估模型体系和相关统计数据，对各类居民各种福利水平进行统计评估

利用收集与整理的统计数据和所构建的居民福利统计评估模型体系，可对我国各省份各类居民各种福利水平进行测度，对其发展变化的合理性进行评价，并在此基础上对居民福利水平增进路径进行分析。

（三）居民福利统计评估体系的研究方法

从上述思路出发，关于居民福利统计评估体系的研究，我们主要采用了如下方法。

1. 理论研究与实证检验相结合的方法

理论研究与实证检验相结合，是在居民福利统计评估体系研究过程中所采用的主要研究方法。为了使我们所研制的居民福利统计评估体系

更具有科学性、普适性和可操作性，对于每一种居民福利统计评估方法与模型的研究，我们都经历了由理论研究到方法构造、再由方法的实证检验到问题修正的多次循环往复的过程，我们所提出的每种居民福利统计评估思路、所建立的每种居民福利统计评估模型、所选用的每个居民福利统计评估指标，都是在对我国各省份居民福利状况进行多次试评估的基础上，根据所发现的问题，依据相关理论进行反复修正的结果。

2. 系统分析与关联分析相结合的方法

在居民福利的形成机制、居民福利评估机理分析以及居民福利统计评估指标体系设计过程中，我们主要采用了系统分析和关联分析相结合的方法。因为居民福利在本质上是居民相对于他人或相对于他人和过去的各种生活活动所得，居民的各种生活活动所得是居民生活活动系统运行过程中，各种生活物品的使用与相应公共服务享用相互结合与相互作用的结果；居民福利统计评估指标体系，是对居民福利形成机制的数量描述，是对居民福利统计评估模型体系中各模型变量数据采集路径的具体体现。

3. 模拟、货币度量福利（效用）函数的拓展、外生变量内生化相结合的方法

由于居民福利函数的构建过程，也是从数量方面对居民福利的形成机制进行模拟的过程，所以，模拟是我们构建居民福利函数所采用的一个重要方法。同时，鉴于居民偏好事先未知，居民福利测度模型只能依据显示性偏好理论和对偶原理，利用消费者支出最小化分析框架，通过货币度量福利（效用）函数的求解和拓展来构建；鉴于居民福利的影响因素可分为直接影响因素和间接影响因素，直接影响因素可直接进入到货币度量福利函数，而间接影响因素则需采用外生变量内生化的方法，将其引入到货币度量福利函数，从而在通过货币度量福利函数的拓展，来构建居民福利增进对策分析模型的过程中，我们采用了外生变量内生化的方法。

第二节　内容结构

本书共由九章内容组成，其中第一章是对本书的研究背景、研究目的、研究思路、研究方法、内容结构以及所取得的创新、所存在的不足

等问题所进行的概述，第二章至第八章则是按照本书的研究目的、研究思路和研究方法，所开展的居民福利统计评估理论研究、方法研究和实证研究，第九章则是对研究过程中所得出的研究结论和所提出的对策建议进行的梳理和总结。

一 居民福利统计评估理论研究

居民福利统计评估理论研究是依据居民福利统计评估体系的研究目的、研究思路和研究方法，对居民福利统计评估的理论基础、居民福利的形成机制、居民福利的评估机理所开展的研究，相关内容由本书的第二、三两个章节组成。

（一）居民福利统计评估的理论基础

居民福利统计评估的理论基础，是指对居民福利形成机制的梳理、评估机理的分析、方法体系的建立以及实证分析工作的开展具有指导意义的各种基础理论，这些基础理论主要有福利经济学理论、行为经济学理论和新时代中国特色社会主义理论。福利经济学理论作为居民福利统计评估基础理论的主要组成部分，构成了本书的第二章内容，行为经济学理论和新时代中国特色社会主义理论，则在第三章相关内容的研究过程中，进行了相应的介绍与引用。

本书的第二章"居民福利统计评估的理论基础"，共由四节内容组成。其中，第一节"功利、福利、可行能力"，是对福利以及经济福利理论发展过程中，具有重要地位的边沁的功利或效用、庇古的福利以及经济福利、阿马蒂亚·森的可行能力等概念的内涵和概念之间的关联关系所进行的介绍与分析。第二节"福利测度理论与方法"，是对边沁的功利计算、马歇尔的消费者剩余、庇古的"国民所得"、萨缪尔森等的"社会福利函数"、阿马蒂亚·森的可行能力测度等福利测度理论与方法所进行的介绍。第三节"福利评价理论与方法"，是对边沁的最大幸福原则、戈森等的效用最大化原则、帕累托的最优配置、庇古的收入分配均等化等福利以及经济福利评价标准所进行的梳理。第四节"福利增进理论与方法"，是对边沁的赏罚主张、戈森等的"消费商品数量最大化、种类多样化、边际效用均等化"、帕累托改进、庇古的征税补贴方案、卡尔多—希克斯效率等福利增进理论所进行的总结。

（二）居民福利的形成机制

居民福利的形成机制分析，是在依据相关理论对居民福利的内涵与外延进行系统解析的基础上，就居民福利的形成环节以及各环节之间的关联关系所进行的分析与梳理。相关研究成果构成了本书第三章"居民福利的形成机制与评估机理分析"的第一、第二节内容。

其中，第一节"居民福利概念的界定"，是运用传统福利理论与中国特色社会主义理论相结合的方法，对居民福利概念的内涵与外延所进行的推论；第二节"居民福利的形成机制分析"，是从获得感、安全感和幸福感的形成过程入手，通过居民福利的形成环节和各环节之间衔接关系分析，对居民福利的形成机制所进行的梳理。

(三) 居民福利的评估机理

居民福利的评估机理是对居民福利的测度、评价与增进路径分析理论所进行的分析和研究，相关研究成果构成了本书第三章的第三节"居民福利的评估机理"。该节的研究内容主要有居民福利的测度机理、居民福利的评价机理和居民福利的增进机理。

其中，关于居民福利测度机理的分析，我们是在阿马蒂亚·森的可行能力理论、消费者选择理论、卡尼曼和特维斯基的参照点理论的指导之下来进行的；关于居民福利的评价机理分析，我们所依据的是党的十九大报告关于我国新时代社会主要矛盾的论述，以及行为经济学中的损失厌恶理论；关于居民福利增进机理的分析，我们所基于的是居民福利水平的发展变化不合理状态的改变。

二 方法研究

居民福利统计评估方法体系，是用于居民福利统计评估指标数据的收集与整理以及居民福利水平的测度、评价和增进路径分析的，由居民福利统计评估指标体系、居民福利评估统计数据收集与整理方法体系、居民福利统计评估模型体系所构造的居民福利统计评估方法的集合。相关内容构成了本书的第四、五两章。

(一) 居民福利统计评估模型体系

本书的第四章"居民福利统计评估模型体系的构建"，是对居民福利水平的测度模型、评价模型与增进路径分析模型所进行的系统研究。该章由四节内容组成。

第一节"相关背景假设和相关变量定义"，是对模型建立的背景与假设前提进行的设定、对模型变量的内涵及符号进行的定义。第二节"居民福利测度模型的构建"，是对居民福利水平测度模型的构建问题所开展的研究，所构建的居民福利测度模型主要有基于获得感的居民福利测度模型、基于安全感的居民福利测度模型和基于幸福感的居民福利测度模型。第三节"居民福利评价模型的构建"，是基于居民福利的评价标准，从获得感、安全感和幸福感三个视角，对居民福利的评价模型和评价规则所进行的研究，所构建的居民福利评价模型主要有居民福利水平发展变化递增性评价模型、居民福利水平发展变化平衡性评价模型、居民福利水平发展变化充分性评价模型。第四节"居民福利增进路径分析模型的构建"，所研究的是在居民福利水平增进目标的确定、居民福利水平发展变化不合理的成因分析以及居民福利水平增进对策制定过程中所使用的模型，所构建的模型主要有居民福利增进目标分析模型、居民福利水平发展变化不合理成因分析模型和居民福利增进对策分析模型。

（二）居民福利统计评估指标体系

居民福利统计评估指标体系，是依据模型变量的定义和我国统计制度体系统计指标设置情况而设计的、用于收集与整理居民福利统计评估模型体系的运用所需统计数据的指标体系。在本书第五章"居民福利统计评估指标体系的设计与相关数据的收集与整理"所设置的三节内容中，分别从居民收支、价格指数、公共服务三个方面，按照模型变量与基础统计指标相对应的原则和结构，对收支类、价格类和公共服务类居民福利统计评估指标体系进行了设计。

（三）居民福利评估统计数据收集与整理方法体系

在第五章的各节中，结合所设计的收支类、价格类和公共服务类居民福利统计评估指标体系，我们对每种基础统计指标的数据来源、基础统计指标数据收集方法以及由基础统计指标数据向模型变量数据的转化方法，进行了全面而系统的研究，形成了收支类、价格类和公共服务类居民福利评估统计数据收集与整理方法体系。并以北京市为例，对运用上述方法体系收集与整理北京市居民福利统计评估指标数据的过程，进行了系统展示。

三　实证研究

为了验证所构建的居民福利统计评估体系的科学性、普适性和可操作性，我们在利用居民福利统计评估指标体系和数据收集与整理方法体系，收集与整理相关统计数据的基础上，运用所构建的居民福利统计评估模型体系，对我国除西藏、香港、澳门和台湾之外的30个省份各类居民基于获得感、安全感和幸福感的福利水平进行了测度与评价，并以北京市为例开展了居民福利增进路径分析。所取得的研究成果，构成了本书的第六、七、八三章的内容。

（一）基于获得感的中国居民福利统计评估

第六章"基于获得感的中国居民福利统计评估"，是运用所构建的基于获得感的居民福利统计评估体系所开展的实证研究。本章由三节内容组成。

第一节"基于获得感的中国居民福利水平的测度"，是运用所构建的基于获得感的居民福利测度模型，对我国30个省份各类居民基于获得感的福利水平所进行的测度与分析；第二节"基于获得感的中国居民福利水平发展变化的合理性评价"，是运用所构建的基于获得感的居民福利评价模型，对我国30个省份各类居民基于获得感的福利水平发展变化的递增性、平衡性和充分性进行的评价；第三节"基于获得感的中国居民福利水平增进路径分析——以北京市为例"，是利用所构建的居民福利增进模型，对北京市各类居民基于获得感的福利水平增进路径所进行的分析。

（二）基于安全感的中国居民福利统计评估

第七章"基于安全感的中国居民福利统计评估"，是运用所构建的基于安全感的居民福利统计评估模型体系所开展的实证研究。该章的内容也分为三节。

第一节"基于安全感的中国居民福利水平的测度"，是运用所构建的基于安全感的居民福利测度模型，对我国30个省份各类居民基于安全感的福利水平进行的测度；第二节"基于安全感的中国居民福利水平发展变化的合理性评价"，是运用所构建的基于安全感的居民福利评价模型，对我国30个省份各类居民基于安全感的福利水平发展变化的递增性、平衡性、充分性进行的评价；第三节"基于安全感的中国居民福利水平增进路径分析——以北京市为例"，是运用所构建的居民福利增进路径分析模型，对北京市基于安全感的居民福利增进路径所开展的分析与研究。

（三）基于幸福感的中国居民福利统计评估

第八章"基于幸福感的中国居民福利统计评估"，是运用所构建的基于幸福感的居民福利统计评估模型体系所开展的实证研究。本章同样由三节内容组成。

第一节"基于幸福感的中国居民福利水平的测度"，是运用所构建的基于幸福感的居民福利水平测度模型,对我国 30 个省份各类居民基于幸福感的福利水平进行的测度;第二节"基于幸福感的中国居民福利水平发展变化的合理性评价",是运用基于幸福感的居民福利评价模型,对我国 30 个省份各类居民基于幸福感的福利水平发展变化的递增性、平衡性和充分性进行的评价;第三节"基于幸福感的中国居民福利水平增进路径分析——以北京市为例",是运用基于幸福感的居民福利增进路径分析模型,对北京市城乡居民基于幸福感的福利水平增进路径所进行的分析与研究。

四 结论与对策建议

本书的第九章"结论与对策建议",是对我们在居民福利统计评估体系研究过程中,所取得的研究结论和所提出的对策建议而进行的梳理与总结。本章由如下两节内容组成。

第一节"结论",是对我们在居民福利统计评估理论、方法和实证研究过程中,所取得的研究结论而进行的梳理与总结;第二节"对策建议",是根据实证研究所取得的研究结论而提出的我国城乡居民福利增进的对策建议。

第三节 创新与不足

本书在居民福利统计评估理论、方法与实证研究上,取得了一定的创新,但也存在一些不足。

一 居民福利统计评估体系研究所取得的创新

在居民福利统计评估体系的研究过程中,我们在学术思想、学术观点、研究方法等方面取得了一定的创新,这些创新主要体现在以下几个方面。

(一)采用传统福利理论与时代要求相结合的方法,从获得感、安全感和幸福感视角对居民福利的概念进行了界定

从居民福利评估服务于中国特色社会主义建设的基本要求出发,我们采用传统福利理论与时代要求相结合的方法,将居民福利定义为居民由其能与货币收支相联系的各种生活活动所得而获得的获得感、安全感和幸福感,使其既满足了传统福利理论的理论规范,也体现了美好生活的时代特征与要求。

(二) 基于获得感、安全感和幸福感的形成过程，梳理出了居民福利的形成机制

居民福利的上述内涵表明，基于获得感、安全感和幸福感的居民福利，是居民各种生活活动所得，与他人、与他人和过去进行比较的结果。据此，我们梳理出了居民福利的形成机制。

(三) 通过对居民福利水平测度、评价与增进的研究思路和路径的分析，总结出居民福利的评估机理

阿马蒂亚·森的可行能力理论和消费者选择理论表明，如果居民是理性的，则居民福利水平是在现有收支水平条件下居民能够获得的最大福利水平，在居民偏好未知的情况下，可通过居民福利函数的建立、居民支出最小化问题的求解、货币度量福利函数的拓展、居民福利测度模型的构建与应用，来测度居民福利水平。

在此基础上，依据行为经济学的"损失厌恶"理论和我国新时代社会主要矛盾，可将居民福利水平发展变化的合理性评价标准确定为"递增性""平衡性"和"充分性"，据此，通过居民福利水平发展变化的递增系数、平衡系数和充分系数的测度与分析，即可完成各种居民福利水平发展变化的合理性评价。同时，鉴于居民福利水平发展变化的不合理主要表现在居民福利水平相对偏低，居民福利水平发展变化不合理状态的改变过程也就是居民福利的增进过程，从而，居民福利水平增进目标分析、居民福利水平偏低的成因分析以及居民福利水平增进对策分析，构成了居民福利水平增进路径分析的三个主要环节。

(四) 以外生变量的形式将公共服务纳入了居民（消费者）支出最小化分析框架，将货币度量福利（效用）函数由货币度量的限定推进到了可度量

消费者支出最小化分析框架实际上是一个通过消费者支出最小化问题的建立与求解，来获得消费者最优消费束以及最小支出的分析过程。在消费者支出最小化问题的构建过程中，一般都要求消费者效用函数中的商品种类与消费支出相对应的商品种类相一致。而在居民福利形成过程中，居民各种生活活动所得并不仅取决于个人生活物品的消费或使用，也取决于公共服务的享用，且因公共服务所具有的非商品属性，公共服务是不能作为传统意义上的消费者效用函数的一个变量的。在此背景下，

为了全面反映居民各种生活活动所得的形成过程，凸显公共服务在居民各种生活活动所得形成过程中所发挥的作用，我们基于个人生活物品的使用、公共服务的享用在居民生活活动所得的形成过程中同等重要的假设，将各种居民生活活动所得，定义为居民在该生活活动中个人生活物品使用量与公共服务享用量的几何平均数，就此将公共服务纳入了居民（消费者）支出最小化分析框架，使通过居民（消费者）支出最小化问题的求解而得到的货币度量福利（效用）函数，包含了不能用货币度量的公共服务变量，将货币度量福利（效用）函数的货币度量的限定，推进到了可度量。

（五）通过货币度量福利函数的拓展，构建了居民福利统计评估模型体系

消费者选择的对偶原理表明，当消费者最小支出等于消费者的实际支出水平时，作为消费者支出最小化问题约束条件的既定效用水平，也就是消费者实际支出能够获得的最大效用水平。据此，在假定居民最小支出等于居民实际支出的条件下，我们通过货币度量福利函数的求解与拓展，构建了基于获得感、安全感和幸福感的居民福利测度模型体系。

以此为基础，利用本期与上期相对比的动态相对数，我们建立了居民福利水平发展变化递增性评价模型；采用1-变异系数的方法，我们建立了居民福利水平发展变化平衡性评价模型；利用二元对比系数，我们建立了居民福利水平发展变化充分性评价模型。进而，依据各种居民福利水平发展变化可能出现的不递增、不平衡、不充分状态和这些不合理状态的改变路径，利用偏差指标建立了居民福利水平增进目标分析模型，利用福利水平偏差与福利影响因素偏差的比较相对数建立了居民福利水平发展变化不合理成因分析模型，通过居民福利测度模型的变换，构建了居民福利水平增进对策分析模型。

这样，就构建起了以居民福利测度模型、居民福利评价模型和居民福利增进路径分析模型为主体的居民福利统计评估模型体系。

（六）根据模型变量与我国现行统计制度体系中相关指标之间的联系，建立了居民福利统计评估指标体系和数据收集与整理方法体系

居民福利统计评估指标体系和数据收集与整理方法体系，是服务于居民福利统计模型体系中各模型变量数据获取的两个方法体系。其中，居民福利统计评估指标体系所要解决的问题，是获取各模型变量数据应

去收集与整理哪些统计指标的数据；居民福利统计评估指标数据收集与整理方法体系所要解决的问题，是应去哪里、采用什么方法去收集居民福利统计评估指标数据，进而应采用哪些方法由居民福利统计评估指标数据整理出模型变量数据。

针对上述问题，我们根据各个模型变量的内涵和我国现行统计制度体系中的各种统计指标的设置情况，采用模型变量与统计指标相对应的方法，构建了居民福利统计评估指标体系。并通过对居民福利统计评估指标的统计数据来源和数据状况分析，对居民福利统计评估指标数据收集与整理方法进行了设计。

（七）通过实证研究，发现了我国 30 个省份居民福利水平发展变化过程中所存在的问题，并提出了相关对策建议

在利用所建立的居民福利统计评估指标体系和数据收集与整理方法体系，对我国 30 个省份相关统计数据进行收集与整理的基础上，我们运用所构建的居民福利统计评估模型体系，对我国 30 个省份各类居民 2013—2021 年的各种福利水平进行了测度与评价，并针对各类居民各种福利水平发展变化的不递增、不平衡和不充分的具体表现，以北京市为例对居民福利水平的增进目标、居民福利水平偏低（居民福利水平发展变化不合理）的成因和增进路径进行了分析，并提出了相关对策建议。

二　居民福利统计评估体系研究中所存在的不足

在居民福利统计评估理论、方法以及实证分析上，我们的相关研究也存在着一定的不足，这些不足主要体现在三个方面。

（一）基于安全感的居民福利测度模型，未能采用货币度量福利函数拓展的方法来构建

从理论上来讲，居民在个人生活保障方面的支出，是可以分为各种保险支出和储蓄储备支出的，并可利用居民支出最小化分析框架、通过货币度量福利函数的拓展来构建基于安全感的居民福利测度模型的。但由于不能获得各省份各类居民的各种保险支出数据，所以，不能沿用基于获得感和幸福感的居民福利测算模型的构建方法，通过货币度量福利函数的拓展来构建，而只能采用外生变量内生化的方法，用居民人均储蓄储备支出和居民消费定基价格总指数，来替代基于安全感的居民福利函数中的居民个人生活保障物品储蓄储备量，并由此来构建基于安全感的居民福利测度模型。

实际上，当按照显示性偏好理论，将居民各种生活偏好定义为居民各种生活支出占生活总支出（总收入）的比重时，采用外生变量内生化的方法，通过居民各种生活支出和对应消费定基价格指数对居民福利函数中的个人生活物品使用量（储蓄储备量）的替代而构建的居民福利测算模型，与通过居民支出最小化问题中的货币度量福利函数的求解与拓展而建立的居民福利测度模型，其形式是完全一样的。所以，按照上述思路来构建的基于安全感的居民福利测度模型也是可行的。

（二）在实证分析过程中，未能使用协整和格兰杰检验方法对居民福利水平增进对策分析模型的有效性进行检验

在居民福利统计评估体系研究框架的初始设计中，我们曾设立了一个运用协整和格兰杰检验方法对所建模型的有效性进行检验的环节。因为居民福利增进对策分析模型是由居民福利测度模型变换而来的，这种变换涉及了因果变量角色的转换和协整关系是否存在的问题，所以需采用格兰杰因果关系检验和协整检验的方法，对居民福利水平增进模型是否存在因果关系和协整关系进行检验。

但在实际研究过程中，目前仅能采集到2013—2021年9年的各省份的相关统计数据，因数据样本数量较少，格兰杰因果关系检验和协整检验的检验结果，不能准确反映模型相关变量之间是否存在因果关系与协整关系，从而也就没有进行这种检验，这也是我们在居民福利统计评估体系研究上，所存在的一个不足，下一步随着时间的推移和样本数量的增加，我们将对变量间的因果关系和协整关系问题，做进一步的研究。

（三）居民福利统计评估指标体系所含指标还有待于进一步充实

从我们所构建的居民福利统计评估指标体系来看，所含有的公共服务指标还比较单薄，需要进一步充实。

实际上，居民福利统计评估指标体系中的指标设置情况，对于居民福利统计评估模型体系的建立以及实证分析工作的开展，都具有非常大的影响。其中，统计指标数据的可获得性，是居民福利统计评估指标体系设计的一个主要制约因素。这样，如何通过各种指标以及替代性指标的选用，来充实居民福利统计评估指标体系，将是我们今后的一个研究重点。

第二章 居民福利统计评估的理论基础

福利特别是经济福利问题,是自古以来就备受各界人士广为关注的一个热门话题,许多著名的经济学家均就此问题开展了一系列的研究,并由此而推动了福利评估理论与方法的不断发展与完善,为居民福利统计评估理论与方法的研究,奠定了坚实的理论基础。

第一节 功利、福利、可行能力

从福利经济学的发展史来看,虽然英国著名经济学家、福利经济学创始人庇古,是系统使用福利(welfare)以及经济福利(Economic welfare)概念的第一位经济学家,但其内涵却源自英国法理学家、哲学家、经济学家杰里米·边沁的功利或效用(Utility)概念,并经过近200年的发展,自20世纪70年代开始逐渐向印度经济学家、1998年诺贝尔经济学奖获得者阿马蒂亚·森所提出的可行能力(capability)概念演进。

一 边沁的功利或效用(Utility):客体的有用性或客体给利益主体所带来的幸福

边沁的功利一词,是在其于1789年问世的《道德和立法原理导论》一书中提出的。边沁(1789)指出,"功利是指任何客体的这么一种性质:由此,它倾向于给利益有关者带来实惠、好处、快乐、利益或幸福(所有这些在此含义相同),或者倾向于防止利益有关者遭受损害、痛苦、祸害或不幸(这些也含义相同)"。

边沁的功利概念,实际上强调了两层含义。其所强调的第一层含义是,功利是一种幸福的心理感受,也就是快乐或痛苦。这一点是边沁功利主义倡导者约翰·穆勒(John Stuart Mill)所特别强调的,穆勒(1861)认为功利和幸福是等价的,"所谓幸福,是指快乐和免除痛苦,所谓不幸,是指痛苦或丧失快乐"。这样,在穆勒的功利主义理论中,其所使用的功利概念,实际上是一种主观心理感受,是一个精神层面的快乐。

边沁的功利概念所强调的第二层含义是,功利是某种行动或某个事件所具有的快乐增进或痛苦避免的性质。从这个意义上来讲,功利实质上是某种行动或某个事件所客观存在的一种能够带来快乐或者避免痛苦的能力,其实际上是延续了大卫·休谟(David Hume)在其《道德原则研究》一书中所提出的"效用就是有用性"的思想。但休谟更为强调一个行动或一个物品对于自己或对于他人的有用性,是给自己或他人带来的快乐,而边沁(1789)所关注的则是一个行动或一个物品给利益有关者所带来的幸福,"如果利益有关者是一般的共同体,那就是共同体的幸福,如果是一个具体的个人,那就是这个人的幸福"。由此可见,虽然英国功利主义哲学家、伦理学家和经济学家亨利·西季威克(Henry Sidgwick,1874)将边沁的功利主义称为"普遍的快乐主义"以区别于"利己的快乐主义",但其理性利己主义思想也是非常浓厚的。

二 庇古的福利(welfare):与货币尺度相联系的满足与不满足

虽然功利原理的影响源远流长,但在"功利原理"提出后,边沁(1789)却在相当长的时间内为"功利"一词的词不达意而烦恼,"功利一词不像幸福和福乐那么清晰地表示快乐和痛苦概念……在幸福和快乐概念与功利概念之间,缺乏足够显著的联系,这一点我每每发觉如同障碍,非常严重地妨碍了这一在相反情况下会被接受的原理得到认可",并试图用"最大幸福或最大福乐原理"来取代"功利原理",即用"幸福(happiness)"一词替代"功利(Utility)"。而在边沁的"功利原理"提出 130 年后,英国著名经济学家、福利经济学创始人 A. C. 庇古关于"经济福利(Economic welfare)"一词的提出与使用,彻底解脱了边沁的烦恼与担忧,因为福利(welfare)一词的本身就含有幸福的内涵。当然,所遗憾的是庇古将其限定在经济领域,即庇古所研究的仅仅是一种经济福利。不过,如果将其限定去掉,我们仍然可以用福利一词来表达来自各个领域的幸福状态。

关于经济福利的概念,庇古(1920)所给出的定义是,"经济福利被广泛地认为是能与货币尺度建立联系的满足与不满足",是"能够直接或间接与货币这一测量尺度有关的那部分社会福利"。如果去掉"经济"和

"与货币尺度建立联系"的限定，庇古的"福利"内涵实质上仍然是一种人类情感，即满足和不满足。对此，庇古也强调："福利的性质是一种意识状态"，因此，庇古所提出的"福利"概念仍然延续了边沁的"功利"概念的基本内涵，庇古的福利经济学说实际上是边沁功利主义思想在福利经济学领域的继承与发展。对此，英国福利经济学家李特尔（L. M. D. Little，1957）指出，"庇古教授自己好像并不承认伦理的功利主义，但却接受了边沁的全部学说"。

三 阿马蒂亚·森的可行能力（capability）：可实现的各种功能性活动组合

自1920年庇古《福利经济学》发表以后，福利经济理论经历了从旧福利经济学向新福利经济学的快速发展过程。但到了1951年，伴随着"阿罗不可能定理"的提出，作为新福利经济学重要分析工具的伯格森—萨缪尔森社会福利函数，遭到了质疑和挑战，并出现了向功利主义回归与超越的趋势。其中，阿马蒂亚·森就是一名功利主义的超越者。阿马蒂亚·森（Amartya Sen，1999）指出，功利主义存在诸如"漠视分配""忽略权利、自由以及其他非效用因素""适应性行为和心理调节"等诸多缺陷，进而提出用"可行能力（capability）"来取代"效用或功利（Utility）"，重构福利经济学的理论基础。

在阿马蒂亚·森的相关文献中，关于可行能力一词的提出与使用，始于1979年5月22日其在斯坦福大学所做的题为"什么平等"的讲座。不过，当时他所给出的定义却非常粗糙，为此，阿马蒂亚·森在20世纪80年代，又对可行能力一词的内涵进行了更为深入的探讨，这种探讨首见于阿马蒂亚·森以1982年其在阿姆斯特丹大学所做的赫利普曼（Hennipman）讲座为基础撰写，并于1984年完成的《商品与能力》一书。阿马蒂亚·森（Amartya Sen，1987b）在该书中指出，可行能力"反映了他所能达到的各种功能性活动（'生存状态'）的组合"，"代表了一个人在选择功能性活动方面的自由"。为便于理解，阿马蒂亚·森（Amartya Sen，1987a）又将可行能力与一个人的生活相联系，指出，"从某种意义上说，功能性活动与生活条件更直接相关，因为它们是生活条件的不同方面"，"可行能力是积极意义上的自由概念：对于你可能过的生活，你有什么真正的机会"。在此基础上，阿马蒂亚·森（Amartya Sen，1999）对可行能力和功能性活动的内涵做了进一步的归纳，即"一个人的'可行能力'是指这个人能够实现的各种功能性活动的可选组合",功能性活动"反映了一个人可以做的各种事情和可以实现的各种生存状态"。如此,可行能力概念就有了更为具体的内涵,但这一内涵更具一般性,似乎与福利问题并没有什么联系。

实际上,基于可行能力来开展福利问题研究,也是阿马蒂亚·森创立可行能力理论的重要目的之一,在可行能力的研究过程中,阿马蒂亚·森也一直将可行能力与福利(well-being)相关联。

阿马蒂亚·森(Amartya Sen,1992)指出,"一个人的可行能力与他或她的福利的相关性来自两个截然不同但相互关联的考虑。首先,如果实现的功能性活动构成了一个人的福利,那么实现功能性活动的可行能力(一个人可以选择的所有功能性活动的替代组合)将构成一个人拥有福利的自由——真正的机会","福利和可行能力之间的第二种联系采取了直接的形式,即福利的获得取决于发挥作用的可行能力","功能性活动属于福利的构成要素,可行能力反映了追求这些构成要素的自由","在评估福利时,价值对象是功能性活动和可行能力","一个人的福利可以从这个人的生存质量来看"。

阿马蒂亚·森的上述观点表明,一个人的福利是指这个人的生存质量,一个人的生存质量是这个人所开展的一系列功能性活动(功能性活动向量)所实现的"功能"(功能性活动成就)的价值体现,可实现的各种功能性活动向量的集合构成了一个人的可行能力,可行能力也可定义为由功能性活动向量空间所决定的福利空间,反映了一个人的福利选择自由的大小。这样,从功能性活动视角来看,阿马蒂亚·森的个人福利实际上是指由某个功能性活动向量的实施而带来的个人生存质量的提升;福利视角的可行能力则是指的一个人由各个可实现的功能性活动向量的实施所形成的各种福利水平的集合。

第二节 福利测度理论与方法

在福利经济学说史上,多数经济学家都将福利测度研究与福利理论研究进行了紧密结合,并形成了以边沁的"功利计算"、马歇尔的"消费者剩余"、庇古的"国民所得"、萨缪尔森等的"社会福利函数"、阿马蒂亚·森的可行能力测度为标记点的福利测度方法发展路径。

一 边沁的功利计算

在福利理论研究与方法研究的紧密结合上，边沁是一个典范。他创立的功利原理，不但包括功利理论，也含有功利计算方法。由于边沁的功利计算是着眼于痛苦和快乐的，所以，也被后人称为"苦乐计算"。

关于功利的计算，边沁是基于任何行动的功利效应即一项行动（或一个事件、一件物品）给利益有关者所带来的快乐或痛苦的。他认为，快乐和痛苦与功利直接相关，快乐带来正的功利、痛苦带来负的功利。据此他推断，一项行动的功利大小就是该行动给人们所带来的快乐与痛苦的大小；一个人的功利大小则是这个人从所有的行动中所获得的快乐程度与痛苦程度之差；一个群体的功利则是该群体中所有人的功利之和。这样，一项行动（或一个事件、一件物品）给人们所带来的快乐值或痛苦值的估算，也就成为功利计算的关键。

对此，边沁（1789）在《道德与立法原理导论》一书中指出：对于一个人自己来说，一项快乐或痛苦本身的值大与小，将依据下列几种情况来定：（1）其强度；（2）其持续时间；（3）其确定性或不确定性；（4）其临近或偏远；（5）其丰度，指随同种感觉而来的可能性，即乐有乐随之，苦有苦随之；（6）其纯度，指相反感觉不随之而来的可能性，即苦不随乐至，乐不随苦生。也就是说，任何一项行动如果给人们所带来的快乐或痛苦强度越大、持续的时间越长、确定性程度越大、与目前越接近、乐有乐随之或苦有苦随之、苦不随乐至或乐不随苦生，则该行动给人们所带来的快乐值或痛苦值越大，反之则越小。

同时，为了便于功利值的估算，边沁还给出了快乐清单和痛苦清单。这样，快乐清单和痛苦清单与单项行动的功利测算、个人的功利测算、群体的功利测算相结合，就构成了边沁的功利测算方法体系。

边沁的功利计算看似比较完美，但由于其将快乐与痛苦建立在了"人性可感觉的"范畴之内，使该方法存在了许多问题，如在个人功利计算过程中"快乐的强度"测度问题，群体功利计算过程中感觉不同的人之间的快乐值的可加性问题，等等。

二 马歇尔的消费者剩余

马歇尔在边沁所遇难题的解惑上，给出了一条重要路径。这就是基于商品价格来计算边际效用，并由此发展出了基于消费者选择过程的消费者的福利测度——消费者剩余。

在经济学界，许多学者都认为消费者剩余是马歇尔由边际效用价值论演绎而来的，但据相关资料记载，消费者剩余一词的内涵，最早是来自法国工程师J.杜普伊（Jules Dupuit）1844年在其发表的《论公共工程效用的计量》一文中所使用的"相对或最终效用"概念。

杜普伊（Dupuit，1844）认为消费者购买物品所付出的货币具有负效用，其必须从消费者消费该物品时所获得的总效用中加以扣除，从而相对效用就是指总效用扣除这一负效用后所剩余的效用。这样，杜普伊所提出的"相对或最终效用"概念，其实质上就是消费者剩余的内涵。虽然如此，我们仍然可以认为马歇尔在"消费者剩余"概念的总结与概括上所做出的贡献是不可磨灭的。

马歇尔的"消费者剩余"概念，是在其于1890年出版的《经济学原理》一书中提出的，是指消费者在购买商品时，其愿意支付的最高价与实际购买价格之间的差额，并运用图解的方式，对消费者剩余的内涵和测算方法进行了阐述。

很明显，马歇尔的消费者剩余概念似乎与杜普伊的"相对或最终效用"概念是没有多大差异的，两个人所给出的计算方法也基本相同，以至于部分学者，如Zajac（1979）、Blackorby等（1999），将消费者剩余称为杜普伊—马歇尔消费者剩余。而事实上，马歇尔的"剩余理论"是一个理论体系，除包括消费者剩余之外，还包括生产者剩余、工人的剩余、储蓄者的剩余等。特别是马歇尔将生产者剩余与消费者剩余相关联，认为在供需均衡条件下，消费者剩余与生产者剩余之和构成了社会总剩余，这是杜普伊力所不能及的。

不过，让我们感到遗憾的是，虽然马歇尔在其《经济学原理》一书数学附录中指出，商品总效用是需求函数关于商品需求量的积分，但他并没有进一步给出消费者剩余和生产者剩余测算的积分公式。在这方面，美国统计学家、经济学家哈罗德·霍特林（Harold Hotelling，1938）所做的消费者剩余和生产者剩余的量化研究工作，虽然不够完美，但仍然是可以称赞的，他所提出的消费者剩余与生产者剩余之和即总净收益的测算公式，已经具备消费者剩余和生产者剩余测算的积分公式的雏形。

三　庇古的"国民所得"

作为马歇尔消费者剩余理论的继承者，庇古主张用国民所得（National Dividend）或国民收入（National Income）来测度经济福利，如此可使福利的测度更具有客观性和可操作性。对此，庇古（1920）指出，"经济福利和国民所得这两个概念是对等的，因此，对它们之中任何一个概念的内容的叙述，也就是对另一个概念的内容的相应的叙述"。

作为马歇尔经济理论的继承者，庇古的国民所得沿用了马歇尔国民收入的内涵，庇古（1920）指出，"国民所得是由许多客观存在的劳务构成的，其中一些劳务由商品体现出来，而另一些劳动则是直接提供的"，并主张从实物单位的视角来测度国民所得。

但在沿着这个思路去测度国民所得大小变化的过程中，庇古却遇到了在国民所得有多种不同商品组成时"不可加总""不可比较"等问题，从而转向货币支付的视角，依据消费者剩余来测度国民所得大小的变化。不过，依据消费者剩余来测度国民所得大小的变化，庇古仍然遇到了需求函数难以把握的困难，所以，他最终还是依据现有的各期收入、购买数量、购买价格数据以及费雪的指数编制方法，建立起了基于第一个时期（或第二个时期）各类商品购买比例的国民所得大小变化的测度公式，这应该是历史上最早剔除了价格变动影响的国民收入指数。

在此基础上，庇古还对国民所得变化的影响因素以及国民所得的分配问题进行了分析，同时还就政府的相关政策进行了研究。

庇古将经济福利与国民所得对等、将国民所得与经济行为以及经济政策相联系的观点，使国民收入水平的大小，俨然成为了一个国家经济福利水平以及经济实力高低的指示器，并逐渐被英美等西方国家所重视，到1929年年底，已有近20个国家对本国的国民收入进行了估算。

进入20世纪30年代以后，随着开展国民收入估算的国家不断增加，国民收入估算工作中所存在的问题也逐渐暴露出来，国民收入能否准确地代表一个国家的经济福利水平，开始受到质疑。在此背景下，经济福利的估算就出现了两条不同的路径，其一是以卡尔多、希克斯、勒纳、西托夫斯基等经济学家为代表的新福利经济学派，以帕累托的序数效用论为理论基础所开展的社会福利函数研究工作；其二是以库茨涅兹为代表的旧福利经济学支持者，所开展的国民收入估算精度的改进工作。

其中，库茨涅兹等所开展的国民收入估计精度改进工作，是通过在国民收入估算的基础上增加国民生产总值的估算来进行的，并在理查德·斯通（Richard Stone）等国际联盟国家统计专家委员会专家的共同努力下，通过国民生产总值估算方法的引入，构建了一个以国民生产总值、国内生产总值以及国民收入为核心指标的国民账户体系（SNA），于1953年在联合国安理会的主持下正式出版与执行。自此，国民收入估算开始有了国际统计标准，并经多次修订，一直延续至今。

四 萨缪尔森等的"社会福利函数"

平行于库兹涅茨等的国民收入估计精度改进工作，萨缪尔森等也试图通过构建社会福利函数来测度社会福利水平，并借此来弥补庇古国民所得测度的不足。

在福利经济学界，人们普遍认为首个社会福利函数是由美国经济学家伯格森（Abram Bergson）于1938年提出、美国著名经济学家保罗·萨缪尔森（Paul A. Samuelson）于1947年予以重新解释的，用于反映社会福利与社会福利影响因素之间关系的函数，后人将其称为柏格森—萨缪尔森社会福利函数（swf）。

柏格森在其于1938年所发表的论文中，首次用社会福利函数的概念来反映社会福利与社会福利影响因素之间的关系，并给出了社会福利函数的基本形式。对于柏格森所提出的社会福利函数，萨缪尔森（1947）给予了高度评价，认为柏格森"是第一个显示地发展出序数社会福利函数概念的人"，并对柏格森所提出的社会福利函数做了进一步的扩充与发展。不过，遗憾的是，萨缪尔森最后也没能给出社会福利函数的具体形式。

为了给出社会福利函数的具体形式，美国经济学家肯尼斯·约瑟夫·阿罗（Kenneth J. Arrow），自1948年起，就对柏格森的社会福利函数的具体形式开展了一系列的研究，并在其于1951年出版的《社会选择与个人价值》一书中，从社会选择视角对社会福利函数进行了系统论述，提出了"不可能定理"。

阿罗不可能定理提出后，在很长一段时期内，有关社会福利函数的研究陷入了一个困局，直到1970年，印度经济学家阿马蒂亚·森的《集体选择与社会福利》一书的出版，阿罗不可能定理才得以破解。

五 阿马蒂亚·森的可行能力测度

虽然阿马蒂亚·森通过对阿罗不可能定理的破解，构建起了自己的社会福利函数，即社会决定函数，但在福利测度研究上，并没有延续这个思路与方法，而是另起炉灶，构建了一个可行能力的视角。

阿马蒂亚·森关于可行能力理论的著述非常多，但从可行能力视角来测度福利的方法，我们仅在其基于 1982 年赫利普曼讲座撰写的专著《商品与能力》一书中有所发现。

在《商品与能力》一书中，阿马蒂亚·森（Amartya Sen，1987b）所给出的福利测度的基本思路是，每种商品都有其功能特征或特性，人们占有商品不是单纯地拥有这些商品，而是要利用这些商品的功能特征去开展功能性活动，这些功能性活动的开展过程和结果可为人们带来幸福，对这些幸福进行测度，即可得到一个人的福利水平，并据此对基于可行能力的福利测度框架进行了设计。

阿马蒂亚·森基于可行能力所给出的福利测度框架，由相互衔接的功能函数、幸福函数和评价函数组成。通过该框架可以看出，阿马蒂亚·森所测度的福利水平并不一定是个人在现实中已实现的福利水平，而是可实现的福利水平。也就是说，个人虽然掌握一定的商品资源，但这些商品资源可能不被这个人全部使用或者全部合理地使用，从而，现实中，这个人已实现的福利水平就可能低于这个可实现的福利水平。但无论这些商品是否实现了这个可实现的福利水平，只要这个人掌握了这些商品资源，也就代表了其具备了获得这个可实现福利水平的能力。如此，阿马蒂亚·森的福利测度是基于可实现的功能性活动向量，而不是基于已实现的功能性活动向量的，可实现的福利水平也就是个人能够获得的最大福利水平。

第三节　福利评价理论与方法

在福利经济学说史上，经济学家们所开展的福利评价研究，主要集中在福利评价标准的研究上，并形成了边沁的最大幸福原则、戈森等的效用最大化原则、帕累托的最优配置、庇古的收入分配均等化等著名的福利评价标准。

一　边沁的最大幸福原则

在边沁的功利原理中，虽然边沁并未对福利评价标准进行系统归纳，但从他就"功利原理"修正为"最大幸福原则"所做出的说明以及之后的相关论述之中，我们也能梳理出边沁所主张的福利评价标准。

边沁（1789）指出，"该名称（功利原理）后来已由'最大幸福或最大福乐原理'来补充或取代。这是为了简洁的缘故，而不详说该原理声明所有利益有关的人的最大幸福，是人类行动的正确适当的目的，而且是唯一正确适当并普遍期望的目的，是所有情况下人类行动，特别是行使政府权力的官员施政执法的唯一正确适当的目的"，就整个共同体而言，"当一项行动增大共同体幸福的倾向大于它减小这一幸福的倾向时，它就可以说是符合功利原理"，"同样地，当一项政府措施之增大共同体幸福的倾向大于它减小这一幸福的倾向时，它就可以说是符合或服从功利原理"。这实际上是说，一个行动是否带来最大幸福或幸福净增进，是评判个人、共同体以及政府官员所采取的行为是否正确、适当的一个标准。因此，可以将边沁的福利评价标准概括为最大幸福原则。同时，基于"构成功利主义的行为对错标准的幸福，不是行为者本人的幸福，而是所有相关人员幸福"的观点，穆勒（1861）将边沁的"最大幸福原则"修正为"最大多数人的最大幸福原则"。

边沁的功利原理提出后，在英美等西方国家产生了重大影响，并广为传播，许多经济学家也自此开始对福利评价标准进行了更为广泛的研究，提出了各自的福利评价标准。

二 戈森等的效用最大化原则

在19世纪，德国经济学家赫尔曼·海因里希·戈森、英国经济学家威廉姆·斯坦利·杰文斯以及法国经济学家莱昂·瓦尔拉斯所开展的福利评价标准研究是最有成效的。

关于福利评价标准，戈森（1854）的观点是，"人的行动的目标是，使他的生活享受总量最大化"，"必须把享受安排的使一生中的享受总量成为最大值"；杰文斯（1871）认为，"经济学的问题，是以最小努力获得欲望的最大满足，以最小量的不欲物获得最大量的可欲物，换言之，使快乐增至最高度"；瓦尔拉斯（1874）则指出，"假定市场上有两种商品，如果通过各商品所满足的最后欲望的强度比率，也就是稀少性比率，相等于价格，则两种商品持有者都获得欲望的最大满足或最大有效效用"。这样，在戈森、杰文斯、瓦尔拉斯的努力下，用于消费者福利评价的效用最大化原则得以正式确立，特别是瓦尔拉斯还给出了商品交换效用最大化条件，即两种商品的边际效用之比等于对应的价格之比。

效用最大化原则的提出，为消费者选择理论的建立与发展奠定了坚实的基础，马歇尔、希克斯、萨缪尔森等均将其消费者分析框架，建立在了效用最大化这一原则上，并成为现代消费者行为分析的标准方法。

三 帕累托的最优配置

与戈森等不同，帕累托在福利评价标准研究过程中，他所关注的不是人对物的选择，而是物在每个人之间的分配。

为了给出他的福利评价标准，帕累托（Pareto，1896）在其《政治经济学教程》一书中，首先定义了一个社会成员能够获得最大满足度的资源最优配置，即"当不可能稍微偏离这个位置时，社会成员享有最大的满足度"，"从这个位置上的每一个微小的位移，必然会增加某些人所享受的满足度，减少其他人所享受的满足度，也就是说，对某些人满意而对另一些人不满意"；然后在此基础上，帕累托给出了这个位置实现的交换、生产以及交换与生产的条件：交易者的无差异曲线彼此相切、生产者的产品转换率相等、生产者的产品转换曲线与交易者的无差异曲线相切，并指出，自由竞争所实现的市场均衡，可满足上述条件，实现社会成员满足度最大的最优资源配置。

帕累托的这一福利评价标准提出后，在英美等西方国家的经济学界产生了相当大的影响。著名经济学家庇古、希克斯、萨缪尔森等，均在他们的著述中对帕累托的经济思想进行了介绍与评述；阿罗（1951）更是将满足帕累托法则作为社会福利函数成立的一个条件，论证了"不可能定理"；1959年，美国著名数理经济学家杰拉德·德布鲁（Gerard Debreu，1959），则对帕累托最优的福利评价标准从数理经济学的角度进行了重新表述，并归纳出"关于价格系统的均衡是最优状态""最优状态是关于价格系统的均衡"这两个著名的福利经济学第一定理和第二定理。许多国内外学者也自此开始运用帕累托的最优配置理论和方法，来分析评价各种社会经济与政策问题。

四 庇古的收入分配均等化

关于福利评价的标准，庇古仍是以经济福利最大化为最基本的原则的，在此基础上，他又从帕累托有关缩小收入不平等的财富效率相关论述中，发展出经济福利评价的收入分配均等化标准。

庇古（1920）指出，"根据帕累托所说'要增加最低收入或缩小收入不平等或两者皆达'，实质上相等于'增加给予穷人的国民所得的绝对份额'。因此，这个论点实际上等于说：一方面，增加国民所得的任何事情一般来说必须也增加穷人的绝对份额；另一方面——这里有关的就是这一方面——任何原因增加穷人绝对份额，不可能同时不增加作为整体的国民所得"，因为，"任何人在任何时期享有的经济福利都取决于他消耗的收入，而不是取决于他得到的收入；一个人愈富有，他消耗的收入在其总收入中所占的比例就愈小"，所以，"只要总的国民所得不减少，在相当大的范围内，以富有阶级享有的实际收入的相等减少为代价，最贫困阶级享有的实际收入的任何增加，都几乎肯定会增加经济福利"，"在其他条件不变的情况下，任何使国民所得的分配更趋平均的措施，都会增加经济福利"。这实际上也是在说，收入不平等的消除，也意味着经济福利达到了最大化。因此，收入分配均等化，也是庇古所主张的一个福利评价标准。

第四节　福利增进理论与方法

福利评估的最终目的是为福利增进提出对策，所以，在福利评价的基础上，许多经济学家都对福利增进路径和对策进行了研究。

一　边沁的赏罚主张

与福利评价标准理论相对应，我们认为边沁的福利增进理论也是较早的福利增进理论。不过，边沁所给出的福利增进路径并不是一条经济路径，而是一条司法路径。

边沁（1789）指出，"政府的业务在于通过赏罚来促进社会幸福"，"一项行动越趋于破坏社会幸福，越具有有害倾向，它产生的惩罚要求就越大"。

很明显，边沁的福利增进主张，是基于赏罚的。在他看来，只有通过赏罚才能改变人们的行为，进而增进社会福利。通过赏罚来增进社会福利，也成为边沁的立法主张。

二　戈森等的消费商品数量最大化、种类多样化、边际效用均等化

关于福利的增进，戈森也有自己的主张，这个主张主要来自他所提出的边际效用递减规律。戈森（1854）指出，"为了使自己的享受总量达到最大化，人们必须在充分满足最大享受之前，先部分地满足所有的享受，而且要以这样的比例来满足：每一种享受的量在其满足被中断时，

保持完全相等","每当成功地发现了一个新的享受——尽管它本身还很小——或者通过自身训练或通过对外部世界施加影响提高某种已为人熟知的享受,都给人们提供了在现在情况下扩大生活享受总量的可能性"。

由此可以看出,戈森实际上给出了福利增进的三条路径:其一是在享受物总量不变的情况下,将每种享受物的边际效用调整为相等;其二是提高某种享受物的数量;其三是增加新的享受物的享受。

三 帕累托改进

1909年,帕累托在《政治经济学教程》法文版附录中,肯定了存在着向最大满足度位置移动的路径。帕累托(Pareto,1909)指出,"由于采用了某些分配规则,我们可以寻求一种位置,这种位置在始终保持与这些规则一致的同时,能为社会的个人提供最大可能的福利"。

不过,帕累托(Pareto,1909)也指出,向这个位置的移动过程也是非常复杂的,"让我们考虑任何任意位置,并假设我们以与约束一致的方式略微偏离它。如果这样做可以增加社会中每个人的福利,那么新位置显然对每个人都有更大的优势;反过来说,如果每个人的福利都减少了,那么好处就会减少。此外,某些人的福利可能会保持不变,而不会改变这些结论。但是,如果相反,这种轻微的运动导致某些人的福利增加而其他人的福利减少,那么人们就不能再断言整个社会接受它是有利的"。

也就是说,在偏离原来的位置而向一个新的位置移动时,会出现五种不同的情况。一是在新的位置社会中每个人的福利都增加了;二是在新的位置每个人的福利都减少了;三是在新的位置某些人的福利增加了、某些人的福利不变;四是在新的位置某些人的福利减少了、某些人的福利不变;五是在新的位置某些人的福利增加了、某些人的福利下降了。对于上述五种情况,帕累托认为一、三两种情况是可行的福利提升路径,人们称其为"帕累托改进(Pareto Improvemen)";二、四两种情况是不可行的福利提升路径;第五种情况是不能肯定的福利提升路径。

正由于在第五种情况下,存在着社会福利是否提升的不确定性,所以,许多经济学家又对此种情况做了进一步的研究。

四 庇古的征税补贴方案

庇古依据帕累托最优理论和边际效用递减规律发展出来的收入分配均等化福利评价标准,强调了收入由富人向穷人转移的经济福利增进路径。关于这条路径,实际上还存在富人如何转出、穷人如何转入的问题。

对此，庇古（1920）指出，由富人转出有自愿转出和通过征收所得税、遗产税等税收来强制转出这两种办法，向穷人转入也有直接转入和购物补贴两种办法。对于由富人转出的两种办法，庇古认为"富人自愿从他们那里转移的期望很可能增加国民所得的规模"，"不幸的是，可以十分肯定的是，在目前状况下自愿转移降落到大大低于社会一般意识要求的从相对富人那里转移的总数。因此，需要相当数量的强制性转移"；对于向穷人转入，庇古（1920）认为"以控制购买力形式做出的给予穷人的转移，如果对给予转移的人连带某种程度的监督，就能有许多较好机会有利于今后的国民所得"。这样，通过对富人征税并对穷人实施购物补贴的形式来实现收入由富人向穷人转移，也就构成了庇古所主张的经济福利增进路径。

五 卡尔多—希克斯效率

关于帕累托改进中的第五种情况的解决，英国经济学家尼古拉斯·卡尔多（Nicholas Kaldor）与希克斯所做的研究工作是最有成效的，他们在这一方面所取得的研究成果，被人们称为"卡尔多—希克斯改进（Kaldor-Hicksim Provement）"或"卡尔多—希克斯效率（Kaldor-Hicks Principle）"。

"卡尔多—希克斯效率"，首先由卡尔多在其于1939年发表的《经济学福利命题与个人之间的效用比较》一文中提出。在该文中，卡尔多（Kaldor，1939）指出，"在所有情况下，当某一政策导致物质生产力的增加，从而导致实际总收入的增加时，经济学家对该政策的解释完全不受个人满意度的可比性问题的影响；因为在所有这些情况下，都有可能让每个人比以前过得更好，或者至少让一些人过得更好而不让任何人过得更差"。也就是说，如果一项政策在补偿所有遭受损失的人的损失之后，其他人仍然比以前过得更好，则该项政策就是一项可行的福利增进政策。

1941年，希克斯在其发表的《消费者剩余的复兴》一文中，在讨论生产重组的效率问题时，提出了与卡尔多相似的观点。希克斯（Hicks，1941）指出，"事实上，有一个简单的方法可以克服这种失败主义，这是一个完全客观的测试，它使我们能够区分哪些重组提高了生产效率，哪些没有。如果A因改变而变得更好，以至于他可以补偿B的损失，并且仍然有剩余的东西，那么重组是一个明确的改进"。与卡尔多不同的是，希克斯在给出上述判定标准的基础上，更进一步地主张将消费者剩余作为重组效率的判定方法。

第三章 居民福利的形成机制与评估机理分析

居民福利统计评估是在居民福利水平测度的基础上，对居民福利水平发展变化的合理性进行评价，进而探讨居民福利水平增进路径的过程。这一过程的开展是基于居民福利形成机制和评估机理的，而对居民福利形成机制与评估机理的分析，则应从居民福利概念的界定来入手。

第一节 居民福利概念的界定

居民福利（Resident welfare）作为建立在庇古福利（welfare）一词基础上的一个概念，对其界定自然要基于庇古的福利、经济福利以及国民所得的概念，但也要兼顾边沁的功利以及阿马蒂亚·森的可行能力的内涵与外延，同时还要考虑其所应具有的时代意义。据此，可将居民福利概念从如下几个方面来界定。

一 从传统福利理论与时代要求出发，居民福利应为居民由其各种生活活动所得而获得的获得感、安全感和幸福感

（一）根据庇古的福利、经济福利以及国民所得概念，居民福利的内涵应为"满足感"、外延应为"由商品与服务所得而获得的"

根据庇古在其于1920年出版的《福利经济学》一书中对经济福利所做出的定义："经济福利被广泛地认为是能与货币尺度建立联系的满足与不满足"，应将居民福利的基本内涵界定为满足。但这种满足实质上是一种人的情感，因为庇古（1920）也强调"福利的性质是一种意识状态"，是"当所渴望的物品被得到后所感觉到的满足"，从而，将居民福利的内涵界定为满足感更为合适。

关于福利的外延，根据庇古的解释，满足感形成于欲望的满足，也即所渴望的物品被获得后所感觉到的满足，并可根据其所给出的国民所

得的概念，将所渴望的物品具体化为商品和服务的结合体。据此，可将居民福利的外延界定为"由商品与服务所得而获得的"。

这样，根据庇古的福利经济理论，可将居民福利的内涵界定为居民由商品与服务所得而获得的满足感。但这个界定似乎不太完美，其内涵有些单薄，其外延仅是对商品与服务所得的强调。为此，有必要依据边沁的功利概念和阿马蒂亚·森的可行能力理论，对其作进一步的修正。

（二）依据边沁和阿马蒂亚·森的相关理论，居民福利的内涵应增加幸福感、外延应拓展为各种生活活动所得

在边沁的功利理论中，功利的内涵是非常丰富的，可体现为"实惠、好处、快乐、利益或幸福"等。虽然庇古建立在"欲望的满足"基础上的满足感，与边沁的快乐或幸福有相通之处，但满足毕竟是与欲望相挂钩的满足，有别于边沁的快乐或幸福，所以在满足感的基础上增加幸福感的内涵，更能反映当代效用或福利的内涵。实际上，阿马蒂亚·森（Amartya Sen, 1987b）在表述效用的内涵时，通常是将其归纳为"满足或幸福""幸福或'欲望的满足'"的。这样，可将居民福利的内涵修正为满足感和幸福感。

关于功利的外延，边沁（1789）认为是任何客体给利益主体带来幸福或避免痛苦的性质，这里的"任何客体"，它"不仅是私人的每项行动，而且是政府的每项措施（这只是一种特殊的行动，由特殊的人去做）"，所以，功利的外延可以理解为各种行动的结果。根据边沁对功利外延的这种界定，可将居民福利的外延修正为"由各种商品与服务的获得与使用而得到的"，但其在与居民行动的关联上还是不太明确。

实际上，居民作为一个行为主体，居民的行动应具体体现为各种生活活动，居民福利作为一种个人福利，应是居民由其所开展的各种生活活动而获得的满足感和幸福感。对此，阿马蒂亚·森（Amartya Sen, 1985, 1987b, 2006）在其可行能力理论中曾指出，"'福利'关系到一个人的成就：他的'存在（being）'有多好"，"一个人真正享受到的福利往往与这种完成的功能性活动成就密切相关"，"个体福利方面的成就可视为他或她的生活内容向量"，"这些生活内容是个体生存状态的一个构成要素，对个体福利的评估也就成为对这些构成要素（即'生活内容'）的评估"。这样，如果将生活内容定义为各种生活活动（生活领域的各种功能性活动），将生活活动的结果定义为各种生活活动所得（生活领域的

功能性活动成就),则可依据阿马蒂亚·森的可行能力理论将居民福利的外延进一步修正为"由各种生活活动所得而获得的"。

如此,在庇古的福利经济理论的基础上,依据边沁的功利原理和阿马蒂亚·森的可行能力理论,可将居民福利的概念进一步修正为:居民由其各种生活活动所得而获得的满足感和幸福感。

(三)从居民福利评估服务于新时代中国特色社会主义建设出发,应将居民福利的内涵进一步拓展为获得感、安全感和幸福感

根据理论服务于实践的基本原则,对居民福利概念的界定,不但要依据福利理论,也应满足我国新时代中国特色社会主义建设的时代要求。

对此,党的十九大报告明确指出,要"坚持在发展中保障和改善民生","增进民生福祉是发展的根本目的","保障和改善民生要抓住人民最关心最直接最现实的利益问题……不断满足人民日益增长的美好生活需要……使人民获得感、幸福感、安全感更加充实、更有保障、更可持续"。由此可以看出,进一步增进民生福祉、不断满足人民美好生活的需要,是我国未来社会经济发展的一项重要任务,并由此而为新时代的居民福利评估,提出了反映人民美好生活的实现进程、为民生福祉增进提供决策服务的新要求。据此,理应将居民福利的内涵进一步明确为居民所获得的获得感、安全感和幸福感。

将居民所获得的获得感、安全感和幸福感作为居民福利的基本内涵,与依据传统福利理论所推论出的居民福利内涵并不矛盾。因为在解读人民的"获得感""安全感"和"幸福感"的过程中,我国学者徐斌(2017)、张青卫(2021)、赖昇兰(2022)等认为,获得感是指人们获得某种利益后而获得的满足感,安全感是指人们由安全保障而产生的满足感,幸福感则是建立在获得感和安全感基础上的一种长期满足感。所以,将居民福利的内涵界定为获得感、安全感和幸福感,实际上是对居民福利的满足感和幸福感内涵的一种细化,是将满足感细分为获得感和安全感的一个结果,并没有因此而改变居民福利的满足感和幸福感的本质内涵。

所以,从居民福利评估服务于新时代中国特色社会主义建设和我国民生事业发展决策出发,可将居民福利的基本内涵进一步拓展为获得感、安全感和幸福感,即居民福利是指居民由其各种生活活动所得而获得的获得感、安全感和幸福感。并可据此将居民福利分为基于获得感的居民福利、基于安全感的居民福利和基于幸福感的居民福利。

二 根据其所具有的经济福利属性,居民福利应为居民由其能与货币收支相联系的各种生活活动所得而获得的获得感、安全感和幸福感

居民福利（Resident welfare）作为建立在庇古的福利（welfare）以及经济福利（economic welfare）之上的一个概念,其本身就应具有经济福利的属性,并由此而强调居民各种生活活动所得是能与货币尺度建立联系的生活活动所得,即经济生活活动所得,而从与人民美好生活需要的满足相关联的视角来看,人民的美好生活需要既有经济方面的需要,也有来自政治、社会等方面的需要,居民各种生活活动所得,已远远超出了经济范畴。在此背景下,似乎已不可能使用货币尺度来衡量居民的各种生活活动所得,进而也不再适合从能与货币尺度建立联系的视角来界定居民福利的外延。

不过,从民生福祉的增进视角来看,居民福利的外延界定实际上并不需要那么宽泛。从党的二十大报告所提出的民生福祉增进的四个方面的举措可以看出,我国民生福祉的增进路径,主要涉及居民收入、就业、社会保障、健康等几个方面；我国"十三五"和"十四五"规划所制定的民生福祉发展目标,也主要涉及居民收入、就业、教育、医疗、社会保障、健康等内容。从而对居民福利外延的界定可主要关注于居民个人收入和社会公共服务这两个方面。

这样,虽然不能直接将社会公共服务与货币尺度相联系,但依据居民各种生活活动的开展过程都是个人生活物品的使用与社会公共服务的享用相互结合与相互作用的过程、居民个人生活物品的使用均与居民货币收支相联系的事实,总可利用居民货币收支来直接和间接地联系居民个人生活物品的使用与社会公共服务的享用,进而衡量居民各种生活活动所得。这样,可进一步将居民福利的概念修订为,居民福利是指居民由其能与货币收支相联系的各种生活活动所得而获得的获得感、安全感和幸福感。

据此,可从能与居民货币收支相联系的视角,将居民以满足各种生活需要而开展的各种生活活动界定为居民生活消费活动,将居民以生活安全为目的而开展储蓄储备、社会保险等生活活动界定为居民生活保障活动。进而将居民由生活消费活动所得而获得的满足感,界定为基于获得感的居民福利；将居民由生活保障活动所得而获得的满足感,界定为基于安全感的居民福利；将居民由生活消费活动和生活保障活动所得而获得的长期满足感,界定为基于幸福感的居民福利。

三 从可行能力理论出发，居民福利应为居民从各种生活活动所得所能获得的最大获得感、安全感和幸福感

按照阿马蒂亚·森的可行能力理论，居民福利应分为已实现的居民福利和可实现的居民福利，可实现的居民福利是个人能够获得的最大福利，已实现的居民福利不一定是个人能够获得的最大福利，从而，居民福利评估应基于可实现的居民福利即个人能够获得的最大福利，而不应基于已实现的居民福利。

据此，居民福利可以看作是居民由其生活收支水平所决定的各种生活活动所得而获得的最大获得感、安全感和幸福感。其中，基于获得感的居民福利，是指居民由其生活消费支出所决定的各种生活消费活动所得而获得的最大满足感；基于安全感的居民福利，是指居民由其生活保障支出所决定的生活保障活动所得而获得的最大满足感；基于幸福感的居民福利，是指居民由生活消费支出和生活保障支出所决定的各种生活消费活动所得和生活保障活动所得而获得的长期的最大满足感。

第二节 居民福利的形成机制分析

上述分析所得结论表明，居民福利所具有的经济福利属性，决定了居民由能与货币收支相联系的各种生活消费活动所得获得了获得感，由能与货币收支相联系的生活保障活动所得获得了安全感，获得感和安全感的长期化形成了居民的幸福感。据此，可对基于获得感、安全感和幸福感的居民福利形成机制进行分析与梳理。

一 居民的获得感、安全感和幸福感，形成于居民各种生活活动所得与他人、与他人和过去的比较过程

根据我国相关专家学者的解读，获得感和安全感实质上是来自不同方面的满足感，幸福感则是满足感的长期化。那么，满足感和幸福感又是如何形成的呢？

对此，英国行为经济学家尼克·威尔金森（Nick Wilkinson，2012）曾借用进化心理学家兼心理语言学家史蒂文·平克的观点，来形容"幸福感是三幕悲剧"，即"幸福感涉及人与人之间对所得福利的比较"，"幸福感还涉及人们对当前与过去福利的自我比较"，"幸福与痛苦并不是对收益与损失的对称反应";美国社会学者米克劳斯(1990)也曾指出,"在两件事情之间,人们感受到差距,幸福感和满意度就是由这些差距决定的,是差距的函数,或者说可以用来解释人们的幸福感和满意度",以色列行为经济学家丹尼尔·卡尼曼(Daniel Kahneman, 1979)所创立的前景理论也认为,"个体得到效用不是来自财富或者消费水平,而是来自相对于参考点的收益和损失"。

从而,关于满足感、幸福感的形成,三位专家的看法虽然存在一定的差异,但都可在威尔金森的观点上获得统一。因为两件事情之间的差距,可以看成本人与他人的差距,也可看成现在与过去的差距;相对于参考点的收益和损失,这个参照点既可以是他人,也可以是过去。因此,综合三位专家的观点,可以认为居民的获得感、安全感和幸福感,形成于居民各种生活活动所得与他人所得、与过去所得进行比较的过程,与他人、与过去相比,居民的生活活动所得多了,个人就会产生更多的获得感、安全感和幸福感,反之就会降低获得感、安全感和幸福感。

这样,按照这一思路,可基于获得感、安全感和幸福感的内涵,认为基于获得感的居民福利,形成于居民的各种生活消费活动所得与他人进行比较的过程,是居民相对于他人的各种生活消费活动所得;基于安全感的居民福利,形成于居民的生活保障活动所得与他人进行比较的过程,是居民相对于他人的生活保障活动所得;基于幸福感的居民福利,形成于居民的各种生活消费活动所得和生活保障活动所得与他人和过去进行比较的过程,是居民相对于他人和过去的各种生活消费活动所得和生活保障活动所得。

实际上,在居民的各种生活活动中,生活消费活动要比生活保障活动复杂得多。根据我国统计制度将人民生活消费总支出分为食品烟酒、衣着、居住、生活用品及服务、交通通信、教育文化娱乐、医疗保健、其他用品及服务八大类支出的规定,通常可将居民生活消费活动概括为居民基本生活消费活动(包括食品烟酒、衣着、居住、生活用品及服务、其他用品及服务等消费活动)、社会交往消费活动(包括交通和通信等消费活动)、文教娱乐消费活动(包括教育、文化、娱乐、旅游等消费活动)和医疗保健消费活动(包括医疗卫生、保健等消费活动)。这样,居民生活消费活动所得也可进一步分为居民基本生活消费活动所得、社会交往消费活动所得、文教娱乐消费活动所得和医疗保健消费活动所得。居民的各种生活消费活动所得与他人、与他人和过去进行比较，也就具体体现为居民基本生活消费活动所得、社会交往消费活动所得、文教娱乐消费活动所得和医疗保健消费活动所得与他人、与他人和过去进行比较。

如此，从与货币收支相关联的视角来看，居民基本生活消费活动所得、社会交往消费活动所得、文教娱乐消费活动所得和医疗保健消费活动所得与他人进行比较，使居民获得了获得感，形成了基于获得感的居民福利；居民生活保障活动所得与他人进行比较，使居民获得了安全感，形成了基于安全感的居民福利；居民基本生活消费活动所得、社会交往消费活动所得、文教娱乐消费活动所得、医疗保健消费活动所得以及生活保障活动所得与他人和过去进行综合比较，使居民获得了幸福感，形成了基于幸福感的居民福利。据此，可梳理出基于居民各种生活活动所得的居民福利形成机制，如图3-1所示。

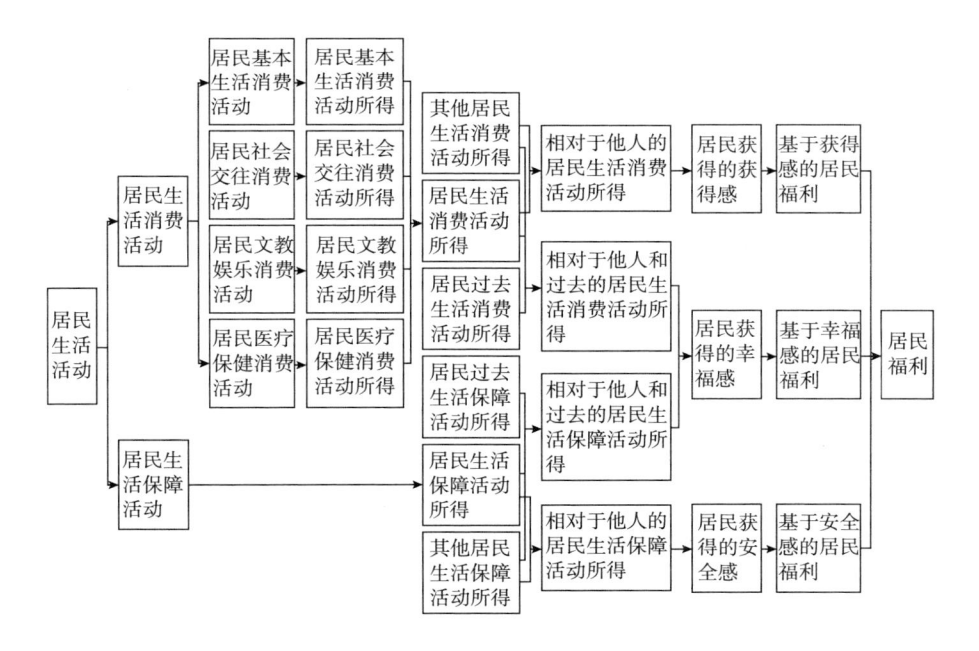

图3-1　基于各种生活活动所得的居民福利形成机制

二　居民各种生活活动所得形成于个人生活物品的使用与公共服务的享用相互结合的过程，决定于社会经济发展水平

在居民生活活动中，无论是各种生活消费活动，还是生活保障活动，每一种生活活动都具有与该生活活动目的相一致的功能。这样，可根据阿马蒂亚·森的可行能力理论，将各种生活活动称为各种功能性活动、将各种生活活动所得称为各种功能性活动成就，并可依据各种功能性活动成就的形成过程来分析各种生活活动所得的形成过程。

阿马蒂亚·森的可行能力理论表明，一个功能性活动成就的获得，并不仅仅取决于个人所拥有的生活物品（阿马蒂亚·森称为特征商品，下同）所具有的特定用途或功能，还取决于这些生活物品特定用途或功能的发挥所需的相关公共服务。所以，居民各种生活活动所得不仅决定于个人生活物品的用途或功能，也决定于作为个人生活物品使用条件的相关公共服务，居民各种生活活动所得是个人生活物品与相关公共服务相互结合、相互作用的结果。

这样，从居民各种生活消费活动来看，居民的各种生活消费活动所得，也就是居民各种个人生活消费物品的使用与生活消费活动公共服务的享用相互结合与作用的结果。其中，居民各种个人生活消费物品的使用量是居民各种生活消费支出与消费价格相互作用的结果，居民各种生活消费支出决定于居民可支配收入和居民消费偏好，居民可支配收入则决定于经济发展水平和收入分配比例；居民各种生活消费活动公共服务的享用量，决定于各种公共服务的提供量，各种公共服务的提供量决定于国家财政和企事业单位的相关资金投入，并最终决定于经济发展水平和收入分配比例。

同样，从居民生活保障活动来看，居民生活保障活动作为一种以生活安全为目的而进行的个人储蓄储备和社会保障活动，居民生活保障活动所得也是个人生活保障物品的储蓄储备与生活保障活动公共服务的享用相互结合与相互作用的结果。其中，居民个人生活保障物品的储蓄储备量是居民个人储蓄储备支出与消费价格相互作用的结果，居民个人储蓄储备支出作为居民可支配收入的一个组成部分，其决定于居民可支配收入和居民储蓄储备偏好，居民可支配收入则决定于经济发展水平和收入分配比例；居民生活保障活动公共服务的享用量决定于生活保障活动公共服务的提供量，生活保障活动公共服务的提供量决定于国家财政和企事业单位的相关资金投入，并决定于经济发展水平和收入分配比例。

这样，以经济发展水平为起始点，可梳理出居民各种生活消费活动所得和生活保障活动所得的形成机制，如图3-2所示。

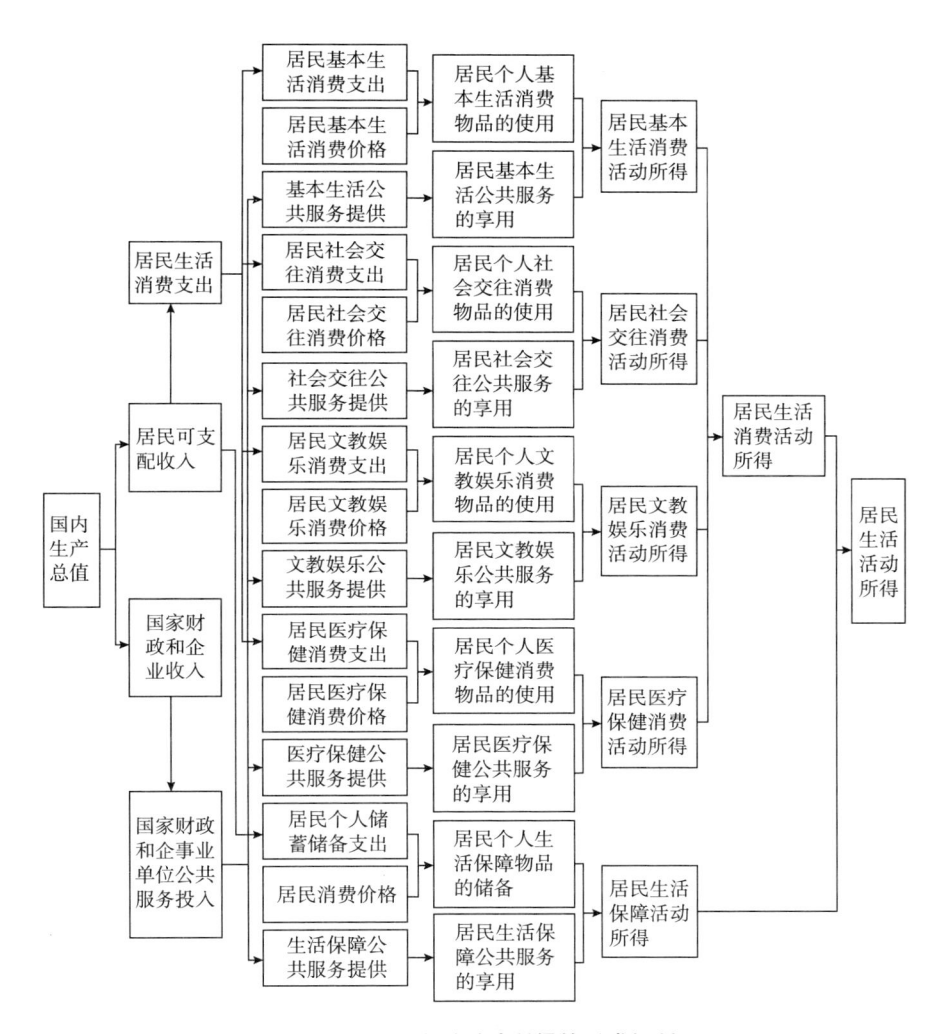

图 3-2 居民生活活动所得的形成机制

三 着眼于居民各种生活活动支出和居民可支配收入,可梳理出各视角的居民福利形成机制

居民福利概念分析所得结论表明,居民福利可分为基于获得感的居民福利、基于安全感的居民福利和基于幸福感的居民福利。其中基于获得感的居民福利是居民相对于他人的各种生活消费活动所得,基于安全感的居民福利是居民相对于他人的生活保障活动所得,基于幸福感的居民福利是居民相对于他人和过去的各种生活活动所得。这样,将图 3-1 和图 3-2 进行整合,即可梳理出各视角的居民福利形成机制,如图 3-3 所示。

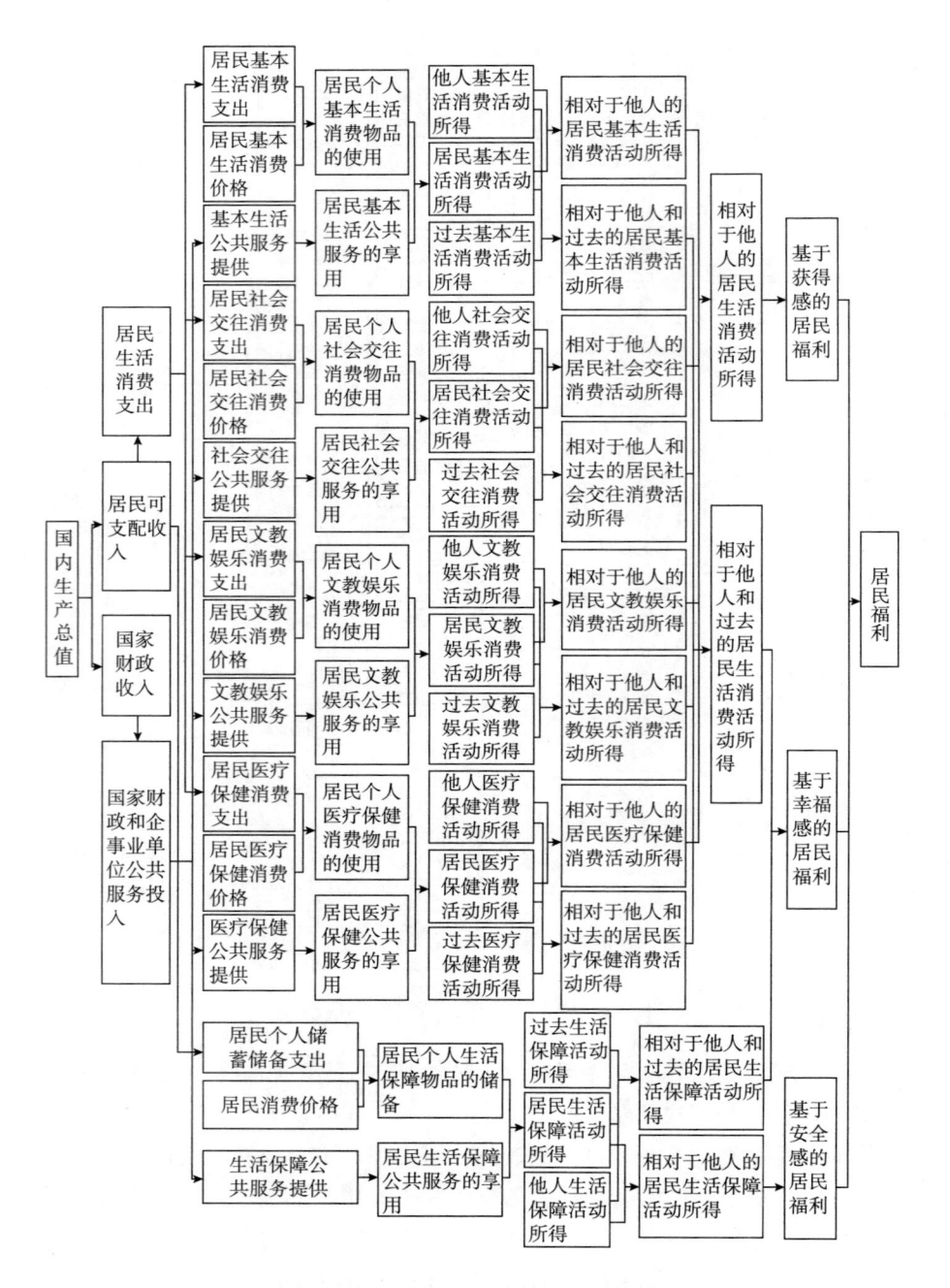

图 3-3　基于获得感、安全感和幸福感的居民福利形成机制

第三节　居民福利的评估机理

居民福利评估是对居民福利水平进行的测度、评价和增进路径分析，从而居民福利评估的相关机理，也分为居民福利测度机理、评价机理和增进路径分析机理。

一　居民福利测度的机理分析

居民福利测度是依据居民福利的形成机制，对居民由各种生活活动所得所获得的获得感、安全感和幸福感进行的测算。但这里的获得感、安全感和幸福感是指的客观上的获得感、安全感和幸福感，其测算不宜采用主观测度方法，而应在居民理性、显示性偏好和对偶原理成立的假设条件下，基于居民相对于他人或相对于他人和过去的各种生活所得，采用居民支出最小化分析框架，通过货币度量福利函数的拓展来构建居民福利测度模型。

（一）从理论上来讲，居民福利水平应为居民能够获得的最大福利水平，居民福利水平的测度也应采用消费者效用最大化分析框架

对阿马蒂亚·森的可行能力理论所进行的相关分析所得结论表明，阿马蒂亚·森的"能力集"类似于消费者选择理论的"预算集"，可实现的居民福利即理性居民在当前收支水平下（预算集），由各种生活活动所得能够获得的最大福利水平，所以，居民福利水平的测度应基于居民福利最大化分析框架，居民福利最大化分析框架的构建可采用消费者效用最大化的分析框架。

消费者效用最大化分析框架是建立在消费者选择理论之上的一个分析框架。消费者选择理论认为，理性消费者的效用是在既定支出水平条件下消费者能够获得的最大效用；能够确保消费者获得最大效用的最优消费束，是位于消费者无差异曲线与预算线切点的消费束，是能够满足各商品边际效用之比等于其价格之比的商品组合；消费者由最优消费束所决定的效用水平，就是消费者能够获得的最大效用水平，消费者能够获得的最大效用水平是最优消费束的函数，并称其为间接效用函数。

如果假设消费者的消费束由 x_1、x_2、x_3 三种商品组成，p_1、p_2、p_3 为三种商品的市场价格，I 为消费者的支出水平，$u(x) = x_1^{\alpha_1} x_2^{\alpha_2} x_3^{\alpha_3}$ 为消费

者效用函数（其中 α_i 为消费者对商品 i 的偏好系数，且 $\alpha_1+\alpha_2+\alpha_3=1$），则消费者效用最大化问题可表述为：

$$\begin{cases} \max\ x_1^{\alpha_1} x_2^{\alpha_2} x_3^{\alpha_3} \\ s.t.\ p_1 x_1 + p_2 x_2 + p_3 x_3 = I \end{cases} \quad (3-1)$$

采用拉格朗日方程法求解上述最大化问题，可得到消费者效用最大化的条件是：

$$\frac{MU_{x_1}}{MU_{x_2}} = \frac{p_1}{p_2} \quad (3-2)$$

$$\frac{MU_{x_1}}{MU_{x_3}} = \frac{p_1}{p_3} \quad (3-3)$$

$$\frac{MU_{x_2}}{MU_{x_3}} = \frac{p_2}{p_3} \quad (3-4)$$

能够使消费者获得最大效用的最优商品需求为：

$$x_i^* = \frac{\alpha_i I}{p_i} \quad (3-5)$$

消费者最大效用即间接效用函数为：

$$v = x_1^{*\alpha_1} x_2^{*\alpha_2} x_3^{*\alpha_3} = \frac{\alpha_1^{\alpha_1} \alpha_2^{\alpha_2} \alpha_3^{\alpha_3} I}{p_1^{\alpha_1} p_2^{\alpha_2} p_3^{\alpha_3}} \quad (3-6)$$

这样，消费者效用最大化问题的构建以及效用最大化条件、最优消费束以及间接效用函数的求解过程，也就构成了消费者效用最大化的分析框架，并可按照该分析框架来测度与分析居民福利水平。

（二）因居民偏好未知，居民福利水平的测度只能基于显示性偏好理论、采用消费者支出最小化分析框架

由式（3-1）可以看出，消费者效用最大化问题，通常是以柯布—道格拉斯效用函数为目标函数、以消费者各种商品购买额等于消费支出为约束条件的。这样，消费者效用最大化问题的建立，就涉及一个如何来确定柯布—道格拉斯效用函数中各种商品的幂指数 α_i 的问题。从柯布—道格拉斯函数的投入产出含义来讲，柯布—道格拉斯效用函数中各种商品的幂指数 α_i，应为商品 x_i 的效用产出弹性，从消费者选择理论来讲，其反映的是消费者对商品 x_i 的偏好系数。由于在居民福利分析过程中，居民偏好事前未知，α_i 是一个未知的量；又由于居民福利水平是一个待

求解的量，所以也不能按照弹性系数的计算方法来进行测算居民偏好系数，并由此而给运用消费者效用最大化分析框架来测度居民福利水平带来了困难。在此背景下，只能采用建立在显示性偏好理论之上的消费者支出最小化分析框架，来解决居民偏好系数未知情况下的居民福利水平测度问题。

据此，如果在上述假设基础上，定义 u_0 为既定效用水平，则可构建基于显示性偏好理论的消费者支出最小化问题如下：

$$\begin{cases} \min I = p_1 x_1 + p_2 x_2 + p_3 x_3 \\ s.\,t.\ x_1^{\alpha_1} x_2^{\alpha_2} x_3^{\alpha_3} = u_0 \end{cases} \tag{3-7}$$

采用拉格朗日方程法求解式（3-7），可得到消费者支出最小化的条件是：

$$\frac{MU_{x_1}}{MU_{x_2}} = \frac{p_1}{p_2} \tag{3-8}$$

$$\frac{MU_{x_1}}{MU_{x_3}} = \frac{p_1}{p_3} \tag{3-9}$$

$$\frac{MU_{x_2}}{MU_{x_3}} = \frac{p_2}{p_3} \tag{3-10}$$

消费者的最优需求是：

$$x_i^* = \frac{\alpha_i p_1^{\alpha_1} p_2^{\alpha_2} p_3^{\alpha_3} u_0}{\alpha_1^{\alpha_1} \alpha_2^{\alpha_2} \alpha_3^{\alpha_3} p_i} \tag{3-11}$$

消费者的最小支出为：

$$e = \frac{p_1^{\alpha_1} p_2^{\alpha_2} p_3^{\alpha_3} u_0}{\alpha_1^{\alpha_1} \alpha_2^{\alpha_2} \alpha_3^{\alpha_3}} \tag{3-12}$$

则基于消费者支出最小化问题的消费者支出最小化条件、消费者最优需求、最小支出函数的求解与分析过程，也就构成了消费者支出最小化分析框架。其中，最小支出函数也称为货币度量效用函数。

（三）在对偶原理成立的条件下，可通过货币度量效用（福利）函数的拓展来构建居民福利测度模型，进而测度居民福利水平

消费者选择的对偶原理表明，当消费者为理性人且在研究期内偏好不变时，如果消费者支出最小化问题中的既定效用水平 u_0 等于消费者效用最大化问题中的最大效用水平 v，则消费者支出最小化问题中的最小消

费支出 e 也就等于消费者效用最大化问题中的消费支出 I；如果消费者支出最小化问题中的最小消费支出 e 等于消费者效用最大化问题中的消费支出 I，则消费者支出最小化问题中的既定效用水平 u_0 也就等于消费者效用最大化问题中的最大效用水平 v。这样，在对偶原理成立时，即可由支出函数即货币度量效用（福利）函数拓展出消费者间接效用函数，并可用其来测度居民所获得的最大福利水平，即：

$$v=\frac{\alpha_1^{\alpha_1}\alpha_2^{\alpha_2}\alpha_3^{\alpha_3}e}{p_1^{\alpha_1}p_2^{\alpha_2}p_3^{\alpha_3}}=\frac{\alpha_1^{\alpha_1}\alpha_2^{\alpha_2}\alpha_3^{\alpha_3}I}{p_1^{\alpha_1}p_2^{\alpha_2}p_3^{\alpha_3}} \tag{3-13}$$

很明显，式（3-13）与式（3-6）是完全一样的，而之所以采用消费者支出最小化分析框架，通过货币度量效用函数的拓展来导出式（3-13），而不直接采用消费者效用最大化分析框架来求得式（3-6），主要是因为效用最大化分析框架中的消费者偏好系数是未知的，而消费者支出最小化分析框架中的消费者偏好系数是可以根据显示性偏好理论来测算的。

二　居民福利评价的机理分析

居民福利评价是对居民福利水平发展变化的合理性进行的评价，是基于居民福利水平发展变化的合理性评价标准，对其发展状况进行的评价。因而，如何来确定居民福利水平发展变化的合理性评价标准，是做好居民福利评价的一个关键。

（一）"递增性""平衡性"和"充分性"是居民福利水平发展变化合理性的三个评价标准

在福利理论的发展过程中，形成了许多福利评价标准，但这些标准都不宜作为我国居民福利的评价标准。从我国新时代的社会主要矛盾出发，更适宜将"平衡性"和"充分性"作为我国居民福利水平发展变化的合理性评价标准。

在"平衡性"和"充分性"这两个居民福利水平发展变化合理性评价标准的基础上，我们认为还需增加一个"递增性"标准。因为"平衡性"和"充分性"，是从消除居民福利城乡差异、地区差异出发而形成的两个居民福利发展变化合理性评价标准，是两个横向评价标准，还缺少一个纵向评价标准，而从纵横两个截面来评价居民福利水平发展变化的合理性，是确保居民福利评价全面性的一个必然要求。

(二) 基于"递增性"评价标准,可借助动态相对数来构建居民福利水平发展变化递增性评价模型

上述分析表明,"递增性"作为一个居民福利水平发展变化合理性的评价标准,其是基于人们的"损失厌恶"心理,根据本期与上期居民福利水平的比较结果,来判断居民福利发展变化趋势是否合理的一个评价标准。如果本期的居民福利水平大于等于上期的居民福利水平,居民福利水平的发展变化即为非递减趋势,是一个合理状态;如果本期的居民福利水平小于上期的居民福利水平,居民福利水平的发展变化为递减趋势,是一个不合理状态。

根据上述原理,居民福利水平发展变化递增性的评价,可通过居民福利水平发展变化递增系数的测算与分析来进行。其中,居民福利水平发展变化递增系数测算模型,可利用动态相对数来构建,其基本形式为:

$$居民福利水平发展变化递增系数 = \frac{本期居民福利水平}{上期居民福利水平} \quad (3-14)$$

且当递增系数≥1时,居民福利水平的发展变化处于非递减状态,是一种合理状态;反之,当递增系数<1时,居民福利水平的发展变化则处于递减状态,是一种不合理状态。且递增系数越小于1,递减速度越快,居民福利水平发展变化的不合理程度越高。

(三) 基于"平衡性"评价标准,可采用1-变异系数的方法来构造居民福利水平发展变化平衡性评价模型

关于社会经济发展的不平衡、不充分问题的研究,是党的十九大以来我国社会学界的一个研究热点,其中,也有许多专家学者对社会经济发展不平衡程度的测度问题进行了研究,并提出了不同的观点。例如,许宪春等(2019)、孟大虎等(2022)主张采用基尼系数,林佳丽(2012)、彭定赟等(2013)建议使用泰尔指数,葛菲等(2013)、邹克等(2020)认为威尔逊系数更好。我们认为,威尔逊系数在实证分析上更具有优势,同时也可通过1-威尔逊系数的方法,将不平衡程度测度转化为平衡程度测度,进而更有利于居民福利发展平衡性评价模型的构建。

若令 x_i 为第 i 个总体单位的变量值,$i=1、2、3、\cdots、n$,$\bar{x}$ 为各总体单位变量值的平均值,则变异系数 c_v 计算公式为:

$$c_v = \frac{1}{\bar{x}} \sqrt{\frac{1}{n} \sum_{i=1}^{n} (x_i - \bar{x})^2} \quad (3-15)$$

式（3-15）表明，变异系数实际上是总体单位变量值平均离差与总体单位变量值平均数的比值。因变异系数消除了不同总体之间由总体单位变量值平均数不同而造成的标准差不可比的影响因素，所以更适合用于不同地区经济发展、收入分配、资源配置等方面的不平等程度的测度与对比分析。

当然，鉴于变异系数越接近于1，总体单位各变量的平均离散程度越高，越接近于0，总体单位各变量的平均离散程度越低，在利用变异系数来测度与评价城乡居民福利水平发展变化平衡程度的过程中，需采用1-变异系数的方法来构建居民福利水平发展变化平衡系数，并利用居民福利水平发展变化平衡系数值来评价城乡居民福利水平发展变化的平衡程度。

如此，居民福利水平发展变化平衡系数的测算模型，即居民福利水平发展变化平衡性评价模型，且当平衡系数等于1时，居民福利水平发展变化处于平衡状态，是一种合理状态；当平衡系数小于1时，居民福利水平发展变化处于不平衡状态，是一种不合理状态。且平衡系数越接近于1，居民福利水平发展的平衡程度越高，反之越低。

（四）基于"充分性"评价标准，可采用二元对比系数来构建居民福利水平发展变化充分程度评价模型

关于社会经济发展的充分程度的测度，我国相关专家学者也有不同的主张。例如，许宪春等（2019）主张采用极差标准化方法，熊德斌等（2019）主张采用二元对比系数方法。我们认为二元对比系数更易于操作，居民福利水平发展充分程度评价模型可基于二元对比系数来构建。

如果令观测地区居民福利水平与先进地区居民福利水平的二元对比系数，为居民福利水平发展变化充分系数，则居民福利水平发展变化充分性评价模型的基本形式为：

$$居民福利水平发展变化充分系数 = \frac{观测地区居民福利水平}{先进地区居民福利水平} \quad (3-16)$$

且当充分系数等于1时，居民福利水平的发展变化处于充分状态，是一种合理状态；当充分系数小于1时，居民福利水平的发展变化处于不充分状态，是一种不合理状态。且充分系数越接近于1，居民福利水平发展变化的充分程度越高，反之越低。

三 居民福利增进的机理分析

居民福利增进是在居民福利水平发展变化出现不递增、不平衡、不充分等不合理状态时,针对其形成的原因,通过相关政策与措施的实施,来扭转其不合理发展状态,进而实现居民福利水平增进的过程。其基本机理是:

(一)居民福利水平发展变化不合理状态的改变过程,也是居民福利水平的增进过程

从居民福利水平发展变化合理性评价的"递增性""平衡性"和"充分性"三个评价标准来看,居民福利水平发展变化的不合理性,主要表现为本期居民福利水平相对上期福利水平偏低、某类居民的福利水平相对于全体居民福利水平偏低、本地区的居民福利水平相对于发达地区居民的福利水平偏低。

这样,要想改变居民福利水平发展变化的不合理状态,就必须提升居民本期相对于上期、相对于全体居民、相对于发达地区居民的福利水平,居民福利水平发展变化不合理状态的改变过程,实质上也是居民福利水平的增进过程,居民上期福利水平、全体居民福利水平、发达地区的居民福利水平,也就分别成为居民福利水平发展变化不递增、不平衡、不充分状态下的居民福利水平增进目标。

(二)居民福利水平发展变化不合理状态的形成原因,也就是居民福利水平增进对策的着力点

居民福利的形成机制和评估机理表明,制约居民福利水平发展变化的影响因素,主要有经济发展水平、收入分配比例、居民收支水平、居民消费价格指数和公共服务水平等。从而,居民福利水平发展变化的不合理,或者是因为经济发展水平较低、或者是因为收入分配比例不合理、或者是因为居民收支水平较低、或者是因为居民消费价格指数较高、或者是因为公共服务水平较低、或者是上述因素共同作用的结果。这样,居民福利水平的提升,就必须从经济发展速度的加快、收入分配比例的调整、居民收支水平的提升、居民消费价格水平的调控以及公共服务水平的提高等方面来入手。

实际上,从经济发展速度的加快、收入分配比例的调整、居民收支水平的提升、居民消费价格水平的调控以及公共服务水平的提高等方面入手来提升居民福利水平,也是"戈森定律"和"卡尔多—希克斯效率"

理论在居民福利增进上的一个具体运用。依据戈森定律,居民福利的增进,首先要增加消费与使用的各种生活物品和公共服务的种类和数量,其次要保持各种生活物品和各种公共服务的边际福利相等;按照卡尔多的主张,居民福利的增进,则要大力发展经济、调整收入分配政策、增加居民收入。

由于居民消费与使用的生活物品数量,取决于居民收支水平和价格水平,居民的收支水平决定于国民经济发展总水平以及收入分配比例,保持各种生活物品和各种公共服务的边际福利相等,可以通过将二者在居民各种生活所得形成过程中的权重设为相等来加以体现,所以,依据"戈森定律"和"卡尔多—希克斯效率"理论,加快经济发展、完善分配制度、增加居民收支、调控居民消费价格水平、提高各种公共服务水平,也就成为了居民福利增进对策的着力点。

(三)基于居民福利增进目标和影响因素,可通过居民福利测度模型的变换来构建各种居民福利增进对策分析模型

居民福利增进对策分析,是在居民福利水平发展变化不合理状态形成原因分析的基础上,基于居民福利增进目标,就居民福利水平增进问题而开展的相关对策分析。所以,居民福利增进对策分析,应依次做好居民福利增进目标的确定、居民福利水平发展变化不合理状态的成因分析以及居民福利增进的对策分析等项工作,其基本机理有以下三点。

1. 基于居民福利水平发展变化的合理性评价标准,可确定居民福利增进目标

上述分析所得结论表明,根据居民福利水平发展变化的合理性评价标准,为了改变本地区某类居民福利水平发展变化的不递增状态,需以本地区该类居民上期的福利水平作为本地区该类居民福利水平增进目标;为了改变本地区居民福利水平发展变化的不平衡状态,需以本地区全体居民的福利水平作为本地区相对落后的那类居民的福利水平增进目标;为了改变本地区某类居民福利水平发展变化的不充分状态,需以先进地区该类居民的福利水平作为本地区该类居民的福利水平增进目标。

需要说明的是,如果某地区居民福利水平的发展变化呈现出"不递增""不平衡"和"不充分"等多种不合理状态并存时,则该地区居民的福利水平增进,应依据循序渐进的原则,选取上期居民福利水平、全体居民福利水平、先进地区(或相对于本地区全国位次靠前的地区,下

同）的居民福利水平中，相对较低的福利水平作为本期居民福利水平的增进目标。因为将多种居民福利水平发展变化的不合理问题一次性解决到位，是难以做到的。

2. 基于福利水平偏差与影响因素偏差的比值，可分析导致居民福利水平发展变化不合理的各种成因

鉴于居民福利水平发展变化的各种不合理状态，具体表现为本地区居民本期相对于上期、相对于本期全体居民、相对于本期先进地区居民的福利水平存在负向偏差，此时，如果本地区居民本期相对于上期、相对于本期全体居民、相对于本期先进地区居民的收支水平和公共服务享用水平的偏差为负、价格指数的偏差为正，则偏低的居民收支水平和公共服务享用水平、偏高的价格水平是导致居民福利水平发展变化不递增、不平衡、不充分的原因；且当居民的收支水平和公共服务享用水平的负向偏差的绝对值、价格指数正向偏差大于福利水平负向偏差的绝对值时，偏低的居民收支水平和公共服务享用水平以及偏高价格水平的变动，正在加大本地区居民福利水平发展变化的不合理程度，从而偏低的居民的收支水平和公共服务享用水平、偏高的价格水平是导致居民福利发展变化不合理的主要原因。据此，可用福利水平偏差与该福利水平影响因素数值偏差的比较相对数，来分析居民福利水平发展变化不合理的成因。若从居民福利水平发展变化不递增、不平衡、不充分等视角，来分别定义该偏差比较相对数，则可构建基于不同评价标准的居民福利水平发展变化不合理状态的成因分析模型，即：

$$\binom{\text{基于不递增的福利水平偏差与}}{\text{某影响因素偏差的比较相对数}} = \frac{\text{本期居民福利水平} - \text{上期居民福利水平}}{\text{本期某影响因素指标值} - \text{上期该影响因素指标值}} \quad (3-17)$$

$$\binom{\text{基于不平衡的福利水平偏差与}}{\text{某影响因素偏差的比较相对数}} = \frac{\text{某类居民福利水平} - \text{全体居民福利水平}}{\text{某类居民某影响因素指标值} - \text{全体居民某影响因素指标值}} \quad (3-18)$$

$$\binom{\text{基于不充分的福利水平偏差与}}{\text{某影响因素偏差的比较相对数}} = \frac{\text{本地区居民福利水平} - \text{先进地区居民福利水平}}{\text{本地区某影响因素指标值} - \text{先进地区某影响因素指标值}} \quad (3-19)$$

如果居民福利水平的影响因素为居民收支和公共服务享用量，则当式（3-17）、式（3-18）、式（3-19）的值为正时，则偏低的居民收支和公共服务享用量是导致居民福利水平发展变化不递增、不平衡、不充分的一个原因；当式（3-17）、式（3-18）、式（3-19）的值为正且数值小于1时，偏低的居民收支和公共服务享用量，是导致居民福利水平发展变化不递增、不平衡、不充分的一个主要原因；当式（3-17）、式（3-18）、式（3-19）的值为正且数值大于等于1时，偏低的居民收支和公共服务享用量，是导致居民福利水平发展变化不递增、不平衡、不充分的一个次要原因。

如果居民福利水平的影响因素为各种消费价格指数，则当式（3-17）、式（3-18）、式（3-19）的值为负时，则偏高的消费价格指数，是导致居民福利水平发展变化不递增、不平衡、不充分的一个原因；当式（3-17）、式（3-18）、式（3-19）的值为负且其绝对值小于1时，偏高的消费价格指数，是导致居民福利水平发展变化不递增、不平衡、不充分的一个主要原因；当式（3-17）、式（3-18）、式（3-19）的值为负且其绝对值大于等于1时，偏高的消费价格指数，是导致居民福利水平发展变化不递增、不平衡、不充分的一个次要原因。

3. 通过居民福利测度模型的变换，可构建各种居民福利增进对策分析模型

按照居民福利测度机理而构建的居民福利测度模型，涵括了居民收支、消费价格指数、公共服务享用量等方面的居民福利水平影响因素，反映了居民福利水平与各影响因素之间的互动关系，从而在居民福利增进目标既定、其他影响因素水平既定的条件下，通过居民福利测度模型的变换，可构建为实现居民福利的增进目标所需某影响因素调控水平的测度模型，该模型称为着眼于某影响因素的居民福利增进模型。利用该模型所测算出来的实现居民福利增进目标所需的某影响因素调控水平，可通过将其与实际水平以及先进地区水平进行对比，对居民福利增进对策作进一步的分析。

例如，由货币度量效用函数拓展出的间接效用函数式（3-13）可以看出，消费者的间接效用函数 v 是最小支出 e 和价格水平 p_i 的函数。从而，当将消费者效用增进目标水平确定为 $\bar{v}$ 时，即可通过式（3-13）的拓展，来构建基于消费者消费支出和消费价格的消费者效用增进模型。

如式（3-20）、式（3-21）、式（3-22）所示。

$$e = \frac{p_1^{\alpha_1} p_2^{\alpha_2} p_3^{\alpha_3} \bar{v}}{\alpha_1^{\alpha_1} \alpha_2^{\alpha_2} \alpha_3^{\alpha_3}} \tag{3-20}$$

$$p_1 = \left(\frac{\alpha_1^{\alpha_1} \alpha_2^{\alpha_2} \alpha_3^{\alpha_3} e}{p_2^{\alpha_2} p_3^{\alpha_3} \bar{v}} \right)^{\frac{1}{\alpha_1}} \tag{3-21}$$

……

$$p_3 = \left(\frac{\alpha_1^{\alpha_1} \alpha_2^{\alpha_2} \alpha_3^{\alpha_3} e}{p_1^{\alpha_1} p_2^{\alpha_2} \bar{v}} \right)^{\frac{1}{\alpha_3}} \tag{3-22}$$

这样，依据上述原理，也可通过居民福利测度模型的变换，来构建基于居民收支、居民消费价格以及各种公共服务享用量的居民福利增进模型。并通过将上述因素的调控目标值与实际值以及先进地区的对应指标值进行对比，可进一步分析为了实现居民福利增进目标所需当前居民收支和公共服务享用量的提升幅度、价格的调控幅度以及相关辅助措施。

当然，由于在按照上述原理构建的居民福利测度模型中，没有反映经济发展和收入分配等方面的居民福利水平间接影响因素，所以需要利用居民消费支出以及居民消费支出占居民可支配收入的比重、居民可支配收入以及居民可支配收入占国内（地区）生产总值的比重，通过居民消费支出以及居民可支配收入的外生变量的内生化，将国内（地区）生产总值和居民可支配收入占国内（地区）生产总值的比重，引入居民福利测度模型，进而构建基于经济发展和收入分配的居民福利增进模型，并用其来分析居民福利增进的经济发展对策。

同时需要注意的是，上述模型在分析居民福利水平增进路径时，通常都是假定其他因素不变的，这种假设往往在所设定的居民福利增进目标较高时，会增大所研究因素所需的提升幅度，而且有可能是一个难以完成的提升幅度。这样，为避免上述情况的产生，一方面在制定居民福利增进目标时，一定要注意其可行性，最好由低到高递次设置；另一方面可采用多种对策联动的方式，在将其他影响因素调控至某一水平的前提下，来测度所研究的调控因素所需的调控水平。

第四章 居民福利统计评估模型体系的构建

根据居民福利的形成机制和评估机理，可以构建居民福利统计评估模型体系。该模型体系由居民福利测度模型、居民福利评价模型以及居民福利增进路径分析模型组成。

第一节 相关背景假设和相关变量定义

一 相关背景假设

为便于居民福利统计评估模型体系的构建，可依据居民福利统计评估机理，将相关研究背景设定如下。

（一）基于获得感、安全感和幸福感的居民福利，是居民相对于他人、相对于他人和过去的各种生活活动所得

居民福利可分为基于获得感的居民福利、基于安全感的居民福利和基于幸福感的居民福利。为了表述方便，基于获得感、安全感、幸福感的居民福利，也可称为居民基于获得感、安全感、幸福感的福利，或简称为居民获得感、安全感、幸福感福利以及获得感、安全感、幸福感居民福利。其中，基于获得感的居民福利是居民相对于他人的生活消费活动所得，基于安全感的居民福利是居民相对于他人的生活保障活动所得，基于幸福感的居民福利是居民相对于他人和过去的各种生活活动所得。

居民可按其常住地分为城镇居民和农村居民，城镇居民和农村居民的总和称为全体居民。居民与货币收支相联系的生活活动，可分为生活消费活动和生活保障活动，生活消费活动包括基本生活活动、社会交往活动、文教娱乐活动和医疗保健活动。

为了兼顾省际之间、城乡之间的差异性和可比性，反映居民福利水平的变动，将居民相对于他人的各种生活活动所得的对比基准，设定为

基期全国全体居民的对应生活活动所得；将居民相对于过去的各种生活活动所得的对比基准，设定为基期该居民对应的生活活动所得；将居民相对于他人和过去的各种生活活动所得的对比基准，设定为基期全国全体居民对应生活活动所得和基期该居民对应生活活动所得的几何平均数。

（二）居民理性且显示性偏好和对偶原理成立，居民福利水平可利用货币度量福利函数的拓展模型来测度

理性居民的福利水平，是在当前收支水平之下，居民能够获得的最大福利水平，可在显示性偏好、对偶原理成立的条件下，运用居民（消费者）支出最小化分析框架，通过货币度量福利函数的拓展来构建居民福利测度模型，并用于居民福利水平的测度。

（三）居民各种生活活动所得的形成过程是一个投入产出过程，并可用 CD 函数来描述

在居民生活活动所得的形成过程中，居民生活活动所得决定于居民生活消费活动所得和居民生活保障活动所得；居民生活消费活动所得决定于居民各种生活消费活动所得，居民各种生活消费活动所得形成于居民生活消费物品的使用与居民生活消费活动公共服务的享用相互结合与作用过程；居民生活保障活动所得形成于居民生活保障物品储蓄储备与居民生活保障活动公共服务享用相互结合与作用的过程。为了便于采用 CD 函数来描述上述各种生活活动所得的形成过程，我们假设上述各种生活活动所得的形成过程均是一个投入产出过程。

（四）居民生活物品的使用或储蓄储备、居民生活活动公共服务的享用，在居民生活活动所得形成过程中同等重要

假设居民生活物品的使用或储蓄储备、居民生活活动公共服务享用在居民生活活动所得形成过程中具有同等重要的作用，意味着依据居民生活物品的使用量（或储蓄储备量）和居民生活活动公共服务的享用量来测度居民生活活动所得时，可赋予居民生活物品使用量（或储蓄储备量）和居民生活活动公共服务享用量相同的权重数，即 0.5。

假设使用每种生活活动中的各项生活活动公共服务享用量来测度该种生活活动公共服务享用量时，可赋予各项生活活动公共服务享用量相同的权数，即 $\dfrac{1}{n}$。

（五）各种生活活动公共服务的提供量、享用量均为外生变量，且享用量等于提供量

在居民各种生活消费活动所得和生活保障活动所得的形成过程中，各级政府和企事业单位所提供的各种公共服务发挥着重要作用，并构成了居民各种生活活动所得的一个重要影响因素。但由于无法获得与各种生活活动公共服务提供量或享用量相对应的各种资金的投入数据，只能假设各种生活活动公共服务的提供量、享用量均为外生变量，且享用量等于提供量。

二　相关变量定义

基于上述研究背景假设，可将相关变量定义如下。

（1）t 为时期或年份编号，并令第 1 个时期或年份为基期；i 为居民类别，且 $i=1$ 时为全体居民、$i=2$ 时为城镇居民、$i=3$ 时为农村居民；j 为居民生活消费活动或生活消费种类，$j=1$ 时为基本生活消费活动，$j=2$ 时为社会交往消费活动，$j=3$ 时为文教娱乐消费活动，$j=4$ 时为医疗保健消费活动，并用下标 s 代表居民的生活保障活动，用下标 011 代表全国基期全体居民。

（2）I_{ti} 为 t 期第 i 类居民的人均可支配收入，$\tilde{I}_{ti}$ 为 t 期第 i 类居民相对于他人的人均可支配收入，即 $\tilde{I}_{ti}=\dfrac{I_{ti}}{I_{011}}$；$\hat{I}_{ti}$ 为 t 期第 i 类居民相对于他人和过去的人均可支配收入，即 $\hat{I}_{ti}=\dfrac{I_{ti}}{I_{011}^{0.5}I_{1i}^{0.5}}$；$y_t$ 为 t 期本地区人均国内（地区）生产总值；θ_{ti} 为 t 期第 i 类居民人均可支配收入 I_{ti} 占人均国内（地区）生产总值的比重，$\theta_{ti}=\dfrac{I_{ti}}{y_t}$ 或 $I_{ti}=\theta_{ti}y_t$。

（3）E_{ti} 为 t 期第 i 类居民的人均现金消费总支出，E_{tij} 为 t 期第 i 类居民第 j 种生活消费活动人均现金消费支出（或称之为人均第 j 种生活消费活动现金支出），且 $E_{ti}=\sum_{j=1}^{4}E_{tij}$；$\tilde{E}_{ti}$ 为 t 期第 i 类居民相对于他人的人均现金消费总支出，即 $\tilde{E}_{ti}=\dfrac{E_{ti}}{E_{011}}$；$\alpha_{tij}$ 为 t 期第 i 类居民第 j 种生活消费活动人均现金消费支出占人均现金消费总支出的比重，即 $\alpha_{tij}=\dfrac{E_{tij}}{E_{ti}}$；$\tilde{\alpha}_{tij}$ 为 t 期第

i 类居民相对于他人的第 j 种生活消费活动人均现金消费支出比重，即 $\tilde{\alpha}_{tij}=\dfrac{\alpha_{tij}}{\alpha_{011j}}$。

（4） E_{tis} 为 t 期第 i 类居民的人均储蓄储备支出，是 t 期第 i 类居民人均可支配收入 I_{ti} 与人均现金消费总支出 E_{ti} 之差，即 $E_{tis}=I_{ti}-E_{ti}$；$\tilde{E}_{tis}$ 为 t 期第 i 类居民相对于他人的人均储蓄储备支出，即 $\tilde{E}_{tis}=\dfrac{E_{tis}}{E_{011s}}$。

（5） β_{tij} 为 t 期第 i 类居民的第 j 种生活消费活动人均现金消费支出占人均可支配收入的比重，即 $\beta_{tij}=\dfrac{E_{tij}}{I_{ti}}$；$\hat{\beta}_{tij}$ 为 t 期第 i 类居民相对于他人和过去的第 j 种生活消费活动人均现金消费支出占人均可支配收入的比重，即 $\hat{\beta}_{tij}=\dfrac{\beta_{tij}}{\beta_{011j}^{0.5}\beta_{1ij}^{0.5}}$；$\beta_{tic}$ 为 t 期第 i 类居民的人均现金消费总支出占人均可支配收入的比重，也即 $\beta_{tic}=\dfrac{E_{ti}}{I_{ti}}=\sum\beta_{tij}$；$\beta_{tis}$ 为 t 期第 i 类居民的人均储蓄储备支出占人均可支配收入的比重，即 $\beta_{tis}=\dfrac{E_{tis}}{I_{ti}}$，且 $\sum\beta_{tij}+\beta_{tis}=1$；$\hat{\beta}_{tis}$ 为 t 期第 i 类居民相对于他人和过去的人均储蓄储备支出占人均可支配收入的比重，即 $\hat{\beta}_{tis}=\dfrac{\beta_{tis}}{\beta_{011s}^{0.5}\beta_{1is}^{0.5}}$。

（6） P_{ti} 为 t 期第 i 类居民消费环比价格总指数，p_{ti} 为 t 期第 i 类居民消费定基价格总指数，且 $p_{ti}=P_{1i}\times P_{2i}\times\cdots\times P_{ti}$；$P_{tij}$ 为 t 期第 i 类居民第 j 种生活消费环比价格指数，p_{tij} 为 t 期第 i 类居民第 j 种生活消费定基价格指数，且 $p_{tij}=P_{1ij}\times P_{2ij}\times\cdots\times P_{tij}$，并假设 t 期第 i 类居民生活保障物品的定基价格指数为 t 期第 i 类居民消费定基价格总指数 p_{ti}；$\tilde{p}_{ti}$ 为 t 期第 i 类居民相对于他人的居民消费定基价格总指数，即 $\tilde{p}_{ti}=\dfrac{p_{ti}}{p_{011}}$；$\tilde{p}_{tij}$ 为 t 期第 i 类居民相对于他人的第 j 种生活消费定基价格指数，即 $\tilde{p}_{tij}=\dfrac{p_{tij}}{p_{011j}}$；$\hat{p}_{ti}$ 为 t 期第 i 类居民相对于他人和过去的居民消费定基价格总指数，即 $\hat{p}_{ti}=\dfrac{p_{ti}}{p_{011}^{0.5}p_{1i}^{0.5}}$；$\hat{p}_{tij}$ 为 t 期第 i 类居民相对于他人和过去的第 j 种生活消费定基价格指数，即

$\hat{p}_{tij} = \dfrac{p_{tij}}{p_{011j}^{0.5} p_{1ij}^{0.5}}$。

（7） q_{tij} 为 t 期第 i 类居民第 j 种生活消费活动人均生活消费物品使用量，并用 t 期第 i 类居民第 j 种生活消费活动人均现金消费实际支出来表示，即 $q_{tij} = \dfrac{E_{tij}}{p_{tij}}$；$\tilde{q}_{tij}$ 为 t 期第 i 类居民相对于他人的第 j 种生活消费活动人均生活消费物品使用量，即 $\tilde{q}_{tij} = \dfrac{q_{tij}}{q_{011j}}$；$\hat{q}_{tij}$ 为 t 期第 i 类居民相对于他人和过去的第 j 种生活消费活动人均生活消费物品使用量，即 $\hat{q}_{tij} = \dfrac{q_{tij}}{q_{011j}^{0.5} q_{1ij}^{0.5}}$。

（8） q_{tis} 为 t 期第 i 类居民人均生活保障物品储蓄储备量，并用 t 期第 i 类居民人均储蓄储备实际支出来表示，即 $q_{tis} = \dfrac{E_{tis}}{p_{ti}}$；$\tilde{q}_{tis}$ 为 t 期第 i 类居民相对于他人的人均生活保障物品储蓄储备量，即 $\tilde{q}_{tis} = \dfrac{q_{tis}}{q_{011s}}$；$\hat{q}_{tis}$ 为 t 期第 i 类居民相对于他人和过去的人均生活保障物品储蓄储备量，即 $\hat{q}_{tis} = \dfrac{q_{tis}}{q_{011s}^{0.5} q_{1is}^{0.5}}$。

（9） g_{tij} 为 t 期第 i 类居民第 j 种生活消费活动的公共服务享用量，g_{tijh} 为 t 期第 i 类居民第 j 种生活消费活动第 h 项公共服务享用量（$h = 1$，2，$\cdots$，n）；$\tilde{g}_{tij}$ 为 t 期第 i 类居民相对于他人的第 j 种生活消费活动公共服务享用量，$\tilde{g}_{tijh}$ 为 t 期第 i 类居民相对于他人的第 j 种生活消费活动第 h 项公共服务享用量，$\tilde{g}_{tijh} = \dfrac{g_{tijh}}{g_{011jh}}$，且 $\tilde{g}_{tij} = (\tilde{g}_{tij1} \tilde{g}_{tij2} \cdots \tilde{g}_{tijn})^{\frac{1}{n}}$；$\hat{g}_{tij}$ 为 t 期第 i 类居民相对于他人和过去的第 j 种生活消费活动公共服务享用量，$\hat{g}_{tijh}$ 为 t 期第 i 类居民相对于他人和过去的第 j 种生活消费活动第 h 项公共服务享用量，$\hat{g}_{tijh} = \dfrac{g_{tijh}}{g_{011jh}^{0.5} g_{1ijh}^{0.5}}$，且 $\hat{g}_{tij} = (\hat{g}_{tij1} \hat{g}_{tij2} \cdots \hat{g}_{tijn})^{\frac{1}{n}}$。

（10） g_{tis} 为 t 期第 i 类居民生活保障活动公共服务享用量，g_{tisz} 为 t 期第 i 类居民生活保障活动第 z 种公共服务享用量（$z = 1$，2，$\cdots$，m）；$\tilde{g}_{tis}$ 为 t 期第 i 类居民相对于他人的生活保障活动公共服务享用量，$\tilde{g}_{tisz}$ 为 t 期

第 i 类居民相对于他人的生活保障活动第 z 种公共服务享用量，$\tilde{g}_{tisz} = \dfrac{g_{tisz}}{g_{001sz}}$，且 $\tilde{g}_{tis} = (\tilde{g}_{tis1}\tilde{g}_{tis2}\cdots\tilde{g}_{tism})^{\frac{1}{m}}$；$\acute{g}_{tis}$ 为 t 期第 i 类居民相对于他人和过去的生活保障活动公共服务享用量，$\hat{g}_{tisz}$ 为 t 期第 i 类居民相对于他人和过去的生活保障活动第 z 种公共服务享用量，$\hat{g}_{tisz} = \dfrac{g_{tisz}}{g_{011sz}^{0.5}g_{1isz}^{0.5}}$，且 $\acute{g}_{tis} = (\hat{g}_{tis1}\hat{g}_{tis2}\cdots\hat{g}_{tism})^{\frac{1}{m}}$。

（11）$\tilde{r}_{tij}$ 为 t 期第 i 类居民相对于他人的第 j 种生活消费活动所得，$\tilde{r}_{tij} = \tilde{q}_{tij}^{0.5}\tilde{g}_{tij}^{0.5}$；$\tilde{r}_{tic}$ 为 t 期第 i 类居民相对于他人的各种生活消费活动所得，$\tilde{r}_{tic} = \tilde{r}_{ti1}^{\alpha_{ti1}}\tilde{r}_{ti2}^{\alpha_{ti2}}\tilde{r}_{ti3}^{\alpha_{ti3}}\tilde{r}_{ti4}^{\alpha_{ti4}}$。$\tilde{r}_{tis}$ 为 t 期第 i 类居民相对于他人的生活保障活动所得，$\tilde{r}_{tis} = \tilde{q}_{tis}^{0.5}\tilde{g}_{tis}^{0.5}$；$\hat{r}_{tij}$ 为 t 期第 i 类居民相对于他人和过去的第 j 种生活消费活动所得，$\hat{r}_{tij} = \hat{q}_{tij}^{0.5}\hat{g}_{tij}^{0.5}$；$\hat{r}_{tis}$ 为 t 期第 i 类居民相对于他人和过去的生活保障活动所得，$\hat{r}_{tis} = \hat{q}_{tis}^{0.5}\hat{g}_{tis}^{0.5}$；$\hat{r}_{ti}$ 为 t 期第 i 类居民相对于他人和过去的各种生活活动所得，$\hat{r}_{ti} = \hat{r}_{ti1}^{\beta_{ti1}}\hat{r}_{ti2}^{\beta_{ti2}}\hat{r}_{ti3}^{\beta_{ti3}}\hat{r}_{ti4}^{\beta_{ti4}}\hat{r}_{tis}^{\beta_{tis}}$。

（12）W_{cti} 为 t 期基于获得感的第 i 类居民福利水平，且基于获得感的居民福利函数为：

$$\begin{aligned}W_{cti} &= \tilde{r}_{tic} \\ &= \tilde{r}_{ti1}^{\alpha_{ti1}}\tilde{r}_{ti2}^{\alpha_{ti2}}\tilde{r}_{ti3}^{\alpha_{ti3}}\tilde{r}_{ti4}^{\alpha_{ti4}} \\ &= (\tilde{q}_{ti1}\tilde{g}_{ti1})^{0.5\alpha_{ti1}}(\tilde{q}_{ti2}\tilde{g}_{ti2})^{0.5\alpha_{ti2}}(\tilde{q}_{ti3}\tilde{g}_{ti3})^{0.5\alpha_{ti3}}(\tilde{q}_{ti4}\tilde{g}_{ti4})^{0.5\alpha_{ti4}} \\ &= \left(\dfrac{q_{ti1}\tilde{g}_{ti1}}{q_{0111}}\right)^{0.5\alpha_{ti1}}\left(\dfrac{q_{ti2}\tilde{g}_{ti2}}{q_{0112}}\right)^{0.5\alpha_{ti2}}\left(\dfrac{q_{ti3}\tilde{g}_{ti3}}{q_{0113}}\right)^{0.5\alpha_{ti3}}\left(\dfrac{q_{ti4}\tilde{g}_{ti4}}{q_{0114}}\right)^{0.5\alpha_{ti4}}\end{aligned} \quad (4-1)$$

（13）W_{sti} 为 t 期基于安全感的第 i 类居民福利水平，且基于安全感的居民福利函数为：

$$W_{sti} = \tilde{r}_{tis} = \tilde{q}_{tis}^{0.5}\tilde{g}_{tis}^{0.5} \quad (4-2)$$

（14）W_{Hti} 为 t 期基于幸福感的第 i 类居民福利水平，且基于幸福感的居民福利函数为：

$$\begin{aligned}W_{Hti} &= \hat{r}_{ti} \\ &= \hat{r}_{ti1}^{\beta_{ti1}}\hat{r}_{ti2}^{\beta_{ti2}}\hat{r}_{ti3}^{\beta_{ti3}}\hat{r}_{ti4}^{\beta_{ti4}}\hat{r}_{tis}^{\beta_{tis}} \\ &= (\hat{q}_{ti1}^{0.5}\hat{g}_{ti1}^{0.5})^{\beta_{ti1}}(\hat{q}_{ti2}^{0.5}\hat{g}_{ti2}^{0.5})^{\beta_{ti2}}(\hat{q}_{ti3}^{0.5}\hat{g}_{ti3}^{0.5})^{\beta_{ti3}}(\hat{q}_{ti4}^{0.5}\hat{g}_{ti4}^{0.5})^{\beta_{ti4}}(\hat{q}_{tis}^{0.5}\hat{g}_{tis}^{0.5})^{\beta_{tis}}\end{aligned}$$

$$=\left(\frac{q_{ti1}\hat{g}_{ti1}}{q_{0111}^{0.5}q_{1i1}^{0.5}}\right)^{0.5\beta_{ti1}}\left(\frac{q_{ti2}\hat{g}_{ti2}}{q_{0112}^{0.5}q_{1i2}^{0.5}}\right)^{0.5\beta_{ti2}}\left(\frac{q_{ti3}\hat{g}_{ti3}}{q_{0113}^{0.5}q_{1i3}^{0.5}}\right)^{0.5\beta_{ti3}}\left(\frac{q_{ti4}\hat{g}_{ti4}}{q_{0114}^{0.5}q_{1i4}^{0.5}}\right)^{0.5\beta_{ti4}}$$
$$\left(\frac{q_{tis}\hat{g}_{tis}}{q_{011s}^{0.5}q_{1is}^{0.5}}\right)^{0.5\beta_{tis}} \tag{4-3}$$

第二节 居民福利测度模型的构建

根据居民福利的分类，居民福利测度模型可分为基于获得感的居民福利测度模型、基于安全感的居民福利测度模型以及基于幸福感的居民福利测度模型。

一 基于获得感的居民福利测度模型的构建

居民福利的形成机制和评估机理表明，基于获得感的居民福利，是指居民由相对于他人的生活消费活动所得而获得的满足感，是在当前人均现金消费总支出水平下，居民由各种生活消费活动所得而获得的最大满足感。从而，在居民偏好未知的情况下，基于获得感的居民福利测度模型，可依据居民支出最小化分析框架、通过货币度量福利函数的拓展来构建。其所对应的居民支出最小化问题为：

$$\begin{cases} \min E_{ti} = p_{ti1}q_{ti1} + p_{ti2}q_{ti2} + p_{ti3}q_{ti3} + p_{ti4}q_{ti4} \\ s.t.\ W_{cti} = \left(\frac{q_{ti1}\tilde{g}_{ti1}}{q_{0111}}\right)^{0.5\alpha_{ti1}}\left(\frac{q_{ti2}\tilde{g}_{ti2}}{q_{0112}}\right)^{0.5\alpha_{ti2}}\left(\frac{q_{ti3}\tilde{g}_{ti3}}{q_{0113}}\right)^{0.5\alpha_{ti3}}\left(\frac{q_{ti4}\tilde{g}_{ti4}}{q_{0114}}\right)^{0.5\alpha_{ti4}} \end{cases} \tag{4-4}$$

采用拉格朗日方程法求解居民支出最小化问题可得：

$$q_{ti1} = \frac{\alpha_{ti1}q_{0111}^{\alpha_{ti1}}q_{0112}^{\alpha_{ti2}}q_{0113}^{\alpha_{ti3}}q_{0114}^{\alpha_{ti4}}p_{ti1}^{\alpha_{ti1}}p_{ti2}^{\alpha_{ti2}}p_{ti3}^{\alpha_{ti3}}p_{ti4}^{\alpha_{ti4}}W_{cti}^2}{\alpha_{ti1}^{\alpha_{ti1}}\alpha_{ti2}^{\alpha_{ti2}}\alpha_{ti3}^{\alpha_{ti3}}\alpha_{ti4}^{\alpha_{ti4}}\tilde{g}_{ti1}^{\alpha_{ti1}}\tilde{g}_{ti2}^{\alpha_{ti2}}\tilde{g}_{ti3}^{\alpha_{ti3}}\tilde{g}_{ti4}^{\alpha_{ti4}}p_{ti1}} \tag{4-5}$$

$$q_{ti2} = \frac{\alpha_{ti2}q_{0111}^{\alpha_{ti1}}q_{0112}^{\alpha_{ti2}}q_{0113}^{\alpha_{ti3}}q_{0114}^{\alpha_{ti4}}p_{ti1}^{\alpha_{ti1}}p_{ti2}^{\alpha_{ti2}}p_{ti3}^{\alpha_{ti3}}p_{ti4}^{\alpha_{ti4}}W_{cti}^2}{\alpha_{ti1}^{\alpha_{ti1}}\alpha_{ti2}^{\alpha_{ti2}}\alpha_{ti3}^{\alpha_{ti3}}\alpha_{ti4}^{\alpha_{ti4}}\tilde{g}_{ti1}^{\alpha_{ti1}}\tilde{g}_{ti2}^{\alpha_{ti2}}\tilde{g}_{ti3}^{\alpha_{ti3}}\tilde{g}_{ti4}^{\alpha_{ti4}}p_{ti2}} \tag{4-6}$$

$$q_{ti3} = \frac{\alpha_{ti3}q_{0111}^{\alpha_{ti1}}q_{0112}^{\alpha_{ti2}}q_{0113}^{\alpha_{ti3}}q_{0114}^{\alpha_{ti4}}p_{ti1}^{\alpha_{ti1}}p_{ti2}^{\alpha_{ti2}}p_{ti3}^{\alpha_{ti3}}p_{ti4}^{\alpha_{ti4}}W_{cti}^2}{\alpha_{ti1}^{\alpha_{ti1}}\alpha_{ti2}^{\alpha_{ti2}}\alpha_{ti3}^{\alpha_{ti3}}\alpha_{ti4}^{\alpha_{ti4}}\tilde{g}_{ti1}^{\alpha_{ti1}}\tilde{g}_{ti2}^{\alpha_{ti2}}\tilde{g}_{ti3}^{\alpha_{ti3}}\tilde{g}_{ti4}^{\alpha_{ti4}}p_{ti3}} \tag{4-7}$$

$$q_{ti4} = \frac{\alpha_{ti4}q_{0111}^{\alpha_{ti1}}q_{0112}^{\alpha_{ti2}}q_{0113}^{\alpha_{ti3}}q_{0114}^{\alpha_{ti4}}p_{ti1}^{\alpha_{ti1}}p_{ti2}^{\alpha_{ti2}}p_{ti3}^{\alpha_{ti3}}p_{ti4}^{\alpha_{ti4}}W_{cti}^2}{\alpha_{ti1}^{\alpha_{ti1}}\alpha_{ti2}^{\alpha_{ti2}}\alpha_{ti3}^{\alpha_{ti3}}\alpha_{ti4}^{\alpha_{ti4}}\tilde{g}_{ti1}^{\alpha_{ti1}}\tilde{g}_{ti2}^{\alpha_{ti2}}\tilde{g}_{ti3}^{\alpha_{ti3}}\tilde{g}_{ti4}^{\alpha_{ti4}}p_{ti4}} \tag{4-8}$$

将式（4-5）、式（4-6）、式（4-7）、式（4-8）代入到最小化问题的目标函数可得：

$$E_{ti} = \frac{q_{0111}^{\alpha_{ti1}} q_{0112}^{\alpha_{ti2}} q_{0113}^{\alpha_{ti3}} q_{0114}^{\alpha_{ti4}} p_{ti1}^{\alpha_{ti1}} p_{ti2}^{\alpha_{ti2}} p_{ti3}^{\alpha_{ti3}} p_{ti4}^{\alpha_{ti4}} W_{cti}^2}{\alpha_{ti1}^{\alpha_{ti1}} \alpha_{ti2}^{\alpha_{ti2}} \alpha_{ti3}^{\alpha_{ti3}} \alpha_{ti4}^{\alpha_{ti4}} \tilde{g}_{ti1}^{\alpha_{ti1}} \tilde{g}_{ti2}^{\alpha_{ti2}} \tilde{g}_{ti3}^{\alpha_{ti3}} \tilde{g}_{ti4}^{\alpha_{ti4}}} \tag{4-9}$$

式（4-9）即为居民最小支出函数，也称其为基于获得感的货币度量福利函数。因通过该函数的拓展，可构建基于获得感的居民福利测度模型，所以，我们也称其为基于获得感的居民福利测度基础模型。

这样，通过式（4-9）的变换可得：

$$W_{cti} = \left(\frac{\alpha_{ti1}^{\alpha_{ti1}} \alpha_{ti2}^{\alpha_{ti2}} \alpha_{ti3}^{\alpha_{ti3}} \alpha_{ti4}^{\alpha_{ti4}} \tilde{g}_{ti1}^{\alpha_{ti1}} \tilde{g}_{ti2}^{\alpha_{ti2}} \tilde{g}_{ti3}^{\alpha_{ti3}} \tilde{g}_{ti4}^{\alpha_{ti4}} E_{ti}}{q_{0111}^{\alpha_{ti1}} q_{0112}^{\alpha_{ti2}} q_{0113}^{\alpha_{ti3}} q_{0114}^{\alpha_{ti4}} p_{ti1}^{\alpha_{ti1}} p_{ti2}^{\alpha_{ti2}} p_{ti3}^{\alpha_{ti3}} p_{ti4}^{\alpha_{ti4}}} \right)^{0.5} \tag{4-10}$$

由于 $q_{011j} = \frac{E_{011j}}{p_{011j}}$、$E_{011j} = \alpha_{011j} E_{011}$、$\tilde{E}_{ti} = \frac{E_{ti}}{E_{011}}$、$\tilde{\alpha}_{tij} = \frac{\alpha_{tij}}{\alpha_{011j}}$、$\tilde{p}_{tij} = \frac{p_{tij}}{p_{011j}}$，将它们代入式（4-10）可得：

$$W_{cti} = \left(\frac{\tilde{\alpha}_{ti1} \tilde{g}_{ti1}}{\tilde{p}_{ti1}} \right)^{0.5\alpha_{ti1}} \left(\frac{\tilde{\alpha}_{ti2} \tilde{g}_{ti2}}{\tilde{p}_{ti2}} \right)^{0.5\alpha_{ti2}} \left(\frac{\tilde{\alpha}_{ti3} \tilde{g}_{ti3}}{\tilde{p}_{ti3}} \right)^{0.5\alpha_{ti3}} \left(\frac{\tilde{\alpha}_{ti4} \tilde{g}_{ti4}}{\tilde{p}_{ti4}} \right)^{0.5\alpha_{ti4}} \tilde{E}_{ti}^{0.5} \tag{4-11}$$

则式（4-11）即为基于获得感的居民福利测度模型。该模型表明，本地区 t 期基于获得感的第 i 类居民福利水平 W_{cti}，与本地区 t 期第 i 类居民相对于他人的人均现金消费总支出 $\tilde{E}_{ti}$ 以及各种生活消费活动公共服务享用量 $\tilde{g}_{ti1}$、$\tilde{g}_{ti2}$、$\tilde{g}_{ti3}$、$\tilde{g}_{ti4}$ 成正比，与本地区 t 期第 i 类居民相对于他人的各种生活消费定基价格指数 $\tilde{p}_{ti1}$、$\tilde{p}_{ti2}$、$\tilde{p}_{ti3}$、$\tilde{p}_{ti4}$ 成反比。

二 基于安全感的居民福利测度模型的构建

基于安全感的居民福利，是指居民由相对于他人的生活保障活动所得而获得的满足感，是在当前人均储蓄储备支出水平下，居民由生活保障活动所得而获得的最大满足感。由于基于安全感的居民福利来自单一的生活保障活动所得，而根据显示性偏好理论，理性居民某一生活活动的支出，都是能使该项生活活动所得达到最大化的支出，所以，基于安全感的居民福利测度模型，可依据基于安全感的居民福利函数来构建。

这样，将 $\tilde{q}_{tis} = \frac{q_{tis}}{q_{011s}}$、$q_{tis} = \frac{E_{tis}}{p_{ti}}$、$q_{011s} = \frac{E_{011s}}{p_{011}}$ 代入式（4-2）可得：

$$W_{sti} = \frac{E_{tis}^{0.5} p_{011}^{0.5} \tilde{g}_{tis}^{0.5}}{E_{011s}^{0.5} p_{ti}^{0.5}} \tag{4-12}$$

将 $\dfrac{E_{tis}}{E_{011s}}=\tilde{E}_{tis}$、$\dfrac{p_{ti}}{p_{011}}=\tilde{p}_{ti}$ 代入式（4-12）可得：

$$W_{sti}=\left(\dfrac{\tilde{E}_{tis}\tilde{g}_{tis}}{\tilde{p}_{ti}}\right)^{0.5} \qquad (4-13)$$

我们称式（4-13）为基于安全感的居民福利测度模型。该模型表明，基于安全感的居民福利水平 W_{sti}，与本地区 t 期第 i 类居民相对于他人的人均储蓄储备支出 $\tilde{E}_{tis}$ 和生活保障活动公共服务享用量 $\tilde{g}_{tis}$ 成正比，与本地区 t 期第 i 类居民相对于他人的消费定基价格总指数 $\tilde{p}_{ti}$ 成反比。

三 基于幸福感的居民福利测度模型的构建

居民福利的形成机制和评估机理表明，基于幸福感的居民福利，是居民由相对于他人和过去的生活消费活动所得和生活保障活动所得而获得的满足感，是居民在当前可支配收入水平下，由各种生活消费活动所得和生活保障活动所得而获得的长期的、最大的满足感。从而，在居民偏好未知的情况下，基于幸福感的居民福利测度模型，可依据显示性偏好理论、对偶原理和居民支出最小化分析框架，通过货币度量福利函数的拓展来构建。

其所对应的居民支出最小化问题为：

$$\begin{cases} \min\ I_{ti}=p_{ti1}q_{ti1}+p_{ti2}q_{ti2}+p_{ti3}q_{ti3}+p_{ti4}q_{ti4}+p_{ti}q_{tis} \\ s.t.\ W_{Hti}=\left(\dfrac{q_{ti1}\hat{g}_{ti1}}{q_{0111}^{0.5}q_{1i1}^{0.5}}\right)^{0.5\beta_{ti1}}\left(\dfrac{q_{ti2}\hat{g}_{ti2}}{q_{0112}^{0.5}q_{1i2}^{0.5}}\right)^{0.5\beta_{ti2}}\left(\dfrac{q_{ti3}\hat{g}_{ti3}}{q_{0113}^{0.5}q_{1i3}^{0.5}}\right)^{0.5\beta_{ti3}} \\ \qquad\left(\dfrac{q_{ti4}\hat{g}_{ti4}}{q_{0114}^{0.5}q_{1i4}^{0.5}}\right)^{0.5\beta_{ti4}}\left(\dfrac{q_{tis}\hat{g}_{tis}}{q_{011s}^{0.5}q_{1is}^{0.5}}\right)^{0.5\beta_{tis}} \end{cases} \qquad (4-14)$$

采用拉格朗日方程法求解上述居民支出最小化问题可得：

$$q_{ti1}=\dfrac{\beta_{ti1}p_{ti1}^{\beta_{ti1}}p_{ti2}^{\beta_{ti2}}p_{ti3}^{\beta_{ti3}}p_{ti4}^{\beta_{ti4}}p_{ti}^{\beta_{tis}}q_{0111}^{0.5\beta_{ti1}}q_{0112}^{0.5\beta_{ti2}}q_{0113}^{0.5\beta_{ti3}}q_{0114}^{0.5\beta_{ti4}}q_{011s}^{0.5\beta_{tis}}q_{1i1}^{0.5\beta_{ti1}}q_{1i2}^{0.5\beta_{ti2}}q_{1i3}^{0.5\beta_{ti3}}q_{1i4}^{0.5\beta_{ti4}}q_{1is}^{0.5\beta_{tis}}W_{Hti}^{2}}{p_{ti1}\beta_{ti1}^{\beta_{ti1}}\beta_{ti2}^{\beta_{ti2}}\beta_{ti3}^{\beta_{ti3}}\beta_{ti4}^{\beta_{ti4}}\beta_{tis}^{\beta_{tis}}\hat{g}_{ti1}^{\beta_{ti1}}\hat{g}_{ti2}^{\beta_{ti2}}\hat{g}_{ti3}^{\beta_{ti3}}\hat{g}_{ti4}^{\beta_{ti4}}\hat{g}_{tis}^{\beta_{tis}}}$$

$$(4-15)$$

$$q_{ti2}=\dfrac{\beta_{ti2}p_{ti1}^{\beta_{ti1}}p_{ti2}^{\beta_{ti2}}p_{ti3}^{\beta_{ti3}}p_{ti4}^{\beta_{ti4}}p_{ti}^{\beta_{tis}}q_{0111}^{0.5\beta_{ti1}}q_{0112}^{0.5\beta_{ti2}}q_{0113}^{0.5\beta_{ti3}}q_{0114}^{0.5\beta_{ti4}}q_{011s}^{0.5\beta_{tis}}q_{1i1}^{0.5\beta_{ti1}}q_{1i2}^{0.5\beta_{ti2}}q_{1i3}^{0.5\beta_{ti3}}q_{1i4}^{0.5\beta_{ti4}}q_{1is}^{0.5\beta_{tis}}W_{Hti}^{2}}{p_{ti2}\beta_{ti1}^{\beta_{ti1}}\beta_{ti2}^{\beta_{ti2}}\beta_{ti3}^{\beta_{ti3}}\beta_{ti4}^{\beta_{ti4}}\beta_{tis}^{\beta_{tis}}\hat{g}_{ti1}^{\beta_{ti1}}\hat{g}_{ti2}^{\beta_{ti2}}\hat{g}_{ti3}^{\beta_{ti3}}\hat{g}_{ti4}^{\beta_{ti4}}\hat{g}_{tis}^{\beta_{tis}}}$$

$$(4-16)$$

$$q_{ti3} = \frac{\beta_{ti3} p_{ti1}^{\beta_{ti1}} p_{ti2}^{\beta_{ti2}} p_{ti3}^{\beta_{ti3}} p_{ti4}^{\beta_{ti4}} p_{ti}^{\beta_{tis}} q_{0111}^{0.5\beta_{ti1}} q_{0112}^{0.5\beta_{ti2}} q_{0113}^{0.5\beta_{ti3}} q_{0114}^{0.5\beta_{ti4}} q_{011s}^{0.5\beta_{tis}} q_{1i1}^{0.5\beta_{ti1}} q_{1i2}^{0.5\beta_{ti2}} q_{1i3}^{0.5\beta_{ti3}} q_{1i4}^{0.5\beta_{ti4}} q_{1is}^{0.5\beta_{tis}} W_{Hti}^{2}}{p_{ti3} \beta_{ti1}^{\beta_{ti1}} \beta_{ti2}^{\beta_{ti2}} \beta_{ti3}^{\beta_{ti3}} \beta_{ti4}^{\beta_{ti4}} \beta_{tis}^{\beta_{tis}} \hat{g}_{ti1}^{\beta_{ti1}} \hat{g}_{ti2}^{\beta_{ti2}} \hat{g}_{ti3}^{\beta_{ti3}} \hat{g}_{ti4}^{\beta_{ti4}} \hat{g}_{tis}^{\beta_{tis}}}$$

$$(4-17)$$

$$q_{ti4} = \frac{\beta_{ti4} p_{ti1}^{\beta_{ti1}} p_{ti2}^{\beta_{ti2}} p_{ti3}^{\beta_{ti3}} p_{ti4}^{\beta_{ti4}} p_{ti}^{\beta_{tis}} q_{0111}^{0.5\beta_{ti1}} q_{0112}^{0.5\beta_{ti2}} q_{0113}^{0.5\beta_{ti3}} q_{0114}^{0.5\beta_{ti4}} q_{011s}^{0.5\beta_{tis}} q_{1i1}^{0.5\beta_{ti1}} q_{1i2}^{0.5\beta_{ti2}} q_{1i3}^{0.5\beta_{ti3}} q_{1i4}^{0.5\beta_{ti4}} q_{1is}^{0.5\beta_{tis}} W_{Hti}^{2}}{p_{ti4} \beta_{ti1}^{\beta_{ti1}} \beta_{ti2}^{\beta_{ti2}} \beta_{ti3}^{\beta_{ti3}} \beta_{ti4}^{\beta_{ti4}} \beta_{tis}^{\beta_{tis}} \hat{g}_{ti1}^{\beta_{ti1}} \hat{g}_{ti2}^{\beta_{ti2}} \hat{g}_{ti3}^{\beta_{ti3}} \hat{g}_{ti4}^{\beta_{ti4}} \hat{g}_{tis}^{\beta_{tis}}}$$

$$(4-18)$$

$$q_{tis} = \frac{\beta_{tis} p_{ti1}^{\beta_{ti1}} p_{ti2}^{\beta_{ti2}} p_{ti3}^{\beta_{ti3}} p_{ti4}^{\beta_{ti4}} p_{ti}^{\beta_{tis}} q_{0111}^{0.5\beta_{ti1}} q_{0112}^{0.5\beta_{ti2}} q_{0113}^{0.5\beta_{ti3}} q_{0114}^{0.5\beta_{ti4}} q_{011s}^{0.5\beta_{tis}} q_{1i1}^{0.5\beta_{ti1}} q_{1i2}^{0.5\beta_{ti2}} q_{1i3}^{0.5\beta_{ti3}} q_{1i4}^{0.5\beta_{ti4}} q_{1is}^{0.5\beta_{tis}} W_{Hti}^{2}}{p_{ti} \beta_{ti1}^{\beta_{ti1}} \beta_{ti2}^{\beta_{ti2}} \beta_{ti3}^{\beta_{ti3}} \beta_{ti4}^{\beta_{ti4}} \beta_{tis}^{\beta_{tis}} \hat{g}_{ti1}^{\beta_{ti1}} \hat{g}_{ti2}^{\beta_{ti2}} \hat{g}_{ti3}^{\beta_{ti3}} \hat{g}_{ti4}^{\beta_{ti4}} \hat{g}_{tis}^{\beta_{tis}}}$$

$$(4-19)$$

将式（4-15）、式（4-16）、式（4-17）、式（4-18）、式（4-19）代入居民支出最小化问题的目标函数可得：

$$I_{ti} = \frac{p_{ti1}^{\beta_{ti1}} p_{ti2}^{\beta_{ti2}} p_{ti3}^{\beta_{ti3}} p_{ti4}^{\beta_{ti4}} p_{ti}^{\beta_{tis}} q_{0111}^{0.5\beta_{ti1}} q_{0112}^{0.5\beta_{ti2}} q_{0113}^{0.5\beta_{ti3}} q_{0114}^{0.5\beta_{ti4}} q_{011s}^{0.5\beta_{tis}} q_{1i1}^{0.5\beta_{ti1}} q_{1i2}^{0.5\beta_{ti2}} q_{1i3}^{0.5\beta_{ti3}} q_{1i4}^{0.5\beta_{ti4}} q_{1is}^{0.5\beta_{tis}} W_{Hti}^{2}}{\beta_{ti1}^{\beta_{ti1}} \beta_{ti2}^{\beta_{ti2}} \beta_{ti3}^{\beta_{ti3}} \beta_{ti4}^{\beta_{ti4}} \beta_{tis}^{\beta_{tis}} \hat{g}_{ti1}^{\beta_{ti1}} \hat{g}_{ti2}^{\beta_{ti2}} \hat{g}_{ti3}^{\beta_{ti3}} \hat{g}_{ti4}^{\beta_{ti4}} \hat{g}_{tis}^{\beta_{tis}}}$$

$$(4-20)$$

式（4-20）即为基于幸福感的货币度量福利函数，也称其为基于幸福感的居民福利测度基础模型。

这样，由式（4-20）可得：

$$W_{Hti} = \left(\frac{\beta_{ti1}^{\beta_{ti1}} \beta_{ti2}^{\beta_{ti2}} \beta_{ti3}^{\beta_{ti3}} \beta_{ti4}^{\beta_{ti4}} \beta_{tis}^{\beta_{tis}} \hat{g}_{ti1}^{\beta_{ti1}} \hat{g}_{ti2}^{\beta_{ti2}} \hat{g}_{ti3}^{\beta_{ti3}} \hat{g}_{ti4}^{\beta_{ti4}} \hat{g}_{tis}^{\beta_{tis}} I_{ti}}{p_{ti1}^{\beta_{ti1}} p_{ti2}^{\beta_{ti2}} p_{ti3}^{\beta_{ti3}} p_{ti4}^{\beta_{ti4}} p_{ti}^{\beta_{tis}} q_{0111}^{0.5\beta_{ti1}} q_{0112}^{0.5\beta_{ti2}} q_{0113}^{0.5\beta_{ti3}} q_{0114}^{0.5\beta_{ti4}} q_{011s}^{0.5\beta_{tis}} q_{1i1}^{0.5\beta_{ti1}} q_{1i2}^{0.5\beta_{ti2}} q_{1i3}^{0.5\beta_{ti3}} q_{1i4}^{0.5\beta_{ti4}} q_{1is}^{0.5\beta_{tis}}} \right)^{0.5}$$

$$(4-21)$$

将 $q_{011j} = \dfrac{E_{011j}}{p_{011j}}$、$E_{011j} = \beta_{011j} I_{011}$、$q_{1ij} = \dfrac{E_{1ij}}{p_{1ij}}$、$E_{1ij} = \beta_{1ij} I_{1i}$、$q_{011s} = \dfrac{E_{011s}}{p_{011}}$、$E_{011s} = \beta_{011s} I_{011}$、$q_{1is} = \dfrac{E_{1is}}{p_{1i}}$、$E_{1is} = \beta_{1is} I_{1i}$、$\hat{\beta}_{tij} = \dfrac{\beta_{tij}}{\beta_{011j}^{0.5} \beta_{1ij}^{0.5}}$、$\hat{\beta}_{tis} = \dfrac{\beta_{tis}}{\beta_{011s}^{0.5} \beta_{1is}^{0.5}}$、$\hat{p}_{tij} = \dfrac{p_{tij}}{p_{011j}^{0.5} p_{1ij}^{0.5}}$、$\hat{p}_{ti} = \dfrac{p_{ti}}{p_{011j}^{0.5} p_{1i}^{0.5}}$、$\hat{I}_{ti} = \dfrac{I_{ti}}{I_{011}^{0.5} I_{1i}^{0.5}}$ 代入式（4-21）并进行整理可得：

$$W_{Hti} = \left(\frac{\hat{\beta}_{ti1} \hat{g}_{ti1}}{\hat{p}_{ti1}} \right)^{0.5\beta_{ti1}} \left(\frac{\hat{\beta}_{ti2} \hat{g}_{ti2}}{\hat{p}_{ti2}} \right)^{0.5\beta_{ti2}} \left(\frac{\hat{\beta}_{ti3} \hat{g}_{ti3}}{\hat{p}_{ti3}} \right)^{0.5\beta_{ti3}}$$

$$\left(\frac{\hat{\beta}_{ti4}^{\beta} \hat{g}_{ti4}}{\hat{p}_{ti4}} \right)^{0.5\beta_{ti4}} \left(\frac{\hat{\beta}_{tis} \hat{g}_{tis}}{\hat{p}_{ti}} \right)^{0.5\beta_{tis}} \hat{I}_{ti}^{0.5} \qquad (4-22)$$

式（4-22）即为基于幸福感的居民福利测度模型。该模型表明，本地区 t 期第 i 类居民基于幸福感的福利水平 W_{Hti}，与本地区 t 期第 i 类居民相对于他人和过去的人均可支配收入 $\hat{I}_{ti}$、各种生活活动公共服务享用量 $\hat{g}_{tij}$ 和 $\hat{g}_{tis}$ 成正比，与本地区 t 期第 i 类居民相对于他人和过去的各种消费定基价格指数 $\hat{p}_{tij}$、$\hat{p}_{ti}$ 成反比。

第三节　居民福利评价模型的构建

居民福利的评价是依据居民福利的评估机理，对居民福利水平发展变化的递增性、平衡性和充分性进行的评价，所以，居民福利评价模型通常由居民福利水平发展变化的递增性评价模型、平衡性评价模型和充分性评价模型组成，并可根据居民福利的分类，分为基于获得感的居民福利水平发展变化评价模型、基于安全感的居民福利水平发展变化评价模型和基于幸福感的居民福利水平发展变化评价模型。

一　居民福利水平发展变化递增性评价模型的构建

居民福利水平发展变化的递增性评价，是以行为经济学中的"损失厌恶"理论为依据，基于居民福利水平发展变化的"递增性"评价标准，对居民福利水平发展变化的合理性所进行的评价。根据居民福利的评价机理，居民福利水平发展变化的递增性评价模型，可以采用统计学中的动态相对数来构建。

（一）基于获得感的居民福利水平发展变化递增性评价模型的构建

若令 WSE_{cti} 为 t 期本地区基于获得感的第 i 类居民福利水平发展变化的递增系数，则可利用动态相对数，将基于获得感的居民福利水平发展变化递增性评价模型构建如下：

$$WSE_{cti} = \frac{W_{cti}}{W_{c(t-1)i}} \tag{4-23}$$

式（4-23）表明，当 $WSE_{cti}<1$ 时，存在 $W_{cti}<W_{c(t-1)i}$，即 t 期基于获得感的第 i 类居民福利水平相对于上期存在损失，从而本地区基于获得感的第 i 类居民福利水平的发展变化存在不合理性，需以 $WSE_{cti} \geqslant 1$ 为目标，对其发展变化趋势进行调控。

（二）基于安全感的居民福利水平发展变化递增性评价模型的构建

若令 WSE_{sti} 为 t 期本地区基于安全感的第 i 类居民福利水平发展变化的递增系数，则可利用动态相对数，将基于安全感的居民福利水平发展变化递增性评价模型构建如下：

$$WSE_{sti} = \frac{W_{sti}}{W_{s(t-1)i}} \tag{4-24}$$

式（4-24）表明，当 $WSE_{sti}<1$ 时，t 期基于安全感的第 i 类居民福利水平低于上期水平，本期基于安全感的居民福利水平相对于上期存在损失，本地区基于安全感的第 i 类居民福利水平的发展变化存在不合理性，需向着 $WSE_{sti} \geq 1$ 的方向进行调整。

（三）基于幸福感的居民福利水平发展变化递增性评价模型的构建

若令 WSE_{Hti} 为 t 期本地区基于幸福感的第 i 类居民福利水平发展变化的递增系数，则可利用动态相对数，将基于幸福感的居民福利水平发展变化递增性评价模型构建如下：

$$WSE_{Hti} = \frac{W_{Hti}}{W_{H(t-1)i}} \tag{4-25}$$

式（4-25）表明，当 $WSE_{Hti}<1$ 时，t 期基于幸福感的第 i 类居民福利水平低于上期水平，本地区基于幸福感的第 i 类居民福利水平发展变化处于不合理状态，需向着 $WSE_{Hti} \geq 1$ 的方向进行调整。

二 居民福利水平发展变化平衡性评价模型的构建

居民福利水平发展变化的平衡性评价，是从新时代我国社会主要矛盾出发，基于居民福利水平发展变化的"平衡性"评价标准，对居民福利水平发展变化的合理性所进行的评价。根据居民福利的评价机理，居民福利水平发展变化的平衡性评价模型，可以采用 1－变异系数的方法来构建。

（一）基于获得感的居民福利水平发展变化平衡性评价模型的构建

若令 WBE_{ct} 为 t 期本地区基于获得感的居民福利水平发展变化的平衡系数，δ_{t2} 为城镇居民人口数占总人数的比重，δ_{t3} 为乡村居民人口数占总人数的比重，则可利用 1－变异系数的方法，将基于获得感的居民福利水平发展变化平衡性评价模型构建如下：

$$WBE_{ct} = 1 - \frac{1}{W_{ct1}}\sqrt{(W_{ct2}-W_{ct1})^2 \delta_{t2} + (W_{ct3}-W_{ct1})^2 \delta_{t3}} \tag{4-26}$$

式（4-26）表明，当 $WBE_{ct}<1$ 时，t 期本地区基于获得感的居民福利水平存在城乡差距，基于获得感的居民福利水平发展变化的平衡性处于不合理状态，且 WBE_{ct} 越远离于 1，其不合理程度越高。为消除或降低这种不合理程度，需不断提高本地区水平偏低的那类居民基于获得感的福利水平。

（二）基于安全感的居民福利水平发展变化平衡性评价模型的构建

若令 WBE_{st} 为 t 期本地区基于安全感的居民福利水平发展变化的平衡系数，则可利用 1-变异系数的方法，将基于安全感的居民福利水平发展变化平衡性评价模型构建如下：

$$WBE_{st}=1-\frac{1}{W_{st1}}\sqrt{(W_{st2}-W_{st1})^2\delta_{t2}+(W_{st3}-W_{st1})^2\delta_{t3}} \quad (4-27)$$

式（4-27）表明，当 $WBE_{st}<1$ 时，本地区基于安全感的居民福利水平存在城乡差距，且 WBE_{st} 越远离于 1，这种差距越大；越接近于 1，这种差距越小。从而，为消除或降低这种不合理性，应不断提高本地区水平偏低的那类居民基于安全感的福利水平。

（三）基于幸福感的居民福利水平发展变化平衡性评价模型的构建

若令 WBE_{Ht} 为 t 期本地区基于幸福感的居民福利水平发展变化的平衡系数，则可利用 1-变异系数的方法，将基于幸福感的居民福利水平发展变化平衡性评价模型构建如下：

$$WBE_{Ht}=1-\frac{1}{W_{Ht1}}\sqrt{(W_{Ht2}-W_{Ht1})^2\delta_{t2}+(W_{Ht3}-W_{Ht1})^2\delta_{t3}} \quad (4-28)$$

式（4-28）表明，当 $WBE_{Ht}<1$ 时，t 期本地区基于幸福感的居民福利水平存在城乡差距，根据居民福利水平发展变化的"平衡性"评价标准，本地区基于幸福感的居民福利水平的发展变化存在不合理性，需通过不断提高本地区水平偏低的那类居民基于幸福感的福利水平，来消除或降低这种不合理性。

三 居民福利水平发展变化充分性评价模型的构建

居民福利水平发展变化的充分性评价，是从新时代我国社会主要矛盾出发，基于居民福利水平发展变化的"充分性"评价标准，对居民福利水平发展变化的合理性所进行的评价。根据居民福利的评价机理，居民福利水平发展变化的充分性评价模型，可以利用二元对比系数来构建。

第四章 居民福利统计评估模型体系的构建 / 67

（一）基于获得感的居民福利水平发展变化充分性评价模型的构建

若令 WAE_{cti} 为 t 期本地区基于获得感的第 i 类居民福利水平发展变化的充分系数，$\max W_{cti}$ 为 t 期先进地区基于获得感的第 i 类居民福利水平，则利用二元对比系数可将基于安全感的居民福利水平发展变化充分性评价模型构建如下：

$$WAE_{cti} = \frac{W_{cti}}{\max W_{cti}} \qquad (4-29)$$

式（4-29）表明，当 $WAE_{cti}<1$ 时，t 期本地区基于获得感的第 i 类居民福利水平低于先进地区水平，根据居民福利发展变化的"充分性"评价标准，本地区基于获得感的第 i 类居民福利水平的发展变化，存在一定的不合理性，且 WAE_{cti} 越远离于 1，不合理程度越高。在此背景下，需通过不断提高本地区基于获得感的第 i 类居民福利水平，来消除或降低这种不合理性。

（二）基于安全感的居民福利水平发展变化充分性评价模型的构建

若令 WAE_{sti} 为 t 期本地区基于安全感的第 i 类居民福利水平发展变化的充分系数，$\max W_{sti}$ 为 t 期先进地区基于安全感的第 i 类居民福利水平，则利用二元对比系数可将基于获得感的居民福利水平发展变化的充分性评价模型构建如下：

$$WAE_{sti} = \frac{W_{sti}}{\max W_{sti}} \qquad (4-30)$$

式（4-30）表明，当 $WAE_{sti}<1$ 时，t 期本地区基于安全感的第 i 类居民福利水平低于先进地区同类居民的福利水平，本地区基于安全感的第 i 类居民福利水平发展变化的充分性，存在不合理性，为了消除或降低这种不合理性，需不断提高本地区基于安全感的第 i 类居民福利水平。

（三）基于幸福感的居民福利水平发展变化充分性评价模型的构建

若令 WAE_{Hti} 为 t 期本地区基于幸福感的第 i 类居民福利水平发展变化的充分系数，$\max W_{Hti}$ 为 t 期先进地区基于幸福感的第 i 类居民福利水平，则利用二元对比系数可将基于幸福感的居民福利水平发展变化充分性评价模型构建如下：

$$WAE_{Hti} = \frac{W_{Hti}}{\max W_{Hti}} \qquad (4-31)$$

式（4-31）表明，当 $WAE_{Hti}<1$ 时，本地区基于幸福感的第 i 类居民

福利水平低于先进地区同类居民的福利水平,根据居民福利水平发展变化的"充分性"评价标准,本地区基于幸福感的第 i 类居民福利水平的发展变化,存在一定的不合理性,需通过不断提高本地区基于幸福感的第 i 类居民福利水平,来消除或降低这种不合理性。

第四节 居民福利增进路径分析模型的构建

居民福利增进路径分析,是在居民福利增进目标分析的基础上,基于居民福利发展变化的不递增、不平衡、不充分等不合理状态的成因分析,来寻找居民福利增进对策的工作过程。根据居民福利增进机理,居民福利增进路径分析模型分为居民福利增进目标分析模型、居民福利水平发展变化不合理成因分析模型和居民福利水平增进对策分析模型。

一 居民福利增进目标分析模型的构建

根据居民福利的增进机理,当某地区某类居民福利水平的发展变化存在不递增、不平衡、不充分等多种不合理状态时,需以改善各种不合理状态为目的,按照循序渐进的原则,选取上期居民福利水平、全体居民福利水平、先进地区的居民福利水平中相对较低的福利水平,作为本地区本期居民福利水平的增进目标。这样,居民福利增进目标的确定过程,实际上是一个本地区各类居民福利水平与上期居民福利水平、全体居民福利水平、先进地区的居民福利水平进行对比分析的过程,并可利用偏差指标来构建各类居民福利水平增进目标分析模型。

(一) 基于获得感的居民福利增进目标分析模型的构建

若令 $DWSE_{cti}$ 为 t 期与 $t-1$ 期基于获得感的第 i 类居民福利水平的偏差,$DWBE_{cti}$ 为 t 期基于获得感的第 i 类居民($i=2$、3)与全体居民福利水平的偏差,$DWAE_{cti}$ 为 t 期基于获得感的第 i 类居民与先进地区同类居民福利水平的偏差,则可从各种不合理状态的改变视角,利用偏差指标将各类居民基于获得感的福利水平增进目标分析模型构建如下:

$$DWSE_{cti} = W_{c(t-1)i} - W_{cti} \tag{4-32}$$

$$DWBE_{cti} = W_{ct1} - W_{cti} \tag{4-33}$$

$$DWAE_{cti} = \max W_{cti} - W_{cti} \tag{4-34}$$

按照循序渐进的原则,当基于获得感的第 i 类居民福利水平的发展变化，同时存在多种不合理问题时，应选取 $DWSE_{cti}$、$DWBE_{cti}$、$DWAE_{cti}$ 中最小的那个福利水平，作为该居民基于获得感的福利水平增进目标。

（二）基于安全感的居民福利增进目标分析模型的构建

若令 $DWSE_{sti}$ 为 t 期与 $t-1$ 期基于安全感的第 i 类居民福利水平的偏差，$DWBE_{sti}$ 为 t 期基于安全感的第 i 类居民（$i=2$、3）与全体居民福利水平的偏差，$DWAE_{sti}$ 为 t 期基于安全感的第 i 类居民与先进地区同类居民福利水平的偏差，则可从各种不合理状态的消除或改善的视角，利用偏差指标将各类居民基于安全感的福利水平增进目标分析模型构建如下：

$$DWSE_{sti} = W_{s(t-1)i} - W_{sti} \tag{4-35}$$

$$DWBE_{sti} = W_{st1} - W_{sti} \tag{4-36}$$

$$DWAE_{sti} = \max W_{sti} - W_{sti} \tag{4-37}$$

按照循序渐进的原则，当基于安全感的第 i 类居民福利水平的发展变化，同时存在多种不合理问题时，应选取 $DWSE_{sti}$、$DWBE_{sti}$、$DWAE_{sti}$ 中最小的那个福利水平，作为该居民基于安全感的福利水平增进目标。

（三）基于幸福感的居民福利增进目标分析模型的构建

若令 $DWSE_{Hti}$ 为 t 期与 $t-1$ 期基于幸福感的第 i 类居民福利水平的偏差，$DWBE_{Hti}$ 为 t 期基于幸福感的第 i 类居民（$i=2$、3）与全体居民福利水平的偏差，$DWAE_{Hti}$ 为 t 期基于幸福感的第 i 类居民与先进地区的同类居民福利水平的偏差，则可从各种不合理状态的消除或改善的视角，利用偏差指标将各类居民基于幸福感的福利水平增进目标分析模型构建如下：

$$DWSE_{Hti} = W_{H(t-1)i} - W_{Hti} \tag{4-38}$$

$$DWBE_{Hti} = W_{Ht1} - W_{Hti} \tag{4-39}$$

$$DWAE_{Hti} = \max W_{Hti} - W_{Hti} \tag{4-40}$$

按照循序渐进的原则，当基于幸福感的第 i 类居民福利水平的发展变化，同时存在多种不合理问题时，应选取 $DWSE_{Hti}$、$DWBE_{Hti}$、$DWAE_{Hti}$ 中最小的那个福利水平，作为该居民基于幸福感的福利水平增进目标。

二 居民福利水平发展变化不合理状态成因分析模型的构建

居民福利水平发展变化不合理状态成因分析模型，即居民福利水平偏差与居民福利影响因素偏差比较相对数的测算模型。根据居民福利和居民福利水平的发展变化不合理状态的分类，该模型可分为基于获得感的居民福利水平发展变化不递增、不平衡、不充分成因分析模型、基于安全感的居民福利水平发展变化不递增、不平衡、不充分成因分析模型和基于幸福感的居民福利水平发展变化不递增、不平衡、不充分成因分析模型。

(一) 基于获得感的居民福利水平发展变化不递增、不平衡、不充分成因分析模型的构建

基于获得感的居民福利水平发展变化不递增、不平衡、不充分成因分析模型，是从居民相对于他人的人均现金消费总支出、各种消费定基价格指数和各种生活消费活动公共服务享用量出发，依据居民福利评估机理，利用偏差比较相对数构建的，按照居民福利评估机理所给出的居民福利水平发展变化不合理的成因分析规则，分析基于获得感的居民福利水平发展变化不递增、不平衡、不充分状态形成原因的模型。

1. 基于获得感的居民福利水平发展变化不递增成因分析模型的构建

若令 $RNUD_{Wc\tilde{E}ti}$ 为本期与上期本地区第 i 类居民，基于获得感的福利水平偏差和相对于他人的人均现金消费总支出偏差的比较相对数；$RNUD_{Wc\tilde{p}tij}$ 为本期与上期本地区第 i 类居民，基于获得感的福利水平偏差和相对于他人的第 j 种生活消费定基价格指数偏差的比较相对数；$RNUD_{Wc\tilde{g}tij}$ 为本期与上期本地区第 i 类居民，基于获得感的福利水平偏差与相对于他人的第 j 种生活消费活动公共服务享用量偏差的比较相对数。则可利用偏差比较相对数，将基于获得感的居民福利水平发展变化不递增成因分析模型构建如下：

$$RNUD_{Wc\tilde{E}ti} = \frac{W_{cti} - W_{c(t-1)i}}{\tilde{E}_{ti} - \tilde{E}_{(t-1)i}} \tag{4-41}$$

$$RNUD_{Wc\tilde{p}tij} = \frac{W_{cti} - W_{c(t-1)i}}{\tilde{p}_{tij} - \tilde{p}_{(t-1)ij}} \tag{4-42}$$

$$RNUD_{Wc\tilde{g}tij} = \frac{W_{cti} - W_{c(t-1)i}}{\tilde{g}_{tij} - \tilde{g}_{(t-1)ij}} \tag{4-43}$$

根据居民福利水平发展变化不合理成因分析机理，当 $RNUD_{Wc\tilde{E}ti}$、$RNUD_{Wc\tilde{g}tij}$ 的数值为正以及 $RNUD_{Wc\tilde{p}tij}$ 的数值为负时，偏低的 $\tilde{E}_{ti}$、$\tilde{g}_{tij}$ 以及偏高的 $\tilde{p}_{tij}$，是导致该居民基于获得感的福利水平发展变化不递增的一个原因；当 $RNUD_{Wc\tilde{E}ti}$ 和 $RNUD_{Wc\tilde{g}tij}$ 的数值为正且数值小于 1、$RNUD_{Wc\tilde{p}tij}$ 的数值为负且数值的绝对值小于 1 时，偏低的 $\tilde{E}_{ti}$、$\tilde{g}_{tij}$ 以及偏高的 $\tilde{p}_{tij}$，是导

致该居民基于获得感的福利水平发展变化不递增的一个主要原因；当 $RNUD_{Wc\tilde{E}ti}$ 和 $RNUD_{Wc\tilde{g}tij}$ 的数值为正且数值大于等于1、$RNUD_{Wc\tilde{p}tij}$ 的数值为负且数值的绝对值大于等于1时，偏低的 $\tilde{E}_{ti}$、$\tilde{g}_{tij}$ 以及偏高的 $\tilde{p}_{tij}$，是导致该居民基于获得感的福利水平发展变化不递增的一个次要原因。

在此基础上，可进一步分析构成 $\tilde{g}_{tij}$ 的 $\tilde{g}_{tijh}$，哪些是该居民基于获得感的福利水平发展变化不递增的一个具体原因。若令 $RNUD_{Wc\tilde{g}tijh}$ 为本期与上期本地区第 i 类居民，基于获得感的福利水平偏差与相对于他人的第 j 种生活消费活动所享用的第 h 种公共服务量偏差的比较相对数，则可利用偏差比较相对数，将着眼于 $\tilde{g}_{tijh}$ 的基于获得感的居民福利水平发展变化不递增成因分析模型构建如下：

$$RNUD_{Wc\tilde{g}tijh} = \frac{W_{cti} - W_{c(t-1)i}}{\tilde{g}_{tijh} - \tilde{g}_{(t-1)ijh}} \tag{4-44}$$

这样，当 $RNUD_{Wc\tilde{g}tijh}$ 的数值为正时，偏低的 $\tilde{g}_{tijh}$ 是导致该居民基于获得感的福利水平发展变化不递增的一个原因；当 $RNUD_{Wc\tilde{g}tijh}$ 的数值为正且数值小于1时，偏低的 $\tilde{g}_{tijh}$，是导致该居民基于获得感的福利水平发展变化不递增的一个主要原因；当 $RNUD_{Wc\tilde{g}tijh}$ 的数值为正且数值大于等于1时，偏低的 $\tilde{g}_{tijh}$，是导致该居民基于获得感的福利水平发展变化不递增的一个次要原因。

2. 基于获得感的居民福利水平发展变化不平衡成因分析模型的构建

若令 $RNDD_{Wc\tilde{E}ti}$ 为本地区第 i 类居民与全体居民，基于获得感的福利水平偏差和相对于他人的人均现金消费总支出水平偏差的比较相对数；$RNDD_{Wc\tilde{p}tij}$ 为本地区第 i 类居民与全体居民，基于获得感的福利水平偏差与相对于他人的各种消费定基价格指数偏差的比较相对数；$RNDD_{Wc\tilde{g}tij}$ 为本地区第 i 类居民与全体居民，基于获得感的福利水平偏差和相对于他人的第 j 种生活消费活动公共服务享用量偏差的比较相对数，则可利用偏差比较相对数，将基于获得感的居民福利水平发展变化不平衡成因分析模型构建如下：

$$RNDD_{Wc\tilde{E}ti} = \frac{W_{cti} - W_{ct1}}{\tilde{E}_{ti} - \tilde{E}_{t1}} \tag{4-45}$$

$$RNDD_{Wc\tilde{p}tij} = \frac{W_{cti} - W_{ct1}}{\tilde{p}_{tij} - \tilde{p}_{t1j}} \tag{4-46}$$

$$RNDD_{Wc\tilde{g}tij} = \frac{W_{cti} - W_{ct1}}{\tilde{g}_{tij} - \tilde{g}_{t1j}} \tag{4-47}$$

根据居民福利水平发展变化不合理成因分析机理，当 $RNDD_{Wc\tilde{E}ti}$、$RNDD_{Wc\tilde{g}tij}$ 的数值为正以及 $RNDD_{Wc\tilde{p}tij}$ 的数值为负时，偏低的 $\tilde{E}_{ti}$、$\tilde{g}_{tij}$ 以及偏高的 $\tilde{p}_{tij}$，是导致该居民基于获得感的福利水平发展变化不平衡的一个原因；当 $RNDD_{Wc\tilde{E}ti}$、$RNDD_{Wc\tilde{g}tij}$ 的数值为正且数值小于 1 以及 $RNDD_{Wc\tilde{p}tij}$ 的数值为负且数值绝对值小于 1 时，偏低的 $\tilde{E}_{ti}$、$\tilde{g}_{tij}$ 以及偏高的 $\tilde{p}_{tij}$，是导致该居民基于获得感的福利水平发展变化不平衡的一个主要原因；当 $RNDD_{Wc\tilde{E}ti}$、$RNDD_{Wc\tilde{g}tij}$ 的数值为正且数值大于等于 1 以及 $RNDD_{Wc\tilde{p}tij}$ 的数值为负且数值绝对值大于等于 1 时，偏低的 $\tilde{E}_{ti}$、$\tilde{g}_{tij}$ 以及偏高的 $\tilde{p}_{tij}$，是导致该居民基于获得感的福利水平发展变化不平衡的一个次要原因。

在此基础上，可进一步分析构成 $\tilde{g}_{tij}$ 的 $\tilde{g}_{tijh}$，哪些是导致该居民基于获得感的福利水平发展变化不平衡的一个形成原因。若令 $RNDD_{Wc\tilde{g}tijh}$ 为本地区第 i 类居民与全体居民，基于获得感的福利水平偏差和相对于他人的第 j 种生活消费活动所享用的第 h 种公共服务量偏差的比较相对数，则可利用偏差比较相对数，将着眼于 $\tilde{g}_{tijh}$ 的基于获得感的居民福利水平发展变化不平衡成因分析模型构建如下：

$$RNDD_{Wc\tilde{g}tijh} = \frac{W_{cti} - W_{ct1}}{\tilde{g}_{tijh} - \tilde{g}_{t1jh}} \tag{4-48}$$

则当 $RNDD_{Wc\tilde{g}tijh}$ 的数值为正时，偏低的 $\tilde{g}_{tijh}$，是导致该居民基于获得感的福利水平发展变化不平衡的一个原因；当 $RNDD_{Wc\tilde{g}tijh}$ 的数值为正且数值小于 1 时，偏低的 $\tilde{g}_{tijh}$，是导致该居民基于获得感的福利水平发展变化不平衡的一个主要原因；当 $RNDD_{Wc\tilde{g}tijh}$ 的数值为正且数值大于等于 1 时，偏低的 $\tilde{g}_{tijh}$，是导致该居民基于获得感的福利水平发展变化不平衡的一个次要原因。

3. 基于获得感的居民福利水平发展变化不充分成因分析模型的构建

若用 max 标记先进地区的相关指标，令 $RNID_{Wc\tilde{E}ti}$ 为本地区与先进地区第 i 类居民，基于获得感的福利水平偏差和相对于他人的人均现金消费总支出偏差的比较相对数；$RNID_{Wc\tilde{p}tij}$ 为本地区与先进地区第 i 类居民，基于获得感的福利水平偏差和相对于他人的第 j 种生活消费定基价格指数偏差的比较相对数；$RNID_{Wc\tilde{g}tij}$ 为本地区与先进地区第 i 类居民，基于获得感的福利水平偏差和相对于他人的第 j 种生活消费活动公共服务享用量偏差的比较相对数。则可利用偏差比较相对数，将基于获得感的居民福利水平发展变化不充分成因分析模型构建如下：

$$RNID_{Wc\tilde{E}ti} = \frac{W_{cti} - \max W_{cti}}{\tilde{E}_{ti} - \max \tilde{E}_{ti}} \tag{4-49}$$

$$RNID_{Wc\tilde{p}tij} = \frac{W_{cti} - \max W_{cti}}{\tilde{p}_{tij} - \max \tilde{p}_{tij}} \tag{4-50}$$

$$RNID_{Wc\tilde{g}tij} = \frac{W_{cti} - \max W_{cti}}{\tilde{g}_{tij} - \max \tilde{g}_{tij}} \tag{4-51}$$

根据居民福利水平发展变化不合理成因分析机理，当 $RNID_{Wc\tilde{E}ti}$、$RNID_{Wc\tilde{g}tij}$ 的数值为正以及 $RNID_{Wc\tilde{p}tij}$ 的数值为负时，偏低的 $\tilde{E}_{ti}$、$\tilde{g}_{tij}$ 以及偏高的 $\tilde{p}_{tij}$，是导致该居民基于获得感的福利水平发展变化不充分的一个原因；当 $RNID_{Wc\tilde{E}ti}$、$RNID_{Wc\tilde{g}tij}$ 的数值为正且数值小于 1 以及 $RNID_{Wc\tilde{p}tij}$ 的数值为负且数值的绝对值小于 1 时，偏低的 $\tilde{E}_{ti}$、$\tilde{g}_{tij}$ 以及偏高的 $\tilde{p}_{tij}$，是导致该居民基于获得感的福利水平发展变化不充分的一个主要原因；当 $RNID_{Wc\tilde{E}ti}$、$RNID_{Wc\tilde{g}tij}$ 的数值为正且数值大于等于 1 以及 $RNID_{Wc\tilde{p}tij}$ 的数值为负且数值的绝对值大于等于 1 时，偏低的 $\tilde{E}_{ti}$、$\tilde{g}_{tij}$ 以及偏高的 $\tilde{p}_{tij}$，是导致该居民基于获得感的福利水平发展变化不充分的一个次要原因。

在此基础上，可分析构成 $\tilde{g}_{tij}$ 的 $\tilde{g}_{tijh}$，哪些是造成该居民基于获得感的福利水平发展变化不充分的具体原因。若令 $RNID_{Wc\tilde{g}tijh}$ 为本地区与先进地区第 i 类居民，基于获得感的福利水平偏差和相对于他人的第 j 种生活消费活动所享用的第 h 种公共服务量偏差的比较相对数，则可利用偏差比较相对数，将着眼于 $\tilde{g}_{tijh}$ 的基于获得感的居民福利水平发展变化不充分成因分析模型构建如下：

$$RNID_{Wc\tilde{g}tijh} = \frac{W_{cti} - \max W_{cti}}{\tilde{g}_{tijh} - \max \tilde{g}_{tijh}} \tag{4-52}$$

则当 $RNID_{Wc\tilde{g}tijh}$ 的数值为正时，偏低的 $\tilde{g}_{tijh}$ 是导致该居民基于获得感的福利水平发展变化不充分的一个原因；当 $RNID_{Wc\tilde{g}tijh}$ 的数值为正且数值小于 1 时，偏低的 $\tilde{g}_{tijh}$ 是导致该居民基于获得感的福利水平发展变化不充分的一个主要原因；当 $RNID_{Wc\tilde{g}tijh}$ 的数值为正且数值大于等于 1 时，偏低的 $\tilde{g}_{tijh}$，是导致该居民基于获得感的福利水平发展变化不充分的一个次要原因。

（二）基于安全感的居民福利水平发展变化不递增、不平衡、不充分成因分析模型的构建

基于安全感的居民福利水平发展变化不递增、不平衡、不充分成因分析模型，是从居民相对于他人的人均储蓄储备支出、居民消费定基价格总指数和生活保障公共服务享用量出发，依据居民福利评估机理，利用偏差比较相对数构建的，按照居民福利水平发展变化不合理成因分析规则，分析基于安全感的居民福利水平发展变化不递增、不平衡、不充分状态形成原因的模型。

1. 基于安全感的居民福利水平发展变化不递增成因分析模型的构建

若令 $RNUD_{Ws\tilde{E}ti}$ 为本期与上期本地区第 i 类居民，基于安全感的福利水平偏差和相对于他人的人均储蓄储备支出偏差的比较相对数；$RNUD_{Ws\tilde{p}ti}$ 为本期与上期本地区第 i 类居民，基于安全感的福利水平偏差和相对于他人的消费价格总指数偏差的比较相对数；$RNUD_{Ws\tilde{g}tis}$ 为本期与上期本地区第 i 类居民，基于安全感的福利水平偏差和相对于他人的生活保障活动公共服务享用量偏差的比较相对数。则可利用偏差比较相对数，将基于安全感的居民福利水平发展变化不递增成因分析模型构建如下：

$$RNUD_{Ws\tilde{E}ti} = \frac{W_{sti} - W_{s(t-1)i}}{\tilde{E}_{tis} - \tilde{E}_{(t-1)is}} \tag{4-53}$$

$$RNUD_{Ws\tilde{p}ti} = \frac{W_{sti} - W_{s(t-1)i}}{\tilde{p}_{ti} - \tilde{p}_{(t-1)i}} \tag{4-54}$$

$$RNUD_{Ws\tilde{g}tis} = \frac{W_{sti} - W_{s(t-1)i}}{\tilde{g}_{tis} - \tilde{g}_{(t-1)is}} \tag{4-55}$$

根据居民福利水平发展变化不合理成因分析机理，当 $RNUD_{Ws\tilde{E}ti}$、$RNUD_{Ws\tilde{g}tis}$ 的数值为正以及 $RNUD_{Ws\tilde{p}ti}$ 的数值为负时，偏低的 $\tilde{E}_{tis}$、$\tilde{g}_{tis}$ 以及偏高的 $\tilde{p}_{ti}$，是导致该居民基于安全感的福利水平发展变化不递增的一个原因；当 $RNUD_{Ws\tilde{E}ti}$、$RNUD_{Ws\tilde{g}tis}$ 的数值为正且数值小于 1 以及 $RNUD_{Ws\tilde{p}ti}$ 的数值为负且数值的绝对值小于 1 时，偏低的 $\tilde{E}_{tis}$、$\tilde{g}_{tis}$ 以及偏高的 $\tilde{p}_{ti}$，是

导致该居民基于安全感的福利水平发展变化不递增的一个主要原因；当 $RNUD_{Ws\tilde{E}ti}$、$RNUD_{Ws\tilde{g}tis}$ 的数值为正且数值大于等于 1 以及 $RNUD_{Ws\tilde{p}ti}$ 的数值为负且数值的绝对值大于等于 1 时，偏低的 $\tilde{E}_{tis}$、$\tilde{g}_{tis}$ 以及偏高的 $\tilde{p}_{ti}$，是导致该居民基于安全感的福利水平发展变化不递增的一个次要原因。

在此基础上，可进一步分析构成 $\tilde{g}_{tis}$ 的 $\tilde{g}_{tisz}$，哪些是导致该居民基于安全感的福利水平发展变化不递增的一个具体原因。若令 $RNUD_{Ws\tilde{g}tisz}$ 为本期与上期本地区第 i 类居民，基于安全感的福利水平偏差和相对于他人的生活保障活动享用的第 z 种公共服务量偏差的比较相对数，则可利用偏差比较相对数，将着眼于 $\tilde{g}_{tisz}$ 的基于安全感的居民福利水平发展变化不递增成因分析模型构建如下：

$$RNUD_{Ws\tilde{g}tisz} = \frac{W_{sti} - W_{s(t-1)i}}{\tilde{g}_{tisz} - \tilde{g}_{(t-1)isz}} \tag{4-56}$$

则当 $RNUD_{Ws\tilde{g}tisz}$ 的数值为正时，偏低的 $\tilde{g}_{tisz}$ 是导致该居民基于安全感的福利水平发展变化不递增的一个原因；当 $RNUD_{Ws\tilde{g}tisz}$ 的数值为正且数值小于 1 时，偏低的 $\tilde{g}_{tisz}$ 是导致该居民基于安全感的福利水平发展变化不递增的一个主要原因；当 $RNUD_{Ws\tilde{g}tisz}$ 的数值为正且数值大于等于 1 时，偏低的 $\tilde{g}_{tisz}$，是导致该居民基于安全感的福利水平发展变化不递增的一个次要原因。

2. 基于安全感的居民福利水平发展变化不平衡成因分析模型的构建

若令 $RNDD_{Ws\tilde{E}ti}$ 为本地区第 i 类居民与全体居民，基于安全感的福利水平偏差和相对于他人的人均储蓄储备支出偏差的比较相对数；$RNDD_{Ws\tilde{p}ti}$ 为本地区第 i 类居民与全体居民，基于安全感的福利水平偏差和相对于他人的消费定基价格总指数偏差的比较相对数；$RNDD_{Ws\tilde{g}tis}$ 为本地区第 i 类居民与全体居民，基于安全感的福利水平偏差和相对于他人的生活保障活动公共服务享用量偏差的比较相对数。则可利用偏差比较相对数，将基于安全感的居民福利水平发展变化不平衡成因分析模型构建如下：

$$RNDD_{Ws\tilde{E}ti} = \frac{W_{sti} - W_{st1}}{\tilde{E}_{tis} - \tilde{E}_{t1s}} \tag{4-57}$$

$$RNDD_{Ws\tilde{p}ti} = \frac{W_{sti} - W_{st1}}{\tilde{p}_{ti} - \tilde{p}_{t1}} \tag{4-58}$$

$$RNDD_{W_s\tilde{g}tis} = \frac{W_{sti} - W_{st1}}{\tilde{g}_{tis} - \tilde{g}_{t1s}} \qquad (4-59)$$

根据居民福利水平发展变化不合理成因分析机理，当 $RNDD_{W_s\tilde{E}ti}$、$RNDD_{W_s\tilde{g}tis}$ 的数值为正以及 $RNDD_{W_s\tilde{p}ti}$ 的数值为负时，偏低的 $\tilde{E}_{tis}$、$\tilde{g}_{tis}$ 以及偏高的 $\tilde{p}_{ti}$，是导致该居民基于安全感的福利水平发展变化不平衡的一个原因；当 $RNDD_{W_s\tilde{E}ti}$、$RNDD_{W_s\tilde{g}tis}$ 的数值为正且数值小于 1 以及 $RNDD_{W_s\tilde{p}ti}$ 的数值为负且数值的绝对值小于 1 时，偏低的 $\tilde{E}_{tis}$、$\tilde{g}_{tis}$ 以及偏高的 $\tilde{p}_{ti}$，是导致该居民基于安全感的福利水平发展变化不平衡的一个主要原因；当 $RNDD_{W_s\tilde{E}ti}$、$RNDD_{W_s\tilde{g}tis}$ 的数值为正且数值大于等于 1 以及 $RNDD_{W_s\tilde{p}ti}$ 的数值为负且数值的绝对值大于等于 1 时，偏低的 $\tilde{E}_{tis}$、$\tilde{g}_{tis}$ 以及偏高的 $\tilde{p}_{ti}$，是导致该居民基于安全感的福利水平发展变化不平衡的一个次要原因。

在此基础上，可进一步分析构成 $\tilde{g}_{tis}$ 的 $\tilde{g}_{tisz}$，哪些是该居民基于安全感的福利水平发展变化不平衡的一个根本原因。若令 $RNDD_{W_s\tilde{g}tisz}$ 为本地区第 i 类居民与全体居民，基于安全感的福利水平偏差和相对于他人的生活保障活动所享用的第 z 种公共服务量 $\tilde{g}_{tisz}$ 偏差的比较相对数，则可利用偏差比较相对数，将着眼于 $\tilde{g}_{tisz}$ 的基于安全感的居民福利水平发展变化不平衡成因分析模型构建如下：

$$RNDD_{W_s\tilde{g}tisz} = \frac{W_{sti} - W_{st1}}{\tilde{g}_{tisz} - \tilde{g}_{t1sz}} \qquad (4-60)$$

则当 $RNDD_{W_s\tilde{g}tisz}$ 的数值为正时，偏低的 $\tilde{g}_{tisz}$，是导致该居民基于安全感的居民福利水平发展变化不平衡的一个原因；当 $RNDD_{W_s\tilde{g}tisz}$ 的数值为正且数值小于 1 时，偏低的 $\tilde{g}_{tisz}$，是导致该居民基于安全感的居民福利水平发展变化不平衡的一个主要原因；当 $RNDD_{W_s\tilde{g}tisz}$ 的数值为正且数值大于等于 1 时，偏低的 $\tilde{g}_{tisz}$，是导致该居民基于安全感的居民福利水平发展变化不平衡的一个次要原因。

3. 基于安全感的居民福利水平发展变化不充分成因分析模型的构建

若用 max 标记先进地区的相关指标，令 $RNID_{W_s\tilde{E}ti}$ 为本地区与先进地区第 i 类居民，基于安全感的福利水平偏差和相对于他人的居民人均储蓄储备支出偏差的比较相对数；$RNID_{W_s\tilde{p}ti}$ 为本地区与先进地区第 i 类居民，基于安全感的福利水平偏差和相对于他人的消费定基价格总指数偏差的比较相对数；$RNID_{Ws\tilde{g}tis}$ 为本地区与先进地区第 i 类居民，基于安全感的福利水平偏差和相对于他人的生活保障活动公共服务享用量偏差的比较相对数。则可利用偏差比较相对数，将基于安全感的居民福利水平发展变化不充分成因分析模型构建如下：

$$RNID_{Ws\tilde{E}ti} = \frac{W_{sti} - \max W_{sti}}{\tilde{E}_{tis} - \max \tilde{E}_{tis}} \tag{4-61}$$

$$RNID_{Ws\tilde{p}ti} = \frac{W_{sti} - \max W_{sti}}{\tilde{p}_{ti} - \max \tilde{p}_{ti}} \tag{4-62}$$

$$RNID_{Ws\tilde{g}tis} = \frac{W_{sti} - \max W_{sti}}{\tilde{g}_{tis} - \max \tilde{g}_{tis}} \tag{4-63}$$

根据居民福利水平发展变化不合理成因分析机理，当 $RNID_{Ws\tilde{E}ti}$、$RNID_{Ws\tilde{g}tis}$ 的数值为正以及 $RNID_{Ws\tilde{p}ti}$ 的数值为负时，偏低的 $\tilde{E}_{tis}$、$\tilde{g}_{tis}$ 以及偏高的 $\tilde{p}_{ti}$，是导致该居民基于安全感的福利水平发展变化不充分的一个原因；当 $RNID_{Ws\tilde{E}ti}$、$RNID_{Ws\tilde{g}tis}$ 的数值为正且数值小于 1 以及 $RNID_{Ws\tilde{p}ti}$ 的数值为负且数值的绝对值小于 1 时，偏低的 $\tilde{E}_{tis}$、$\tilde{g}_{tis}$ 以及偏高的 $\tilde{p}_{ti}$，是导致该居民基于安全感的福利水平发展变化不充分的一个主要原因；当 $RNID_{Ws\tilde{E}ti}$、$RNID_{Ws\tilde{g}tis}$ 的数值为正且数值大于等于 1 以及 $RNID_{Ws\tilde{p}ti}$ 的数值为负且数值的绝对值大于等于 1 时，偏低的 $\tilde{E}_{tis}$、$\tilde{g}_{tis}$ 以及偏高的 $\tilde{p}_{ti}$，是导致该居民基于安全感的福利水平发展变化不充分的一个次要原因。

在此基础上，可进一步分析构成 $\tilde{g}_{tis}$ 的 $\tilde{g}_{tisz}$，哪些是导致本地区第 i 类居民基于安全感的居民福利水平发展变化不充分的具体原因。若令 $RNID_{Ws\tilde{g}tisz}$ 为本地区与先进地区第 i 类居民，基于安全感的福利水平偏差和相对于他人的生活保障活动所享用的第 z 种公共服务量偏差的比较相对数，则可利用偏差比较相对数，将着眼于 $\tilde{g}_{tisz}$ 的基于安全感的居民福利水平发展变化不充分成因分析模型构建如下：

$$RNID_{Ws\tilde{g}tisz} = \frac{W_{sti} - \max W_{sti}}{\tilde{g}_{tisz} - \max \tilde{g}_{tisz}} \tag{4-64}$$

则当 $RNID_{Ws\tilde{g}tisz}$ 的数值为正时，偏低的 $\tilde{g}_{tisz}$，是导致该居民基于安全感的福利水平发展变化不充分的一个原因；当 $RNID_{Ws\tilde{g}tisz}$ 的数值为正且数值小于 1 时，偏低的 $\tilde{g}_{tisz}$，是导致该居民基于安全感的福利水平发展变化不充分的一个主要原因；当 $RNID_{Ws\tilde{g}tisz}$ 的数值为正且数值大于等于 1 时，偏低的 $\tilde{g}_{tisz}$，是导致该居民基于安全感的福利水平发展变化不充分的一个次要原因。

（三）基于幸福感的居民福利水平发展变化不递增、不平衡、不充分成因分析模型的构建

基于幸福感的居民福利水平发展变化不递增、不平衡、不充分成因分析模型，是从居民相对于他人和过去的人均可支配收入、各种生活消费定基价格指数和各种生活活动公共服务享用量出发，依据居民福利评估机理，利用偏差比较相对数构建的，按照居民福利水平发展变化不合理的成因分析规则，分析基于幸福感的居民福利水平发展变化不递增、不平衡、不充分形成原因的模型。

1. 基于幸福感的居民福利水平发展变化不递增成因分析模型的构建

若令 $RNUD_{WH\hat{I}ti}$ 为本期与上期本地区第 i 类居民，基于幸福感的福利水平偏差与相对于他人和过去的人均可支配收入偏差的比较相对数；$RNUD_{WHptij}$、$RNUD_{WHpti}$ 分别为本期与上期本地区第 i 类居民，基于幸福感的福利水平偏差与相对于他人和过去的各种生活消费定基价格指数偏差、消费定基价格总指数偏差的比较相对数；$RNUD_{WH\hat{g}tij}$、$RNUD_{WH\hat{g}tis}$ 分别为本期与上期本地区第 i 类居民，基于幸福感的福利水平偏差与相对于他人和过去的各种生活消费活动公共服务享用量偏差、生活保障活动公共服务享用量偏差的比较相对数，则可利用偏差比较相对数，将基于幸福感的居民福利水平发展变化不递增成因分析模型构建如下：

$$RNUD_{WH\hat{I}ti} = \frac{W_{Hti} - W_{H(t-1)i}}{\hat{I}_{ti} - \hat{I}_{(t-1)i}} \quad (4-65)$$

$$RNUD_{WHptij} = \frac{W_{Hti} - W_{H(t-1)i}}{\hat{p}_{tij} - \hat{p}_{(t-1)ij}} \quad (4-66)$$

$$RNUD_{WHpti} = \frac{W_{Hti} - W_{H(t-1)i}}{\hat{p}_{ti} - \hat{p}_{(t-1)i}} \quad (4-67)$$

$$RNUD_{WH\hat{g}tij} = \frac{W_{Hti} - W_{H(t-1)i}}{\hat{g}_{tij} - \hat{g}_{(t-1)ij}} \quad (4-68)$$

$$RNUD_{WH\hat{g}tis} = \frac{W_{Hti} - W_{H(t-1)i}}{\hat{g}_{tis} - \hat{g}_{(t-1)is}} \quad (4-69)$$

根据居民福利水平发展变化不合理成因分析机理，当 $RNUD_{WH\hat{I}ti}$、

$RNUD_{WH\hat{g}tij}$、$RNUD_{WH\hat{g}tis}$ 的数值为正以及 $RNUD_{WH\hat{p}tij}$、$RNUD_{WH\hat{p}ti}$ 的数值为负时，偏低的 $\hat{I}_{ti}$、$\hat{g}_{tij}$、$\hat{g}_{tis}$ 以及偏高的 $\hat{p}_{tij}$、$\hat{p}_{ti}$，是导致该居民基于幸福感的福利水平发展变化不递增的一个原因；当 $RNUD_{WH\hat{I}ti}$、$RNUD_{WH\hat{g}tij}$、$RNUD_{WH\hat{g}tis}$ 的数值为正且数值小于 1 以及 $RNUD_{WH\hat{p}tij}$、$RNUD_{WH\hat{p}ti}$ 的数值为负且数值的绝对值小于 1 时，偏低的 $\hat{I}_{ti}$、$\hat{g}_{tij}$、$\hat{g}_{tis}$ 以及偏高的 $\hat{p}_{tij}$、$\hat{p}_{ti}$，是导致该居民基于幸福感的福利水平发展变化不递增的一个主要原因；当 $RNUD_{WH\hat{I}ti}$、$RNUD_{WH\hat{g}tij}$、$RNUD_{WH\hat{g}tis}$ 的数值为正且数值大于等于 1 以及 $RNUD_{WH\hat{p}tij}$、$RNUD_{WH\hat{p}ti}$ 的数值为负且数值的绝对值大于等于 1 时，偏低的 $\hat{I}_{ti}$、$\hat{g}_{tij}$、$\hat{g}_{tis}$ 以及偏高的 $\hat{p}_{tij}$、$\hat{p}_{ti}$，是导致该居民基于幸福感的福利水平发展变化不递增的一个次要原因。

在此基础上，可进一步分析构成 $\hat{g}_{tij}$、$\hat{g}_{tis}$ 的 $\hat{g}_{tijh}$、$\hat{g}_{tisz}$，哪些是该居民基于幸福感的居民福利水平发展变化变化不递增的一个具体原因。若令 $RNUD_{WH\hat{g}tijh}$、$RNUD_{WH\hat{g}tisz}$ 分别为本期与上期本地区第 i 类居民，基于幸福感的福利水平偏差与相对于他人和过去的各种生活消费活动、生活保障活动所享用的各种公共服务量偏差的比较相对数，则可利用偏差比较相对数，将着眼于 $\hat{g}_{tijh}$、$\hat{g}_{tisz}$ 的基于幸福感的居民福利水平发展变化不递增成因分析模型构建如下：

$$RNUD_{WH\hat{g}tijh}=\frac{W_{Hti}-W_{H(t-1)i}}{\hat{g}_{tijh}-\hat{g}_{(t-1)ijh}} \tag{4-70}$$

$$RNUD_{WH\hat{g}tisz}=\frac{W_{Hti}-W_{H(t-1)i}}{\hat{g}_{tisz}-\hat{g}_{(t-1)isz}} \tag{4-71}$$

则当 $RNUD_{WH\hat{g}tijh}$、$RNUD_{WH\hat{g}tisz}$ 的数值为正时，偏低的 $\hat{g}_{tijh}$、$\hat{g}_{tisz}$，是导致该居民基于幸福感的福利水平发展变化不递增的一个原因；当 $RNUD_{WH\hat{g}tijh}$、$RNUD_{WH\hat{g}tisz}$ 的数值为正且数值小于 1 时，偏低的 $\hat{g}_{tijh}$、$\hat{g}_{tisz}$，是导致该居民基于幸福感的福利水平发展变化不递增的一个主要原因；当 $RNUD_{WH\hat{g}tijh}$、$RNUD_{WH\hat{g}tisz}$ 的数值为正且数值大于等于 1 时，偏低的 $\hat{g}_{tijh}$、$\hat{g}_{tisz}$，是导致该居民基于幸福感的福利水平发展变化不递增的一个次要原因。

2. 基于幸福感的居民福利水平发展变化不平衡成因分析模型的构建

若令 $RNDD_{WH\hat{I}ti}$ 为本地区第 i 类居民与全体居民，基于幸福感的福利水平偏差与相对于他人和过去的人均可支配收入的偏差的比较相对数；

$RNDD_{WH\hat{p}tij}$、$RNDD_{WH\hat{p}ti}$ 为本地区第 i 类居民与全体居民，基于幸福感的福利水平偏差与相对于他人和过去的各种生活消费定基价格指数偏差、消费定基价格总指数偏差的比较相对数；$RNDD_{WH\hat{g}tij}$、$RNDD_{WH\hat{g}tis}$ 分别为本地区第 i 类居民与全体居民，基于幸福感的福利水平偏差与相对于他人和过去的各种生活消费活动公共服务享用量偏差、生活保障活动公共服务享用量偏差的比较相对数，则可利用偏差比较相对数，将基于幸福感的居民福利水平发展变化不平衡成因分析模型构建如下：

$$RNDD_{WH\hat{I}ti} = \frac{W_{Hti} - W_{Ht1}}{\hat{I}_{ti} - \hat{I}_{t1}} \tag{4-72}$$

$$RNDD_{WH\hat{p}tij} = \frac{W_{Hti} - W_{Ht1}}{\hat{p}_{tij} - \hat{p}_{t1j}} \tag{4-73}$$

$$RNDD_{WH\hat{p}ti} = \frac{W_{Hti} - W_{Ht1}}{\hat{p}_{ti} - \hat{p}_{t1}} \tag{4-74}$$

$$RNDD_{WH\hat{g}tij} = \frac{W_{Hti} - W_{Ht1}}{\hat{g}_{tij} - \hat{g}_{t1j}} \tag{4-75}$$

$$RNDD_{WH\hat{g}tis} = \frac{W_{Hti} - W_{Ht1}}{\hat{g}_{tis} - \hat{g}_{t1s}} \tag{4-76}$$

根据居民福利水平发展变化不合理成因分析机理，当 $RNDD_{WH\hat{I}ti}$、$RNDD_{WH\hat{g}tij}$、$RNDD_{WH\hat{g}tis}$ 的数值为正以及 $RNDD_{WH\hat{p}tij}$、$RNDD_{WH\hat{p}ti}$ 的数值为负时，偏低的 $\hat{I}_{ti}$、$\hat{g}_{tij}$、$\hat{g}_{tis}$ 以及偏高的 $\hat{p}_{tij}$、$\hat{p}_{ti}$，是导致该居民基于幸福感的福利水平发展变化不平衡的一个原因；当 $RNDD_{WH\hat{I}ti}$、$RNDD_{WH\hat{g}tij}$、$RNDD_{WH\hat{g}tis}$ 的数值为正且数值小于 1 以及 $RNDD_{WH\hat{p}tij}$、$RNDD_{WH\hat{p}ti}$ 的数值为负且数值的绝对值小于 1 时，偏低的 $\hat{I}_{ti}$、$\hat{g}_{tij}$、$\hat{g}_{tis}$ 以及偏高的 $\hat{p}_{tij}$、$\hat{p}_{ti}$，是导致该居民基于幸福感的福利水平发展变化不平衡的一个主要原因；当 $RNDD_{WH\hat{I}ti}$、$RNDD_{WH\hat{g}tij}$、$RNDD_{WH\hat{g}tis}$ 的数值为正且数值大于等于 1 以及 $RNDD_{WH\hat{p}tij}$、$RNDD_{WH\hat{p}ti}$ 的数值为负且数值的绝对值大于等于 1 时，偏低的 $\hat{I}_{ti}$、$\hat{g}_{tij}$、$\hat{g}_{tis}$ 以及偏高的 $\hat{p}_{tij}$、$\hat{p}_{ti}$，是导致该居民基于幸福感的福利水平发展变化不平衡的一个次要原因。

在此基础上，可进一步分析构成 $\hat{g}_{tij}$、$\hat{g}_{tis}$ 的 $\hat{g}_{tijh}$、$\hat{g}_{tisz}$，哪些是导致该居民基于幸福感的居民福利水平发展变化不平衡的原因。若令 $RNDD_{WH\hat{g}tijh}$、$RNDD_{WH\hat{g}tisz}$ 分别为本地区第 i 类居民与全体居民，基于幸福感的福利水平偏差与相对于他人和过去的各种生活消费活动、生活保障活动所享用的各种公共服务量偏差的比较相对数，则可利用偏差比较相对数，将着眼于 $\hat{g}_{tijh}$、$\hat{g}_{tisz}$ 的基于幸福感的居民福利发展变化不平衡成因分析模型构建如下：

$$RNDD_{WH\hat{g}tijh} = \frac{W_{Hti} - W_{Ht1}}{\hat{g}_{tijh} - \hat{g}_{t1jh}} \tag{4-77}$$

$$RNDD_{WH\hat{g}tisz} = \frac{W_{Hti} - W_{Ht1}}{\hat{g}_{tisz} - \hat{g}_{t1sz}} \tag{4-78}$$

则当 $RNDD_{WH\hat{g}tijh}$、$RNDD_{WH\hat{g}tisz}$ 的数值为正时，偏低的 $\hat{g}_{tijh}$、$\hat{g}_{tisz}$，是导致该居民基于幸福感的福利水平发展变化不平衡的一个原因；当 $RNDD_{WH\hat{g}tijh}$、$RNDD_{WH\hat{g}tisz}$ 的数值为正且数值小于 1 时，偏低的 $\hat{g}_{tijh}$、$\hat{g}_{tisz}$，是导致该居民基于幸福感的福利水平发展变化不平衡的一个主要原因；当 $RNDD_{WH\hat{g}tijh}$、$RNDD_{WH\hat{g}tisz}$ 的数值为正且数值大于等于 1 时，偏低的 $\hat{g}_{tijh}$、$\hat{g}_{tisz}$，是导致该居民基于幸福感的福利水平发展变化不平衡的一个次要原因。

3. 基于幸福感的居民福利水平发展变化不充分成因分析模型的构建

若用 max 标记先进地区的相关指标，令 $RNID_{WH\hat{I}ti}$ 为本地区与先进地区第 i 类居民，基于幸福感的福利水平偏差与相对于他人和过去的人均可支配收入偏差的比较相对数；$RNID_{WH\hat{p}tij}$、$RNID_{WH\hat{p}ti}$ 为本地区与先进地区第 i 类居民，基于幸福感的福利水平偏差与相对于他人和过去的各种生活消费定基价格指数偏差、消费定基价格总指数偏差的比较相对数；$RNID_{WH\hat{g}tij}$、$RNID_{WH\hat{g}tis}$ 为本地区与先进地区第 i 类居民，基于幸福感的福利水平偏差与相对于他人和过去的各种生活消费活动公共服务享用量偏差、生活保障活动公共服务享用量偏差的比较相对数，则可利用偏差比较相对数，将基于幸福感的居民福利水平发展变化不充分成因分析模型构建如下：

$$RNID_{WH\hat{I}ti} = \frac{W_{Hti} - \max W_{Hti}}{\hat{I}_{ti} - \max \hat{I}_{ti}} \tag{4-79}$$

$$RNID_{WH\hat{p}tij} = \frac{W_{Hti} - \max W_{Hti}}{\hat{p}_{tij} - \max \hat{p}_{tij}} \tag{4-80}$$

$$RNID_{WH\hat{p}ti} = \frac{W_{Hti} - \max W_{Hti}}{\hat{p}_{ti} - \max \hat{p}_{ti}} \tag{4-81}$$

$$RNID_{WH\hat{g}tij} = \frac{W_{Hti} - \max W_{Hti}}{\hat{g}_{tij} - \max \hat{g}_{tij}} \tag{4-82}$$

$$RNID_{WH\hat{g}tis} = \frac{W_{Hti} - \max W_{Hti}}{\hat{g}_{tis} - \max \hat{g}_{tis}} \tag{4-83}$$

根据居民福利水平发展变化不合理成因分析机理，当 $RNID_{WH\hat{I}ti}$、$RNID_{WH\hat{g}tij}$、$RNID_{WH\hat{g}tis}$ 的数值为正以及 $RNID_{WH\hat{p}tij}$、$RNID_{WH\hat{p}ti}$ 的数值为负时，偏低的 $\hat{I}_{ti}$、$\hat{g}_{tij}$、$\hat{g}_{tis}$ 以及偏高的 $\hat{p}_{tij}$、$\hat{p}_{ti}$，是导致该居民基于幸福感的福利水平发展变化不充分的一个原因；当 $RNID_{WH\hat{I}ti}$、$RNID_{WH\hat{g}tij}$、$RNID_{WH\hat{g}tis}$ 的数值为正且数值小于 1 以及 $RNID_{WH\hat{p}tij}$、$RNID_{WH\hat{p}ti}$ 的数值为负且数值的绝对值小于 1 时，偏低的 $\hat{I}_{ti}$、$\hat{g}_{tij}$、$\hat{g}_{tis}$ 以及偏高的 $\hat{p}_{tij}$、$\hat{p}_{ti}$，是导致该居民基于幸福感的福利水平发展变化不充分的一个主要原因；当 $RNID_{WH\hat{I}ti}$、$RNID_{WH\hat{g}tij}$、$RNID_{WH\hat{g}tis}$ 的数值为正且数值大于等于 1 以及 $RNID_{WH\hat{p}tij}$、$RNID_{WH\hat{p}ti}$ 的数值为负且数值的绝对值大于等于 1 时，偏低的 $\hat{I}_{ti}$、$\hat{g}_{tij}$、$\hat{g}_{tis}$ 以及偏高的 $\hat{p}_{tij}$、$\hat{p}_{ti}$，是导致该居民基于幸福感的福利水平发展变化不充分的一个次要原因。

在此基础上，可进一步分析构成 $\hat{g}_{tij}$、$\hat{g}_{tis}$ 的 $\hat{g}_{tijh}$、$\hat{g}_{tisz}$，是否是导致该居民基于幸福感的福利水平发展变化不充分的一个具体原因。若令 $RNID_{WH\hat{g}tijh}$、$RNID_{WH\hat{g}tisz}$ 为本地区与先进地区第 i 类居民，基于幸福感的福利水平偏差与相对于他人和过去的各种生活消费活动、生活保障活动所享用的各种公共服务量偏差的比较相对数，则可利用偏差比较相对数，将着眼于 $\hat{g}_{tijh}$、$\hat{g}_{tisz}$ 的基于幸福感的居民福利水平发展变化不充分成因分析模型构建如下：

$$RNID_{WH\hat{g}tijh} = \frac{W_{Hti} - \max W_{Hti}}{\hat{g}_{tijh} - \max \hat{g}_{tijh}} \tag{4-84}$$

$$RNID_{WH\hat{g}tisz} = \frac{W_{Hti} - \max W_{Hti}}{\hat{g}_{tisz} - \max \hat{g}_{tisz}} \tag{4-85}$$

则当 $RNID_{WH\hat{g}tijh}$、$RNID_{WH\hat{g}tisz}$ 的数值为正时，偏低的 $\hat{g}_{tijh}$、$\hat{g}_{tisz}$，是导致该居民基于幸福感的福利水平发展变化不充分的一个原因；当 $RNID_{WH\hat{g}tijh}$、$RNID_{WH\hat{g}tisz}$ 的数值为正且数值小于 1 时，偏低的 $\hat{g}_{tijh}$、$\hat{g}_{tisz}$，是导致该居民基于幸福感的福利水平发展变化不充分的一个主要原因；当 $RNID_{WH\hat{g}tijh}$、$RNID_{WH\hat{g}tisz}$ 的数值为正且数值大于等于 1 时，偏低的 $\hat{g}_{tijh}$、$\hat{g}_{tisz}$，是导致该居民基于幸福感的福利水平发展变化不充分的一个次要原因。

三 居民福利增进对策分析模型的构建

由于居民福利水平发展变化呈现出的各种不合理状态，主要表现为本地区居民本期相对于上期、相对于全体居民、相对于先进地区居民的福利水平偏低，所以，要改变居民福利水平发展变化的这种不合理状态，就必须提升居民的福利水平。从而，扭转居民福利水平发展变化不合理状态的过程，也就是一个居民福利增进的过程。居民福利增进对策分析模型，也就是在居民福利发展变化处于不合理状态时，基于居民福利发展变化不合理状态的成因和居民福利的增进目标，依据居民福利增进机理，通过居民福利测度模型的转换而构建的居民福利影响因素调控对策分析模型。按照居民福利的分类，该模型可分为基于获得感的居民福利增进对策分析模型、基于安全感的居民福利增进对策分析模型和基于幸福感的居民福利增进对策分析模型。

（一）基于获得感的居民福利增进对策分析模型的构建

基于获得感的居民福利增进对策分析模型，是从基于获得感的居民福利发展变化不合理的影响因素和居民福利增进目标出发，依据居民福利增进机理，通过基于获得感的居民福利测度模型的变换，而构建的居民福利影响因素调控对策分析模型。根据居民福利的影响因素，该模型可分为着眼于人均现金消费总支出的基于获得感的居民福利增进对策分析模型、着眼于各种消费定基价格指数的基于获得感的居民福利增进对策分析模型、着眼于各种生活消费活动公共服务享用量的基于获得感的居民福利增进对策分析模型以及着眼于经济发展和收入分配的基于获得感的居民福利增进对策分析模型。

1. 着眼于人均现金消费总支出的基于获得感的居民福利增进对策分析模型的构建

着眼于人均现金消费总支出的基于获得感的居民福利增进对策分析模型，是从基于获得感的居民福利增进目标出发，通过基于获得感的居民福利测度模型的变换而构建的居民人均现金消费总支出提升对策分析模型。

若令 $\overline{W}_{cti}$ 为基于获得感的居民福利增进目标，E_{Wcti} 为在其他因素既定时实现 $\overline{W}_{cti}$ 所需的居民人均现金消费总支出，则由式（4-11）可得：

$$\tilde{E}_{ti} = \frac{\tilde{p}_{ti1}^{\alpha_{ti1}} \tilde{p}_{ti2}^{\alpha_{ti2}} \tilde{p}_{ti3}^{\alpha_{ti3}} \tilde{p}_{ti4}^{\alpha_{ti4}} W_{cti}^2}{\tilde{\alpha}_{ti1}^{\alpha_{ti1}} \tilde{\alpha}_{ti2}^{\alpha_{ti2}} \tilde{\alpha}_{ti3}^{\alpha_{ti3}} \tilde{\alpha}_{ti4}^{\alpha_{ti4}} \tilde{g}_{ti1}^{\alpha_{ti1}} \tilde{g}_{ti2}^{\alpha_{ti2}} \tilde{g}_{ti3}^{\alpha_{ti3}} \tilde{g}_{ti4}^{\alpha_{ti4}}} \qquad (4-86)$$

由于 $\tilde{E}_{ti} = \dfrac{E_{ti}}{E_{011}}$，将其代入式（4-86），并令 $E_{ti} = E_{Wcti}$、$W_{cti} = \overline{W}_{cti}$ 可得：

$$E_{Wcti} = \dfrac{\tilde{p}_{ti1}^{\alpha_{ti1}} \tilde{p}_{ti2}^{\alpha_{ti2}} \tilde{p}_{ti3}^{\alpha_{ti3}} \tilde{p}_{ti4}^{\alpha_{ti4}} \overline{W}_{cti}^2 E_{011}}{\tilde{\alpha}_{ti1}^{\alpha_{ti1}} \tilde{\alpha}_{ti2}^{\alpha_{ti2}} \tilde{\alpha}_{ti3}^{\alpha_{ti3}} \tilde{\alpha}_{ti4}^{\alpha_{ti4}} \tilde{g}_{ti1}^{\alpha_{ti1}} \tilde{g}_{ti2}^{\alpha_{ti2}} \tilde{g}_{ti3}^{\alpha_{ti3}} \tilde{g}_{ti4}^{\alpha_{ti4}}}$$

即：

$$E_{Wcti} = \left(\dfrac{\tilde{p}_{ti1}}{\tilde{\alpha}_{ti1}\tilde{g}_{ti1}}\right)^{\alpha_{ti1}} \left(\dfrac{\tilde{p}_{ti2}}{\tilde{\alpha}_{ti2}\tilde{g}_{ti2}}\right)^{\alpha_{ti2}} \left(\dfrac{\tilde{p}_{ti3}}{\tilde{\alpha}_{ti3}\tilde{g}_{ti3}}\right)^{\alpha_{ti3}} \left(\dfrac{\tilde{p}_{ti4}}{\tilde{\alpha}_{ti4}\tilde{g}_{ti4}}\right)^{\alpha_{ti4}} \overline{W}_{cti}^2 E_{011} \quad (4-87)$$

式（4-87）即为着眼于人均现金消费总支出的基于获得感的居民福利增进对策分析模型。该模型的内涵是：在其他因素为既定值时，为了实现基于获得感的居民福利增进目标 $\overline{W}_{cti}$，需将居民人均现金消费总支出提升到 E_{Wcti} 的水平。

2. 着眼于各种消费定基价格指数的基于获得感的居民福利增进对策分析模型的构建

着眼于各种消费定基价格指数的基于获得感的居民福利增进对策分析模型，是从基于获得感的居民福利增进目标出发，通过基于获得感的居民福利测度模型的变换而构建的居民各种生活消费定基价格指数调控对策分析模型。

若令 $\overline{W}_{cti}$ 为基于获得感的居民福利增进目标，p_{Wctij} 为在其他因素既定时实现 $\overline{W}_{cti}$ 所需的第 j 种生活消费定基价格指数调控水平。则由式（4-11）可得：

$$\tilde{p}_{tij} = \left(\dfrac{\tilde{\alpha}_{ti1}^{\alpha_{ti1}} \tilde{\alpha}_{ti2}^{\alpha_{ti2}} \tilde{\alpha}_{ti3}^{\alpha_{ti3}} \tilde{\alpha}_{ti4}^{\alpha_{ti4}} \tilde{g}_{ti1}^{\alpha_{ti1}} \tilde{g}_{ti2}^{\alpha_{ti2}} \tilde{g}_{ti3}^{\alpha_{ti3}} \tilde{g}_{ti4}^{\alpha_{ti4}} \tilde{E}_{ti}}{\tilde{p}_{ti1}^{\alpha_{ti1}} \cdots \tilde{p}_{ti(j-1)}^{\alpha_{ti(j-1)}} \tilde{p}_{ti(j+1)}^{\alpha_{ti(j+1)}} \cdots \tilde{p}_{ti4}^{\alpha_{ti4}} W_{cti}^2}\right)^{\frac{1}{\alpha_{tij}}} \quad (4-88)$$

由于 $\tilde{p}_{tij} = \dfrac{p_{tij}}{p_{011j}}$，则将其代入式（4-88），并令 $p_{tij} = p_{Wctij}$、$W_{cti} = \overline{W}_{cti}$ 可得：

$$p_{Wctij} = \left(\dfrac{\tilde{\alpha}_{ti1}^{\alpha_{ti1}} \tilde{\alpha}_{ti2}^{\alpha_{ti2}} \tilde{\alpha}_{ti3}^{\alpha_{ti3}} \tilde{\alpha}_{ti4}^{\alpha_{ti4}} \tilde{g}_{ti1}^{\alpha_{ti1}} \tilde{g}_{ti2}^{\alpha_{ti2}} \tilde{g}_{ti3}^{\alpha_{ti3}} \tilde{g}_{ti4}^{\alpha_{ti4}} \tilde{E}_{ti}}{\tilde{p}_{ti1}^{\alpha_{ti1}} \cdots \tilde{p}_{ti(j-1)}^{\alpha_{ti(j-1)}} \tilde{p}_{ti(j+1)}^{\alpha_{ti(j+1)}} \cdots \tilde{p}_{ti4}^{\alpha_{ti4}} \overline{W}_{cti}^2}\right)^{\frac{1}{\alpha_{tij}}} p_{011j} \quad (4-89)$$

我们称式（4-89）为着眼于各种生活消费定基价格指数的基于获得感的居民福利增进对策分析模型。该模型的内涵是：在其他因素为既定值时，为了实现基于获得感的居民福利增进目标 $\overline{W}_{cti}$，需将各种生活消费定基价格指数调控到 p_{Wctij} 的水平。

3. 着眼于各种生活消费活动公共服务享用量的基于获得感的居民福利增进对策分析模型的构建

着眼于各种生活消费活动公共服务享用量的基于获得感的居民福利增进对策分析模型，是从基于获得感的居民福利增进目标出发，通过基于获得感的居民福利测度模型的拓展，而构建的各种生活消费活动公共服务享用量提升对策分析模型。

若令 $\overline{W}_{cti}$ 为基于获得感的居民福利增进目标，g_{Wctijh} 为在其他因素既定时实现 $\overline{W}_{cti}$ 所需的第 j 种生活消费活动第 h 种公共服务享用量。则由式 (4-11) 可得：

$$\tilde{g}_{tij} = \left(\frac{\tilde{p}_{ti1}^{\alpha_{ti1}} \tilde{p}_{ti2}^{\alpha_{ti2}} \tilde{p}_{ti3}^{\alpha_{ti3}} \tilde{p}_{ti4}^{\alpha_{ti4}} W_{cti}^2}{\tilde{\alpha}_{ti1}^{\alpha_{ti1}} \tilde{\alpha}_{ti2}^{\alpha_{ti2}} \tilde{\alpha}_{ti3}^{\alpha_{ti3}} \tilde{\alpha}_{ti4}^{\alpha_{ti4}} \tilde{g}_{ti1}^{\alpha_{ti1}} \cdots \tilde{g}_{ti(j-1)}^{\alpha_{ti(j-1)}} \tilde{g}_{ti(j+1)}^{\alpha_{ti(j+1)}} \cdots \tilde{g}_{ti4}^{\alpha_{ti4}} \tilde{E}_{ti}} \right)^{\frac{1}{\alpha_{tij}}} \quad (4-90)$$

将 $\tilde{g}_{tij} = (\tilde{g}_{tij1} \tilde{g}_{tij2} \cdots \tilde{g}_{tijn})^{\frac{1}{n}}$、$\tilde{g}_{tijh} = \dfrac{g_{tijh}}{g_{011jh}}$ 代入式 (4-90) 式，并令 $g_{tijh} = g_{Wctijh}$、$W_{cti} = \overline{W}_{cti}$ 可得：

$$g_{Wctijh} = \frac{g_{011jh}}{\tilde{g}_{tij1} \cdots \tilde{g}_{tij(h-1)} \; \tilde{g}_{tij(h+1)} \cdots \tilde{g}_{ti1n}} \left(\frac{\tilde{p}_{ti1}^{\alpha_{ti1}} \tilde{p}_{ti2}^{\alpha_{ti2}} \tilde{p}_{ti3}^{\alpha_{ti3}} \tilde{p}_{ti4}^{\alpha_{ti4}} \overline{W}_{cti}^2}{\tilde{\alpha}_{ti1}^{\alpha_{ti1}} \tilde{\alpha}_{ti2}^{\alpha_{ti2}} \tilde{\alpha}_{ti3}^{\alpha_{ti3}} \tilde{\alpha}_{ti4}^{\alpha_{ti4}} \tilde{g}_{ti1}^{\alpha_{ti1}} \cdots \tilde{g}_{ti(j-1)}^{\alpha_{ti(j-1)}} \tilde{g}_{ti(j+1)}^{\alpha_{ti(j+1)}} \cdots \tilde{g}_{ti4}^{\alpha_{ti4}} \tilde{E}_{ti}} \right)^{\frac{n}{\alpha_{tij}}} \quad (4-91)$$

我们称式 (4-91) 为着眼于各种生活消费活动公共服务享用量的基于获得感的居民福利增进对策分析模型。该模型表明，在其他因素为既定值时，为了实现基于获得感的居民福利增进目标 $\overline{W}_{cti}$，需将各种生活消费活动公共服务享用量提升到 g_{Wctijh}。

4. 着眼于经济发展和收入分配的基于获得感的居民福利增进对策分析模型的构建

着眼于经济发展和收入分配的基于获得感的居民福利增进对策分析模型，是从基于获得感的居民福利增进目标出发，通过基于获得感的居民福利测度模型的拓展，而构建的人均可支配收入 I_{ti} 和人均国内（地区）生产总值 y_t 提升、人均可支配收入占人均国内（地区）生产总值比重 θ_{ti} 调整等对策分析模型。

若令 $\overline{W}_{cti}$ 为基于获得感的第 i 类居民福利增进目标，I_{Wcti} 是在其他因素既定时实现 $\overline{W}_{cti}$ 所需的第 i 类居民人均可支配收入水平、y_{Wct} 是在其他因素既定时实现 $\overline{W}_{cti}$ 所需的全体居民人均国内（地区）生产总值水平、θ_{Wcti} 是在其他因素既定时实现 $\overline{W}_{cti}$ 所需的第 i 类居民人均可支配收入占人均国内（地区）生产总值的比重。则将 $E_{ti}=\beta_{tic}I_{ti}$、$I_{ti}=\theta_{ti}y_t$ 代入式（4-87）并令 $I_{ti}=I_{Wcti}$、$y_t=y_{Wct}$、$\theta_{ti}=\theta_{Wcti}$、$W_{cti}=\overline{W}_{cti}$ 可得：

$$I_{Wcti}=\frac{\tilde{p}_{ti1}^{\alpha_{ti1}}\tilde{p}_{ti2}^{\alpha_{ti2}}\tilde{p}_{ti3}^{\alpha_{ti3}}\tilde{p}_{ti4}^{\alpha_{ti4}}\overline{W}_{cti}^2 E_{011}}{\tilde{\alpha}_{ti1}^{\alpha_{ti1}}\tilde{\alpha}_{ti2}^{\alpha_{ti2}}\tilde{\alpha}_{ti3}^{\alpha_{ti3}}\tilde{\alpha}_{ti4}^{\alpha_{ti4}}\tilde{g}_{ti1}^{\alpha_{ti1}}\tilde{g}_{ti2}^{\alpha_{ti2}}\tilde{g}_{ti3}^{\alpha_{ti3}}\tilde{g}_{ti4}^{\alpha_{ti4}}\beta_{tic}} \tag{4-92}$$

$$y_{Wct}=\frac{\tilde{p}_{ti1}^{\alpha_{ti1}}\tilde{p}_{ti2}^{\alpha_{ti2}}\tilde{p}_{ti3}^{\alpha_{ti3}}\tilde{p}_{ti4}^{\alpha_{ti4}}\overline{W}_{cti}^2 E_{011}}{\tilde{\alpha}_{ti1}^{\alpha_{ti1}}\tilde{\alpha}_{ti2}^{\alpha_{ti2}}\tilde{\alpha}_{ti3}^{\alpha_{ti3}}\tilde{\alpha}_{ti4}^{\alpha_{ti4}}\tilde{g}_{ti1}^{\alpha_{ti1}}\tilde{g}_{ti2}^{\alpha_{ti2}}\tilde{g}_{ti3}^{\alpha_{ti3}}\tilde{g}_{ti4}^{\alpha_{ti4}}\beta_{tic}\theta_{ti}} \tag{4-93}$$

$$\theta_{Wcti}=\frac{\tilde{p}_{ti1}^{\alpha_{ti1}}\tilde{p}_{ti2}^{\alpha_{ti2}}\tilde{p}_{ti3}^{\alpha_{ti3}}\tilde{p}_{ti4}^{\alpha_{ti4}}\overline{W}_{cti}^2 E_{011}}{\tilde{\alpha}_{ti1}^{\alpha_{ti1}}\tilde{\alpha}_{ti2}^{\alpha_{ti2}}\tilde{\alpha}_{ti3}^{\alpha_{ti3}}\tilde{\alpha}_{ti4}^{\alpha_{ti4}}\tilde{g}_{ti1}^{\alpha_{ti1}}\tilde{g}_{ti2}^{\alpha_{ti2}}\tilde{g}_{ti3}^{\alpha_{ti3}}\tilde{g}_{ti4}^{\alpha_{ti4}}\beta_{tic}y_t} \tag{4-94}$$

我们称式（4-92）为着眼于人均可支配收入的基于获得感的居民福利增进对策分析模型，该模型表明，在其他变量为既定值时，为了实现基于获得感的居民福利增进目标，需将人均可支配收入提升到 I_{Wcti}；式（4-93）为着眼于人均国内（地区）生产总值的基于获得感的居民福利增进对策分析模型，该模型表明，在其他变量为既定值时，为了实现基于获得感的居民福利增进目标 $\overline{W}_{cti}$，需将人均国内（地区）生产总值提升到 y_{Wct}；式（4-94）为着眼于人均可支配收入占人均国内（地区）生产总值比重的基于获得感的居民福利增进对策分析模型，该模型表明，在其他变量为既定值时，为了实现基于获得感的居民福利增进目标 $\overline{W}_{cti}$，需将第 i 类居民人均可支配收入占人均国内（地区）生产总值的比例提升到 θ_{Wcti}。

（二）基于安全感的居民福利增进对策分析模型的构建

基于安全感的居民福利增进对策分析模型，是依据居民福利增进机理，通过基于安全感的居民福利测度模型的变换，而构建的居民福利增进对策分析模型。根据居民福利的影响因素，基于安全感的居民福利增进对策分析模型，可分为着眼于人均储蓄储备支出的基于安全感的居民福利增进对策分析模型、着眼于居民消费定基价格总指数的基于安全感的居民福利增进对策分析模型、着眼于生活保障活动各种公共服务享用量的基于安全感的居民福利增进对策分析模型以及着眼于经济发展和收入分配的基于安全感的居民福利增进对策分析模型。

1. 着眼于人均储蓄储备支出的基于安全感的居民福利增进对策分析模型的构建

着眼于人均储蓄储备支出的基于安全感的居民福利增进对策分析模型，是从基于安全感的居民福利增进目标出发，通过基于安全感的居民福利测度模型的变换而构建的居民人均储蓄储备支出提升对策分析模型。

若令 $\overline{W}_{sti}$ 为基于安全感的居民福利增进目标，E_{Wstis} 为其他因素既定时实现 $\overline{W}_{sti}$ 所需的人均储蓄储备支出。则由式（4-13）可得：

$$\tilde{E}_{tis} = \frac{\tilde{p}_{ti} W_{sti}^2}{\tilde{g}_{tis}} \tag{4-95}$$

由于 $\tilde{E}_{tis} = \dfrac{E_{tis}}{E_{011s}}$，将其代入式（4-95），并令 $E_{tis} = E_{Wstis}$、$W_{sti} = \overline{W}_{sti}$ 可得：

$$E_{Wstis} = \frac{\tilde{p}_{ti} \overline{W}_{sti}^2 E_{011s}}{\tilde{g}_{tis}} \tag{4-96}$$

式（4-96）即为着眼于人均储蓄储备支出的基于安全感的居民福利增进对策分析模型。该模型表明，在其他因素为既定值时，为了实现基于安全感的居民福利增进目标 $\overline{W}_{sti}$，需将居民人均储蓄储备支出提升至 E_{Wstis} 水平。

2. 着眼于居民消费定基价格总指数的基于安全感的居民福利增进对策分析模型的构建

着眼于居民消费定基价格总指数的基于安全感的居民福利增进对策分析模型，是从基于安全感的居民福利增进目标出发，通过基于安全感的居民福利测度模型的变换而构建的居民消费定基价格总指数调控对策分析模型。

若令 $\overline{W}_{sti}$ 为基于安全感的居民福利增进目标，p_{Wsti} 为其他因素既定时实现 $\overline{W}_{sti}$ 所需的居民消费定基价格总指数的调控水平。则由式（4-13）可得：

$$\tilde{p}_{ti} = \frac{\tilde{g}_{tis}\tilde{E}_{tis}}{W_{sti}^2} \tag{4-97}$$

将 $\tilde{p}_{ti} = \dfrac{p_{ti}}{p_{011}}$ 代入式（4-97）并令 $p_{ti} = p_{Wsti}$、$W_{sti} = \overline{W}_{sti}$ 可得：

$$p_{Wsti} = \frac{\tilde{g}_{tis}\tilde{E}_{tis}p_{011}}{\overline{W}_{sti}^2} \tag{4-98}$$

式（4-98）即为着眼于居民消费定基价格总指数的基于安全感的居民福利增进对策分析模型。该模型表明，在其他因素不变时，为了实现基于安全感的居民福利增进目标 $\overline{W}_{sti}$，需将居民消费定基价格总指数调整到 p_{Wsti} 水平。

3. 着眼于生活保障活动各种公共服务享用量的基于安全感的居民福利增进对策分析模型的构建

着眼于生活保障活动各种公共服务享用量的基于安全感的居民福利增进对策分析模型，是从基于安全感的居民福利增进目标出发，通过基于安全感的居民福利测度模型的变换而构建的居民生活保障活动各种公共服务享用量提升对策分析模型。

若令 $\overline{W}_{sti}$ 为基于安全感的居民福利增进目标，g_{Wstisz} 为其他因素既定时实现 $\overline{W}_{sti}$ 所需的生活保障活动第 z 种公共服务提升水平。则由式（4-13）可得：

$$\tilde{g}_{tis} = \frac{\tilde{p}_{ti}W_{sti}^2}{\tilde{E}_{tis}} \tag{4-99}$$

将 $\tilde{g}_{tis} = (\tilde{g}_{tis1}\tilde{g}_{tis2}\cdots\tilde{g}_{tism})^{\frac{1}{m}}$ 代入式（4-99）可得：

$$\tilde{g}_{tisz} = \frac{1}{\tilde{g}_{tis1}\cdots\tilde{g}_{tis(z-1)}\,\tilde{g}_{tis(z+1)}\cdots\tilde{g}_{tism}}\left(\frac{\tilde{p}_{ti}W_{sti}^2}{\tilde{E}_{tis}}\right)^m \tag{4-100}$$

由于 $\tilde{g}_{tisz} = \dfrac{g_{tisz}}{g_{001sz}}$，将其代入式（4-100）并令 $g_{tisz} = g_{Wstisz}$、$W_{sti} = \overline{W}_{sti}$ 可得：

$$g_{Wstisz} = \frac{g_{001sz}}{\tilde{g}_{tis1}\cdots\tilde{g}_{tis(z-1)}\,\tilde{g}_{tis(z+1)}\cdots\tilde{g}_{tism}}\left(\frac{\tilde{p}_{ti}\overline{W}_{sti}^2}{\tilde{E}_{tis}}\right)^m \tag{4-101}$$

则（4-101）即为着眼于生活保障活动各种公共服务享用量的基于安全感的居民福利增进对策分析模型。该模型表明，在其他因素为既定值时，为了实现基于安全感的居民福利增进目标 $\overline{W}_{sti}$，需将居民生活保障活动所享用的各种公共服务量提升至 g_{Wstisz}。

4. 着眼于经济发展和收入分配的基于安全感的居民福利增进对策分析模型的构建

着眼于经济发展的基于安全感的居民福利增进对策分析模型，是从基于安全感的居民福利增进目标出发，通过基于安全感的居民福利测度模型的拓展，而构建的人均可支配收入和人均国内（地区）生产总值提升、人均可支配收入占人均国内（地区）生产总值比重调整等对策分析模型。

若令 $\overline{W}_{sti}$ 为基于安全感的第 i 类居民福利增进目标，I_{Wsti} 是在其他因素既定时实现 $\overline{W}_{sti}$ 所需的第 i 类居民人均可支配收入水平、y_{Wst} 是在其他因素既定时实现 $\overline{W}_{sti}$ 所需的全体居民人均国内（地区）生产总值水平、θ_{Wsti} 是在其他因素既定时实现 $\overline{W}_{sti}$ 所需的第 i 类居民人均可支配收入占人均国内（地区）生产总值的比重。则将 $E_{tis}=\beta_{tis}I_{ti}$、$I_{ti}=\theta_{ti}y_{t}$ 代入式（4-96），并令 $I_{ti}=I_{Wsti}$、$y_{t}=y_{Wst}$、$\theta_{ti}=\theta_{Wsti}$、$W_{sti}=\overline{W}_{sti}$ 可得：

$$I_{Wsti}=\frac{\tilde{p}_{ti}\overline{W}_{sti}^{2}E_{011s}}{\beta_{tis}\tilde{g}_{tis}} \qquad (4-102)$$

$$y_{Wst}=\frac{\tilde{p}_{ti}\overline{W}_{sti}^{2}E_{011s}}{\beta_{tis}\theta_{ti}\tilde{g}_{tis}} \qquad (4-103)$$

$$\theta_{Wsti}=\frac{\tilde{p}_{ti}\overline{W}_{sti}^{2}E_{011s}}{\beta_{tis}y_{ti}\tilde{g}_{tis}} \qquad (4-104)$$

我们称式（4-102）为着眼于人均可支配收入的基于安全感的居民福利增进对策分析模型，该模型表明，在其他因素为既定值时，为实现基于安全感的居民福利增进目标 $\overline{W}_{sti}$，需将人均可支配收入提升至 I_{Wsti}；式（4-103）为着眼于人均国内（地区）生产总值的基于安全感的居民福利增进对策分析模型，该模型表明，在其他因素为既定值时，为了实现基于安全感的居民福利增进目标 $\overline{W}_{sti}$，需将人均国内（地区）生产总值提升至 y_{Wst}；式（4-104）为着眼于人均可支配收入占人均国内（地区）生产总值比重的基于安全感的居民福利增进对策分析模型,该模型表明,在其他因素为既定值时,为了实现基于安全感的居民福利增进目标 $\overline{W}_{sti}$,需将人均可支配收入占人均国内(地区)生产总值的比重提升至 θ_{Wsti}。

(三)基于幸福感的居民福利增进对策分析模型的构建

基于幸福感的居民福利增进对策分析模型是依据居民福利增进机理,通过基于幸福感的居民福利测度模型的变换,而构建的居民福利增进对策分析模型。根据居民福利的影响因素,基于幸福感的居民福利增进对策分析模型,可分为着眼于人均可支配收入的基于幸福感的居民福利增进对策分析模型、着眼于各种消费定基价格指数的基于幸福感的居民福利增进对策分析模型、着眼于各种生活活动公共服务享用量的基于幸福感的居民福利增进对策分析模型以及着眼于经济发展和收入分配的基于幸福感的居民福利增进对策分析模型。

1. 着眼于人均可支配收入的基于幸福感的居民福利增进对策分析模型的构建

着眼于人均可支配收入的基于幸福感的居民福利增进对策分析模型,是从基于幸福感的居民福利增进目标出发,通过基于幸福感的居民福利测度模型的变换而构建的居民人均可支配收入提升对策分析模型。

若令 $\overline{W}_{Hti}$ 为基于幸福感的居民福利增进目标,I_{WHti} 为其他因素既定时实现 $\overline{W}_{Hti}$ 所需的居民人均可支配收入。则由式(4-22)可得:

$$\hat{I}_{ti} = \frac{\hat{p}_{ti1}^{\beta_{ti1}} \hat{p}_{ti2}^{\beta_{ti2}} \hat{p}_{ti3}^{\beta_{ti3}} \hat{p}_{ti4}^{\beta_{ti4}} \hat{p}_{ti}^{\beta_{tis}} W_{Hti}^2}{\hat{\beta}_{ti1}^{\beta_{ti1}} \hat{\beta}_{ti2}^{\beta_{ti2}} \hat{\beta}_{ti3}^{\beta_{ti3}} \hat{\beta}_{ti4}^{\beta_{ti4}} \hat{\beta}_{tis}^{\beta_{tis}} \hat{g}_{ti1}^{\beta_{ti1}} \hat{g}_{ti2}^{\beta_{ti2}} \hat{g}_{ti3}^{\beta_{ti3}} \hat{g}_{ti4}^{\beta_{ti4}} \hat{g}_{tis}^{\beta_{tis}}} \quad (4-105)$$

将 $\hat{I}_{ti} = \frac{I_{ti}}{I_{011}^{0.5} I_{1i}^{0.5}}$ 代入式(4-105)并令 $I_{ti} = I_{WHti}$、$W_{Hti} = \overline{W}_{Hti}$ 可得:

$$I_{WHti} = \frac{\hat{p}_{ti1}^{\beta_{ti1}} \hat{p}_{ti2}^{\beta_{ti2}} \hat{p}_{ti3}^{\beta_{ti3}} \hat{p}_{ti4}^{\beta_{ti4}} \hat{p}_{ti}^{\beta_{tis}} \overline{W}_{Hti}^2 I_{011}^{0.5} I_{1i}^{0.5}}{\hat{\beta}_{ti1}^{\beta_{ti1}} \hat{\beta}_{ti2}^{\beta_{ti2}} \hat{\beta}_{ti3}^{\beta_{ti3}} \hat{\beta}_{ti4}^{\beta_{ti4}} \hat{\beta}_{tis}^{\beta_{tis}} \hat{g}_{ti1}^{\beta_{ti1}} \hat{g}_{ti2}^{\beta_{ti2}} \hat{g}_{ti3}^{\beta_{ti3}} \hat{g}_{ti4}^{\beta_{ti4}} \hat{g}_{tis}^{\beta_{tis}}} \quad (4-106)$$

则式(4-106)即为着眼于居民人均可支配收入的基于幸福感的居民福利增进对策分析模型。该模型表明,在其他因素既定时,为了实现基于幸福感的居民福利增进目标 $\overline{W}_{Hti}$,应将居民人均可支配收入提升至 I_{WHti} 水平。

2. 着眼于各种消费定基价格指数的基于幸福感的居民福利增进对策分析模型的构建

着眼于各种消费定基价格指数的基于幸福感的居民福利增进对策分析模型，是从基于幸福感的居民福利增进目标出发，通过基于幸福感的居民福利测度模型的变换而构建的各种消费定基价格指数调控对策分析模型。

若令 $\overline{W}_{Hti}$ 为基于幸福感的居民福利增进目标，p_{wHtij} 为其他因素既定时实现 $\overline{W}_{Hti}$ 所需的第 j 种生活消费定基价格指数调控水平、p_{wHti} 为其他因素既定时实现 $\overline{W}_{Hti}$ 所需的居民消费定基价格总指数调控水平。

则由式（4-105）可得：

$$\hat{p}_{tij} = \left(\frac{\hat{\beta}_{ti1}^{\beta_{ti1}} \hat{\beta}_{ti2}^{\beta_{ti2}} \hat{\beta}_{ti3}^{\beta_{ti3}} \hat{\beta}_{ti4}^{\beta_{ti4}} \hat{\beta}_{tis}^{\beta_{tis}} \hat{g}_{ti1}^{\beta_{ti1}} \hat{g}_{ti2}^{\beta_{ti2}} \hat{g}_{ti3}^{\beta_{ti3}} \hat{g}_{ti4}^{\beta_{ti4}} \hat{g}_{tis}^{\beta_{tis}} \hat{I}_{ti}}{\hat{p}_{ti1}^{\beta_{ti1}} \cdots \hat{p}_{ti(j-1)}^{\beta_{ti(j-1)}} \hat{p}_{ti(j+1)}^{\beta_{ti(j+1)}} \cdots \hat{p}_{ti4}^{\beta_{ti4}} \hat{p}_{ti}^{\beta_{tis}} W_{Hti}^2} \right)^{\frac{1}{\beta_{tij}}} \quad (4-107)$$

$$\hat{p}_{ti} = \left(\frac{\hat{\beta}_{ti1}^{\beta_{ti1}} \hat{\beta}_{ti2}^{\beta_{ti2}} \hat{\beta}_{ti3}^{\beta_{ti3}} \hat{\beta}_{ti4}^{\beta_{ti4}} \hat{\beta}_{tis}^{\beta_{tis}} \hat{g}_{ti1}^{\beta_{ti1}} \hat{g}_{ti2}^{\beta_{ti2}} \hat{g}_{ti3}^{\beta_{ti3}} \hat{g}_{ti4}^{\beta_{ti4}} \hat{g}_{tis}^{\beta_{tis}} \hat{I}_{ti}}{\hat{p}_{ti1}^{\beta_{ti1}} \hat{p}_{ti2}^{\beta_{ti2}} \hat{p}_{ti3}^{\beta_{ti3}} \hat{p}_{ti4}^{\beta_{ti4}} W_{Hti}^2} \right)^{\frac{1}{\beta_{tis}}} \quad (4-108)$$

则将 $\hat{p}_{tij} = \dfrac{p_{tij}}{p_{011j}^{0.5} p_{1ij}^{0.5}}$、$\hat{p}_{ti} = \dfrac{p_{ti}}{p_{011}^{0.5} p_{1i}^{0.5}}$ 代入式（4-107）、式（4-108）并令 $p_{tij} = p_{wHtij}$、$p_{ti} = p_{wHti}$、$W_{Hti} = \overline{W}_{Hti}$ 可得：

$$p_{wHtij} = p_{011j}^{0.5} p_{1ij}^{0.5} \left(\frac{\hat{\beta}_{ti1}^{\beta_{ti1}} \hat{\beta}_{ti2}^{\beta_{ti2}} \hat{\beta}_{ti3}^{\beta_{ti3}} \hat{\beta}_{ti4}^{\beta_{ti4}} \hat{\beta}_{tis}^{\beta_{tis}} \hat{g}_{ti1}^{\beta_{ti1}} \hat{g}_{ti2}^{\beta_{ti2}} \hat{g}_{ti3}^{\beta_{ti3}} \hat{g}_{ti4}^{\beta_{ti4}} \hat{g}_{tis}^{\beta_{tis}} \hat{I}_{ti}}{\hat{p}_{ti1}^{\beta_{ti1}} \cdots \hat{p}_{ti(j-1)}^{\beta_{ti(j-1)}} \hat{p}_{ti(j+1)}^{\beta_{ti(j+1)}} \cdots \hat{p}_{ti4}^{\beta_{ti4}} \hat{p}_{ti}^{\beta_{tis}} \overline{W}_{Hti}^2} \right)^{\frac{1}{\beta_{tij}}} \quad (4-109)$$

$$p_{wHti} = p_{011}^{0.5} p_{1i}^{0.5} \left(\frac{\hat{\beta}_{ti1}^{\beta_{ti1}} \hat{\beta}_{ti2}^{\beta_{ti2}} \hat{\beta}_{ti3}^{\beta_{ti3}} \hat{\beta}_{ti4}^{\beta_{ti4}} \hat{\beta}_{tis}^{\beta_{tis}} \hat{g}_{ti1}^{\beta_{ti1}} \hat{g}_{ti2}^{\beta_{ti2}} \hat{g}_{ti3}^{\beta_{ti3}} \hat{g}_{ti4}^{\beta_{ti4}} \hat{g}_{tis}^{\beta_{tis}} \hat{I}_{ti}}{\hat{p}_{ti1}^{\beta_{ti1}} \hat{p}_{ti2}^{\beta_{ti2}} \hat{p}_{ti3}^{\beta_{ti3}} \hat{p}_{ti4}^{\beta_{ti4}} \overline{W}_{Hti}^2} \right)^{\frac{1}{\beta_{tis}}} \quad (4-110)$$

式（4-109）、式（4-110）即为着眼于各种消费定基价格指数的基于幸福感的居民福利增进对策分析模型。该模型表明，当其他因素为既定值时，为了实现基于幸福感的居民福利增进目标 $\overline{W}_{Hti}$，需将居民各种消费定基价格指数调控到 p_{wHtij}、p_{wHti} 水平。

3. 着眼于各种生活活动公共服务享用量的基于幸福感的居民福利增进对策分析模型的构建

着眼于各种生活活动公共服务享用量的基于幸福感的居民福利增进对策分析模型，是从基于幸福感的居民福利增进目标出发，通过基于幸福感的居民福利测度模型的拓展，而构建的各种生活消费活动与生活保障活动公共服务享用量提升对策分析模型。

若令 $\overline{W}_{Hti}$ 为基于幸福感的居民福利增进目标，g_{WHtijh} 为其他因素既定时实现 $\overline{W}_{Hti}$ 所需的第 j 种生活消费活动第 h 种公共服务享用量，g_{WHtisz} 为其他因素既定时实现 $\overline{W}_{Hti}$ 所需的生活保障活动第 z 种社会保障服务享用量。

则由式（4-105）可得：

$$\hat{g}_{tij} = \left(\frac{\hat{p}_{ti1}^{\beta_{ti1}} \hat{p}_{ti2}^{\beta_{ti2}} \hat{p}_{ti3}^{\beta_{ti3}} \hat{p}_{ti4}^{\beta_{ti4}} \hat{p}_{ti}^{\beta_{tis}} W_{Hti}^2}{\hat{\beta}_{ti1} \hat{\beta}_{ti2} \hat{\beta}_{ti3} \hat{\beta}_{ti4} \hat{\beta}_{tis} \hat{g}_{ti1} \cdots \hat{g}_{ti(j-1)} \hat{g}_{ti(j+1)} \cdots \hat{g}_{ti4} \hat{g}_{tis} \hat{I}_{ti}} \right)^{\frac{1}{\beta_{tij}}} \quad (4-111)$$

$$\hat{g}_{tis} = \left(\frac{\hat{p}_{ti1}^{\beta_{ti1}} \hat{p}_{ti2}^{\beta_{ti2}} \hat{p}_{ti3}^{\beta_{ti3}} \hat{p}_{ti4}^{\beta_{ti4}} \hat{p}_{ti}^{\beta_{tis}} W_{Hti}^2}{\hat{\beta}_{ti1} \hat{\beta}_{ti2} \hat{\beta}_{ti3} \hat{\beta}_{ti4} \hat{\beta}_{tis} \hat{g}_{ti1} \hat{g}_{ti2} \hat{g}_{ti3} \hat{g}_{ti4} \hat{I}_{ti}} \right)^{\frac{1}{\beta_{tis}}} \quad (4-112)$$

则将 $\hat{g}_{tij} = (\hat{g}_{tij1} \hat{g}_{tij2} \cdots \hat{g}_{tijn})^{\frac{1}{n}}$、$\hat{g}_{tis} = (\hat{g}_{tis1} \hat{g}_{tis2} \cdots \hat{g}_{tism})^{\frac{1}{m}}$、$\hat{g}_{tijh} = \frac{g_{tijh}}{g_{011jh}^{0.5} g_{1ijh}^{0.5}}$、

$\hat{g}_{tisz} = \frac{g_{tisz}}{g_{011sz}^{0.5} g_{1isz}^{0.5}}$ 代入式（4-111）、式（4-112），并令 $g_{tijh} = g_{WHtijh}$、$g_{tisz} = g_{WHtisz}$、$W_{Hti} = \overline{W}_{Hti}$ 可得：

$$g_{WHtijh} = \frac{g_{011jh}^{0.5} g_{1ijh}^{0.5}}{\hat{g}_{tij1} \cdots \hat{g}_{tij(h-1)} \hat{g}_{tij(h+1)} \cdots \hat{g}_{tijn}} \left(\frac{\hat{p}_{ti1}^{\beta_{ti1}} \hat{p}_{ti2}^{\beta_{ti2}} \hat{p}_{ti3}^{\beta_{ti3}} \hat{p}_{ti4}^{\beta_{ti4}} \hat{p}_{ti}^{\beta_{tis}} \overline{W}_{Hti}^2}{\hat{\beta}_{ti1} \hat{\beta}_{ti2} \hat{\beta}_{ti3} \hat{\beta}_{ti4} \hat{\beta}_{tis} \hat{g}_{ti1} \cdots \hat{g}_{ti(j-1)} \hat{g}_{ti(j+1)} \cdots \hat{g}_{ti4} \hat{g}_{tis} \hat{I}_{ti}} \right)^{\frac{n}{\beta_{tij}}} \quad (4-113)$$

$$g_{WHtisz} = \frac{g_{011sz}^{0.5} g_{1isz}^{0.5}}{\hat{g}_{tis1} \cdots \hat{g}_{tis(z-1)} \hat{g}_{tis(z+1)} \cdots \hat{g}_{tism}} \left(\frac{\hat{p}_{ti1}^{\beta_{ti1}} \hat{p}_{ti2}^{\beta_{ti2}} \hat{p}_{ti3}^{\beta_{ti3}} \hat{p}_{ti4}^{\beta_{ti4}} \hat{p}_{ti}^{\beta_{tis}} \overline{W}_{Hti}^2}{\hat{\beta}_{ti1} \hat{\beta}_{ti2} \hat{\beta}_{ti3} \hat{\beta}_{ti4} \hat{\beta}_{tis} \hat{g}_{ti1} \hat{g}_{ti2} \hat{g}_{ti3} \hat{g}_{ti4} \hat{I}_{ti}} \right)^{\frac{m}{\beta_{tis}}} \quad (4-114)$$

式（4-113）、式（4-114），即为着眼于各种生活活动公共服务享用量的基于幸福感的居民福利增进对策分析模型。该系列模型表明，当其他因素不变时，为了实现基于幸福感的居民福利增进目标 $\overline{W}_{Hti}$，需将居民各种生活消费活动的各种公共服务享用量提升至 g_{WHtijh}、将居民生活保障活动的各种公共服务享用量提升至 g_{WHtisz}。

4. 着眼于经济发展和收入分配的基于幸福感的居民福利增进对策分析模型的构建

着眼于经济发展和收入分配的基于幸福感的居民福利增进对策分析模型，是从基于幸福感的居民福利增进目标出发，通过基于幸福感的居民福利测度模型的拓展，而构建的人均国内（地区）生产总值提升以及人均可支配收入占人均国内（地区）生产总值比重调整的对策分析模型。

若令 $\overline{W}_{Hti}$ 为基于幸福感的第 i 类居民福利增进目标，y_{WHt} 是在其他因素既定时实现 $\overline{W}_{Hti}$ 所需的人均国内（地区）生产总值水平，θ_{WHti} 为其他因素既定时实现 $\overline{W}_{Hti}$ 所需的人均可支配收入占人均国内（地区）生产总值的比重。则将 $I_{ti}=\theta_{ti}y_{t}$ 代入式（4-106）并令 $y_{t}=y_{WHt}$、$\theta_{ti}=\theta_{WHti}$、$W_{Hti}=\overline{W}_{Hti}$ 可得：

$$y_{WHt}=\frac{\hat{p}_{ti1}^{\beta_{ti1}}\hat{p}_{ti2}^{\beta_{ti2}}\hat{p}_{ti3}^{\beta_{ti3}}\hat{p}_{ti4}^{\beta_{ti4}}\hat{p}_{ti}^{\beta_{tis}}\overline{W}_{Hti}^{2}I_{011}^{0.5}I_{1i}^{0.5}}{\theta_{ti}\hat{\beta}_{ti1}^{\beta_{ti1}}\hat{\beta}_{ti2}^{\beta_{ti2}}\hat{\beta}_{ti3}^{\beta_{ti3}}\hat{\beta}_{ti4}^{\beta_{ti4}}\hat{\beta}_{tis}^{\beta_{tis}}\hat{g}_{ti1}^{\beta_{ti1}}\hat{g}_{ti2}^{\beta_{ti2}}\hat{g}_{ti3}^{\beta_{ti3}}\hat{g}_{ti4}^{\beta_{ti4}}\hat{g}_{tis}^{\beta_{tis}}} \tag{4-115}$$

$$\theta_{WHti}=\frac{\hat{p}_{ti1}^{\beta_{ti1}}\hat{p}_{ti2}^{\beta_{ti2}}\hat{p}_{ti3}^{\beta_{ti3}}\hat{p}_{ti4}^{\beta_{ti4}}\hat{p}_{ti}^{\beta_{tis}}\overline{W}_{Hti}^{2}I_{011}^{0.5}I_{1i}^{0.5}}{y_{t}\hat{\beta}_{ti1}^{\beta_{ti1}}\hat{\beta}_{ti2}^{\beta_{ti2}}\hat{\beta}_{ti3}^{\beta_{ti3}}\hat{\beta}_{ti4}^{\beta_{ti4}}\hat{\beta}_{tis}^{\beta_{tis}}\hat{g}_{ti1}^{\beta_{ti1}}\hat{g}_{ti2}^{\beta_{ti2}}\hat{g}_{ti3}^{\beta_{ti3}}\hat{g}_{ti4}^{\beta_{ti4}}\hat{g}_{tis}^{\beta_{tis}}} \tag{4-116}$$

则，式（4-115）即为着眼于人均国内（地区）生产总值的基于幸福感的居民福利增进对策分析模型，该模型表明，当其他因素既定时，为了实现基于幸福感的居民福利水平增进目标 $\overline{W}_{Hti}$，需将人均国内（地区）生产总值提升至 y_{WHt} 水平；式（4-116）即为着眼于人均可支配收入占人均国内（地区）生产总值比重的基于幸福感的居民福利增进对策分析模型，该模型表明，当其他因素既定时，为了实现基于幸福感的居民福利水平增进目标 $\overline{W}_{Hti}$，需将人均可支配收入占人均国内（地区）生产总值比重提升至 θ_{WHti}。

第五章 居民福利统计评估指标体系的设计与相关数据的收集与整理

为了满足居民福利统计评估实证分析的需要,本章依据居民福利统计评估模型变量的定义,从居民收支、价格指数、公共服务三个方面,对居民福利统计评估指标体系、相关统计指标的数据收集与整理的方法进行了设计,并据此开展了相关统计数据的收集与整理工作。限于数据的可获得性,相关统计数据的收集与整理工作,我们仅在除西藏、香港、澳门和台湾之外的其他30个省份范围内来进行。根据相关统计年鉴的编者说明,本章由相关统计年鉴搜集与整理的全国性统计数据以及后续各章据此而测算的全国性统计指标数据,均未包括香港、澳门和台湾的数据。

第一节 收支类指标体系的设计与相关数据的收集与整理

一 收支类居民福利统计评估指标体系的设计

在基于获得感、安全感、幸福感的居民福利测度、评价以及增进对策分析模型中,与居民收支相关的变量主要包括居民人均收支类变量($\hat{I}_{ti}$、$\tilde{E}_{ti}$、$\tilde{E}_{tis}$)、居民人均收支比重类变量(α_{tij}、$\tilde{\alpha}_{tij}$、β_{tij}、$\hat{\beta}_{tij}$、β_{tic}、β_{tis}、$\hat{\beta}_{tis}$)以及其他相关变量(y_t、θ_{ti}、δ_{t2}、δ_{t3})等,收支类居民福利统计评估指标体系即由上述三类变量基础统计指标构造而成的指标体系。

(一)人均收支类居民福利统计评估指标的设置

从居民收支方面来看,居民福利统计评估模型体系中所涉及的变量指标主要有$\tilde{E}_{ti}$、$\tilde{E}_{tis}$和$\hat{I}_{ti}$。其中,$\tilde{E}_{ti}$为t期第i类居民($i=1$时为全体居民、$i=2$ 时为城镇居民、$i=3$ 时为农村居民，下同）相对于他人的人均现金消费总支出，是 t 期第 i 类居民的人均现金消费总支出 E_{ti}，与基期全国全体居民人均现金消费总支出 E_{011}（0 代表全国、$t=1$ 代表基期、$i=1$ 代表全体居民，下同）的比值；$\tilde{E}_{tis}$ 为 t 期第 i 类居民相对于他人的人均储蓄储备支出，是 t 期第 i 类居民的人均储蓄储备支出 E_{tis}，与基期全国全体居民人均储蓄储备支出 E_{011s} 的比值；$\hat{I}_{ti}$ 为 t 期第 i 类居民相对于他人和过去的人均可支配收入，是 t 期第 i 类居民的人均可支配收入 I_{ti}，与基期全国全体居民人均可支配收入 I_{011} 和基期该居民人均可支配收入 I_{1i} 的几何平均数 $\sqrt{I_{011}I_{1i}}$ 的比值。

这样，要获得 t 期第 i 类居民相对于他人的人均现金消费总支出 $\tilde{E}_{ti}$ 的数据，就需对 t 期第 i 类居民人均现金消费总支出 E_{ti} 的统计数据进行收集与整理；要获得 t 期第 i 类居民相对于他人的人均储蓄储备支出 $\tilde{E}_{tis}$ 的数据，就需对 t 期第 i 类居民人均储蓄储备支出 E_{tis} 的统计数据进行收集与整理；要获得 t 期第 i 类居民相对于他人和过去的人均可支配收入 $\hat{I}_{ti}$ 的数据，就需对 t 期第 i 类居民人均可支配收入 I_{ti} 的统计数据进行收集与整理。据此，可将居民收支类居民福利评估基础统计指标，设置为居民人均现金消费总支出 E_{ti}、居民人均储蓄储备总支出 E_{tis} 和居民人均可支配收入 I_{ti}。

其中，根据国家统计局网站所给出的指标解释，居民人均可支配收入，是指居民获得的可用于最终消费支出和储蓄的人均现金与实物收入；居民人均现金消费总支出，是指居民用于满足家庭日常生活消费需要的人均现金总支出。居民人均储蓄储备支出，则是我们依据居民福利测度机理而设置的，用于反映居民个人生活物资储备与货币储蓄情况的统计指标，并将其定义为居民人均可支配收入与居民人均现金消费总支出之差，即：

$$E_{tis} = I_{ti} - E_{ti} \tag{5-1}$$

（二）人均收支比重类居民福利统计评估指标的设置

在居民福利统计评估模型体系中所涉及的居民人均收支比重类变量，主要有 α 类比重变量和 β 类比重变量。

α 类比重变量，是以居民人均现金消费总支出为基数计算的各种人均现金消费支出比重类变量，包括 α_{tij} 和 $\tilde{\alpha}_{tij}$。其中，α_{tij} 为 t 期第 i 类居民人均第 j 种生活消费活动（$j=1$ 时为基本生活消费活动、$j=2$ 时为社会交往消费活动、$j=3$ 时为文教娱乐消费活动、$j=4$ 时为医疗保健消费活动，下同）现金消费支出 E_{tij} 占人均现金消费总支出 E_{ti} 的比重；$\tilde{\alpha}_{tij}$ 是 t 期第 i 类居民相对于他人的人均第 j 种生活消费活动现金消费支出占人均现金消费总支出的比重，为 t 期第 i 类居民人均第 j 种生活消费活动现金消费支出比重 α_{tij}，与基期全国全体居民人均第 j 种生活消费活动现金消费支出比重 α_{011j} 的比值。

这样，要获得各种生活消费活动的 α_{tij} 和 $\tilde{\alpha}_{tij}$ 的数据，就需对居民各种生活消费活动的人均现金消费支出 E_{tij} 指标，即居民人均基本生活现金消费支出 E_{ti1}、居民人均社会交往现金消费支出 E_{ti2}、居民人均文教娱乐现金消费支出 E_{ti3}、居民人均医疗保健现金消费支出 E_{ti4} 以及居民人均现金消费总支出 E_{ti} 等指标的统计数据进行收集与整理。上述指标也就构成了 α 类居民福利评估基础统计指标。

其中，居民人均基本生活现金消费支出 E_{ti1}，是指居民人均食品烟酒、衣着、居住、生活用品及服务、其他用品及服务等现金消费支出之和；居民人均社会交往现金消费支出 E_{ti2}，是指居民人均交通通信现金消费支出；居民人均文教娱乐现金消费支出 E_{ti3}，是指居民人均教育、文化、娱乐现金消费支出；居民人均医疗保健现金消费支出 E_{ti4}，是指居民人均医疗、保健现金消费支出。

β 类比重变量是以居民人均可支配收入为基数计算的各种生活支出比重类变量指标，包括 β_{tij} 和 $\hat{\beta}_{tij}$、β_{tis} 和 $\hat{\beta}_{tis}$、β_{tic} 等。其中，β_{tij} 为 t 期第 i 类居民人均第 j 种生活消费活动现金消费支出 E_{tij} 占人均可支配收入 I_{ti} 的比重；$\hat{\beta}_{tij}$ 为 t 期第 i 类居民相对于他人和过去的人均第 j 种生活消费活动现金消费支出占人均可支配收入的比重，是 t 期第 i 类居民人均第 j 种生活消费活动现金消费支出占人均可支配收入的比重 β_{tij}，与基期全国全体居民人均第 j 种生活消费活动现金消费支出占人均可支配收入的比重 β_{011j} 和基期第 i 类居民人均第 j 种生活消费活动现金消费支出占人均可支配收入的比重 β_{1ij} 的几何平均数 $\sqrt{\beta_{011j}\beta_{1ij}}$ 的比值；β_{tic} 为 t 期第 i 类居民人均现金消费总支出 E_{ti} 占人均可支配收入 I_{ti} 的比重；β_{tis} 为 t 期第 i 类居民人均储蓄储备支出 E_{tis} 占人均可支配收入 I_{ti} 的比重；$\hat{\beta}_{tis}$ 为 t 期第 i 类居民相对于他人和过去的人均储蓄储备支出占人均可支配收入的比重，是 t 期第 i 类居民人均储蓄储备支出占人均可支配收入的比重 β_{tis}，与基期全国全体居民人均储蓄储备支出占人均可支配收入的比重 β_{011s} 和基期第 i 类居民人均储蓄储备支出占人均可支配收入的比重 β_{1is} 的几何平均数 $\sqrt{\beta_{011s}\beta_{1is}}$ 的比值。

所以，居民人均基本生活现金消费支出 E_{ti1}、居民人均社会交往现金消费支出 E_{ti2}、居民人均文教娱乐现金消费支出 E_{ti3}、居民人均医疗保健现金消费支出 E_{ti4}、居民人均现金消费总支出 E_{ti}、居民人均储蓄储备支出 E_{tis} 以及居民人均可支配收入 I_{ti}，构成了 β 类居民福利评估基础统计指标。

其中，居民人均基本生活现金消费支出 E_{ti1}、居民人均社会交往现金消费支出 E_{ti2}、居民人均文教娱乐现金消费支出 E_{ti3}、居民人均医疗保健现金消费支出 E_{ti4}、居民人均现金消费总支出 E_{ti} 也是 α 类比重指标的基础统计指标，居民人均现金消费总支出 E_{ti}、居民人均储蓄储备支出 E_{tis} 以及居民人均可支配收入 I_{ti} 也是居民收支类基础统计指标。

（三）与居民收支相关的其他居民福利统计评估指标的设置

在居民福利统计评估模型体系中，还有一些其他的与居民收支有关的变量，如 δ_{t2}、δ_{t3}、y_t、θ_{ti} 等。

其中，δ_{t2} 为城镇人口数 R_{t2} 占总人口数 R_{t1} 的比重，δ_{t3} 为乡村（农村）人口数 R_{t3} 占总人口数 R_{t1} 的比重，y_t 为国内（地区）生产总值 Y_t 与全国（地区）总人口数 R_{t1} 的比值，θ_{ti} 第 i 类居民人均可支配收入 I_{ti} 占人均国内（地区）生产总值 y_t 的比重。

从而，总人口数 R_{t1}、城镇人口数 R_{t2}、乡村（农村）人口数 R_{t3}、国内（地区）生产总值 Y_t 以及人均可支配收入 I_{ti} 等，也就构成了 δ_{t2}、δ_{t3}、y_t、θ_{ti} 等变量的基础统计指标。

（四）收支类统计指标体系的建立

依据居民人均收支类、居民人均收支比重类以及其他相关变量基础统计指标的设置，可建立收支类居民福利统计评估指标体系，如表 5-1 所示。

表 5-1　　　　　收支类居民福利统计评估指标体系

指标模块	模型变量指标	基础统计指标
人均收支类指标	$\hat{I}_{ti}$	I_{ti}
	$\tilde{E}_{ti}$	E_{ti}
	$\tilde{E}_{tis}$	E_{tis}

续表

指标模块	模型变量指标	基础统计指标
人均收支比重类指标	α_{ti1}、$\tilde{\alpha}_{ti1}$、β_{ti1}、$\hat{\beta}_{ti1}$	E_{ti1}、E_{ti}、I_{ti}
	α_{ti2}、$\tilde{\alpha}_{ti2}$、β_{ti2}、$\hat{\beta}_{ti2}$	E_{ti2}、E_{ti}、I_{ti}
	α_{ti3}、$\tilde{\alpha}_{ti3}$、β_{ti3}、$\hat{\beta}_{ti3}$	E_{ti3}、E_{ti}、I_{ti}
	α_{ti4}、$\tilde{\alpha}_{ti4}$、β_{ti4}、$\hat{\beta}_{ti4}$	E_{ti4}、E_{ti}、I_{ti}
	β_{tic}、β_{tis}、$\hat{\beta}_{tis}$	E_{tis}、E_{ti}、I_{ti}
其他类指标	δ_{t2}、δ_{t3}	R_{t1}、R_{t2}、R_{t3}
	y_t、θ_{ti}	Y_t、R_{t1}、I_{ti}

二 人均收支类居民福利统计评估指标数据的收集与整理

人均收支类居民福利统计评估指标数据的收集与整理是两个相互衔接的过程，其中，人均收支类居民福利统计评估指标数据的收集，是指对居民人均可支配收入、居民人均现金消费总支出和居民人均储蓄储备支出等指标数据所进行的收集；人均收支类居民福利统计评估指标数据的整理，则是利用居民人均可支配收入、居民人均现金消费总支出和居民人均储蓄储备支出等指标的数据，对模型变量指标数据所进行的测算。

（一）人均收支类居民福利评估基础统计指标的数据来源

分省份、分居民类别的上述居民人均可支配收入、居民人均现金消费总支出指标的数据来源，是《中国住户调查年鉴》。不过，因我国城乡住户调查一体化改革，始自2012年的第四季度，新口径的居民收支统计数据也自2013年开始公布，所以，截至目前，仅能收集到2013—2021年的新口径的居民收支类相关指标的统计数据。据此，我们将各类数据收集与整理的期间定为2013—2021年，并将2013年定义为基期。

（二）人均收支类居民福利评估基础统计指标数据的收集

由2014—2022年的《中国住户调查年鉴》，可获得我国各省份全体居民、城镇居民和农村居民的人均可支配收入、人均现金消费总支出的统计数据，并可利用式（5-1）推算出我国各省份各类居民人均储蓄储备支出的统计数据。

但在上述指标数据的收集过程中，还需做好全体居民各类指标数据的重新推算工作。因为受统计口径和计算方法的影响，《中国住户调查年鉴》中的全体居民人均可支配收入，并不等于城镇居民和农村居民人均可支配收入与其人口比重的加权平均数，为与居民福利水平发展变化平

第五章 居民福利统计评估指标体系的设计与相关数据的收集与整理

衡系数测度方法保持一致，需在获得城镇居民和农村居民人均可支配收入 I_{t2}、I_{t3} 的基础上，以城乡人口比重 δ_{t2}、δ_{t3} 为权数，采用加权平均的方法来重新测算全体居民的人均可支配收入 I_{t1}，即：

$$I_{t1} = \delta_{t2} I_{t2} + \delta_{t3} I_{t3} \tag{5-2}$$

这样，按照上述方法可收集到我国全国和 30 个省份的居民收支基础统计数据。其中，所收集的我国全国和北京市各类居民人均收支类基础统计指标数据，如表 5-2、表 5-3 所示。

表 5-2　　　　　　全国各类居民各种人均收支　　　　　　单位：元

项目 年份	全体居民 I_{t1}	全体居民 E_{t1}	全体居民 E_{t1s}	城镇居民 I_{t2}	城镇居民 E_{t2}	城镇居民 E_{t2s}	农村居民 I_{t3}	农村居民 E_{t3}	农村居民 E_{t3s}
2013	18583.7	11069.3	7514.5	26467.0	15453.0	11014.0	9429.6	5978.8	3450.8
2014	20542.0	12179.4	8362.6	28843.9	16690.5	12153.4	10488.9	6716.7	3772.2
2015	22514.4	13279.8	9234.6	31194.8	17887.0	13307.8	11421.7	7392.2	4029.5
2016	24551.8	14525.7	10026.1	33616.2	19284.1	14332.1	12363.4	8127.4	4236.0
2017	26870.7	15570.8	11300.5	36396.2	20329.3	16066.9	13432.4	8856.3	4576.1
2018	29293.9	16669.1	12624.8	39250.8	21287.0	17963.8	14617.0	9862.1	4754.9
2019	31981.6	18092.3	13889.3	42358.8	22798.1	19560.7	16020.7	10854.5	5166.2
2020	34178.0	17773.8	16404.2	43833.8	21555.7	22278.1	17131.5	11097.2	6034.3
2021	37364.1	20315.3	17048.8	47411.9	24380.4	23031.5	18930.9	12857.7	6073.2

资料来源：2014—2022 年《中国住户调查年鉴》。

表 5-3　　　　　　北京市各类居民各种人均收支　　　　　　单位：元

项目 年份	全体居民 I_{t1}	全体居民 E_{t1}	全体居民 E_{t1s}	城镇居民 I_{t2}	城镇居民 E_{t2}	城镇居民 E_{t2s}	农村居民 I_{t3}	农村居民 E_{t3}	农村居民 E_{t3s}
2013	40798.3	21772.9	19025.5	44563.9	23521.1	21042.8	17101.2	10771.0	6330.2
2014	44479.1	23250.4	21228.7	48531.8	25074.6	23457.2	18867.3	11722.0	7145.3
2015	48501.2	25282.4	23218.9	52859.2	27263.9	25595.3	20568.7	12581.6	7987.1
2016	52560.6	25917.7	26642.9	57275.3	27871.9	29403.4	22309.5	13379.0	8930.5
2017	57255.4	26587.0	30668.4	62406.3	28481.8	33924.5	24240.5	14442.5	9798.0
2018	62383.4	27218.1	35165.3	67989.9	29028.4	38961.5	26490.3	15628.8	10861.5
2019	67821.6	29162.4	38659.2	73848.5	31006.2	42842.3	28928.4	17263.9	11664.5
2020	69932.6	25036.2	44896.4	75601.5	26320.8	49280.7	30125.7	16015.8	14109.9

续表

项目 年份	全体居民 I_{t1}	E_{t1}	E_{t1s}	城镇居民 I_{t2}	E_{t2}	E_{t2s}	农村居民 I_{t3}	E_{t3}	E_{t3s}
2021	75504.4	27973.4	47531.0	81517.5	29406.6	52110.9	33302.7	17914.7	15388.0

资料来源：2014—2022 年《中国住户调查年鉴》。

（三）人均收支类模型变量指标数据的整理

人均收支类居民福利统计评估指标数据的整理目的，在于获得居民相对于他人的人均现金消费总支出 $\tilde{E}_{ti}$、居民相对于他人的人均储蓄储备支出 $\tilde{E}_{tis}$ 以及居民相对于他人和过去的人均可支配收入 $\hat{I}_{ti}$ 等指标的数据。而由模型变量的定义过程可以看出，$\tilde{E}_{ti}$、$\tilde{E}_{tis}$ 和 $\hat{I}_{ti}$ 数据的测算，需采用如下公式：

$$\tilde{E}_{ti} = \frac{E_{ti}}{E_{011}} \tag{5-3}$$

$$\tilde{E}_{tis} = \frac{E_{tis}}{E_{011s}} \tag{5-4}$$

$$\hat{I}_{ti} = \frac{I_{ti}}{\sqrt{I_{011} I_{1i}}} \tag{5-5}$$

这样，将收集到的我国全国和 30 个省份各类居民人均可支配收入、居民人均现金消费总支出、人均储蓄储备支出统计数据，代入式（5-3）、式（5-4）和式（5-5），即可得到我国全国和 30 个省份各类居民相对于他人的人均现金消费总支出 $\tilde{E}_{ti}$、居民相对于他人的人均储蓄储备支出 $\tilde{E}_{tis}$ 和居民相对于他人和过去的人均可支配收入 $\hat{I}_{ti}$ 等指标的数据。例如，将表5-1、表5-2 中的统计数据代入式（5-3）、式（5-4）和式（5-5），可得到北京市各类居民的 $\tilde{E}_{ti}$、$\tilde{E}_{tis}$ 和 $\hat{I}_{ti}$ 2013—2021 年的数据，如表 5-4 所示。

表 5-4　北京市各类居民相对于他人、相对于他人和过去的人均收支

项目 年份	全体居民 $\hat{I}_{t1}$	$\tilde{E}_{t1}$	$\tilde{E}_{t1s}$	城镇居民 $\hat{I}_{t2}$	$\tilde{E}_{t2}$	$\tilde{E}_{t2s}$	农村居民 $\hat{I}_{t3}$	$\tilde{E}_{t3}$	$\tilde{E}_{t3s}$
2013	1.4817	1.9670	2.5318	1.5485	2.1249	2.8003	0.9593	0.9731	0.8424
2014	1.6154	2.1004	2.8250	1.6864	2.2652	3.1216	1.0584	1.0590	0.9509
2015	1.7614	2.2840	3.0899	1.8368	2.4630	3.4061	1.1538	1.1366	1.0629

续表

年份\项目	全体居民 $\hat{I}_{t1}$	全体居民 $\tilde{E}_{t1}$	全体居民 $\tilde{E}_{t1s}$	城镇居民 $\hat{I}_{t2}$	城镇居民 $\tilde{E}_{t2}$	城镇居民 $\tilde{E}_{t2s}$	农村居民 $\hat{I}_{t3}$	农村居民 $\tilde{E}_{t3}$	农村居民 $\tilde{E}_{t3s}$
2016	1.9089	2.3414	3.5455	1.9903	2.5180	3.9129	1.2514	1.2087	1.1884
2017	2.0794	2.4019	4.0812	2.1686	2.5731	4.5146	1.3598	1.3047	1.3039
2018	2.2656	2.4589	4.6797	2.3626	2.6224	5.1849	1.4860	1.4119	1.4454
2019	2.4631	2.6345	5.1446	2.5662	2.8011	5.7013	1.6227	1.5596	1.5523
2020	2.5398	2.2618	5.9747	2.6271	2.3778	6.5581	1.6899	1.4469	1.8777
2021	2.7421	2.5271	6.3253	2.8326	2.6566	6.9347	1.8681	1.6184	2.0478

三 人均收支比重类居民福利统计评估指标数据的收集与整理

由表5-1可以看出，人均收支比重类居民福利统计评估指标数据的搜集与整理的任务，是在获得人均基本生活现金消费支出、人均社会交往现金消费支出、人均文教娱乐现金消费支出、人均医疗保健现金消费支出、人均储蓄储备支出、人均现金消费总支出、人均可支配收入等指标数据的基础上，推算出 α 类和 β 类比重指标数据。

（一）人均收支比重类居民福利评估基础统计指标的数据来源

我国各省份各类居民人均基本生活现金消费支出、人均社会交往现金消费支出、人均文教娱乐现金消费支出、人均医疗保健现金消费支出、人均储蓄储备支出、人均现金消费总支出、人均可支配收入等指标的数据来源是《中国住户调查年鉴》。同样，为了保持统计口径的一致性和可获得性，上述指标数据的收集期间也为2013—2021年，并以2013年为基期。

（二）人均收支比重类居民福利评估基础统计指标数据的收集

因人均现金消费总支出、人均储蓄储备支出、人均可支配收入等指标数据，已通过人均收支类居民福利评估基础统计指标数据的收集环节得到，这里仅讨论居民人均基本生活现金消费支出、人均社会交往现金消费支出、人均文教娱乐现金消费支出、人均医疗保健现金消费支出指标数据的收集问题。而在居民各种人均现金消费支出数据的收集过程中，由于《中国住户调查年鉴》中的居民各种人均现金消费支出数据，是按照食品烟酒支出、衣着支出、居住支出、生活用品及服务支出、其他用品及服务支出、交通通信支出、教育文化娱乐支出、医疗保健支出来罗列的，所以，为确保各类比重指标的归一性，需在收集居民各种人均现金消费支出数据时，处理好如下几个问题：

第一，要依据居民人均现金食品烟酒支出 E_{ti11}、衣着支出 E_{ti12}、居住支出 E_{ti13}、生活用品及服务支出 E_{ti14}、其他用品及服务支出 E_{ti15} 计算出居民人均基本生活现金消费支出 E_{ti1}。计算公式为：

$$E_{ti1} = E_{ti11} + E_{ti12} + E_{ti13} + E_{ti14} + E_{ti15} \tag{5-6}$$

第二，要采用加权平均的方法对全体居民的各种人均现金消费支出进行重新测算。测算公式为：

$$E_{t1j} = \delta_{t2} E_{t2j} + \delta_{t3} E_{t3j} \tag{5-7}$$

第三，要保障居民人均现金消费总支出与居民各种人均现金消费支出之间的平衡关系，即：

$$E_{ti} = E_{ti1} + E_{ti2} + E_{ti3} + E_{ti4} \tag{5-8}$$

第四，要保障居民人均现金消费总支出、居民人均储蓄储备支出与居民人均可支配收入之间的平衡关系，即：

$$I_{ti} = E_{ti} + E_{tis} \tag{5-9}$$

基于上述计算公式和平衡关系，可由《中国住户调查年鉴》收集到我国全国和30个省份各类居民人均基本生活现金消费支出、人均社会交往现金消费支出、人均文教娱乐现金消费支出、人均医疗保健现金消费支出、人均储蓄储备支出、人均现金消费总支出、人均可支配收入等指标数据。其中，收集到的我国全国和北京市各类居民的各种人均现金消费支出数据，如表5-5、表5-6所示。

表 5-5　　　　全国各类居民各种人均现金消费支出　　　　单位：元

年份\项目	全体居民 E_{t11}	E_{t12}	E_{t13}	E_{t14}	城镇居民 E_{t21}	E_{t22}	E_{t23}	E_{t24}	农村居民 E_{t31}	E_{t32}	E_{t33}	E_{t34}
2013	7227	1648	1416	778	10198	2314	1986	955	3777	875	754	573
2014	7872	1899	1561	847	10880	2632	2141	1039	4230	1013	859	615
2015	8441	2132	1761	946	11463	2890	2381	1154	4579	1163	969	681
2016	9095	2395	1968	1067	12183	3167	2636	1299	4944	1358	1070	756
2017	9672	2566	2151	1182	12765	3316	2845	1404	5309	1508	1171	868
2018	10268	2746	2296	1359	13245	3466	2972	1604	5879	1685	1301	997
2019	11037	2944	2599	1512	14053	3665	3326	1755	6400	1836	1481	1138
2020	11302	2880	2127	1466	13838	3469	2591	1658	6824	1839	1308	1125
2021	12646	3291	2729	1649	15254	3925	3320	1881	7860	2129	1645	1224

资料来源：2014—2022 年《中国住户调查年鉴》。

第五章 居民福利统计评估指标体系的设计与相关数据的收集与整理

表 5-6　　　　　北京市各类居民各种人均现金消费支出　　　　单位：元

项目 年份	全体居民 E_{t11}	E_{t12}	E_{t13}	E_{t14}	城镇居民 E_{t21}	E_{t22}	E_{t23}	E_{t24}	农村居民 E_{t31}	E_{t32}	E_{t33}	E_{t34}
2013	13957	3274	3077	1465	15011	3562	3419	1529	7325	1460	922	1064
2014	14817	3574	3267	1593	15911	3853	3610	1700	7898	1813	1097	915
2015	15392	4489	3637	1764	16520	4855	4026	1863	8165	2140	1145	1132
2016	15739	4703	3689	1787	16844	5077	4054	1897	8652	2304	1342	1082
2017	15746	5034	3918	1888	16808	5395	4325	1954	8937	2726	1313	1468
2018	16481	4759	3999	1979	17531	5022	4400	2076	9758	3077	1436	1358
2019	17839	4979	4315	2028	18956	5227	4738	2086	10636	3384	1587	1657
2020	16376	3798	2787	2076	17202	3923	3021	2176	10576	2924	1143	1372
2021	18214	4236	3372	2151	19120	4357	3665	2265	11862	3386	1317	1350

资料来源：2014—2022 年《中国住户调查年鉴》。

（三）α 类居民福利统计评估指标数据的整理

1. α 类居民福利统计评估指标数据的整理任务与方法

α 类居民人均收支比重指标数据的整理任务，是利用收集的居民人均基本生活现金消费支出、人均社会交往现金消费支出、人均文教娱乐现金消费支出、人均医疗保健现金消费支出、人均现金消费总支出数据，来测算居民各种人均现金消费支出比重 α_{tij} 以及居民相对于他人的各种人均现金消费支出比重 $\tilde{\alpha}_{tij}$ 两类变量的数据。α_{tij} 和 $\tilde{\alpha}_{tij}$ 的测算公式为：

$$\alpha_{tij} = \frac{E_{tij}}{E_{ti}} \tag{5-10}$$

$$\tilde{\alpha}_{tij} = \frac{\alpha_{tij}}{\alpha_{011j}} \tag{5-11}$$

2. α_{tij} 数据的整理

利用式（5-10）和收集整理的居民各种人均现金消费支出、居民人均现金消费总支出数据，可整理出我国全国和 30 个省份各类居民各种人均现金消费支出占人均现金消费总支出的比重 α_{tij} 数据。其中，利用式（5-10）和表 5-2、表 5-3、表 5-5、表 5-6 中的相关统计数据，整理出的我国全国和北京市各类居民各种人均现金消费支出占人均现金消费总支出比重 α_{tij} 的数据，如表 5-7、表 5-8 所示。

表 5-7　　全国各类居民各种人均支出占人均总支出比重

项目 年份	全体居民 α_{t11}	α_{t12}	α_{t13}	α_{t14}	城镇居民 α_{t21}	α_{t22}	α_{t23}	α_{t24}	农村居民 α_{t31}	α_{t32}	α_{t33}	α_{t34}
2013	0.653	0.149	0.128	0.070	0.660	0.150	0.129	0.062	0.632	0.146	0.126	0.096
2014	0.646	0.156	0.128	0.070	0.652	0.158	0.128	0.062	0.630	0.151	0.128	0.092
2015	0.636	0.161	0.133	0.071	0.641	0.162	0.133	0.065	0.620	0.157	0.131	0.092
2016	0.626	0.165	0.136	0.074	0.632	0.164	0.137	0.067	0.608	0.167	0.132	0.093
2017	0.621	0.165	0.138	0.076	0.628	0.163	0.140	0.069	0.600	0.170	0.132	0.098
2018	0.616	0.165	0.138	0.082	0.622	0.163	0.140	0.075	0.596	0.171	0.132	0.101
2019	0.610	0.163	0.144	0.084	0.616	0.161	0.146	0.077	0.590	0.169	0.137	0.105
2020	0.636	0.162	0.120	0.083	0.642	0.161	0.120	0.077	0.615	0.166	0.118	0.101
2021	0.623	0.162	0.134	0.081	0.626	0.161	0.136	0.077	0.611	0.166	0.128	0.095

表 5-8　　北京市各类居民各种人均支出占人均总支出比重

项目 年份	全体居民 α_{t11}	α_{t12}	α_{t13}	α_{t14}	城镇居民 α_{t21}	α_{t22}	α_{t23}	α_{t24}	农村居民 α_{t31}	α_{t32}	α_{t33}	α_{t34}
2013	0.641	0.150	0.141	0.067	0.638	0.151	0.145	0.065	0.680	0.136	0.086	0.099
2014	0.637	0.154	0.141	0.069	0.635	0.154	0.144	0.068	0.674	0.155	0.094	0.078
2015	0.609	0.178	0.144	0.070	0.606	0.178	0.148	0.068	0.649	0.170	0.091	0.090
2016	0.607	0.182	0.142	0.069	0.604	0.182	0.146	0.068	0.647	0.172	0.100	0.081
2017	0.592	0.189	0.147	0.071	0.590	0.189	0.152	0.069	0.619	0.189	0.091	0.102
2018	0.606	0.175	0.147	0.073	0.604	0.173	0.152	0.072	0.624	0.197	0.092	0.087
2019	0.612	0.171	0.148	0.070	0.611	0.169	0.153	0.067	0.616	0.196	0.092	0.096
2020	0.654	0.152	0.111	0.083	0.654	0.149	0.115	0.083	0.660	0.183	0.071	0.086
2021	0.651	0.151	0.121	0.077	0.650	0.148	0.125	0.077	0.662	0.189	0.074	0.075

3. $\tilde{\alpha}_{tij}$ 数据的整理

利用式（5-11）和整理出的我国全国和 30 个省份各类居民各种人均现金消费支出比重 α_{tij} 数据，可测算出我国全国和 30 个省份各类居民相对于他人的各种人均现金消费支出比重 $\tilde{\alpha}_{tij}$。其中，利用式（5-11）和表 5-7、表 5-8 中的数据，测算出的北京市各类居民相对于他人的各种人均现金消费支出比重 $\tilde{\alpha}_{tij}$ 数据，如表 5-9 所示。

表 5-9　北京市各类居民相对于他人的各种人均支出占人均总支出比重

年份 \ 项目	全体居民 $\tilde{\alpha}_{t11}$	$\tilde{\alpha}_{t12}$	$\tilde{\alpha}_{t13}$	$\tilde{\alpha}_{t14}$	城镇居民 $\tilde{\alpha}_{t21}$	$\tilde{\alpha}_{t22}$	$\tilde{\alpha}_{t23}$	$\tilde{\alpha}_{t24}$	农村居民 $\tilde{\alpha}_{t31}$	$\tilde{\alpha}_{t32}$	$\tilde{\alpha}_{t33}$	$\tilde{\alpha}_{t34}$
2013	0.982	1.010	1.105	0.957	0.978	1.017	1.136	0.925	1.042	0.911	0.669	1.405
2014	0.976	1.033	1.098	0.974	0.972	1.032	1.125	0.964	1.032	1.039	0.731	1.110
2015	0.933	1.193	1.125	0.993	0.928	1.196	1.154	0.972	0.994	1.143	0.711	1.280
2016	0.930	1.219	1.112	0.981	0.926	1.224	1.137	0.968	0.991	1.157	0.784	1.150
2017	0.907	1.272	1.152	1.010	0.904	1.272	1.187	0.976	0.948	1.268	0.710	1.445
2018	0.927	1.175	1.148	1.034	0.925	1.162	1.185	1.017	0.956	1.323	0.718	1.235
2019	0.937	1.147	1.157	0.989	0.936	1.132	1.194	0.957	0.944	1.317	0.719	1.366
2020	1.002	1.019	0.870	1.179	1.001	1.001	0.897	1.176	1.012	1.227	0.558	1.219
2021	0.997	1.017	0.942	1.094	0.996	0.995	0.974	1.096	1.014	1.270	0.574	1.072

(四) β 类居民福利统计评估指标数据的整理

1. β 类居民福利统计评估指标数据的整理任务与方法

β 类居民福利统计评估指标数据的整理，是利用收集到的居民人均基本生活现金消费支出、人均社会交往现金消费支出、人均文教娱乐现金消费支出、人均医疗保健现金消费支出、人均储蓄储备支出、人均现金消费总支出、人均可支配收入等指标数据，对居民各种人均现金消费支出以及人均储蓄储备支出占人均可支配收入的比重 β_{tij}、β_{tic}、β_{tis}，以及居民相对于他人和过去的各种人均现金消费支出和人均储蓄储备支出占人均可支配收入的比重 $\hat{\beta}_{tij}$、$\hat{\beta}_{tis}$ 所进行的测算。测算公式为：

$$\beta_{tij} = \frac{E_{tij}}{I_{ti}} \tag{5-12}$$

$$\hat{\beta}_{tij} = \frac{\beta_{tij}}{\sqrt{\beta_{011j}\beta_{1ij}}} \tag{5-13}$$

$$\beta_{tic} = \frac{E_{tic}}{I_{ti}} \tag{5-14}$$

$$\beta_{tis} = \frac{E_{tis}}{I_{ti}} \tag{5-15}$$

$$\hat{\beta}_{tis} = \frac{\beta_{tis}}{\sqrt{\beta_{011s}\beta_{1is}}} \tag{5-16}$$

2. β_{tij}、β_{tic}、β_{tis} 数据的整理

将收集到的各类居民各种人均现金消费支出、人均储蓄储备支出、人均可支配收入的统计数据，代入式（5-12）、式（5-14）和式（5-15），可整理出我国全国和30个省份各类居民各种人均现金消费支出占人均可支配收入比重 β_{tij}、居民人均现金消费总支出占人均可支配收入比重 β_{tic}、居民人均储蓄储备支出占人均可支配收入比重 β_{tis} 等指标的统计数据。其中，整理出的我国全国和北京市各类居民各种人均现金消费支出、人均现金消费总支出、人均储蓄储备支出占人均可支配收入比重 β_{tij}、β_{tic}、β_{tis} 等变量的数据，如表5-10、表5-11所示。

3. $\hat{\beta}_{tij}$、$\hat{\beta}_{tis}$ 数据的整理

将整理出的我国全国和30个省份各类居民的各种人均现金消费支出占人均可支配收入比重 β_{tij}、人均储蓄储备支出占人均可支配收入的比重 β_{tis}，代入式（5-13）、式（5-16），可测算出我国全国和30个省份各类居民相对于他人和过去的各种人均现金消费支出占人均可支配收入比重 $\hat{\beta}_{tij}$、人均储蓄储备支出占人均可支配收入的比重 $\hat{\beta}_{tis}$。其中，利用表5-10、表5-11和式（5-13）、式（5-16）整理出的北京市各类居民相对于他人和过去的各种人均现金消费支出占人均可支配收入比重 $\hat{\beta}_{tij}$、人均储蓄储备支出占人均可支配收入的比重 $\hat{\beta}_{tis}$ 数据，如表5-12所示。

四 与居民收支相关的其他居民福利统计评估指标数据的收集与整理

在居民福利统计评估模型体系中，与居民收支相关的变量指标还有人均国内（地区）生产总值 y_t、居民人均可支配收入占人均国内（地区）生产总值的比重 θ_{ti} 以及城乡人口比重（δ_{t2}、δ_{t3}）等。其中，人均国内（地区）生产总值 y_t，是指国内（地区）生产总值 Y_t 与年末总人口数 R_{t1} 的比值；居民人均可支配收入占人均国内（地区）生产总值的比重 θ_{ti}，是指各类居民人均可支配收入 I_{ti} 与人均国内（地区）生产总值 y_t 的比值；城镇人口比重 δ_{t2}，为年末城镇人口数 R_{t2} 与年末总人口数 R_{t1} 的比值；乡村人口比重也即农村人口比重 δ_{t3}，为年末乡村人口数 R_{t3} 与年末总人口数 R_{t1} 的比值。

表 5-10　全国各类居民各种人均支出占人均可支配收入比重

项目 年份	全体居民 β_{1l1}	β_{1l2}	β_{1l3}	β_{1l4}	β_{1lc}	β_{1ls}	城镇居民 β_{121}	β_{122}	β_{123}	β_{124}	β_{12c}	β_{12s}	农村居民 β_{131}	β_{132}	β_{133}	β_{134}	β_{13c}	β_{13s}
2013	0.3889	0.0887	0.0762	0.0419	0.5956	0.4044	0.3853	0.0874	0.0750	0.0361	0.5839	0.4161	0.4005	0.0928	0.0800	0.0608	0.6340	0.3660
2014	0.3832	0.0925	0.0760	0.0412	0.5929	0.4071	0.3772	0.0912	0.0742	0.0360	0.5786	0.4214	0.4033	0.0965	0.0819	0.0586	0.6404	0.3596
2015	0.3749	0.0947	0.0782	0.0420	0.5898	0.4102	0.3674	0.0926	0.0763	0.0370	0.5734	0.4266	0.4009	0.1018	0.0848	0.0597	0.6472	0.3528
2016	0.3705	0.0976	0.0802	0.0435	0.5916	0.4084	0.3624	0.0942	0.0784	0.0386	0.5737	0.4263	0.3999	0.1098	0.0865	0.0611	0.6574	0.3426
2017	0.3599	0.0955	0.0800	0.0440	0.5795	0.4205	0.3507	0.0911	0.0782	0.0386	0.5586	0.4414	0.3953	0.1123	0.0872	0.0646	0.6593	0.3407
2018	0.3505	0.0937	0.0784	0.0464	0.5690	0.4310	0.3374	0.0883	0.0757	0.0409	0.5423	0.4577	0.4022	0.1153	0.0890	0.0682	0.6747	0.3253
2019	0.3451	0.0921	0.0813	0.0473	0.5657	0.4343	0.3317	0.0865	0.0785	0.0414	0.5382	0.4618	0.3995	0.1146	0.0925	0.0710	0.6775	0.3225
2020	0.3307	0.0843	0.0622	0.0429	0.5200	0.4800	0.3157	0.0791	0.0591	0.0378	0.4918	0.5082	0.3983	0.1074	0.0764	0.0657	0.6478	0.3522
2021	0.3384	0.0881	0.0730	0.0441	0.5437	0.4563	0.3217	0.0828	0.0700	0.0397	0.5142	0.4858	0.4152	0.1125	0.0869	0.0646	0.6792	0.3208

表 5-11　北京市各类居民各种人均支出占人均可支配收入比重

项目 年份	全体居民 β_{1l1}	β_{1l2}	β_{1l3}	β_{1l4}	β_{1lc}	β_{1ls}	城镇居民 β_{121}	β_{122}	β_{123}	β_{124}	β_{12c}	β_{12s}	农村居民 β_{131}	β_{132}	β_{133}	β_{134}	β_{13c}	β_{13s}
2013	0.3421	0.0802	0.0754	0.0359	0.5337	0.4663	0.3368	0.0799	0.0767	0.0343	0.5278	0.4722	0.4283	0.0854	0.0539	0.0622	0.6298	0.3702
2014	0.3331	0.0804	0.0734	0.0358	0.5227	0.4773	0.3279	0.0794	0.0744	0.0350	0.5167	0.4833	0.4186	0.0961	0.0581	0.0485	0.6213	0.3787
2015	0.3174	0.0925	0.0750	0.0364	0.5213	0.4787	0.3125	0.0919	0.0762	0.0352	0.5158	0.4842	0.3970	0.1040	0.0557	0.0550	0.6117	0.3883
2016	0.2995	0.0895	0.0702	0.0340	0.4931	0.5069	0.2941	0.0886	0.0708	0.0331	0.4866	0.5134	0.3878	0.1033	0.0601	0.0485	0.5997	0.4003

续表

项目 年份	全体居民							城镇居民							农村居民				
	β_{i11}	β_{i12}	β_{i13}	β_{i14}	β_{i1c}	β_{i1s}	β_{i21}	β_{i22}	β_{i23}	β_{i24}	β_{i2c}	β_{i2s}	β_{i31}	β_{i32}	β_{i33}	β_{i34}	β_{i3c}	β_{i3s}
2017	0.2750	0.0879	0.0684	0.0330	0.4644	0.5356	0.2693	0.0864	0.0693	0.0313	0.4564	0.5436	0.3687	0.1124	0.0542	0.0605	0.5958	0.4042
2018	0.2642	0.0763	0.0641	0.0317	0.4363	0.5637	0.2578	0.0739	0.0647	0.0305	0.4270	0.5730	0.3684	0.1162	0.0542	0.0512	0.5900	0.4100
2019	0.2630	0.0734	0.0636	0.0299	0.4300	0.5700	0.2567	0.0708	0.0642	0.0282	0.4199	0.5801	0.3677	0.1170	0.0549	0.0573	0.5968	0.4032
2020	0.2342	0.0543	0.0398	0.0297	0.3580	0.6420	0.2275	0.0519	0.0400	0.0288	0.3482	0.6518	0.3511	0.0971	0.0379	0.0456	0.5316	0.4684
2021	0.2412	0.0561	0.0447	0.0285	0.3705	0.6295	0.2345	0.0534	0.0450	0.0278	0.3607	0.6393	0.3562	0.1017	0.0395	0.0405	0.5379	0.4621

表 5-12 北京市各类居民相对于他人和过去的各种人均支出占人均可支配收入比重

项目 年份	全体居民						城镇居民						农村居民				
	$\hat{\beta}_{i11}$	$\hat{\beta}_{i12}$	$\hat{\beta}_{i13}$	$\hat{\beta}_{i14}$	$\hat{\beta}_{i1s}$	$\hat{\beta}_{i21}$	$\hat{\beta}_{i22}$	$\hat{\beta}_{i23}$	$\hat{\beta}_{i24}$	$\hat{\beta}_{i2s}$	$\hat{\beta}_{i31}$	$\hat{\beta}_{i32}$	$\hat{\beta}_{i33}$	$\hat{\beta}_{i34}$	$\hat{\beta}_{i3s}$
2013	0.9379	0.9513	0.9948	0.9260	1.0739	0.9307	0.9495	1.0034	0.9051	1.0806	1.0495	0.9812	0.8412	1.2187	0.9568
2014	0.9133	0.9527	0.9687	0.9234	1.0991	0.9059	0.9430	0.9727	0.9242	1.1061	1.0256	1.1042	0.9068	0.9498	0.9789
2015	0.8701	1.0972	0.9892	0.9380	1.1025	0.8635	1.0910	0.9961	0.9297	1.1081	0.9726	1.1958	0.8681	1.0783	1.0037
2016	0.8210	1.0607	0.9257	0.8767	1.1673	0.8126	1.0528	0.9257	0.8738	1.1749	0.9502	1.1871	0.9381	0.9499	1.0347
2017	0.7540	1.0424	0.9027	0.8505	1.2335	0.7442	1.0268	0.9063	0.8261	1.2441	0.9033	1.2924	0.8447	1.1862	1.0448
2018	0.7243	0.9044	0.8456	0.8179	1.2981	0.7124	0.8774	0.8463	0.8054	1.3114	0.9026	1.3352	0.8454	1.0041	1.0598
2019	0.7212	0.8704	0.8393	0.7711	1.3127	0.7092	0.8407	0.8390	0.7451	1.3277	0.9008	1.3444	0.8557	1.1226	1.0422
2020	0.6420	0.6438	0.5256	0.7654	1.4784	0.6287	0.6163	0.5225	0.7593	1.4918	0.8602	1.1157	0.5916	0.8925	1.2106
2021	0.6614	0.6650	0.5892	0.7346	1.4497	0.6481	0.6348	0.5880	0.7330	1.4630	0.8727	1.1687	0.6167	0.7941	1.1943

第五章　居民福利统计评估指标体系的设计与相关数据的收集与整理 / 109

从数据来源看，人均国内（地区）生产总值 y_t、城乡人口比重（δ_{t2}、δ_{t3}）指标数据，均可由《中国统计年鉴》或《中国社会统计年鉴》获得。但在由《中国统计年鉴》和《中国社会统计年鉴》收集我国全国和30个省份人均国内（地区）生产总值和城乡人口比重数据的过程中，我们发现个别省份、个别年份的人均国内（地区）生产总值，并不等于国内（地区）生产总值与年末总人口数的比值，个别省份、个别年份的城乡人口比重（δ_{t2}、δ_{t3}）之和也不等于1。所以，为了修正上述问题，我们在由《中国统计年鉴》和《中国社会统计年鉴》，获取我国全国和30个省份国内（地区）生产总值、年末总人口、年末城镇人口、年末乡村人口统计数据的基础上，对我国全国和30个省份的人均国内（地区）生产总值和城乡人口比重进行了推算，并利用各类居民人均可支配收入和人均国内（地区）生产总值数据，对我国全国和30个省份各类居民人均可支配收入占人均国内（地区）生产总值的比重进行了测算。

其中，北京市人均国内（地区）生产总值、居民人均可支配收入占人均国内（地区）生产总值的比重、城乡人口比重等指标基础统计数据的收集与整理结果，如表5-13所示。

表5-13　　北京市与居民收支相关的其他类统计指标数据

项目 年份	Y_t （亿元）	y_t （元）	θ_{t1}	θ_{t2}	θ_{t3}	R_{t1} （万人）	R_{t2} （万人）	R_{t3} （万人）	δ_{t2}	δ_{t3}
2013	19801	93621	0.4358	0.4760	0.1827	2115	1825	290	0.8629	0.1371
2014	21331	99121	0.4487	0.4896	0.1903	2152	1858	294	0.8634	0.1366
2015	23015	106009	0.4575	0.4986	0.1940	2171	1878	293	0.8650	0.1350
2016	25669	118128	0.4449	0.4849	0.1889	2173	1880	293	0.8652	0.1348
2017	28015	129042	0.4437	0.4836	0.1879	2171	1878	293	0.8650	0.1350
2018	30320	140761	0.4432	0.4830	0.1882	2154	1863	291	0.8649	0.1351
2019	35371	164212	0.4130	0.4497	0.1762	2154	1865	289	0.8658	0.1342
2020	36103	164852	0.4242	0.4586	0.1827	2190	1917	273	0.8753	0.1247

续表

年份＼项目	Y_t（亿元）	y_t（元）	θ_{t1}	θ_{t2}	θ_{t3}	R_{t1}（万人）	R_{t2}（万人）	R_{t3}（万人）	δ_{t2}	δ_{t3}
2021	40270	183963	0.4104	0.4431	0.1810	2189	1916	273	0.8753	0.1247

资料来源：2014—2022 年《中国统计年鉴》《中国社会统计年鉴》。

第二节 价格类指标体系的设计与相关数据的收集与整理

价格变量是居民福利统计评估模型中所涉及的第二类模型变量，所以，价格变量数据的收集与整理，也是运用居民福利统计评估模型开展实证分析所不可缺少的一个环节。而各种价格变量数据的收集与整理工作的开展，则应建立在价格类居民福利统计评估指标体系设计的基础之上。

一 价格类居民福利统计评估指标体系的设计

在居民福利统计评估模型体系中所涉及的价格变量，主要有 $\tilde{p}_{tij}$、$\tilde{p}_{ti}$、$\hat{p}_{tij}$、$\hat{p}_{ti}$ 等。其中，$\tilde{p}_{tij}$ 是 t 期第 i 类居民相对于他人的第 j 种生活消费定基价格指数，为 t 期第 i 类居民第 j 种生活消费定基价格指数 p_{tij}，与基期全国全体居民第 j 种生活消费定基价格指数 p_{01j} 的比值；$\tilde{p}_{ti}$ 是 t 期第 i 类居民相对于他人的生活消费定基价格总指数，为 t 期第 i 类居民生活消费定基价格总指数 p_{ti}，与基期全国全体居民生活消费定基价格总指数 p_{01} 的比值；$\hat{p}_{tij}$ 是 t 期第 i 类居民相对于他人和过去的第 j 种生活消费定基价格指数，为 t 期第 i 类居民第 j 种生活消费定基价格指数 p_{tij}，与基期全国全体居民第 j 种生活消费定基价格指数 p_{01j} 和基期第 i 类居民第 j 种生活消费定基价格指数 p_{1ij} 几何平均数的比值；$\hat{p}_{ti}$ 是 t 期第 i 类居民相对于他人和过去的生活消费定基价格总指数，为 t 期第 i 类居民生活消费定基价格总指数 p_{ti}，与基期全国全体居民生活消费定基价格总指数 p_{01} 和基期第 i 类居民生活消费定基价格总指数 p_{1i} 几何平均数的比值。

从而，$\tilde{p}_{tij}$、$\tilde{p}_{ti}$、$\hat{p}_{tij}$、$\hat{p}_{ti}$ 等模型变量数据的测算，需建立在各种消费定基价格指数 p_{tij} 和定基价格总指数 p_{ti} 的数据收集与整理的基础之上。且按照居民生活活动的分类，各种消费定基价格指数 p_{tij}，还可进一步分为居民基本生活消费定基价格指数 p_{ti1}、居民社会交往消费定基价格指数 p_{ti2}、居民文教娱乐消费定基价格指数 p_{ti3} 和居民医疗保健消费定基价格指数 p_{ti4}。这样，上述指标也就构成了 $\tilde{p}_{tij}$、$\tilde{p}_{ti}$、$\hat{p}_{tij}$、$\hat{p}_{ti}$ 等模型变量的基础统计指标。

据此，可建立价格类居民福利统计评估指标体系，如表 5-14 所示。

表 5-14　　　　价格类居民福利统计评估指标体系

指标模块	模型变量	基础统计指标
各种生活消费价格指数	$\tilde{p}_{tij}$、$\hat{p}_{tij}$	P_{ti1}、P_{ti2}、P_{ti3}、P_{ti4}
		p_{ti1}、p_{ti2}、p_{ti3}、p_{ti4}
居民消费价格总指数	$\tilde{p}_{ti}$、$\hat{p}_{ti}$	P_{ti}、p_{ti}

二　价格类居民福利评估基础统计指标数据的收集

（一）价格类居民福利评估基础统计指标的数据来源

居民各种消费价格指数的数据来源是《中国价格统计年鉴》，但在该年鉴中所能收集到的居民各种消费价格指数指标数据，分为居民消费价格分类指数、城市居民消费价格分类指数和农村居民消费价格分类指数，且 2016 年以来的各类居民消费价格分类指数，是按照食品烟酒、衣着、居住、生活用品及服务、交通通信、教育文化娱乐、医疗保健、其他用品及服务等消费分类而设置的以上年为 100 的环比价格指数，2016 年以前的各类居民消费价格分类指数，是按照食品、烟酒及用品、衣着、家庭设备用品及维修服务、医疗保健和个人用品、交通和通信、娱乐教育文化用品及服务、居住等消费分类而设置的以上年为 100 的环比价格指数。这样，在由 2014—2022 年《中国价格统计年鉴》，获取居民福利评估所需的各类居民基本生活消费、社会交往消费、文教娱乐消费、医疗保健消费以及生活保障物品储蓄储备定基价格指数数据的过程中，需做好各种数据口径的调整以及环比价格指数数据向定基价格指数数据的转换工作。

（二）价格类居民福利评估基础统计指标数据的收集

根据价格统计年鉴中的数据状况，价格类居民福利评估基础统计指标数据的收集过程，不仅仅是获得价格数据的过程，还是一个各种数据口径的调整以及由环比价格指数数据向定基价格指数数据的转换过程。从而，价格类居民福利评估基础统计指标数据的收集，应依次做好如下几个环节的工作。

1. 对全体居民、城镇居民、农村居民各类价格指数进行定义

为了与各类居民消费支出中的居民分类相一致，我们将居民消费价格分类指数定义为全体居民消费分类价格指数，将城市居民消费价格分类指数定义为城镇居民消费分类价格指数，将农村居民消费分类价格指数定义为农村居民消费分类价格指数。并将居民的食品烟酒、衣着、居住、生活用品及服务、其他用品及服务等消费价格指数的加权平均数定义为居民基本生活消费环比价格指数 P_{ti1}，将居民的交通通信消费价格指数定义为居民社会交往消费环比价格指数 P_{ti2}，将居民的教育文化娱乐消费价格指数定义为居民文教娱乐消费环比价格指数 P_{ti3}，将居民的医疗保健消费价格指数定义为居民医疗保健消费环比价格指数 P_{ti4}，将居民消费价格总指数定义为居民消费环比价格总指数 P_{ti}。

由于 2014—2022 年的《中国价格统计年鉴》，没有公布北京、天津、上海、重庆四个直辖市的农村居民消费分类价格指数数据，所以，我们用上述四个直辖市的居民消费价格分类指数数据，对农村居民消费分类价格指数数据进行了替代。

2. 由旧口径数据向新口径数据的调整

为使 2013—2021 年各省份各类居民消费分类价格指数口径保持基本一致，我们对 2013—2015 年各类居民消费分类价格指数，按照目前的分类进行了调整，所使用的方法如下。

（1）以食品支出、烟酒及用品支出占两者之和的比重为权数，对食品价格指数、烟酒及用品价格指数数据进行了加权平均，推算出了食品烟酒消费价格指数数据。在推算过程中，因《中国住户调查年鉴》缺少分省份的食品支出和烟酒及用品支出数据，所以，各省份的食品支出、烟酒及用品支出占两者之和的比重，均采用了全国数据。

（2）生活用品及服务消费价格指数数据，用家庭设备用品及维修服务价格指数数据进行了替代。

（3）教育文化娱乐消费价格指数数据，采用了娱乐教育文化用品及服务价格指数数据。

（4）医疗保健消费价格指数数据，采用了医疗保健和个人用品价格指数分类指标中的医疗保健价格指数数据。

（5）其他用品及服务价格指数数据，采用了医疗保健和个人用品价格指数分类指标中的个人用品及服务价格指数数据。

3. 各类居民各种消费价格指数数据向各种居民消费环比价格指数的过渡

经过上述调整，可由《中国价格统计年鉴》整理出2013—2021年我国各省份的社会交往消费环比价格指数 P_{ti2}、文教娱乐消费环比价格指数 P_{ti3}、医疗保健消费环比价格指数 P_{ti4} 以及居民消费环比价格总指数 P_{ti} 等指标的统计数据。但居民基本生活消费环比价格指数 P_{ti1}，需依据居民食品烟酒、衣着、居住、生活用品及服务、其他生活用品及服务等消费价格指数，采用以居民食品烟酒、衣着、居住、生活用品及服务、其他生活用品及服务消费支出占居民食品烟酒、衣着、居住、生活用品及服务、其他生活用品及服务消费支出之和的比重为权数的加权平均的方法来进行推算。

如此，可收集与整理出我国全国和30个省份各类居民各种消费环比价格指数数据。其中，收集与整理出的我国全国和北京市各类居民各种消费环比价格指数数据，如表5-15、表5-16所示。

4. 居民各种消费环比价格指数向定基价格指数的转换

将2012年各类居民各种消费价格定义为1，可利用2013—2021年各类居民各种消费环比价格指数 P_{tij} 和 P_{ti}，推算出我国全国以及30个省份2013—2021年各类居民各种消费定基价格指数 p_{tij} 和 p_{ti}。推算公式为：

$$p_{tij} = P_{1ij} \times P_{2ij} \times \cdots \times P_{tij} \tag{5-17}$$
$$p_{ti} = P_{1i} \times P_{2i} \times \cdots \times P_{ti} \tag{5-18}$$

为便于推算和运用，可先将各类居民各种消费环比价格指数 P_{tij} 和 P_{ti} 的数值，由百分数转化为小数，各类居民各种消费定基价格指数 p_{tij} 和 p_{ti} 的数值，也用小数来表述。例如，运用上述方法可推算出我国全国和北京市各类居民各种消费定基价格指数，如表5-17、表5-18所示。

表5-15　全国各类居民各种消费环比价格指数

单位：%

项目 年份	全体居民 P_{t11}	P_{t12}	P_{t13}	P_{t14}	P_{t1}	城镇居民 P_{t21}	P_{t22}	P_{t23}	P_{t24}	P_{t2}	农村居民 P_{t31}	P_{t32}	P_{t33}	P_{t34}	P_{t3}
2013	103.2	99.6	101.8	101.5	102.6	103.2	99.5	101.7	101.4	102.6	103.2	100.1	101.8	101.8	102.8
2014	102.2	99.9	101.9	101.7	102.0	102.4	99.8	101.9	101.7	102.1	101.9	100.0	101.7	101.7	101.8
2015	101.9	98.3	101.4	102.7	101.4	101.9	98.4	101.4	102.6	101.5	101.7	98.1	101.4	102.8	101.3
2016	102.7	98.7	101.6	103.8	102.0	102.7	98.6	101.5	104.4	102.1	102.6	98.9	101.9	102.5	101.9
2017	100.6	101.1	102.4	106.0	101.6	100.7	101.0	102.4	106.8	101.7	100.3	101.4	102.3	104.2	101.3
2018	101.8	101.7	102.2	104.3	102.1	101.9	101.6	102.3	104.6	102.1	101.6	101.8	102.2	103.7	102.1
2019	104.5	98.3	102.2	102.4	102.9	104.3	98.2	102.3	102.5	102.8	105.0	98.6	101.9	102.1	103.2
2020	104.8	96.5	101.3	101.8	102.5	104.5	96.4	101.4	101.7	102.3	105.6	96.8	101.1	102.0	103.0
2021	100.0	104.1	101.1	100.4	100.9	100.1	104.2	102.0	100.3	101.0	99.5	103.9	101.7	100.7	100.7

资料来源：2014—2022年《中国价格统计年鉴》。

表5-16　北京市各类居民各种消费环比价格指数

单位：%

项目 年份	全体居民 P_{t11}	P_{t12}	P_{t13}	P_{t14}	P_{t1}	城镇居民 P_{t21}	P_{t22}	P_{t23}	P_{t24}	P_{t2}	农村居民 P_{t31}	P_{t32}	P_{t33}	P_{t34}	P_{t3}
2013	103.3	99.0	103.9	101.2	103.3	103.3	99.0	103.9	101.2	103.3	103.3	99.0	103.9	101.2	103.3
2014	101.5	99.2	103.2	101.1	101.6	101.5	99.2	103.2	101.1	101.6	101.5	99.2	103.2	101.1	101.6
2015	101.7	102.8	100.8	101.1	101.8	101.6	102.8	100.8	101.1	101.8	101.6	102.8	100.8	101.1	101.8

第五章　居民福利统计评估指标体系的设计与相关数据的收集与整理 / 115

续表

年份	全体居民 P_{t11}	P_{t12}	P_{t13}	P_{t14}	P_{t1}	P_{t21}	城镇居民 P_{t22}	P_{t23}	P_{t24}	P_{t2}	P_{t31}	农村居民 P_{t32}	P_{t33}	P_{t34}	P_{t3}
2016	102.2	96.6	98.3	102.6	101.4	102.2	96.6	98.3	102.6	101.4	102.2	96.6	98.3	102.6	101.4
2017	100.8	100.3	102.3	107.4	101.9	100.8	100.3	102.3	107.4	101.9	100.8	100.3	102.3	107.4	101.9
2018	102.4	100.6	103.6	103.0	102.5	102.3	100.6	103.6	103.0	102.5	102.3	100.6	103.6	103.0	102.5
2019	103.1	97.2	101.0	108.4	102.3	103.1	97.2	101.0	108.4	102.3	103.1	97.2	101.0	108.4	102.3
2020	103.1	95.8	102.5	104.9	101.7	103.1	95.8	102.5	104.9	101.7	103.1	95.8	102.5	104.9	101.7
2021	100.4	105.1	100.9	99.8	101.1	100.4	105.1	100.9	99.8	101.1	100.4	105.1	100.9	99.8	101.1

资料来源：2014—2022年《中国价格统计年鉴》。

表5-17　全国各类居民各种消费定基价格指数

年份	全体居民 P_{t11}	P_{t12}	P_{t13}	P_{t14}	P_{t1}	P_{t21}	城镇居民 P_{t22}	P_{t23}	P_{t24}	P_{t2}	P_{t31}	农村居民 P_{t32}	P_{t33}	P_{t34}	P_{t3}
2013	1.0324	0.9960	1.0180	1.0150	1.0260	1.0319	0.9950	1.0170	1.0140	1.0260	1.0320	1.0010	1.0180	1.0180	1.0280
2014	1.0556	0.9950	1.0373	1.0323	1.0465	1.0562	0.9930	1.0363	1.0312	1.0475	1.0519	1.0010	1.0353	1.0353	1.0465
2015	1.0753	0.9781	1.0519	1.0601	1.0612	1.0765	0.9771	1.0508	1.0581	1.0633	1.0698	0.9820	1.0498	1.0643	1.0601
2016	1.1044	0.9654	1.0687	1.1004	1.0824	1.1056	0.9634	1.0666	1.1046	1.0856	1.0975	0.9712	1.0697	1.0909	1.0803
2017	1.1112	0.9760	1.0943	1.1664	1.0997	1.1133	0.9731	1.0922	1.1797	1.1040	1.1004	0.9848	1.0944	1.1367	1.0943
2018	1.1315	0.9926	1.1184	1.2166	1.1228	1.1339	0.9886	1.1173	1.2340	1.1272	1.1181	1.0025	1.1184	1.1788	1.1173

续表

项目 年份	全体居民 p_{t11}	p_{t12}	p_{t13}	p_{t14}	p_{t1}	城镇居民 p_{t21}	p_{t22}	p_{t23}	p_{t24}	p_{t2}	农村居民 p_{t31}	p_{t32}	p_{t33}	p_{t34}	p_{t3}
2019	1.1824	0.9757	1.1430	1.2458	1.1554	1.1831	0.9709	1.1430	1.2648	1.1588	1.1738	0.9885	1.1397	1.2035	1.1530
2020	1.2388	0.9416	1.1579	1.2682	1.1843	1.2360	0.9359	1.1590	1.2863	1.1854	1.2390	0.9568	1.1522	1.2276	1.1876
2021	1.2385	0.9802	1.1799	1.2733	1.1949	1.2377	0.9752	1.1822	1.2902	1.1973	1.2325	0.9942	1.1718	1.2362	1.1959

表 5-18　北京市各类居民各种消费定基价格指数

项目 年份	全体居民 p_{t11}	p_{t12}	p_{t13}	p_{t14}	p_{t1}	城镇居民 p_{t21}	p_{t22}	p_{t23}	p_{t24}	p_{t2}	农村居民 p_{t31}	p_{t32}	p_{t33}	p_{t34}	p_{t3}
2013	1.0329	0.9900	1.0390	1.0120	1.0330	1.0327	0.9900	1.0390	1.0120	1.0330	1.0327	0.9900	1.0390	1.0120	1.0330
2014	1.0487	0.9821	1.0722	1.0231	1.0495	1.0485	0.9821	1.0722	1.0231	1.0495	1.0485	0.9821	1.0722	1.0231	1.0495
2015	1.0660	1.0096	1.0808	1.0344	1.0684	1.0657	1.0096	1.0808	1.0344	1.0684	1.0657	1.0096	1.0808	1.0344	1.0684
2016	1.0895	0.9753	1.0625	1.0613	1.0834	1.0890	0.9753	1.0625	1.0613	1.0834	1.0890	0.9753	1.0625	1.0613	1.0834
2017	1.0984	0.9782	1.0869	1.1398	1.1040	1.0979	0.9782	1.0869	1.1398	1.1040	1.0979	0.9782	1.0869	1.1398	1.1040
2018	1.1242	0.9840	1.1260	1.1740	1.1316	1.1237	0.9840	1.1260	1.1740	1.1316	1.1237	0.9840	1.1260	1.1398	1.1316
2019	1.1594	0.9565	1.1373	1.2726	1.1576	1.1587	0.9565	1.1373	1.2726	1.1576	1.1587	0.9565	1.1373	1.1740	1.1576
2020	1.1955	0.9163	1.1657	1.3350	1.1773	1.1947	0.9163	1.1657	1.3350	1.1773	1.1947	0.9163	1.1657	1.3350	1.1773
2021	1.1998	0.9631	1.1762	1.3323	1.1902	1.1990	0.9631	1.1762	1.3323	1.1902	1.1990	0.9631	1.1762	1.3323	1.1902

(三) 价格类居民福利评估基础统计指标数据的整理

1. 价格类居民福利评估基础统计指标数据的整理方法

价格类居民福利评估基础统计指标数据的整理过程，也就是利用收集与整理的居民各种生活消费定基价格指数 p_{tij} 和 p_{ti} 数据，来测算居民相对于他人的各种生活消费定基价格指数 $\tilde{p}_{tij}$ 和 $\tilde{p}_{ti}$，以及居民相对于他人和过去的各种生活消费定基价格指数 $\hat{p}_{tij}$ 和 $\hat{p}_{ti}$ 数据的过程。在这一过程中所使用的公式主要有：

$$\tilde{p}_{tij} = \frac{p_{tij}}{p_{011j}} \tag{5-19}$$

$$\tilde{p}_{ti} = \frac{p_{ti}}{p_{011}} \tag{5-20}$$

$$\hat{p}_{tij} = \frac{p_{tij}}{\sqrt{p_{011j} p_{1ij}}} \tag{5-21}$$

$$\hat{p}_{ti} = \frac{p_{ti}}{\sqrt{p_{011} p_{1i}}} \tag{5-22}$$

2. $\tilde{p}_{tij}$ 和 $\tilde{p}_{ti}$ 数据的整理

利用式（5-19）、式（5-20）和所收集与整理的各类居民各种消费定基价格指数 p_{tij} 和 p_{ti} 数据，可进一步整理出我国全国和30个省份各类居民相对于他人的各种消费定基价格指数 $\tilde{p}_{tij}$ 和 $\tilde{p}_{ti}$ 的数据。例如，利用式（5-19）、式（5-20）和表5-17、表5-18中的统计数据，可整理出北京市各类居民相对于他人的各种消费定基价格指数 $\tilde{p}_{tij}$ 和 $\tilde{p}_{ti}$ 数据，如表5-19所示。

3. $\hat{p}_{tij}$ 和 $\hat{p}_{ti}$ 数据的整理

利用式（5-21）、式（5-22）和所收集与整理的各类居民各种消费定基价格指数 p_{tij} 和 p_{ti} 数据，可进一步整理出我国全国和30个省份各类居民相对于他人和过去的各种消费定基价格指数 $\hat{p}_{tij}$ 和 $\hat{p}_{ti}$ 的数据。例如，利用式（5-21）、式（5-22）和表5-16、表5-17中的统计数据，可整理出北京市各类居民相对于他人和过去的各种消费定基价格指数 $\hat{p}_{tij}$ 和 $\hat{p}_{ti}$ 的数据，如表5-20所示。

表 5-19　北京市各类居民相对于他人的各种消费定基价格指数

项目 年份	全体居民 $\tilde{p}_{i11}$	$\tilde{p}_{i12}$	$\tilde{p}_{i13}$	$\tilde{p}_{i14}$	$\tilde{p}_{i1}$	城镇居民 $\tilde{p}_{i21}$	$\tilde{p}_{i22}$	$\tilde{p}_{i23}$	$\tilde{p}_{i24}$	$\tilde{p}_{i2}$	农村居民 $\tilde{p}_{i31}$	$\tilde{p}_{i32}$	$\tilde{p}_{i33}$	$\tilde{p}_{i34}$	$\tilde{p}_{i3}$
2013	1.0005	0.9940	1.0206	0.9970	1.0068	1.0003	0.9940	1.0206	0.9970	1.0068	1.0003	0.9940	1.0206	0.9970	1.0068
2014	1.0158	0.9860	1.0533	1.0080	1.0229	1.0156	0.9860	1.0533	1.0080	1.0229	1.0156	0.9860	1.0533	1.0080	1.0229
2015	1.0326	1.0136	1.0617	1.0191	1.0413	1.0323	1.0136	1.0617	1.0191	1.0413	1.0323	1.0136	1.0617	1.0191	1.0413
2016	1.0553	0.9792	1.0437	1.0456	1.0559	1.0549	0.9792	1.0437	1.0456	1.0559	1.0549	0.9792	1.0437	1.0456	1.0559
2017	1.0639	0.9821	1.0677	1.1230	1.0760	1.0635	0.9821	1.0677	1.1230	1.0760	1.0635	0.9821	1.0677	1.1230	1.0760
2018	1.0890	0.9880	1.1061	1.1567	1.1029	1.0884	0.9880	1.1061	1.1567	1.1029	1.0884	0.9880	1.1061	1.1567	1.1029
2019	1.1231	0.9603	1.1172	1.2538	1.1283	1.1224	0.9603	1.1172	1.2538	1.1283	1.1224	0.9603	1.1172	1.2538	1.1283
2020	1.1580	0.9200	1.1451	1.3153	1.1474	1.1572	0.9200	1.1451	1.3153	1.1474	1.1572	0.9200	1.1451	1.3153	1.1474
2021	1.1622	0.9669	1.1554	1.3126	1.1601	1.1614	0.9669	1.1554	1.3126	1.1601	1.1614	0.9669	1.1554	1.3126	1.1601

表 5-20　北京市各类居民相对于他人和过去的各种消费定基价格指数

项目 年份	全体居民 $\hat{p}_{i11}$	$\hat{p}_{i12}$	$\hat{p}_{i13}$	$\hat{p}_{i14}$	$\hat{p}_{i1}$	城镇居民 $\hat{p}_{i21}$	$\hat{p}_{i22}$	$\hat{p}_{i23}$	$\hat{p}_{i24}$	$\hat{p}_{i2}$	农村居民 $\hat{p}_{i31}$	$\hat{p}_{i32}$	$\hat{p}_{i33}$	$\hat{p}_{i34}$	$\hat{p}_{i3}$
2013	1.0002	0.9970	1.0103	0.9985	1.0034	1.0001	0.9970	1.0103	0.9985	1.0034	1.0001	0.9970	1.0103	0.9985	1.0034
2014	1.0156	0.9890	1.0426	1.0095	1.0195	1.0155	0.9890	1.0426	1.0095	1.0195	1.0155	0.9890	1.0426	1.0095	1.0195
2015	1.0323	1.0167	1.0509	1.0206	1.0378	1.0321	1.0167	1.0509	1.0206	1.0378	1.0321	1.0167	1.0509	1.0206	1.0378
2016	1.0551	0.9821	1.0331	1.0471	1.0523	1.0547	0.9821	1.0331	1.0471	1.0523	1.0547	0.9821	1.0331	1.0471	1.0523

续表

项目 年份	全体居民 $\hat{p}_{t11}$	$\hat{p}_{t12}$	$\hat{p}_{t13}$	$\hat{p}_{t14}$	$\hat{p}_{t1}$	城镇居民 $\hat{p}_{t21}$	$\hat{p}_{t22}$	$\hat{p}_{t23}$	$\hat{p}_{t24}$	$\hat{p}_{t2}$	农村居民 $\hat{p}_{t31}$	$\hat{p}_{t32}$	$\hat{p}_{t33}$	$\hat{p}_{t34}$	$\hat{p}_{t3}$
2017	1.0637	0.9851	1.0568	1.1246	1.0723	1.0633	0.9851	1.0568	1.1246	1.0723	1.0633	0.9851	1.0568	1.1246	1.0723
2018	1.0887	0.9910	1.0949	1.1584	1.0991	1.0882	0.9910	1.0949	1.1584	1.0991	1.0882	0.9910	1.0949	1.1584	1.0991
2019	1.1228	0.9632	1.1058	1.2557	1.1244	1.1222	0.9632	1.1058	1.2557	1.1244	1.1222	0.9632	1.1058	1.2557	1.1244
2020	1.1577	0.9228	1.1335	1.3172	1.1435	1.1571	0.9228	1.1335	1.3172	1.1435	1.1571	0.9228	1.1335	1.3172	1.1435
2021	1.1619	0.9698	1.1437	1.3146	1.1561	1.1612	0.9698	1.1437	1.3146	1.1561	1.1612	0.9698	1.1437	1.3146	1.1561

第三节 公共服务类指标体系的设计与相关数据的收集与整理

因在居民的各种生活活动过程中,均涉及公共服务的享用问题,所以,可将公共服务分为基本生活活动公共服务、社会交往活动公共服务、文教娱乐活动公共服务、医疗保健活动公共服务以及生活保障活动公共服务,居民福利统计评估指标体系的设计与数据的收集与整理,也可从上述五个方面来进行。

一 基本生活活动公共服务居民福利统计评估指标体系的设计与数据的收集与整理

（一）基本生活活动公共服务居民福利统计评估指标体系的设计

在居民福利统计评估模型体系中,与居民基本生活活动公共服务相关的公共服务享用量变量主要有 $\tilde{g}_{ti1}$、$\tilde{g}_{ti1h}$、$\hat{g}_{ti1}$、$\hat{g}_{ti1h}$ 等。其中,$\tilde{g}_{ti1}$ 是 t 期第 i 类居民相对于他人的基本生活活动公共服务享用量,为 t 期第 i 类居民相对于他人的 n 种基本生活活动公共服务享用量 $\tilde{g}_{ti1h}$ 的几何平均数;$\tilde{g}_{ti1h}$ 是 t 期第 i 类居民相对于他人的第 h 种基本生活活动公共服务享用量,为 t 期第 i 类居民第 h 种基本生活活动公共服务享用量 g_{ti1h},与基期全国全体居民第 h 种基本生活活动公共服务享用量 g_{0111h} 的比值;$\hat{g}_{ti1}$ 是 t 期第 i 类居民相对于他人和过去的基本生活活动公共服务享用量,为 t 期第 i 类居民相对于他人和过去的 n 种基本生活活动公共服务享用量 $\hat{g}_{ti1h}$ 的几何平均数;$\hat{g}_{ti1h}$ 是 t 期第 i 类居民相对于他人和过去的第 h 种基本生活活动公共服务享用量,为 t 期第 i 类居民第 h 种基本生活活动公共服务享用量 g_{ti1h},与基期全国全体居民第 h 种基本生活活动公共服务享用量 g_{0111h} 和基期第 i 类居民第 h 种基本生活活动公共服务享用量 g_{1i1h} 几何平均数 $\sqrt{g_{0111h}g_{1i1h}}$ 的比值。

这样,$\tilde{g}_{ti1h}$ 和 $\hat{g}_{ti1h}$ 分别是 $\tilde{g}_{ti1}$ 和 $\hat{g}_{ti1}$ 测算的基础,$\tilde{g}_{ti1h}$ 和 $\hat{g}_{ti1h}$ 的测算则需要掌握居民在基本生活活动中各种基本生活活动公共服务享用量 g_{ti1h},居民基本生活活动中的各种公共服务享用量,也就是基本生活活动公共服务居民福利统计评估指标体系的基础统计指标。但问题是我们在居民福利评估模型体系构建过程中,并没有对居民在基本生活活动中所享用的公共服务情况进行讨论,所以,居民在基本生活活动中所享受的公共服务种类的确定,也就成为基本生活活动公共服务居民福利评估基础统计指标设计的关键。

关于居民基本生活活动所享用公共服务种类的确定,我们认为其基本依据是居民的基本生活活动的内容,因为基本生活活动公共服务是与基本生活活动的具体项目相对应的,虽然并不是每一项基本生活活动项目都有对应的公共服务,但不存在的生活项目必然不会存在相应的公共服务的享用。以此为出发点,鉴于我国住户调查制度将居民基本生活消费支出分为食品烟酒、衣着、居住、生活用品及服务、其他用品及服务等几个部分,我们也可从与货币收支相关联的视角,将居民基本生活活动分为食品烟酒消费活动、衣着消费活动、居住消费活动、生活用品及服务消费活动以及其他用品与服务消费活动等,而从这几项生活活动来看,所涉及的公共服务主要有供水、供电、供气、污水处理、垃圾处理、住房、生活小区环境等,鉴于目前供电已完成城乡全覆盖、住房情况统计数据不完整、生活小区环境难以测度,所以,基本生活活动公共服务的享用情况,可用供水普及率、燃气普及率、污水处理率和生活垃圾处理率等指标来反映。

据此,可对基本生活活动公共服务居民福利统计评估指标体系进行设计,如表 5-21 所示。

表 5-21　　基本生活活动公共服务居民福利统计评估指标体系

指标模块	模型变量	基础统计指标
基本生活活动公共服务享用量	$\tilde{g}_{ti1}$、$\tilde{g}_{t1h}$	g_{ti11}、g_{ti12}、g_{ti13}、g_{ti14}
	$\hat{g}_{ti1}$、$\hat{g}_{t1h}$	g_{ti11}、g_{ti12}、g_{ti13}、g_{ti14}

(二) 基本生活活动公共服务居民福利评估基础统计指标数据的收集

居民基本生活活动公共服务享用量基础统计指标的数据来源是《中国城乡建设统计年鉴》。由于《中国城乡建设统计年鉴》中的供水普及率、燃气普及率、污水处理率和生活垃圾处理率,是按照城市、县城和村镇来设置的,所以,居民基本生活活动公共服务享用量的基础统计指标数据,需按照如下步骤来进行收集:

(1) 由 2013—2021 年《中国城乡建设统计年鉴》,获取我国各省份各年的城市、县城、建制镇、乡和村庄的供水普及率、燃气普及率、污水处理率、生活垃圾处理率以及城区、县城、镇区、乡和村庄常住人口统计数据。

（2）以城区、县城、镇区常住人口比重为权数，对城市、县城和建制镇的供水普及率、燃气普及率、污水处理率、生活垃圾处理率进行加权平均，求得2013—2021年我国各省份的城镇居民的供水普及率、燃气普及率、污水处理率、生活垃圾处理率等指标的统计数据。

（3）以乡和村庄的常住人口比重为权数，对乡和村庄的供水普及率、燃气普及率、污水处理率、生活垃圾处理率进行加权平均，求得2013—2021年我国各省份的农村居民的供水普及率、燃气普及率、污水处理率、生活垃圾处理率等指标的统计数据。

（4）以城乡人口比重为权数，对城镇居民和农村居民的供水普及率、燃气普及率、污水处理率、生活垃圾处理率进行加权平均，求得2013—2021年我国各省份的全体居民的供水普及率、燃气普及率、污水处理率、生活垃圾处理率等指标的统计数据。

按照上述几个步骤，可对我国全国和30个省份各类居民的供水普及率g_{ti11}、燃气普及率g_{ti12}、污水处理率g_{ti13}、生活垃圾处理率g_{ti14}等指标的统计数据进行收集。其中，所收集的我国全国及北京市各类居民的上述指标的统计数据，如表5-22、表5-23所示。

表5-22　　　　全国各类居民基本生活活动各种公共服务享用量　　　单位：%

项目 年份	全体居民				城镇居民				农村居民			
	g_{t111}	g_{t112}	g_{t113}	g_{t114}	g_{t211}	g_{t212}	g_{t213}	g_{t214}	g_{t311}	g_{t312}	g_{t313}	g_{t314}
2013	77.33	51.88	43.12	63.91	92.34	79.55	72.54	87.43	59.90	19.75	8.95	36.60
2014	78.78	53.41	45.20	71.23	92.77	80.52	74.40	90.25	61.84	20.57	9.85	48.20
2015	80.40	55.26	51.10	80.46	93.49	81.79	82.11	93.37	63.67	21.35	11.46	63.95
2016	81.77	57.13	52.98	84.41	93.90	82.88	83.92	94.85	65.47	22.50	11.38	70.37
2017	87.06	60.52	56.53	86.47	95.16	84.32	84.42	96.02	75.62	26.93	17.19	72.99
2018	88.25	62.20	58.74	87.13	95.38	85.07	85.86	96.60	77.74	28.49	18.75	73.18
2019	90.09	64.57	60.06	87.90	96.03	86.26	87.26	97.02	80.96	31.21	18.21	73.87
2020	91.76	68.63	64.93	90.70	96.50	87.72	89.43	97.56	83.39	34.94	21.67	78.60
2021	92.98	70.82	67.91	92.35	97.17	88.68	90.22	98.11	85.29	38.05	26.97	81.78

资料来源：2013—2021年《中国城乡建设统计年鉴》。

表 5-23　北京市各类居民基本生活活动各种公共服务享用量　　单位:%

年份 \ 项目	全体居民 g_{t111}	g_{t112}	g_{t113}	g_{t114}	城镇居民 g_{t211}	g_{t212}	g_{t213}	g_{t214}	农村居民 g_{t311}	g_{t312}	g_{t313}	g_{t314}
2013	98.10	89.38	74.17	96.58	99.42	98.31	82.18	98.77	89.79	33.16	23.75	82.80
2014	98.40	89.87	76.05	97.06	99.54	98.38	84.29	99.30	91.23	36.11	23.96	82.90
2015	98.08	89.30	78.80	97.66	99.24	97.95	87.13	99.67	90.68	33.87	25.45	84.80
2016	97.35	88.98	80.75	97.90	97.80	89.28	99.65	86.54	32.39	25.96	86.61
2017	98.06	89.24	86.18	97.77	98.98	97.57	94.34	99.54	92.15	35.86	33.86	86.45
2018	99.27	89.37	89.76	98.98	99.79	97.15	96.86	99.95	95.97	37.22	44.32	92.82
2019	97.72	89.71	87.06	99.31	98.31	97.48	96.97	99.86	93.91	39.56	23.12	95.76
2020	97.18	90.30	85.64	99.25	97.81	97.64	94.55	99.30	92.78	38.82	23.10	98.91
2021	97.29	90.60	85.86	99.23	98.16	97.42	95.01	99.27	91.15	42.73	21.61	99.00

资料来源：2013—2021 年《中国城乡建设统计年鉴》。

（三）$\tilde{g}_{ti1}$ 和 $\tilde{g}_{ti1h}$ 数据的整理

在获得各类居民供水普及率 g_{ti11}、燃气普及率 g_{ti12}、污水处理率 g_{ti13}、生活垃圾处理率 g_{ti14} 指标数据的基础上，可基于居民福利统计评估模型体系构建过程中关于 $\tilde{g}_{ti1}$ 和 $\tilde{g}_{ti1h}$ 的变量定义，来测算 $\tilde{g}_{ti1}$ 和 $\tilde{g}_{ti1h}$ 的数据。基于变量定义的 $\tilde{g}_{ti1}$ 和 $\tilde{g}_{ti1h}$ 测算公式为：

$$\tilde{g}_{ti1h} = \frac{g_{ti1h}}{g_{0111h}} \tag{5-23}$$

其中，$h=1、2、3、4$。

$$\tilde{g}_{ti1} = (\tilde{g}_{ti11}\tilde{g}_{ti2}\tilde{g}_{ti3}\tilde{g}_{ti4})^{1/4} \tag{5-24}$$

这样，将收集到的我国全国和 30 个省份各类居民的供水普及率 g_{ti11}、燃气普及率 g_{ti12}、污水处理率 g_{ti13}、生活垃圾处理率 g_{ti14} 指标数据代入式（5-23），可测算出我国全国和 30 个省份各类居民相对他人的基本生活活动各种公共服务享用量 $\tilde{g}_{ti1h}$，并可依据式（5-24）进一步测算出我国全国和 30 个省份各类居民相对于他人的基本生活活动公共服务享用量 $\tilde{g}_{ti1}$。其中，利用表 5-22、表 5-23 和式（5-23）、式（5-24），所测算的北京市各类居民相对他人的基本生活活动各种公共服务享用量 $\tilde{g}_{ti1h}$ 和相对于他人的基本生活活动公共服务享用量 $\tilde{g}_{ti1}$，如表 5-24 所示。

（四）$\hat{g}_{ti1}$ 和 $\hat{g}_{ti1h}$ 数据的整理

利用所收集的各类居民供水普及率 g_{ti11}、燃气普及率 g_{ti12}、污水处理率 g_{ti13}、生活垃圾处理率 g_{ti14} 指标数据，以及居民福利统计评估模型体系构建过程中对 $\hat{g}_{ti1}$ 和 $\hat{g}_{ti1h}$ 的变量定义，可对 $\hat{g}_{ti1}$ 和 $\hat{g}_{ti1h}$ 的数据进行测算。$\hat{g}_{ti1}$ 和 $\hat{g}_{ti1h}$ 的测算公式为：

$$\hat{g}_{ti1h} = \frac{g_{ti1h}}{\sqrt{g_{0111h}g_{1i1h}}} \tag{5-25}$$

$$\hat{g}_{ti1} = (\hat{g}_{ti11}\hat{g}_{ti12}\hat{g}_{ti13}\hat{g}_{ti14})^{1/4} \tag{5-26}$$

这样，将我国全国和30个省份各类居民的供水普及率 g_{ti11}、燃气普及率 g_{ti12}、污水处理率 g_{ti13}、生活垃圾处理率 g_{ti14} 等指标数据，代入式（5-25），可测算出我国全国和30个省份各类居民相对于他人和过去的基本生活活动各种公共服务享用量 $\hat{g}_{ti1h}$，进而利用式（5-26）可进一步测算出，我国全国和30个省份各类居民相对于他人和过去的基本生活活动公共服务享用量 $\hat{g}_{ti1}$。其中，利用表5-22、表5-23和式（5-25）、式（5-26）测算的北京市各类居民的 $\hat{g}_{ti1h}$ 和 $\hat{g}_{ti1}$ 等变量的数据，如表5-25所示。

二 社会交往活动公共服务居民福利统计评估指标体系的设计与数据的收集与整理

（一）社会交往活动公共服务居民福利统计评估指标体系的设计

在居民福利统计评估模型体系中，与社会交往活动相关的公共服务享用量变量，主要有 $\tilde{g}_{ti2h}$ 和 $\tilde{g}_{ti2}$ 以及 $\hat{g}_{ti2h}$ 和 $\hat{g}_{ti2}$，其中，$\tilde{g}_{ti2h}$ 是 t 期第 i 类居民相对于他人的社会交往活动第 h 种公共服务享用量，为 t 期第 i 类居民社会交往活动第 h 种公共服务享用量 g_{ti2h}，与基期全国全体居民社会交往活动第 h 种公共服务享用量 g_{0112h} 的比值；$\tilde{g}_{ti2}$ 是 t 期第 i 类居民相对于他人的社会交往活动公共服务享用量，为 t 期第 i 类居民相对于他人的社会交往活动各种公共服务享用量 $\tilde{g}_{ti2h}$ 的几何平均数；$\hat{g}_{ti2h}$ 是 t 期第 i 类居民相对于他人和过去的社会交往活动第 h 种公共服务享用量，为 t 期第 i 类居民社会交往活动第 h 种公共服务享用量 g_{ti2h}，与基期全国全体居民社会交往活动第 h 种公共服务享用量 g_{0112h} 和基期第 i 类居民社会交往活动第 h 种公共服务享用量 g_{1i2h} 几何平均数 $\sqrt{g_{0112h}g_{1i2h}}$ 的比值；$\hat{g}_{ti2}$ 是 t 期第 i 类居民相对于他人和过去的社会交往活动公共服务享用量，为 t 期第 i 类居民相对于他人和过去的社会交往活动各种公共服务享用量 $\hat{g}_{ti2h}$ 的几何平均数。由此可以看出，$\tilde{g}_{ti2h}$ 和

第五章 居民福利统计评估指标体系的设计与相关数据的收集与整理 / 125

表5-24 北京市各类居民相对于他人的基本生活活动各种公共服务享用量

年份	全体居民 $\tilde{g}_{t111}$	$\tilde{g}_{t112}$	$\tilde{g}_{t113}$	$\tilde{g}_{t114}$	$\tilde{g}_{t11}$	$\tilde{g}_{t211}$	城镇居民 $\tilde{g}_{t212}$	$\tilde{g}_{t213}$	$\tilde{g}_{t214}$	$\tilde{g}_{t21}$	$\tilde{g}_{t311}$	农村居民 $\tilde{g}_{t312}$	$\tilde{g}_{t313}$	$\tilde{g}_{t314}$	$\tilde{g}_{t31}$
2013	1.2686	1.7228	1.7202	1.5113	1.5439	1.2856	1.8949	1.9060	1.5455	1.6367	1.1611	0.6392	0.5507	1.2956	0.8531
2014	1.2725	1.7323	1.7638	1.5186	1.5588	1.2871	1.8963	1.9550	1.5537	1.6501	1.1797	0.6960	0.5556	1.2971	0.8771
2015	1.2683	1.7214	1.8277	1.5282	1.5714	1.2833	1.8881	2.0208	1.5596	1.6623	1.1725	0.6528	0.5903	1.3269	0.8799
2016	1.2588	1.7151	1.8727	1.5318	1.5775	1.2806	1.8851	2.0708	1.5593	1.6709	1.1191	0.6243	0.6021	1.3552	0.8689
2017	1.2680	1.7201	1.9986	1.5298	1.6070	1.2799	1.8807	2.1879	1.5575	1.6923	1.1917	0.6913	0.7853	1.3527	0.9672
2018	1.2837	1.7226	2.0819	1.5488	1.6341	1.2903	1.8796	2.2465	1.5639	1.7085	1.2409	0.7174	1.0279	1.4524	1.0737
2019	1.2636	1.7292	2.0191	1.5539	1.6181	1.2712	1.8790	2.2489	1.5625	1.7021	1.2143	0.7625	0.5362	1.4984	0.9287
2020	1.2567	1.7406	1.9863	1.5530	1.6117	1.2648	1.8819	2.1929	1.5538	1.6875	1.1997	0.7483	0.5358	1.5476	0.9289
2021	1.2580	1.7463	1.9913	1.5527	1.6144	1.2693	1.8777	2.2036	1.5532	1.6900	1.1787	0.8236	0.5011	1.5490	0.9317

表5-25 北京市各类居民相对于他人和过去的基本生活活动各种公共服务享用量

年份	全体居民 $\hat{g}_{t111}$	$\hat{g}_{t112}$	$\hat{g}_{t113}$	$\hat{g}_{t114}$	$\hat{g}_{t11}$	$\hat{g}_{t211}$	城镇居民 $\hat{g}_{t212}$	$\hat{g}_{t213}$	$\hat{g}_{t214}$	$\hat{g}_{t21}$	$\hat{g}_{t311}$	农村居民 $\hat{g}_{t312}$	$\hat{g}_{t313}$	$\hat{g}_{t314}$	$\hat{g}_{t31}$
2013	1.1263	1.3125	1.3116	1.2293	1.2425	1.1339	1.3766	1.3806	1.2432	1.2793	1.0776	0.7995	0.7421	1.1382	0.9236
2014	1.1298	1.3198	1.3448	1.2353	1.2546	1.1352	1.3775	1.4161	1.2498	1.2898	1.0948	0.8705	0.7487	1.1396	0.9496
2015	1.1261	1.3115	1.3935	1.2431	1.2647	1.1318	1.3716	1.4637	1.2545	1.2993	1.0881	0.8164	0.7954	1.1657	0.9527
2016	1.1176	1.3067	1.4279	1.2460	1.2696	1.1294	1.3694	1.4999	1.2543	1.3060	1.0385	0.7809	0.8113	1.1906	0.9408

续表

年份\项目	全体居民						城镇居民					农村居民			
	$\hat{g}_{t111}$	$\hat{g}_{t112}$	$\hat{g}_{t113}$	$\hat{g}_{t114}$	$\hat{g}_{t11}$	$\hat{g}_{t211}$	$\hat{g}_{t212}$	$\hat{g}_{t213}$	$\hat{g}_{t214}$	$\hat{g}_{t21}$	$\hat{g}_{t311}$	$\hat{g}_{t312}$	$\hat{g}_{t313}$	$\hat{g}_{t314}$	$\hat{g}_{t31}$
2017	1.1258	1.3105	1.5239	1.2444	1.2933	1.1288	1.3662	1.5848	1.2528	1.3228	1.1059	0.8646	1.0582	1.1884	1.0472
2018	1.1397	1.3124	1.5874	1.2599	1.3151	1.1380	1.3654	1.6272	1.2580	1.3355	1.1516	0.8973	1.3851	1.2760	1.1625
2019	1.1219	1.3174	1.5395	1.2640	1.3023	1.1211	1.3650	1.6290	1.2568	1.3304	1.1269	0.9537	0.7225	1.3164	1.0055
2020	1.1158	1.3262	1.5145	1.2633	1.2971	1.1155	1.3671	1.5884	1.2498	1.3191	1.1134	0.9360	0.7219	1.3597	1.0057
2021	1.1169	1.3304	1.5183	1.2631	1.2993	1.1195	1.3641	1.5961	1.2494	1.3210	1.0938	1.0301	0.6752	1.3609	1.0087

第五章　居民福利统计评估指标体系的设计与相关数据的收集与整理 / 127

$\tilde{g}_{ti2}$ 以及 $\hat{g}_{ti2h}$ 和 $\hat{g}_{ti2}$ 数据测算的前提，是获得各类居民社会交往活动所享用的各种公共服务享用量 g_{ti2h}，各类居民社会交往活动所享用的各种公共服务享用量 g_{ti2h}，即社会交往活动公共服务居民福利评估基础统计指标。

同样，由于在居民福利统计评估模型体系构建过程中，我们并没有明确社会交往活动所享用的公共服务项目，所以，在社会交往活动公共服务居民福利评估基础统计指标设置过程中，需先对各类居民在社会交往活动中所享用的公共服务项目进行分析。但相较于基本生活活动公共服务享用项目的确定，社会交往活动公共服务享用项目的确定要略微简单，因为在我国住户调查制度中，居民社会交往活动支出主要涉及交通消费支出和通信消费支出两大方面。而从交通和通信的公共设施与服务来看，交通主要涉及道路和公共交通工具，道路可分为公路、铁路、水路、航空线路等，公共交通工具主要有公共汽车、有轨电车、轮船、飞机等；通信主要涉及各种通信设施和通信工具，通信设施分为电话交换机、光缆线路、互联网设施、卫星设施等，通信工具包括固定电话、移动电话等。由于上述各种道路、交通工具、通信设施，大部分都可对各省份、各类居民的社会交往带来便利，但也由此难以区分不同省份、不同居民的在交通通信方面的福利差异，同时，目前各类居民已很少使用固定电话、移动电话已基本普及。所以，从尽可能区分不同类型居民福利差异出发，可将人均道路面积作为一个社会交往活动公共服务享用指标，从尽可能区分不同省份居民福利差异出发，可将万人均公共交通运营里程和移动互联网普及率作为另外两个社会交往活动公共服务享用指标。

如此，可将社会交往活动公共服务居民福利评估基础统计指标，设定为人均道路面积、万人均公共交通运营里程和移动互联网普及率，并可以此为基础来构建社会交往活动公共服务居民福利统计评估指标体系，如表5-26所示。

表5-26　　社会交往活动公共服务居民福利统计评估指标体系

指标模块	模型变量	基础统计指标
社会交往活动公共服务享用量	$\tilde{g}_{ti2h}$、$\tilde{g}_{ti2}$	g_{ti21}、g_{ti22}、g_{ti23}
	$\hat{g}_{ti2h}$、$\hat{g}_{ti2}$	g_{ti21}、g_{ti22}、g_{ti23}

（二）社会交往活动公共服务居民福利评估基础统计指标数据的收集

我国各省份各类居民的人均道路面积的数据来源是《中国城乡建设

统计年鉴》，万人均公共交通运营里程和移动互联网普及率的数据来源是《中国社会统计年鉴》和《中国统计年鉴》。这三个指标统计数据的收集方法如下。

1. 人均道路面积统计数据的收集方法

人均道路面积 g_{ti21}，是从各类居民视角设置的一个社会交往活动公共服务享用指标，其目的在于反映不同省份和城乡居民之间的交通条件差异。由于《中国城乡建设统计年鉴》中各类指标数据的格式相同，所以，我国各省份各类居民的人均道路面积数据的收集，可采用各类居民供水普及率、燃气普及率、污水处理率、生活垃圾处理率等指标数据的收集方法去进行收集。

2. 万人均公共交通运营里程统计数据的收集方法

万人均公共交通运营里程 g_{ti22}，是从省份视角设置的一个社会交往活动公共服务享用指标，其目的在于反映不同省份之间公共交通服务的差异，其基本内涵是各省份每万人平均的公共汽电车和轨道交通运营里程。若令 G_{ti221} 为公共汽电车运营里程、G_{ti222} 为轨道交通运营里程、R_{t1} 为年末总人口数，则 g_{ti22} 的计算公式为：

$$g_{ti22} = \frac{G_{ti221} + G_{ti222}}{R_{t1}} \times 10000 \tag{5-27}$$

这样，在由《中国社会统计年鉴》或《中国统计年鉴》，收集我国30个省份公共汽电车运营线路总长度和轨道交通运营里程统计数据的基础上，可利用式（5-27）测算出我国30个省份的万人均公共交通运营里程指标的统计数据。

3. 移动互联网普及率统计数据的收集方法

移动互联网普及率 g_{ti23}，也是从省份视角设置的一个社会交往活动公共服务享用指标，其目的在于从移动互联网普及视角来反映不同省份之间通信服务的差异，其基本内涵是各省份移动互联网用户数 G_{ti23} 占该省份年末总人口数 R_{t1} 的比重，即：

$$g_{ti23} = \frac{G_{ti23}}{R_{t1}} \times 100\% \tag{5-28}$$

如此，在由《中国社会统计年鉴》或《中国统计年鉴》，收集我国全国和30个省份移动互联网用户数和年末人口总数统计数据的基础上，可利用式（5-28）整理出我国全国和30个省份移动互联网普及率指标的统计数

第五章　居民福利统计评估指标体系的设计与相关数据的收集与整理 / 129

据。需要说明的是，由于存在一个人有多部手机、每部手机均可上网的情况，所以，我国各省份的移动互联网普及率指标数据，均会存在大于100%的情况。

例如，按照上述方法收集的我国全国和北京市各类居民人均道路面积、万人均公共交通运营里程和移动互联网普及率统计数据，如表5-27、表5-28所示。

表5-27　　全国各类居民社会交往活动各种公共服务享用量

年份 \ 项目	全体居民 g_{t121}（平方米）	g_{t122}（千米）	g_{t123}（%）	城镇居民 g_{t221}（平方米）	g_{t222}（千米）	g_{t223}（%）	农村居民 g_{t321}（平方米）	g_{t322}（千米）	g_{t323}（%）
2013	11.07	4.22	60.94	14.33	4.22	60.94	7.28	4.22	60.94
2014	11.47	4.50	63.58	14.79	4.50	63.58	7.45	4.50	63.58
2015	11.48	4.84	69.72	15.10	4.84	69.72	6.86	4.84	69.72
2016	11.76	5.24	78.57	15.31	5.24	78.57	6.98	5.24	78.57
2017	14.26	5.68	90.82	15.81	5.68	90.82	12.09	5.68	90.82
2018	15.31	6.28	90.71	16.40	6.28	90.71	13.70	6.28	90.71
2019	15.68	6.89	93.51	17.08	6.89	93.51	13.53	6.89	93.51
2020	17.16	7.43	95.50	17.73	7.43	95.50	16.16	7.43	95.50
2021	17.90	11.34	100.22	18.50	11.34	100.22	16.81	11.34	100.22

资料来源：2013—2022年《中国城乡建设统计年鉴》《中国社会统计年鉴》《中国统计年鉴》。

表5-28　　北京市各类居民社会交往活动各种公共服务享用量

年份 \ 项目	全体居民 g_{t121}（平方米）	g_{t122}（千米）	g_{t123}（%）	城镇居民 g_{t221}（平方米）	g_{t222}（千米）	g_{t223}（%）	农村居民 g_{t321}（平方米）	g_{t322}（千米）	g_{t323}（%）
2014	10.19	9.57	128.30	7.73	9.57	128.30	25.74	9.57	128.30
2015	9.42	9.48	148.62	7.93	9.48	148.62	18.92	9.48	148.62
2016	9.69	9.29	163.74	7.90	9.29	163.74	21.19	9.29	163.74
2017	8.37	9.07	211.47	7.84	9.07	211.47	11.73	9.07	211.47
2018	9.51	9.07	150.14	7.82	9.07	150.14	20.35	9.07	150.14
2019	9.28	12.94	150.19	7.91	12.94	150.19	18.14	12.94	150.19

续表

年份\项目	全体居民 g_{t121}（平方米）	g_{t122}（千米）	g_{t123}（%）	城镇居民 g_{t221}（平方米）	g_{t222}（千米）	g_{t223}（%）	农村居民 g_{t321}（平方米）	g_{t322}（千米）	g_{t323}（%）
2020	9.11	13.31	149.52	7.99	13.31	149.52	17.01	13.31	149.52
2021	9.22	13.41	154.38	8.08	13.41	154.38	17.22	13.41	154.38

资料来源：2013—2022年《中国城乡建设统计年鉴》《中国社会统计年鉴》《中国统计年鉴》。

（三）$\tilde{g}_{ti2h}$ 和 $\tilde{g}_{ti2}$ 数据的整理

利用 $\tilde{g}_{ti2h}$ 和 $\tilde{g}_{ti2}$ 的定义公式和收集的各类居民人均道路面积 g_{ti21}、万人均公共交通运营里程 g_{ti22}、移动互联网普及率 g_{ti23} 等变量的数据，可对 $\tilde{g}_{ti2h}$ 和 $\tilde{g}_{ti2}$ 的数据进行测算与整理。$\tilde{g}_{ti2h}$ 和 $\tilde{g}_{ti2}$ 的定义公式为：

$$\tilde{g}_{ti2h} = \frac{g_{ti2h}}{g_{0112h}} \qquad (5-29)$$

$$\tilde{g}_{ti2} = (\tilde{g}_{ti21}\tilde{g}_{ti22}\tilde{g}_{ti23})^{1/3} \qquad (5-30)$$

这样，将收集的我国全国和30个省份各类居民人均道路面积 g_{ti21}、万人均公共交通运营里程 g_{ti22} 和移动互联网普及率 g_{ti23} 数据，代入式（5-29），可测算出我国全国和30个省份各类居民相对于他人的社会交往活动各种公共服务享用量 $\tilde{g}_{ti2h}$，将其代入式（5-30），可进一步测算我国全国和30个省份各类居民相对于他人的社会交往活动公共服务享用量 $\tilde{g}_{ti2}$。其中，利用式（5-29）、式（5-30）和表5-27、表5-28，测算的北京市各类居民相对于他人的社会交往活动各种公共服务享用量 $\tilde{g}_{ti2h}$ 和相对于他人的社会交往活动公共服务享用量 $\tilde{g}_{ti2}$ 数据，如表5-29所示。

表5-29 北京市各类居民相对于他人的社会交往活动各种公共服务享用量

年份\项目	全体居民 $\tilde{g}_{t121}$	$\tilde{g}_{t122}$	$\tilde{g}_{t123}$	$\tilde{g}_{t12}$	城镇居民 $\tilde{g}_{t221}$	$\tilde{g}_{t222}$	$\tilde{g}_{t223}$	$\tilde{g}_{t22}$	农村居民 $\tilde{g}_{t321}$	$\tilde{g}_{t322}$	$\tilde{g}_{t323}$	$\tilde{g}_{t32}$
2013	0.935	2.245	2.101	1.640	0.710	2.245	2.101	1.496	2.351	2.245	2.101	2.230
2014	0.921	2.265	2.105	1.638	0.698	2.265	2.105	1.494	2.326	2.265	2.105	2.230
2015	0.851	2.244	2.439	1.670	0.717	2.244	2.439	1.577	1.710	2.244	2.439	2.107
2016	0.876	2.199	2.687	1.730	0.714	2.199	2.687	1.616	1.914	2.199	2.687	2.245

续表

项目 年份	全体居民 $\tilde{g}_{t121}$	$\tilde{g}_{t122}$	$\tilde{g}_{t123}$	$\tilde{g}_{t12}$	城镇居民 $\tilde{g}_{t221}$	$\tilde{g}_{t222}$	$\tilde{g}_{t223}$	$\tilde{g}_{t22}$	农村居民 $\tilde{g}_{t321}$	$\tilde{g}_{t322}$	$\tilde{g}_{t323}$	$\tilde{g}_{t32}$
2017	0.756	2.147	3.470	1.779	0.709	2.147	3.470	1.741	1.060	2.147	3.470	1.991
2018	0.859	2.147	2.464	1.657	0.706	2.147	2.464	1.552	1.839	2.147	2.464	2.135
2019	0.839	3.062	2.465	1.850	0.715	3.062	2.465	1.754	1.639	3.062	2.465	2.313
2020	0.824	3.152	2.454	1.854	0.722	3.152	2.454	1.774	1.537	3.152	2.454	2.282
2021	0.833	3.175	2.533	1.885	0.730	3.175	2.533	1.804	1.556	3.175	2.533	2.322

（四）$\hat{g}_{ti2h}$ 和 $\hat{g}_{ti2}$ 数据的整理

利用 $\hat{g}_{ti2h}$ 和 $\hat{g}_{ti2}$ 的定义公式和收集整理的各类居民人均道路面积 g_{ti21}、万人均公共交通运营里程 g_{ti22} 和移动互联网普及率 g_{ti23} 数据，可对 $\hat{g}_{ti2h}$ 和 $\hat{g}_{ti2}$ 的数据进行测算与整理。$\hat{g}_{ti2h}$ 和 $\hat{g}_{ti2}$ 的定义公式为：

$$\hat{g}_{ti2h} = \frac{g_{ti2h}}{\sqrt{g_{0112h} g_{1i2h}}} \tag{5-31}$$

$$\hat{g}_{ti2} = (\hat{g}_{ti21} \hat{g}_{ti22} \hat{g}_{ti23})^{1/3} \tag{5-32}$$

据此，将收集的我国全国和 30 个省份各类居民的人均道路面积 g_{ti21}、万人均公共交通运营里程 g_{ti22} 和移动互联网普及率 g_{ti23} 数据，代入式（5-31），可整理出我国全国和 30 个省份各类居民相对于他人和过去的社会交往活动各种公共服务享用量 $\hat{g}_{ti2h}$，将 $\hat{g}_{ti2h}$ 代入式（5-32），可进一步整理出，我国全国和 30 个省份各类居民相对于他人和过去的社会交往活动公共服务享用量 $\hat{g}_{ti2}$。其中，利用式（5-31）、式（5-32）和表 5-27、表 5-28 整理出的北京市各类居民相对于他人和过去的社会交往活动各种公共服务享用量 $\hat{g}_{ti2h}$ 以及相对于他人和过去的社会交往活动公共服务享用量 $\hat{g}_{ti2}$ 数据，如表 5-30 所示。

表 5-30　北京市各类居民相对于他人和过去的社会交往活动各种公共服务享用量

项目 年份	全体居民 $\hat{g}_{t121}$	$\hat{g}_{t122}$	$\hat{g}_{t123}$	$\hat{g}_{t12}$	城镇居民 $\hat{g}_{t221}$	$\hat{g}_{t222}$	$\hat{g}_{t223}$	$\hat{g}_{t22}$	农村居民 $\hat{g}_{t321}$	$\hat{g}_{t322}$	$\hat{g}_{t323}$	$\hat{g}_{t32}$
2013	0.967	1.498	1.450	1.281	0.843	1.498	1.450	1.223	1.533	1.498	1.450	1.493

续表

项目\年份	全体居民 $\hat{g}_{t121}$	$\hat{g}_{t122}$	$\hat{g}_{t123}$	$\hat{g}_{t12}$	城镇居民 $\hat{g}_{t221}$	$\hat{g}_{t222}$	$\hat{g}_{t223}$	$\hat{g}_{t22}$	农村居民 $\hat{g}_{t321}$	$\hat{g}_{t322}$	$\hat{g}_{t323}$	$\hat{g}_{t32}$
2014	0.952	1.512	1.453	1.279	0.829	1.512	1.453	1.221	1.517	1.512	1.453	1.493
2015	0.880	1.498	1.683	1.304	0.851	1.498	1.683	1.289	1.115	1.498	1.683	1.411
2016	0.906	1.468	1.854	1.351	0.847	1.468	1.854	1.321	1.249	1.468	1.854	1.503
2017	0.782	1.433	2.394	1.389	0.841	1.433	2.394	1.424	0.691	1.433	2.394	1.334
2018	0.889	1.433	1.700	1.294	0.838	1.433	1.700	1.269	1.199	1.433	1.700	1.429
2019	0.867	2.044	1.700	1.444	0.848	2.044	1.700	1.434	1.069	2.044	1.700	1.549
2020	0.852	2.104	1.693	1.447	0.857	2.104	1.693	1.450	1.002	2.104	1.693	1.528
2021	0.861	2.119	1.748	1.472	0.866	2.119	1.748	1.475	1.015	2.119	1.748	1.555

三 文教娱乐活动公共服务居民福利统计评估指标体系的设计与数据的收集与整理

（一）文教娱乐活动公共服务居民福利统计评估指标体系的设计

居民福利统计评估模型体系中所涉及的文教娱乐活动公共服务的变量，主要有 $\tilde{g}_{ti3h}$、$\tilde{g}_{ti3}$、$\hat{g}_{ti3h}$、$\hat{g}_{ti3}$ 等。其中 $\tilde{g}_{ti3h}$ 是 t 期第 i 类居民相对于他人的文教娱乐活动第 h 种公共服务享用量，为 t 期第 i 类居民文教娱乐活动第 h 种公共服务享用量 g_{ti3h}，与基期全国全体居民文教娱乐活动第 h 种公共服务享用量 g_{0113h} 的比值；$\tilde{g}_{ti3}$ 是 t 期第 i 类居民相对于他人的文教娱乐活动公共服务享用量，为 t 期第 i 类居民相对于他人的文教娱乐活动各种公共服务享用量 $\tilde{g}_{ti3h}$ 的几何平均数；$\hat{g}_{ti3h}$ 是 t 期第 i 类居民相对于他人和过去的文教娱乐活动第 h 种公共服务享用量，为 t 期第 i 类居民文教娱乐活动第 h 种公共服务享用量 g_{ti3h}，与基期全国全体居民文教娱乐活动第 h 种公共服务享用量 g_{0113h} 和基期第 i 类居民文教娱乐活动公共服务享用量 g_{1i3h} 几何平均数 $\sqrt{g_{0113h}g_{1i3h}}$ 的比值；$\hat{g}_{ti3}$ 是 t 期第 i 类居民相对于他人和过去的文教娱乐活动公共服务享用量，为 t 期第 i 类居民相对于他人和过去的文教娱乐活动各种公共服务享用量的几何平均数。由此可以看出，模型变量 $\tilde{g}_{ti3h}$、$\tilde{g}_{ti3}$、$\hat{g}_{ti3h}$、$\hat{g}_{ti3}$ 均是建立在 g_{ti3h} 之上的变量，所以居民文教娱乐活动各种公共服务享用量，应为文教娱乐活动公共服务居民福利统计评估指标体系中的基础统计指标。

居民文教娱乐活动公共服务享用量，是指各级政府和企事业单位为居民文教娱乐活动的开展所提供的公共服务量。由于居民的文教娱乐活动包括教育、文化、娱乐等活动，这些活动开展过程中将涉及各级学校、文化馆、图书馆、影剧院、广播电视、公园绿地等方面的公共设施和公共服务，从理论上来讲，居民文教娱乐活动公共服务享用量的测度，应囊括上述各方面的公共服务的享用情况，但从数据可获得性出发，为了反映文教娱乐活动公共服务的城乡差异，可设置百名初中和小学学生专任教师数、电视节目综合人口覆盖率、人均公园绿地面积三个指标；为了反映文教娱乐活动公共服务的地区差异，可设置百人均高校在校生数指标。

这样，可将文教娱乐活动公共服务居民福利评估基础统计指标，具体设置为百名初中和小学学生专任教师数（简称百名初小学生专任教师数）、百人均高校在校生数、电视节目综合人口覆盖率、人均公园绿地面积等，并可据此来设计文教娱乐活动公共服务居民福利统计评估指标体系，如表 5-31 所示。

表 5-31　　文教娱乐活动公共服务居民福利统计评估指标体系

指标模块	模型变量	基础统计指标
文教娱乐活动公共服务享用量	$\tilde{g}_{ti3h}$、$\tilde{g}_{ti3}$	g_{ti31}、g_{ti32}、g_{ti33}、g_{ti34}
	$\hat{g}_{ti3h}$、$\hat{g}_{ti3}$	g_{ti31}、g_{ti32}、g_{ti33}、g_{ti34}

（二）文教娱乐活动公共服务居民福利评估基础统计指标数据的收集

在上述四个文教娱乐活动公共服务居民福利评估基础统计指标中，百名初小学生专任教师数、电视节目综合人口覆盖率的数据来源是《中国社会统计年鉴》和《中国统计年鉴》，人均公园绿地面积的数据来源是《中国城乡建设统计年鉴》。各指标统计数据的收集方法如下。

1. 百名初小学生专任教师数统计数据的收集方法

百名初小学生专任教师数 g_{ti31}，是指每一百名初中学生和小学学生所拥有的初中和小学专任教师数，若令 T_{ti1} 为初中专任教师数、T_{ti2} 为小学专任教师数、S_{t1} 为初中在校生数、S_{t2} 为小学在校生数。则 g_{ti31} 的计算公式为：

$$g_{ti31} = \frac{T_{ti1} + T_{ti2}}{S_{t1} + S_{t2}} \times 100 \tag{5-33}$$

在《中国社会统计年鉴》和《中国统计年鉴》中，初中、小学专任教师数和在校学生数，是按照城区、镇区和乡村来设置的，据此，利用城区、镇区的初中、小学专任教师数和在校学生数,可整理出城镇居民的百名初小学生专任教师数,利用乡村的初中、小学专任教师数和在校学生数,可整理出农村居民的百名初小学生专任教师数,同时,为保持全体居民各种公共服务享用指标数据整理方法的一致性,可以城乡人口比重为权数,通过求取城镇居民和农村居民的百名初小学生专任教师数的加权平均数,来求取全体居民的百名初小学生专任教师数。

2. 百人均高校在校生数统计数据的收集方法

百人均高校在校生数 g_{ti32} 是用于反映各省份各类高等学校教育规模的一个指标,是指某省份按每百名居民平均的本省份各类高校在校生人数。该指标按省份来设置,且不再区分居民类别。

百人均高校在校生数的数据来源是《中国社会统计年鉴》和《中国统计年鉴》中的每十万人高等学校平均在校生人数,在获取上述指标数据之后,将该指标数据除以1000即可获得百人均高校在校生数指标数据。

3. 电视节目综合人口覆盖率统计数据的收集方法

电视节目综合人口覆盖率 g_{ti33},是指在某区域(城镇或乡村)能接收到中央、省、市、县电视节目的人口数占该区域人口数的百分比。该指标的数据来源是《中国社会统计年鉴》和《中国统计年鉴》。

在《中国社会统计年鉴》和《中国统计年鉴》中所设置的电视节目综合人口覆盖率指标数据,分为总覆盖率和乡村覆盖率。在各类居民电视节目综合人口覆盖率数据收集过程中,可将电视节目综合人口总覆盖率定义为全体居民电视节目综合人口覆盖率 g_{t133},将乡村电视节目综合人口覆盖率定义为农村居民电视节目综合人口覆盖率 g_{t333},城镇居民电视节目综合人口覆盖率 g_{t233} 则需采用下式来推算:

$$g_{t233} = \frac{g_{t133} - g_{t333} \times \delta_{t3}}{\delta_{t2}} \tag{5-34}$$

4. 人均公园绿地面积统计数据的收集方法

人均公园绿地面积 g_{ti34} 是指某区域(城镇或乡村)内的公园绿地面积与常住人口数的比值,其数据来源是《中国城乡建设统计年鉴》。

同样,鉴于《中国城乡建设统计年鉴》中相关指标具有类似的数据结构,所以,各类居民的人均公园绿地面积统计数据,也可采用各类居民供水普及率、燃气普及率、污水处理率、生活垃圾处理率等指标数据收集与整理的方法去收集与整理。

采用上述方法，可收集到我国全国和30个省份各类居民的2013—2021年的百名初小学生专任教师数、百人均高校在校生数、电视节目综合人口覆盖率、人均公园绿地面积等指标的统计数据。其中，所收集的全国和北京市各类居民2013—2021年的上述指标的统计数据，如表5-32、表5-33所示。

表5-32　　　全国各类居民文教娱乐活动各种公共服务享用量

年份\项目	全体居民 g_{t131}（人）	g_{t132}（人）	g_{t133}（%）	g_{t134}（m²）	城镇居民 g_{t231}（人）	g_{t232}（人）	g_{t233}（%）	g_{t234}（m²）	农村居民 g_{t331}（人）	g_{t332}（人）	g_{t333}（%）	g_{t334}（m²）
2013	6.74	2.42	98.48	5.80	6.28	2.42	99.02	9.86	7.27	2.42	97.86	1.08
2014	6.78	2.49	98.66	6.08	6.30	2.49	99.11	10.22	7.37	2.49	98.11	1.07
2015	6.73	2.52	98.83	6.39	6.27	2.52	99.23	10.52	7.31	2.52	98.32	1.10
2016	6.69	2.53	98.94	6.72	6.27	2.53	99.27	10.89	7.26	2.53	98.49	1.11
2017	6.71	2.58	99.10	7.33	6.30	2.58	99.35	11.36	7.29	2.58	98.74	1.65
2018	6.69	2.66	99.27	7.40	6.25	2.66	99.45	11.40	7.32	2.66	99.01	1.50
2019	6.73	2.86	99.41	7.70	2.86	99.55	11.67	7.43	2.86	99.19	1.59
2020	6.79	3.13	99.61	8.31	6.34	3.13	99.70	12.01	7.59	3.13	99.45	1.76
2021	6.93	3.30	99.73	8.51	6.44	3.30	99.85	12.23	7.81	3.30	99.50	1.69

资料来源：2013—2022年《中国城乡建设统计年鉴》、《中国社会统计年鉴》、《中国统计年鉴》。

表5-33　　　北京市各类居民文教娱乐活动各种公共服务享用量

年份\项目	全体居民 g_{t131}（人）	g_{t132}（人）	g_{t133}（%）	g_{t134}（m²）	城镇居民 g_{t231}（人）	g_{t232}（人）	g_{t233}（%）	g_{t234}（m²）	农村居民 g_{t331}（人）	g_{t332}（人）	g_{t333}（%）	g_{t334}（m²）
2013	8.05	5.47	100	13.25	7.72	5.47	100	15.29	10.16	5.47	100	0.44
2014	8.08	5.43	100	13.49	7.75	5.43	100	15.57	10.14	5.43	100	0.37
2015	8.28	5.22	100	13.71	7.95	5.22	100	15.58	10.34	5.22	100	1.72
2016	8.56	5.03	100	13.68	8.18	5.03	100	15.52	10.98	5.03	100	1.91
2017	8.87	5.3	100	13.82	8.44	5.3	100	15.52	11.61	5.3	100	2.89
2018	8.82	5.27	100	13.87	8.38	5.27	100	15.6	11.66	5.27	100	2.75
2019	8.76	5.32	100	13.91	8.28	5.32	100	15.56	11.84	5.32	100	3.21
2020	8.45	5.39	100	14.11	8.02	5.39	100	15.72	11.45	5.39	100	2.82

续表

年份	项目	全体居民				城镇居民				农村居民			
		g_{t131}（人）	g_{t132}（人）	g_{t133}（％）	g_{t134}（m²）	g_{t231}（人）	g_{t232}（人）	g_{t233}（％）	g_{t234}（m²）	g_{t331}（人）	g_{t332}（人）	g_{t333}（％）	g_{t334}（m²）
2021		8.45	5.31	100	14.23	8.03	5.31	100	15.65	11.39	5.31	100	4.25

资料来源：2013—2022 年《中国城乡建设统计年鉴》《中国社会统计年鉴》《中国统计年鉴》。

（三）$\tilde{g}_{ti3h}$ 和 $\tilde{g}_{ti3}$ 数据的整理

利用收集到的百名初小学生专任教师数 g_{ti31}、百人均高校在校生数 g_{ti32}、电视节目综合人口覆盖率 g_{ti33}、人均公园绿地面积 g_{ti34} 等指标的统计数据，可根据 $\tilde{g}_{ti3h}$ 和 $\tilde{g}_{ti3}$ 的内涵，对 $\tilde{g}_{ti3h}$ 和 $\tilde{g}_{ti3}$ 的数据进行整理。$\tilde{g}_{ti3h}$ 和 $\tilde{g}_{ti3}$ 数据整理公式为：

$$\tilde{g}_{ti3h} = \frac{g_{ti3h}}{g_{0113h}} \tag{5-35}$$

$$\tilde{g}_{ti3} = (\tilde{g}_{ti31}\tilde{g}_{ti32}\tilde{g}_{ti33}\tilde{g}_{ti34})^{1/4} \tag{5-36}$$

这样，将所收集的我国全国和 30 个省份各类居民的百名初小学生专任教师数 g_{ti31}、百人均高校在校生数 g_{ti32}、电视节目综合人口覆盖率 g_{ti33}、人均公园绿地面积 g_{ti34} 等指标的统计数据，代入式（5-35），可整理出我国全国和 30 个省份各类居民相对于他人的文教娱乐活动各种公共服务享用量 $\tilde{g}_{ti3h}$，将 $\tilde{g}_{ti3h}$ 代入到式（5-36）可进一步测算出我国全国和 30 个省份各类居民相对于他人的文教娱乐活动公共服务享用量 $\tilde{g}_{ti3}$。

例如，利用表 5-32、表 5-33 中的相关统计数据和式（5-35）、式（5-36），所整理出的北京市各类居民相对于他人的文教娱乐活动各种公共服务享用量 $\tilde{g}_{ti3h}$ 和相对于他人的文教娱乐活动公共服务享用量 $\tilde{g}_{ti3}$ 统计数据，如表 5-34 所示。

（四）$\hat{g}_{ti3h}$、$\hat{g}_{ti3}$ 数据的整理

利用所收集的百名初小学生专任教师数 g_{ti31}、百人均高校在校生数 g_{ti32}、电视节目综合人口覆盖率 g_{ti33}、人均公园绿地面积 g_{ti34} 等指标的统计数据，以及模型构建过程中对 $\hat{g}_{ti3h}$ 和 $\hat{g}_{ti3}$ 的定义，可对 $\hat{g}_{ti3h}$ 和 $\hat{g}_{ti3}$ 的数据进行整理，$\hat{g}_{ti3h}$ 和 $\hat{g}_{ti3}$ 的整理公式为：

$$\hat{g}_{ti3h} = \frac{g_{ti3h}}{\sqrt{g_{0113h}g_{1i3h}}} \tag{5-37}$$

表 5-34　北京市各类居民相对于他人的文教娱乐活动各种公共服务享用量

项目 年份	全体居民 $\bar{g}_{i131}$	$\bar{g}_{i132}$	$\bar{g}_{i133}$	$\bar{g}_{i134}$	$\bar{g}_{i13}$	$\bar{g}_{i231}$	城镇居民 $\bar{g}_{i232}$	$\bar{g}_{i233}$	$\bar{g}_{i234}$	$\bar{g}_{i23}$	农村居民 $\bar{g}_{i331}$	$\bar{g}_{i332}$	$\bar{g}_{i333}$	$\bar{g}_{i334}$	$\bar{g}_{i33}$
2013	1.1952	2.2618	1.0154	2.2850	1.5825	1.1453	2.2618	1.0154	2.6360	1.6227	1.5087	2.2618	1.0154	0.0759	0.7160
2014	1.1989	2.2452	1.0154	2.3261	1.5879	1.1504	2.2452	1.0154	2.6841	1.6289	1.5057	2.2452	1.0154	0.0638	0.6841
2015	1.2284	2.1580	1.0154	2.3643	1.5883	1.1806	2.1580	1.0154	2.6869	1.6237	1.5349	2.1580	1.0154	0.2966	0.9994
2016	1.2707	2.0794	1.0154	2.3595	1.5862	1.2147	2.0794	1.0154	2.6759	1.6185	1.6302	2.0794	1.0154	0.3293	1.0319
2017	1.3165	2.1919	1.0154	2.3822	1.6254	1.2530	2.1919	1.0154	2.6761	1.6528	1.7230	2.1919	1.0154	0.4983	1.1758
2018	1.3095	2.1787	1.0154	2.3910	1.6223	1.2437	2.1787	1.0154	2.6904	1.6494	1.7311	2.1787	1.0154	0.4742	1.1609
2019	1.2998	2.2002	1.0154	2.3979	1.6244	1.2290	2.2002	1.0154	2.6837	1.6476	1.7567	2.2002	1.0154	0.5535	1.2140
2020	1.2536	2.2304	1.0154	2.4337	1.6213	1.1901	2.2304	1.0154	2.7110	1.6441	1.6995	2.2304	1.0154	0.4863	1.1696
2021	1.2544	2.1971	1.0154	2.4535	1.6187	1.1923	2.1971	1.0154	2.6986	1.6368	1.6904	2.1971	1.0154	0.7328	1.2893

$$\hat{g}_{ti3} = (\hat{g}_{ti31}\hat{g}_{ti32}\hat{g}_{ti33}\hat{g}_{ti34})^{1/4} \tag{5-38}$$

这样，将所收集的我国全国和 30 个省份各类居民的百名初小学生专任教师数 g_{ti31}、百人均高校在校生数 g_{ti32}、电视节目综合人口覆盖率 g_{ti33}、人均公园绿地面积 g_{ti34} 等指标的统计数据，代入式（5-37），可整理出我国全国和 30 个省份各类居民相对于他人和过去的文教娱乐活动各种公共服务享用量 $\hat{g}_{ti3h}$，将 $\hat{g}_{ti3h}$ 代入式（5-38）可进一步测算出我国全国和 30 个省份各类居民相对于他人和过去的文教娱乐活动公共服务享用量 $\hat{g}_{ti3}$。

例如，利用表 5-32、表 5-33 中的统计数据和式（5-37）、式（5-38），可对北京市各类居民相对于他人和过去的文教娱乐活动各种公共服务享用量 $\hat{g}_{ti3h}$ 和相对于他人和过去的文教娱乐活动公共服务享用量 $\hat{g}_{ti3}$ 的统计数据进行整理，如表 5-35 所示。

四 医疗保健活动公共服务居民福利统计评估指标体系的设计与数据的收集与整理

（一）医疗保健活动公共服务居民福利统计评估指标体系的设计

在居民福利统计评估模型体系中，所涉及的与医疗保健活动相关的公共服务享用量变量主要有 $\tilde{g}_{ti4h}$、$\tilde{g}_{ti4}$、$\hat{g}_{ti4h}$、$\hat{g}_{ti4}$ 等。其中，$\tilde{g}_{ti4h}$ 是 t 期第 i 类居民相对于他人的医疗保健活动第 h 种公共服务的享用量，为 t 期第 i 类居民医疗保健活动第 h 种公共服务享用量 g_{ti4h}，与基期全国全体居民医疗保健活动第 h 种公共服务享用量 g_{0114h} 的比值；$\tilde{g}_{ti4}$ 是 t 期第 i 类居民相对于他人的医疗保健活动公共服务的享用量，为 t 期第 i 类居民相对于他人的医疗保健活动各种公共服务享用量 $\tilde{g}_{ti4h}$ 的几何平均数；$\hat{g}_{ti4h}$ 是 t 期第 i 类居民相对于他人和过去的医疗保健活动第 h 种公共服务的享用量，为 t 期第 i 类居民医疗保健活动第 h 种公共服务享用量 g_{ti4h}，与基期全国全体居民医疗保健活动第 h 种公共服务享用量 g_{0114h} 和基期第 i 类居民医疗保健活动第 h 种公共服务享用量 g_{1i4h} 几何平均数 $\sqrt{g_{0114h}g_{1i4h}}$ 的比值；$\hat{g}_{ti4}$ 为 t 期第 i 类居民相对于他人和过去的医疗保健活动公共服务的享用量，为 t 期第 i 类居民相对于他人和过去的医疗保健活动各种公共服务享用量 $\hat{g}_{ti4h}$ 的几何平均数。从而，$\tilde{g}_{ti4h}$、$\tilde{g}_{ti4}$、$\hat{g}_{ti4h}$、$\hat{g}_{ti4}$ 等变量数据的获取，必须先获得变量 g_{ti4h} 的统计数据，居民医疗保健活动各种公共服务享用量 g_{ti4h}，也就成为医疗保健活动公共服务居民福利统计评估指标体系的基础统计指标。

而从居民福利的形成机制来看，居民医疗保健活动各种公共服务享用量，决定于居民医疗保健活动中所涉及的各种医疗保健公共服务。这些医疗保健公共服务主要涉及各级医院的医疗设施、医护人员数以及医疗保健水平，为此，从数据可获得性出发，可将居民医疗保健活动各种公共服务享用指标，设计为每千人口卫生技术人员数、每千人口医疗机构床位数和7岁以下儿童保健管理率。并可据此来设计医疗保健活动公共服务居民福利统计评估指标体系，如表5-36所示。

（二）医疗保健活动公共服务居民福利评估基础统计指标数据的收集

每千人口卫生技术人员数 g_{ti41}、每千人口医疗机构床位数 g_{ti42}、7岁以下儿童保健管理率 g_{ti43} 等指标的数据来源，是《中国卫生健康统计年鉴》中的各地区分城市和农村的每千人口卫生技术人员数、每千人口医疗机构床位数和不分城乡的7岁以下儿童保健管理率等指标数据。

在由《中国卫生健康统计年鉴》获得上述统计数据后，我们将城市的每千人口卫生技术人员数、每千人口医疗机构床位数，定义为城镇居民每千人口卫生技术人员数、每千人口医疗机构床位数；将农村的每千人口卫生技术人员数、每千人口医疗机构床位数，定义为农村居民每千人口卫生技术人员数、每千人口医疗机构床位数；在此基础上，再以城乡人口比重为权重数，求取城镇居民和农村居民的每千人口卫生技术人员数、每千人口医疗机构床位数的加权平均数，并将其定义为了全体居民每千人口卫生技术人员数、每千人口医疗机构床位数。因7岁以下儿童保健管理率不区分城乡，选用该指标的目的在于反映各省份居民的医疗保健服务的差距，所以，各类居民该指标的数据相同。

据此，可由《中国卫生健康统计年鉴》收集到我国全国和30个省份各类居民的每千人口卫生技术人员数、每千人口医疗机构床位数、7岁以下儿童保健管理率等指标的统计数据。其中，所收集的我国全国和北京市各类居民医疗保健活动各种公共服务享用量指标数据，如表5-37、表5-38所示。

需要说明的是，在上述指标数据的搜集与整理的过程中，因北京市和上海市各年、天津市多数年份没有区分城乡，所以，北京市、上海市和天津市各年所缺的城镇居民和农村居民上述指标数据，均采用全体居民的数据。

表 5-35　北京市各类居民相对于他人和过去的文教娱乐活动各种公共服务享用量

项目 年份	全体居民 $\hat{g}_{i131}$	$\hat{g}_{i132}$	$\hat{g}_{i133}$	$\hat{g}_{i134}$	$\hat{g}_{i113}$	城镇居民 $\hat{g}_{i231}$	$\hat{g}_{i232}$	$\hat{g}_{i233}$	$\hat{g}_{i234}$	$\hat{g}_{i123}$	农村居民 $\hat{g}_{i331}$	$\hat{g}_{i332}$	$\hat{g}_{i333}$	$\hat{g}_{i334}$	$\hat{g}_{i133}$
2013	1.0932	1.5039	1.0077	1.5116	1.2580	1.0702	1.5039	1.0077	1.6236	1.2739	1.2283	1.5039	1.0077	0.2754	0.8462
2014	1.0967	1.4929	1.0077	1.5389	1.2623	1.0749	1.4929	1.0077	1.6532	1.2787	1.2259	1.4929	1.0077	0.2316	0.8084
2015	1.1237	1.4349	1.0077	1.5641	1.2626	1.1032	1.4349	1.0077	1.6549	1.2746	1.2496	1.4349	1.0077	1.0767	1.1810
2016	1.1623	1.3827	1.0077	1.5609	1.2609	1.1350	1.3827	1.0077	1.6481	1.2706	1.3272	1.3827	1.0077	1.1957	1.2194
2017	1.2042	1.4575	1.0077	1.5759	1.2921	1.1708	1.4575	1.0077	1.6483	1.2975	1.4028	1.4575	1.0077	1.8092	1.3895
2018	1.1978	1.4487	1.0077	1.5817	1.2896	1.1621	1.4487	1.0077	1.6571	1.2948	1.4094	1.4487	1.0077	1.7215	1.3719
2019	1.1890	1.4630	1.0077	1.5863	1.2913	1.1484	1.4630	1.0077	1.6530	1.2934	1.4302	1.4630	1.0077	2.0095	1.4347
2020	1.1467	1.4830	1.0077	1.6100	1.2888	1.1121	1.4830	1.0077	1.6698	1.2907	1.3836	1.4830	1.0077	1.7654	1.3822
2021	1.1474	1.4609	1.0077	1.6231	1.2868	1.1141	1.4609	1.0077	1.6622	1.2849	1.3762	1.4609	1.0077	2.6605	1.5237

表 5-36　　医疗保健活动公共服务居民福利统计评估指标体系

指标模块	模型变量	基础统计指标
医疗保健活动公共服务享用量	$\bar{g}_{ti4h}$、$\bar{g}_{ti4}$	g_{ti41}、g_{ti42}、g_{ti43}
	$\hat{g}_{ti4h}$、$\hat{g}_{ti4}$	g_{ti41}、g_{ti42}、g_{ti43}

表 5-37　　全国各类居民医疗保健活动各种公共服务享用量

年份\项目	全体居民 g_{t141}（人）	g_{t142}（张）	g_{t143}（%）	城镇居民 g_{t241}（人）	g_{t242}（张）	g_{t243}（%）	农村居民 g_{t341}（人）	g_{t342}（张）	g_{t343}（%）
2013	6.62	5.50	90.70	9.18	7.36	90.70	3.64	3.35	90.70
2014	7.02	5.90	91.30	9.70	7.84	91.30	3.77	3.54	91.30
2015	7.43	6.27	92.10	10.20	8.27	92.10	3.90	3.71	92.10
2016	7.71	6.49	92.40	10.40	8.41	92.40	4.10	3.91	92.40
2017	8.16	6.86	92.60	10.90	8.75	92.60	4.30	4.19	92.60
2018	8.35	7.03	92.70	10.90	8.70	92.70	4.60	4.56	92.70
2019	8.70	7.22	93.60	11.10	8.78	93.60	5.00	4.81	93.60
2020	9.19	7.41	94.30	11.46	8.81	94.30	5.18	4.95	94.30
2021	8.60	6.95	94.60	9.87	7.47	94.60	6.27	6.01	94.60

资料来源：2014—2022 年《中国卫生健康统计年鉴》。

表 5-38　　北京市各类居民医疗保健活动各种公共服务享用量

年份\项目	全体居民 g_{t141}（人）	g_{t142}（张）	g_{t143}（%）	城镇居民 g_{t241}（人）	g_{t242}（张）	g_{t243}（%）	农村居民 g_{t341}（人）	g_{t342}（张）	g_{t343}（%）
2013	9.63	4.92	98.80	9.63	4.92	98.80	9.63	4.92	98.80
2014	9.91	5.10	98.20	9.91	5.10	98.20	9.91	5.10	98.20
2015	10.40	5.14	98.50	10.40	5.14	98.50	10.40	5.14	98.50
2016	10.80	5.39	98.90	10.80	5.39	98.90	10.80	5.39	98.90
2017	11.30	5.56	99.10	11.30	5.56	99.10	11.30	5.56	99.10
2018	11.90	5.74	98.90	11.90	5.74	98.90	11.90	5.74	98.90
2019	12.60	5.93	99.00	12.60	5.93	99.00	12.60	5.93	99.00
2020	12.61	5.80	98.40	12.61	5.80	98.40	12.61	5.80	98.40
2021	13.20	5.95	99.10	13.20	5.95	99.10	13.20	5.95	99.10

资料来源：2014—2022 年《中国卫生健康统计年鉴》。

(三) $\tilde{g}_{ti4h}$ 和 $\tilde{g}_{ti4}$ 数据的整理

利用收集的各类居民的每千人口卫生技术人员数 g_{ti41}、每千人口医疗机构床位数 g_{ti42}、7岁以下儿童保健管理率 g_{ti43} 等指标的统计数据，依据模型构建过程中对 $\tilde{g}_{ti4h}$ 和 $\tilde{g}_{ti4}$ 的定义，可对 $\tilde{g}_{ti4h}$ 和 $\tilde{g}_{ti4}$ 的统计数据进行整理。$\tilde{g}_{ti4h}$ 和 $\tilde{g}_{ti4}$ 的整理公式为：

$$\tilde{g}_{ti4h} = \frac{g_{ti4h}}{g_{0114h}} \tag{5-39}$$

$$\tilde{g}_{ti4} = (\tilde{g}_{ti41}\tilde{g}_{ti42}\tilde{g}_{ti43})^{1/3} \tag{5-40}$$

这样，将收集到的我国全国和30个省份各类居民的每千人口卫生技术人员数 g_{ti41}、每千人口医疗机构床位数 g_{ti42}、7岁以下儿童保健管理率 g_{ti43} 等指标的统计数据，代入式（5-39），可整理出我国全国和30个省份各类居民相对于他人的医疗保健活动各种公共服务享用量 $\tilde{g}_{ti4h}$，将 $\tilde{g}_{ti4h}$ 代入式（5-40）可整理出我国全国和30个省份各类居民相对于他人的医疗保健活动公共服务享用量 $\tilde{g}_{ti4}$。

例如，利用表5-37、表5-38中的统计数据和式（5-39）、式（5-40），可整理出北京市各类居民相对于他人的各种医疗保健活动公共服务享用量 $\tilde{g}_{ti4h}$ 和 $\tilde{g}_{ti4}$ 的统计数据，如表5-39所示。

表5-39 北京市各类居民相对于他人的医疗保健活动各种公共服务享用量

项目 年份	全体居民				城镇居民				农村居民			
	$\tilde{g}_{t141}$	$\tilde{g}_{t142}$	$\tilde{g}_{t143}$	$\tilde{g}_{t14}$	$\tilde{g}_{t241}$	$\tilde{g}_{t242}$	$\tilde{g}_{t243}$	$\tilde{g}_{t24}$	$\tilde{g}_{t341}$	$\tilde{g}_{t342}$	$\tilde{g}_{t343}$	$\tilde{g}_{t34}$
2013	1.456	0.894	1.089	1.123	1.456	0.894	1.089	1.123	1.456	0.894	1.089	1.123
2014	1.498	0.927	1.083	1.145	1.498	0.927	1.083	1.145	1.498	0.927	1.083	1.145
2015	1.572	0.934	1.086	1.168	1.572	0.934	1.086	1.168	1.572	0.934	1.086	1.168
2016	1.632	0.979	1.090	1.203	1.632	0.979	1.090	1.203	1.632	0.979	1.090	1.203
2017	1.708	1.010	1.093	1.235	1.708	1.010	1.093	1.235	1.708	1.010	1.093	1.235
2018	1.799	1.043	1.090	1.269	1.799	1.043	1.090	1.269	1.799	1.043	1.090	1.269
2019	1.904	1.077	1.092	1.308	1.904	1.077	1.092	1.308	1.904	1.077	1.092	1.308
2020	1.906	1.054	1.085	1.296	1.906	1.054	1.085	1.296	1.906	1.054	1.085	1.296
2021	1.995	1.081	1.093	1.331	1.995	1.081	1.093	1.331	1.995	1.081	1.093	1.331

(四) $\hat{g}_{ti4h}$ 和 $\hat{g}_{ti4}$ 指标数据的整理

利用收集的各类居民的每千人口卫生技术人员数 g_{ti41}、每千人口医疗机构床位数 g_{ti42}、7 岁以下儿童保健管理率 g_{ti43} 等指标的统计数据,可根据居民福利统计评估模型体系对 $\hat{g}_{ti4h}$ 和 $\hat{g}_{ti4}$ 的定义,来整理 $\hat{g}_{ti4h}$ 和 $\hat{g}_{ti4}$ 的统计数据。$\hat{g}_{ti4h}$ 和 $\hat{g}_{ti4}$ 统计数据的整理公式为:

$$\hat{g}_{ti4h} = \frac{g_{ti4h}}{\sqrt{g_{0114h}g_{1i4h}}} \tag{5-41}$$

$$\hat{g}_{ti4} = (\hat{g}_{ti41}\hat{g}_{ti42}\hat{g}_{ti43})^{1/3} \tag{5-42}$$

据此,将所收集的我国全国和 30 个省份各类居民的每千人口卫生技术人员数 g_{ti41}、每千人口医疗机构床位数 g_{ti42}、7 岁以下儿童保健管理率 g_{ti43} 等指标的统计数据,代入式(5-41),可整理出我国全国和 30 个省份各类居民相对于他人和过去的医疗保健活动各种公共服务享用量 $\hat{g}_{ti4h}$,将 $\hat{g}_{ti4h}$ 代入到式(5-42),可整理出我国全国和 30 个省份各类居民相对于他人和过去的医疗保健活动公共服务享用量 $\hat{g}_{ti4}$。

例如,利用表 5-37、表 5-38 中的统计数据和式(5-41)、式(5-42),可整理出北京市各类居民相对于他人和过去的各种医疗保健活动公共服务享用量 $\hat{g}_{ti4h}$ 和 $\hat{g}_{ti4}$ 的统计数据,见表 5-40 所示。

表 5-40　北京市各类居民相对于他人和过去的医疗保健活动各种公共服务享用量

年份 项目	全体居民				城镇居民				农村居民			
	$\hat{g}_{t141}$	$\hat{g}_{t142}$	$\hat{g}_{t143}$	$\hat{g}_{t14}$	$\hat{g}_{t241}$	$\hat{g}_{t242}$	$\hat{g}_{t243}$	$\hat{g}_{t24}$	$\hat{g}_{t341}$	$\hat{g}_{t342}$	$\hat{g}_{t343}$	$\hat{g}_{t34}$
2013	1.207	0.945	1.044	1.060	1.207	0.945	1.044	1.060	1.207	0.945	1.044	1.060
2014	1.241	0.980	1.037	1.081	1.241	0.980	1.037	1.081	1.241	0.980	1.037	1.081
2015	1.303	0.988	1.041	1.102	1.303	0.988	1.041	1.102	1.303	0.988	1.041	1.102
2016	1.353	1.036	1.045	1.135	1.353	1.036	1.045	1.135	1.353	1.036	1.045	1.135
2017	1.415	1.068	1.047	1.165	1.415	1.068	1.047	1.165	1.415	1.068	1.047	1.165
2018	1.490	1.103	1.045	1.198	1.490	1.103	1.045	1.198	1.490	1.103	1.045	1.198
2019	1.578	1.139	1.046	1.234	1.578	1.139	1.046	1.234	1.578	1.139	1.046	1.234
2020	1.579	1.115	1.039	1.223	1.579	1.115	1.039	1.223	1.579	1.115	1.039	1.223
2021	1.653	1.143	1.047	1.255	1.653	1.143	1.047	1.255	1.653	1.143	1.047	1.255

五 生活保障活动公共服务居民福利统计评估指标体系的设计与数据的收集与整理

(一) 生活保障活动公共服务居民福利统计评估指标体系的设计

在居民福利统计评估模型体系中，与居民生活保障活动公共服务相关的模型变量主要有 $\tilde{g}_{tisz}$、$\tilde{g}_{tis}$、$\hat{g}_{tisz}$、$\hat{g}_{tis}$ 等。其中，$\tilde{g}_{tisz}$ 是 t 期第 i 类居民相对于他人的生活保障活动第 z 种公共服务享用量，为 t 期第 i 类居民生活保障活动第 z 种公共服务享用量 g_{tisz}，与基期全国全体居民生活保障活动第 z 种公共服务享用量 g_{011sz} 的比值；$\tilde{g}_{tis}$ 是 t 期第 i 类居民相对于他人的生活保障活动公共服务享用量，为 t 期第 i 类居民相对于他人的生活保障活动各种公共服务享用量 $\tilde{g}_{tisz}$ 的几何平均数；$\hat{g}_{tisz}$ 是 t 期第 i 类居民相对于他人和过去的生活保障活动第 z 种公共服务享用量，为 t 期第 i 类居民生活保障活动第 z 种公共服务享用量 g_{tisz}，与基期全国全体居民生活保障活动第 z 种公共服务享用量 g_{011sz} 和基期的第 i 类居民生活保障活动第 z 种公共服务享用量 g_{1isz} 几何平均数 $\sqrt{g_{011sz}g_{1isz}}$ 的比值；$\hat{g}_{tis}$ 是 t 期第 i 类居民相对于他人和过去的生活保障活动公共服务享用量，为 t 期第 i 类居民相对于他人和过去的生活保障活动各种公共服务享用量 $\hat{g}_{tisz}$ 的几何平均数。从而，$\tilde{g}_{tisz}$、$\tilde{g}_{tis}$、$\hat{g}_{tisz}$、$\hat{g}_{tis}$ 等变量统计数据的获取，需先获得居民生活保障活动各种公共服务享用量 g_{tisz}，居民生活保障活动各种公共服务享用量 g_{tisz}，也就构成了生活保障活动公共服务居民福利统计评估指标体系的基础统计指标。

从我国社会保障制度来看，居民生活保障活动各种公共服务的享用情况，可从社会保险、社会救助、社会优抚以及社会福利的参与情况、货币或实物的获得情况来考察，并可依据数据可获得性、地区差异和城乡差异相兼顾的原则，将其概括为基本养老保险基金人均支出、基本医疗保险基金人均支出以及最低生活保障平均标准三个指标。这样，就可将基本养老保险基金人均支出、基本医疗保险基金人均支出以及最低生活保障平均标准三个指标，设定为生活保障活动公共服务居民福利评估基础统计指标，并可在此基础上来设计生活保障活动公共服务居民福利统计评估指标体系，如表 5-41 所示。

第五章　居民福利统计评估指标体系的设计与相关数据的收集与整理 / 145

表 5-41　　生活保障活动公共服务居民福利统计评估指标体系

指标模块	模型变量	基础统计指标
生活保障活动公共服务享用量	$\bar{g}_{tisz}$、$\bar{g}_{tis}$	g_{tis1}、g_{tis2}、g_{tis3}
	$\hat{g}_{tisz}$、$\hat{g}_{tis}$	g_{tis1}、g_{tis2}、g_{tis3}

（二）生活保障活动公共服务居民福利评估基础统计指标数据的收集

我国各省份基本养老保险基金人均支出 g_{tis1}、基本医疗保险基金人均支出 g_{tis2} 以及最低生活保障平均标准 g_{tis3} 等指标的数据来源是《中国社会统计年鉴》，数据不全时，可用《中国统计年鉴》中的相关数据来补齐。各省份全体居民、城镇居民、农村居民的基本养老保险基金人均支出、基本医疗保险基金人均支出以及最低生活保障平均标准等指标的统计数据，可按下列方法进行收集。

1. 各类居民基本养老保险基金人均支出统计数据的收集方法

居民基本养老保险基金人均支出，是指按照实际领取待遇的人数平均的基本养老保险基金支出。据此，从理论上来讲，城镇居民基本养老保险基金人均支出，应为城镇居民基本养老保险基金支出与城镇居民领取待遇的人数的比值；农村居民基本养老保险基金人均支出，应为农村居民基本养老保险基金支出与农村居民领取待遇的人数的比值。但在现实中，目前我国的基本养老保险基金并不是按照城镇居民和农村居民来设置的，而是按城镇职工和城乡居民来设置的，且在《中国社会统计年鉴》所设置的城乡居民基本养老保险基金的参保人数中，虽然按城镇居民和农村居民进行了分类，但实际领取待遇人数并没有按城镇居民和农村居民来划分。所以，按照目前《中国社会统计年鉴》中基本养老保险基金统计指标的设置情况，是难以准确地测算出城镇居民和农村居民基本养老保险基金人均支出数据的。在此背景下，鉴于我国城乡居民基本养老保险基金的参保人数中，农村居民参保人数占到了 95% 以上，可近似地将城乡居民基本养老保险基金人均支出，即城乡居民基本养老保险基金支出与实际领取待遇人数的比值，定义为农村居民基本养老保险基金人均支出；将城镇职工基本养老保险基金人均支出，即城镇职工基本养老保险基金支出与离退休人员数的比值，定义为城镇居民基本养老保险基金人均支出。这样，虽然会夸大一些城镇居民和农村居民在基本养老保险待遇上的差异，但这也是根据目前可获得的数据，来测度城镇居民和农村居民基本养老保险基金人均支出数据的比较贴近实际的办法。

这样，按照上述办法收集整理出城镇居民和农村居民基本养老保险基金人均支出数据之后，可再以城乡人口比重为权数，通过对两者的加权平均，来求取全体居民的基本养老保险基金人均支出指标数据。

2. 各类居民基本医疗保险基金人均支出统计数据的收集方法

与各类居民基本养老保险基金人均支出指标数据的收集与整理类似，虽然各类居民基本医疗保险基金人均支出，应为各类居民基本医疗保险基金支出与各类居民参保人数的比值，但在现实中，我国的基本医疗保险基金，不是按照城镇居民和农村居民来设置，而是按职工和城乡居民来设置的，且在《中国社会统计年鉴》所公布的城乡居民基本医疗保险参保人数中，并没有按照城镇居民和农村居民来分类。因此，只能参照各类居民基本养老保险基金人均支出统计数据收集与整理的办法，将城镇居民基本医疗保险基金人均支出，定义为职工基本医疗保险基金支出与职工参保人数的比值；将农村居民基本医疗保险基金人均支出，定义为城乡居民基本医疗保险基金支出与城乡居民参保人数的比值。需要说明的是，我国在 2016 年以前，农村实施的是新型农村合作医疗（新农合）制度，城镇实施的是城镇基本医疗保险制度，根据国务院 2016 年 1 月 12 日发布《国务院关于整合城乡居民基本医疗保险制度的意见》（国发〔2016〕3 号）的文件要求，我国自 2017 年起将新型农村合作医疗制度和城镇居民基本医疗保险制度整合为城乡居民基本医疗保险制度。根据我国城乡居民基本医疗保险制度的这种变革，《中国社会统计年鉴》也自 2018 年起开始发布 2017 年以来的城乡居民基本医疗保险统计数据，而在 2017 年以前所公布的则是 2016 年之前各年的城镇居民基本医疗保险数据。因新农合数据与城镇居民基本医疗保险数据不匹配，为了数据体系的相对一致性，我们在城乡居民基本医疗保险数据的收集过程中，2016年之前各年的数据，沿用了城镇居民基本医疗保险数据。

如此，按照上述方法，可收集整理出城镇居民和农村居民基本养老保险基金人均支出统计数据，并可以城乡居民人口比重为权数，通过对二者的加权平均，来求取全体居民基本医疗保险基金人均支出统计数据。

3. 各类居民最低生活保障平均标准指标数据的收集方法

在历年的《中国社会统计年鉴》中，均设有分地区城市最低生活保障平均标准和分地区农村最低生活保障平均标准。这样，在将城市最低生活保障平均标准定义为城镇居民最低生活保障平均标准、农村最低生活保障平均标准定义为农村居民最低生活保障平均标准的基础上，可由历年的《中国社会统计年鉴》，获得城镇居民和农村居民的最低生活保障平均标准指标的统计数据，并可以城乡居民人口比重为权重数，通过对两者的加权平均，来求得全体居民最低生活保障平均标准指标的统计数据。

按照上述方法，可收集到2013—2021年我国30个省份各类居民的基本养老保险基金人均支出、基本医疗保险基金人均支出以及最低生活保障平均标准等指标的统计数据。其中，所收集的我国全国和30北京市各类居民上述指标的统计数据，如表5-42、表5-43所示。

表 5-42　　全国各类居民生活保障活动各种公共服务享用量

年份 \ 项目	全体居民 g_{t1s1}（元）	全体居民 g_{t1s2}（元）	全体居民 g_{t1s3}（元/人）	城镇居民 g_{t2s1}（元）	城镇居民 g_{t2s2}（元）	城镇居民 g_{t2s3}（元/人）	农村居民 g_{t3s1}（元）	农村居民 g_{t3s2}（元）	农村居民 g_{t3s3}（元/人）
2013	12783.6	1293.1	3533.0	22970.3	2124.4	4479.6	954.7	327.7	2433.9
2014	14347.5	1502.9	3953.8	25315.6	2366.6	4926.0	1065.8	456.9	2776.6
2015	16468.0	1669.7	4431.8	28235.6	2606.7	5413.2	1430.2	472.5	3177.6
2016	18681.7	1845.1	5000.6	31527.8	2806.9	5935.2	1408.3	552.9	3744.0
2017	20826.9	2062.3	5580.2	34511.6	3122.1	6487.2	1520.8	567.2	4300.7
2018	23285.1	2293.2	6098.3	37842.0	3379.5	6956.4	1827.6	692.4	4833.4
2019	24998.7	2682.2	6639.9	39989.0	3908.0	7488.0	1942.6	796.7	5335.5
2020	26416.8	2674.4	7346.9	40197.6	3734.4	8131.2	2088.0	803.1	5962.3
2021	28592.4	3019.8	7769.6	42928.9	4163.5	8536.8	2291.3	921.7	6362.2

资料来源：2014—2022年《中国社会统计年鉴》《中国统计年鉴》。

表 5-43　　北京市各类居民生活保障活动各种公共服务享用量

年份 \ 项目	全体居民 g_{t1s1}（元）	全体居民 g_{t1s2}（元）	全体居民 g_{t1s3}（元/人）	城镇居民 g_{t2s1}（元）	城镇居民 g_{t2s2}（元）	城镇居民 g_{t2s3}（元/人）	农村居民 g_{t3s1}（元）	农村居民 g_{t3s2}（元）	农村居民 g_{t3s3}（元/人）
2013	29562.3	3922.6	6863.8	33400.0	4416.9	6960.0	5411.4	812.0	6258.5
2014	32560.7	4022.6	7771.0	36771.5	4530.1	7800.0	5949.7	815.0	7587.7

续表

年份	项目	全体居民 g_{t1s1}（元）	g_{t1s2}（元）	g_{t1s3}（元/人）	城镇居民 g_{t2s1}（元）	g_{t2s2}（元）	g_{t2s3}（元/人）	农村居民 g_{t3s1}（元）	g_{t3s2}（元）	g_{t3s3}（元/人）
2015		36190.4	4325.9	8520.0	40790.0	4875.0	8520.0	6708.9	806.6	8520.0
2016		46951.9	4547.2	9600.0	53718.2	5117.3	9600.0	3536.3	889.1	9600.0
2017		43190.1	5097.8	10800.0	49251.1	5722.7	10800.0	4341.8	1093.0	10800.0
2018		45487.4	5532.9	12000.0	51761.5	5983.8	12000.0	5320.6	2646.5	12000.0
2019		49458.0	6271.4	13200.0	56123.6	6936.1	13200.0	6442.7	1982.0	13200.0
2020		55774.6	6113.4	14040.0	62726.4	6700.7	14040.0	6958.9	1991.0	14040.0
2021		58353.6	8335.9	14490.0	65040.8	9144.0	14490.0	11420.7	2664.7	14490.0

资料来源：2014—2022 年《中国社会统计年鉴》、《中国统计年鉴》。

（三）$\tilde{g}_{tisz}$ 和 $\tilde{g}_{tis}$ 数据的整理

利用所搜集的居民基本养老保险基金人均支出 g_{tis1}、基本医疗保险基金人均支出 g_{tis2} 以及最低生活保障平均标准 g_{tis3} 等指标的统计数据，依据居民福利统计评估模型体系对 $\tilde{g}_{tisz}$ 和 $\tilde{g}_{tis}$ 的定义，可对 $\tilde{g}_{tisz}$ 和 $\tilde{g}_{tis}$ 的统计数据进行整理。$\tilde{g}_{tisz}$ 和 $\tilde{g}_{tis}$ 统计数据的整理公式为：

$$\tilde{g}_{tisz} = \frac{g_{tisz}}{g_{011sz}} \tag{5-43}$$

$$\tilde{g}_{tis} = (\tilde{g}_{tis1}\tilde{g}_{tis2}\tilde{g}_{tis3})^{1/3} \tag{5-44}$$

据此，将所收集的我国全国和 30 个省份各类居民基本养老保险基金人均支出 g_{tis1}、基本医疗保险基金人均支出 g_{tis2} 以及最低生活保障平均标准 g_{tis3} 等指标的统计数据，带入式（5-43），可整理出我国全国和 30 个省份各类居民相对于他人的生活保障活动各种公共服务享用量 $\tilde{g}_{tisz}$，将 $\tilde{g}_{tis}$ 带入式（5-44）和整理出我国全国和 30 个省份各类居民相对于他人的生活保障公共服务享用量 $\tilde{g}_{tis}$。

例如，利用表 5-42、表 5-43 中的统计数据和式（5-43）、式（5-44），可整理出北京市各类居民相对于他人的生活保障活动各种公共服务享用量，如表 5-44 所示。

第五章 居民福利统计评估指标体系的设计与相关数据的收集与整理 / 149

表 5-44 北京市各类居民相对于他人的生活保障活动公共服务享用量

年份\项目	全体居民 $\tilde{g}_{t1s1}$	$\tilde{g}_{t1s2}$	$\tilde{g}_{t1s3}$	$\tilde{g}_{t1s}$	城镇居民 $\tilde{g}_{t2s1}$	$\tilde{g}_{t2s2}$	$\tilde{g}_{t2s3}$	$\tilde{g}_{t2s}$	农村居民 $\tilde{g}_{t3s1}$	$\tilde{g}_{t3s2}$	$\tilde{g}_{t3s3}$	$\tilde{g}_{t3s}$
2013	2.313	3.034	1.943	2.389	2.613	3.416	1.970	2.600	0.423	0.628	1.771	0.778
2014	2.547	3.111	2.200	2.593	2.876	3.503	2.208	2.813	0.465	0.630	2.148	0.857
2015	2.831	3.345	2.412	2.837	3.191	3.770	2.412	3.073	0.525	0.624	2.412	0.924
2016	3.673	3.517	2.717	3.274	4.202	3.958	2.717	3.562	0.277	0.688	2.717	0.803
2017	3.379	3.942	3.057	3.440	3.853	4.426	3.057	3.735	0.340	0.845	3.057	0.957
2018	3.558	4.279	3.397	3.726	4.049	4.628	3.397	3.993	0.416	2.047	3.397	1.425
2019	3.869	4.850	3.736	4.123	4.390	5.364	3.736	4.448	0.504	1.533	3.736	1.424
2020	4.363	4.728	3.974	4.344	4.907	5.182	3.974	4.658	0.544	1.540	3.974	1.493
2021	4.565	6.447	4.101	4.942	5.088	7.072	4.101	5.284	0.893	2.061	4.101	1.962

（四）$\hat{g}_{tisz}$ 和 $\hat{g}_{tis}$ 数据的整理

利用收集到的居民基本养老保险基金人均支出 g_{tis1}、基本医疗保险基金人均支出 g_{tis2} 以及最低生活保障平均标准 g_{tis3} 等指标的统计数据，依据居民福利统计评估模型体系对 $\hat{g}_{tisz}$、$\hat{g}_{tis}$ 的定义，可对 $\hat{g}_{tisz}$ 和 $\hat{g}_{tis}$ 的统计数据进行整理。$\hat{g}_{tisz}$ 和 $\hat{g}_{tis}$ 统计数据的整理公式为：

$$\hat{g}_{tisz} = \frac{g_{tisz}}{\sqrt{g_{011sz}g_{1isz}}} \tag{5-45}$$

$$\hat{g}_{tis} = (\hat{g}_{tis1}\hat{g}_{tis2}\hat{g}_{tis3})^{1/3} \tag{5-46}$$

据此，将所收集的我国全国和 30 个省份各类居民基本养老保险基金人均支出 g_{tis1}、基本医疗保险基金人均支出 g_{tis2} 以及最低生活保障平均标准 g_{tis3} 等指标的统计数据，代入式（5-45），可整理出我国全国和 30 个省份各类居民相对于他人和过去的生活保障活动各种公共服务享用量 $\hat{g}_{tisz}$，将各 $\hat{g}_{tisz}$ 代入式（5-46），可整理出我国全国和 30 个省份各类居民相对于他人和过去的生活保障活动公共服务享用量 $\hat{g}_{tis}$。

例如，利用表 5-42、表 5-43 中的相关统计数据和式（5-45）、式（5-46）整理出的北京市各类居民相对于他人和过去的生活保障活动各种公共服务享用量 $\hat{g}_{tisz}$ 和 $\hat{g}_{tis}$ 的统计数据，如表 5-45 所示。

表 5-45　北京市各类居民相对于他人和过去的生活保障活动各种公共服务享用量

项目 年份	全体居民 $\hat{g}_{t1s1}$	$\hat{g}_{t1s2}$	$\hat{g}_{t1s3}$	$\hat{g}_{t1s}$	城镇居民 $\hat{g}_{t2s1}$	$\hat{g}_{t2s2}$	$\hat{g}_{t2s3}$	$\hat{g}_{t2s}$	农村居民 $\hat{g}_{t3s1}$	$\hat{g}_{t3s2}$	$\hat{g}_{t3s3}$	$\hat{g}_{t3s}$
2013	1.521	1.742	1.394	1.546	1.616	1.848	1.404	1.613	0.651	0.792	1.331	0.882
2014	1.675	1.786	1.578	1.678	1.780	1.896	1.573	1.744	0.715	0.795	1.614	0.972
2015	1.862	1.921	1.730	1.836	1.974	2.040	1.718	1.905	0.807	0.787	1.812	1.048
2016	2.415	2.019	1.949	2.118	2.600	2.141	1.936	2.209	0.425	0.868	2.042	0.910
2017	2.222	2.264	2.193	2.226	2.384	2.395	2.178	2.316	0.522	1.067	2.297	1.085
2018	2.340	2.457	2.437	2.411	2.505	2.504	2.420	2.476	0.640	2.583	2.552	1.616
2019	2.544	2.785	2.681	2.668	2.716	2.902	2.662	2.758	0.775	1.934	2.807	1.614
2020	2.869	2.715	2.851	2.811	3.036	2.804	2.831	2.888	0.837	1.943	2.986	1.693
2021	3.002	3.701	2.942	3.198	3.148	3.826	2.922	3.277	1.373	2.601	3.081	2.224

第六章 基于获得感的中国居民福利统计评估

利用构建的基于获得感的居民福利统计评估模型体系和收集整理的相关统计数据,可对我国各省份各类居民基于获得感的福利水平进行测度、评价以及增进路径分析。限于相关统计数据的完备性,本项工作我们仅在除西藏、香港、澳门、台湾之外的其他30个省份范围内来进行。

第一节 基于获得感的中国居民福利水平的测度

利用构建的基于获得感的居民福利测度模型和收集整理的相关统计数据,可通过模型的选用、相关变量指标数据的整理、模型的运用等步骤,对我国各省份基于获得感的各类居民的福利水平进行测度。

一 模型的选用

根据我们所构建的居民福利统计评估模型体系,基于获得感的各类居民福利水平的测度,应选用基于获得感的居民福利测度模型 W_{cti},模型的基本形式为:

$$W_{cti} = \left(\frac{\tilde{\alpha}_{ti1}\tilde{g}_{ti1}}{\tilde{p}_{ti1}}\right)^{0.5\alpha_{ti1}} \left(\frac{\tilde{\alpha}_{ti2}\tilde{g}_{ti2}}{\tilde{p}_{ti2}}\right)^{0.5\alpha_{ti2}} \left(\frac{\tilde{\alpha}_{ti3}\tilde{g}_{ti3}}{\tilde{p}_{ti3}}\right)^{0.5\alpha_{ti3}} \left(\frac{\tilde{\alpha}_{ti4}\tilde{g}_{ti4}}{\tilde{p}_{ti4}}\right)^{0.5\alpha_{ti4}} \tilde{E}_{ti}^{0.5} \quad (6-1)$$

二 相关变量指标数据的再整理

式(6-1)表明,运用该模型来测度基于获得感的各类居民的福利水平,需从收集整理出的各类居民各种居民福利统计评估指标数据中,对各类居民相对于他人的人均现金消费总支出 $\tilde{E}_{ti}$、各类居民各种人均现金消费支出占人均现金消费总支出的比重 α_{tij}、各类居民相对于他人的各种人均现金消费支出占人均现金消费总支出的比重 $\tilde{\alpha}_{tij}$、各类居民相对于他人的各种生活消费定基价格指数 $\tilde{p}_{tij}$ 以及各类居民相对于他人的各种生活消费活动公共服务享用量 $\tilde{g}_{tij}$ 等指标的统计数据,进行再整理。例如,根据式（6-1）再整理的 2013—2021 年北京市各类居民福利水平测度所需的统计数据，如表 6-1、表 6-2、表 6-3 所示。

按照上述方法，可对收集与整理的我国 30 个省份的相关统计数据进行再整理。

三 各类居民基于获得感的福利水平的测度

将整理出的相关统计数据代入式（6-1）可对各类居民基于获得感的福利水平进行测度。例如，将表 6-1、表 6-2、表 6-3 中的各指标的统计数据代入式（6-1），可测算出 2013—2021 年北京市各类居民基于获得感的福利水平，如表 6-4 所示。

同理，将整理出的我国 30 个省份的相关统计数据代入式（6-1），可测算出我国 30 个省份基于获得感的各类居民的福利水平，并可据此对我国 30 个省份各类居民基于获得感的福利水平的发展状况进行分析，如表 6-5、表 6-6 和表 6-7 所示。

由表 6-5、表 6-6、表 6-7 中的相关数据可以看出，2013—2021 年我国 30 个省份各类居民基于获得感的福利水平的发展变化，具有如下特点。

（一）从总体上来看，我国 30 个省份全体居民基于获得感的福利水平，保持了不断提升的趋势，且西部地区的提升速度快于其他地区

表 6-5 中的相关数据表明，我国 30 个省份 2021 年基于获得感的全体居民福利水平的定基发展速度均大于 1。其中，全国全体居民为 1.500，东部地区全体居民为 1.366，中部地区全体居民为 1.646，西部地区全体居民为 1.668，东北地区全体居民为 1.437。说明 2013 年以来，我国 30 个省份基于获得感的全体居民福利水平正在不断提升，且西部地区的提升速度快于其他地区。

（二）从地区分布来看，基于获得感的各类居民的福利水平，东部地区保持了全国领先的地位

从各类居民基于获得感的福利水平的时期平均值来看：全体居民福利水平的时期平均值，东部地区为 1.481、中部地区为 1.092、西部地区为 1.083、东北地区为 1.223（见表 6-5）；城镇居民福利水平的时期平均值，东部地区为 1.711、中部地区为 1.392、西部地区为 1.441、东北地区为 1.514（见表 6-6）；农村居民福利水平的时期平均值，东部地区为 0.953、中部地区为 0.677、西部地区为 0.608、东北地区为 0.570（见表 6-7）。东部地区全体居民、城镇居民和农村居民的福利水平，均

表6-1　北京市基于获得感的全体居民福利水平测度基础数据

项目年份	$\bar{E}_{t1}$	α_{t11}	α_{t12}	α_{t13}	α_{t14}	$\bar{\alpha}_{t11}$	$\bar{\alpha}_{t12}$	$\bar{\alpha}_{t13}$	$\bar{\alpha}_{t14}$	$\bar{g}_{t11}$	$\bar{g}_{t12}$	$\bar{g}_{t13}$	$\bar{g}_{t14}$	$\bar{p}_{t11}$	$\bar{p}_{t12}$	$\bar{p}_{t13}$	$\bar{p}_{t14}$
2013	1.9670	0.6410	0.1504	0.1413	0.0673	0.9818	1.0101	1.1045	0.9571	1.5439	1.6400	1.5825	1.1234	1.0005	0.9940	1.0206	0.9970
2014	2.1004	0.6373	0.1537	0.1405	0.0685	0.9761	1.0327	1.0981	0.9744	1.5588	1.6376	1.5879	1.1453	1.0158	0.9860	1.0533	1.0080
2015	2.2840	0.6088	0.1775	0.1439	0.0698	0.9325	1.1927	1.1245	0.9925	1.5714	1.6699	1.5883	1.1681	1.0326	1.0136	1.0617	1.0191
2016	2.3414	0.6073	0.1815	0.1423	0.0689	0.9302	1.2189	1.1123	0.9807	1.5775	1.7297	1.5862	1.2034	1.0553	0.9792	1.0437	1.0456
2017	2.4019	0.5922	0.1894	0.1474	0.0710	0.9071	1.2720	1.1519	1.0102	1.6070	1.7794	1.6254	1.2352	1.0639	0.9821	1.0677	1.1230
2018	2.4589	0.6055	0.1749	0.1469	0.0727	0.9274	1.1746	1.1484	1.0340	1.6341	1.7794	1.6223	1.2693	1.0890	0.9880	1.1061	1.1567
2019	2.6345	0.6117	0.1707	0.1480	0.0695	0.9370	1.1470	1.1565	0.9892	1.6181	1.8497	1.6244	1.3083	1.1231	0.9603	1.1172	1.2538
2020	2.2618	0.6541	0.1517	0.1113	0.0829	1.0018	1.0191	0.8699	1.1792	1.6117	1.8536	1.6213	1.2964	1.1580	0.9200	1.1451	1.3153
2021	2.5271	0.6511	0.1514	0.1206	0.0769	0.9973	1.0171	0.9423	1.0936	1.6144	1.8853	1.6187	1.3307	1.1622	0.9669	1.1554	1.3126

表6-2　北京市基于获得感的城镇居民福利水平测度基础数据

项目年份	$\bar{E}_{t2}$	α_{t21}	α_{t22}	α_{t23}	α_{t24}	$\bar{\alpha}_{t21}$	$\bar{\alpha}_{t22}$	$\bar{\alpha}_{t23}$	$\bar{\alpha}_{t24}$	$\bar{g}_{t21}$	$\bar{g}_{t22}$	$\bar{g}_{t23}$	$\bar{g}_{t24}$	$\bar{p}_{t21}$	$\bar{p}_{t22}$	$\bar{p}_{t23}$	$\bar{p}_{t24}$
2013	2.1249	0.6382	0.1514	0.1454	0.0650	0.9775	1.0173	1.1362	0.9246	1.6367	1.4963	1.6227	1.1234	1.0003	0.9940	1.0206	0.9970
2014	2.2652	0.6346	0.1537	0.1440	0.0678	0.9719	1.0323	1.1252	0.9644	1.6501	1.4935	1.6289	1.1453	1.0156	0.9860	1.0533	1.0080
2015	2.4630	0.6059	0.1781	0.1477	0.0683	0.9281	1.1963	1.1542	0.9718	1.6623	1.5771	1.6237	1.1681	1.0323	1.0136	1.0617	1.0191
2016	2.5180	0.6043	0.1821	0.1455	0.0681	0.9256	1.2235	1.1369	0.9680	1.6709	1.6158	1.6185	1.2034	1.0549	0.9792	1.0437	1.0456
2017	2.5731	0.5901	0.1894	0.1519	0.0686	0.9039	1.2724	1.1868	0.9758	1.6923	1.7414	1.6528	1.2352	1.0635	0.9821	1.0677	1.1230

续表

年份\项目	$\bar{E}_{t2}$	$\bar{\alpha}_{t21}$	$\bar{\alpha}_{t22}$	$\bar{\alpha}_{t23}$	$\bar{\alpha}_{t24}$	$\bar{\alpha}_{t21}$	$\bar{\alpha}_{t22}$	$\bar{\alpha}_{t23}$	$\bar{\alpha}_{t24}$	$\bar{g}_{t21}$	$\bar{g}_{t22}$	$\bar{g}_{t23}$	$\bar{g}_{t24}$	$\bar{p}_{t21}$	$\bar{p}_{t22}$	$\bar{p}_{t23}$	$\bar{p}_{t24}$
2018	2.6224	0.6039	0.1730	0.1516	0.0715	0.9250	1.1622	1.1846	1.0171	1.7085	1.5519	1.6494	1.2693	1.0884	0.9880	1.1061	1.1567
2019	2.8011	0.6114	0.1686	0.1528	0.0673	0.9364	1.1324	1.1943	0.9567	1.7021	1.7536	1.6476	1.3083	1.1224	0.9603	1.1172	1.2538
2020	2.3778	0.6535	0.1490	0.1148	0.0827	1.0010	1.0011	0.8970	1.1758	1.6875	1.7740	1.6441	1.2964	1.1572	0.9200	1.1451	1.3153
2021	2.6566	0.6502	0.1482	0.1246	0.0770	0.9959	0.9952	0.9742	1.0956	1.6900	1.8042	1.6368	1.3307	1.1614	0.9669	1.1554	1.3126

表 6-3 北京市基于获得感的农村居民福利水平测度基础数据

年份\项目	$\bar{E}_{t3}$	$\bar{\alpha}_{t31}$	$\bar{\alpha}_{t32}$	$\bar{\alpha}_{t33}$	$\bar{\alpha}_{t34}$	$\bar{\alpha}_{t31}$	$\bar{\alpha}_{t32}$	$\bar{\alpha}_{t33}$	$\bar{\alpha}_{t34}$	$\bar{g}_{t31}$	$\bar{g}_{t32}$	$\bar{g}_{t33}$	$\bar{g}_{t34}$	$\bar{p}_{t31}$	$\bar{p}_{t32}$	$\bar{p}_{t33}$	$\bar{p}_{t34}$
2013	0.9731	0.6801	0.1355	0.0856	0.0988	1.0416	0.9106	0.6692	1.4047	0.8531	2.2300	0.7160	1.1234	1.0003	0.9940	1.0206	0.9970
2014	1.0590	0.6738	0.1546	0.0936	0.0780	1.0320	1.0388	0.7314	1.1098	0.8771	2.2302	0.6841	1.1453	1.0156	0.9860	1.0533	1.0080
2015	1.1366	0.6489	0.1701	0.0910	0.0900	0.9940	1.1426	0.7111	1.2797	0.8799	2.1073	0.9994	1.1681	1.0323	1.0136	1.0617	1.0191
2016	1.2087	0.6466	0.1722	0.1003	0.0808	0.9905	1.1569	0.7838	1.1499	0.8689	2.2449	1.0319	1.2034	1.0549	0.9792	1.0437	1.0456
2017	1.3047	0.6188	0.1887	0.0909	0.1016	0.9477	1.2678	0.7104	1.4453	0.9672	1.9914	1.1758	1.2352	1.0635	0.9821	1.0677	1.1230
2018	1.4119	0.6244	0.1969	0.0919	0.0869	0.9563	1.3227	0.7180	1.2354	1.0737	2.1346	1.1609	1.2693	1.0884	0.9880	1.1061	1.1567
2019	1.5596	0.6161	0.1960	0.0919	0.0960	0.9436	1.3167	0.7185	1.3655	0.9287	2.3129	1.2140	1.3083	1.1224	0.9603	1.1172	1.2538
2020	1.4469	0.6604	0.1826	0.0713	0.0857	1.0115	1.2266	0.5576	1.2187	0.9289	2.2822	1.1696	1.2964	1.1572	0.9200	1.1451	1.3153
2021	1.6184	0.6621	0.1890	0.0735	0.0753	1.0142	1.2698	0.5744	1.0716	0.9317	2.3220	1.2893	1.3307	1.1614	0.9669	1.1554	1.3126

表 6-4　　北京市基于获得感的各类居民福利水平

年份＼项目	W_{ct1}	W_{ct2}	W_{ct3}
2013	1.7339	1.8282	0.9849
2014	1.7864	1.8797	1.0306
2015	1.8615	1.9609	1.0863
2016	1.8900	1.9863	1.1179
2017	1.9262	2.0248	1.2075
2018	1.9195	2.0013	1.2942
2019	1.9805	2.0681	1.3031
2020	1.8025	1.8707	1.2278
2021	1.9007	1.9721	1.3029

表 6-5　　我国 30 个省份基于获得感的全体居民福利水平

省份＼年份		2013	2014	2015	2016	2017	2018	2019	2020	2021	时期平均值	2021 年定基发展速度
全国		1.000	1.064	1.139	1.202	1.275	1.323	1.377	1.379	1.500	1.251	1.500
东部地区	北京	1.734	1.786	1.862	1.890	1.926	1.920	1.981	1.803	1.901	1.867	1.096
	天津	1.479	1.534	1.606	1.663	1.711	1.758	1.788	1.695	1.823	1.673	1.232
	河北	0.881	0.932	0.998	1.091	1.169	1.200	1.245	1.268	1.432	1.135	1.625
	上海	1.678	1.749	1.771	1.822	1.864	1.962	1.986	1.879	2.031	1.860	1.210
	江苏	1.348	1.402	1.469	1.534	1.595	1.600	1.643	1.625	1.788	1.556	1.326
	浙江	1.436	1.509	1.567	1.625	1.672	1.711	1.769	1.748	1.897	1.659	1.321
	福建	1.215	1.278	1.330	1.374	1.437	1.506	1.561	1.549	1.634	1.432	1.345
	山东	1.045	1.141	1.219	1.298	1.373	1.407	1.454	1.481	1.581	1.333	1.513
	广东	1.328	1.386	1.498	1.570	1.571	1.583	1.669	1.653	1.749	1.556	1.317
	海南	0.959	1.012	1.098	1.141	1.194	1.243	1.301	1.275	1.403	1.181	1.463
	平均值	1.249	1.315	1.389	1.457	1.507	1.537	1.592	1.580	1.705	1.481	1.366
中部地区	山西	0.873	0.908	0.969	1.020	1.099	1.159	1.201	1.213	1.276	1.080	1.461
	安徽	0.828	0.887	0.985	1.068	1.133	1.192	1.266	1.268	1.424	1.117	1.720
	江西	0.806	0.858	0.943	0.983	1.075	1.133	1.198	1.215	1.330	1.060	1.652
	河南	0.742	0.801	0.896	0.941	1.035	1.068	1.122	1.136	1.238	0.998	1.669

续表

省份\年份		2013	2014	2015	2016	2017	2018	2019	2020	2021	时期平均值	2021年定基发展速度
中部地区	湖北	0.904	0.968	1.057	1.119	1.209	1.291	1.366	1.275	1.496	1.187	1.654
	湖南	0.855	0.924	1.020	1.097	1.173	1.228	1.293	1.314	1.414	1.146	1.653
	平均值	0.825	0.883	0.973	1.033	1.116	1.172	1.235	1.230	1.357	1.092	1.646
西部地区	内蒙古	1.087	1.157	1.248	1.294	1.348	1.361	1.396	1.393	1.534	1.313	1.411
	广西	0.774	0.830	0.891	0.943	1.018	1.098	1.151	1.153	1.261	1.013	1.628
	重庆	0.989	1.039	1.129	1.197	1.305	1.372	1.438	1.479	1.598	1.283	1.616
	四川	0.815	0.919	0.968	1.024	1.149	1.230	1.289	1.307	1.405	1.123	1.724
	贵州	0.607	0.671	0.788	0.876	0.969	1.035	1.080	1.111	1.263	0.933	2.080
	云南	0.694	0.758	0.828	0.882	0.953	1.009	1.064	1.125	1.229	0.949	1.772
	陕西	0.861	0.911	0.994	1.099	1.125	1.170	1.259	1.267	1.345	1.115	1.561
	甘肃	0.701	0.761	0.840	0.943	0.990	1.052	1.113	1.157	1.234	0.977	1.759
	青海	0.815	0.881	0.942	1.035	1.105	1.146	1.181	1.261	1.338	1.078	1.641
	宁夏	0.960	1.027	1.133	1.202	1.247	1.293	1.375	1.384	1.516	1.238	1.580
	新疆	0.883	0.921	1.006	1.059	1.113	1.157	1.229	1.231	1.318	1.102	1.492
	平均值	0.810	0.878	0.954	1.021	1.101	1.163	1.222	1.245	1.352	1.083	1.668
东北地区	辽宁	1.147	1.188	1.250	1.361	1.397	1.410	1.421	1.393	1.518	1.343	1.324
	吉林	0.972	1.006	1.056	1.093	1.144	1.229	1.253	1.273	1.414	1.160	1.456
	黑龙江	0.889	0.942	1.012	1.073	1.144	1.201	1.251	1.241	1.403	1.128	1.577
	平均值	1.013	1.056	1.118	1.193	1.246	1.292	1.320	1.315	1.456	1.223	1.437

注：各省份福利水平时期平均值，为该省份各年福利水平的简单算术平均数；各地区各年福利水平平均值，是以各省份总人口数占所在地区人口总数的比重为权数求取的该地区各省份同年福利水平的加权算术平均数；各省份2021年福利水平的定基发展速度，为该省份2021年与2013年福利水平的比值。表6-6、表6-7上述指标测算的方法原理与此相同。

表6-6　　我国30个省份基于获得感的城镇居民福利水平

省份\年份	2013	2014	2015	2016	2017	2018	2019	2020	2021	时期平均值	2021年定基发展速度
全国	1.359	1.415	1.482	1.540	1.590	1.621	1.669	1.623	1.738	1.559	1.280

续表

省份 \ 年份		2013	2014	2015	2016	2017	2018	2019	2020	2021	时期平均值	2021年定基发展速度
东部地区	北京	1.828	1.880	1.961	1.986	2.025	2.001	2.068	1.871	1.972	1.955	1.079
	天津	1.587	1.646	1.714	1.780	1.836	1.885	1.915	1.787	1.915	1.785	1.207
	河北	1.221	1.265	1.332	1.403	1.466	1.481	1.513	1.491	1.590	1.418	1.303
	上海	1.726	1.799	1.827	1.881	1.918	2.014	2.031	1.906	2.056	1.907	1.191
	江苏	1.570	1.611	1.674	1.719	1.761	1.746	1.775	1.735	1.903	1.722	1.212
	浙江	1.664	1.737	1.789	1.834	1.881	1.918	1.979	1.922	2.092	1.868	1.257
	福建	1.472	1.533	1.563	1.601	1.635	1.687	1.738	1.701	1.780	1.634	1.209
	山东	1.350	1.434	1.512	1.572	1.635	1.661	1.709	1.709	1.805	1.599	1.337
	广东	1.576	1.639	1.720	1.794	1.819	1.800	1.886	1.834	1.905	1.775	1.209
	海南	1.273	1.336	1.389	1.412	1.468	1.509	1.585	1.510	1.606	1.454	1.262
	平均值	1.523	1.583	1.646	1.700	1.744	1.757	1.809	1.760	1.873	1.711	1.230
中部地区	山西	1.182	1.213	1.279	1.327	1.394	1.456	1.496	1.463	1.516	1.370	1.283
	安徽	1.157	1.221	1.291	1.380	1.423	1.434	1.496	1.454	1.619	1.386	1.399
	江西	1.150	1.199	1.269	1.304	1.388	1.426	1.476	1.445	1.560	1.357	1.357
	河南	1.158	1.208	1.257	1.287	1.365	1.384	1.418	1.378	1.485	1.327	1.282
	湖北	1.208	1.265	1.334	1.393	1.463	1.520	1.592	1.450	1.673	1.433	1.385
	湖南	1.242	1.296	1.371	1.437	1.511	1.555	1.618	1.614	1.694	1.482	1.363
	平均值	1.184	1.236	1.301	1.355	1.425	1.461	1.514	1.463	1.590	1.392	1.343
西部地区	内蒙古	1.449	1.519	1.580	1.633	1.661	1.674	1.697	1.642	1.778	1.626	1.228
	广西	1.154	1.180	1.246	1.293	1.351	1.413	1.448	1.406	1.494	1.332	1.294
	重庆	1.351	1.387	1.450	1.499	1.574	1.613	1.665	1.676	1.787	1.556	1.323
	四川	1.245	1.320	1.370	1.422	1.487	1.537	1.581	1.573	1.655	1.466	1.330
	贵州	1.039	1.101	1.199	1.300	1.381	1.394	1.410	1.413	1.592	1.314	1.532
	云南	1.128	1.189	1.250	1.298	1.346	1.396	1.447	1.483	1.615	1.350	1.431
	陕西	1.204	1.252	1.341	1.431	1.441	1.483	1.532	1.500	1.563	1.416	1.298
	甘肃	1.148	1.229	1.287	1.408	1.427	1.482	1.548	1.547	1.611	1.410	1.403
	青海	1.179	1.250	1.319	1.412	1.471	1.512	1.521	1.562	1.622	1.428	1.376
	宁夏	1.322	1.382	1.459	1.536	1.537	1.575	1.674	1.599	1.720	1.534	1.301
	新疆	1.339	1.377	1.461	1.521	1.581	1.620	1.670	1.573	1.665	1.534	1.244
	平均值	1.228	1.284	1.351	1.415	1.465	1.508	1.551	1.534	1.636	1.441	1.332

续表

省份\年份		2013	2014	2015	2016	2017	2018	2019	2020	2021	时期平均值	2021年定基发展速度
东北地区	辽宁	1.435	1.471	1.526	1.656	1.683	1.688	1.703	1.615	1.738	1.613	1.211
	吉林	1.320	1.350	1.379	1.414	1.445	1.551	1.573	1.504	1.645	1.465	1.246
	黑龙江	1.194	1.249	1.325	1.382	1.437	1.502	1.542	1.468	1.633	1.415	1.368
	平均值	1.329	1.370	1.426	1.509	1.546	1.594	1.619	1.544	1.684	1.514	1.267

表6-7　我国30个省份基于获得感的农村居民福利水平

省份\年份		2013	2014	2015	2016	2017	2018	2019	2020	2021	时期平均值	2021年定基发展速度
	全国	0.536	0.587	0.641	0.682	0.777	0.830	0.872	0.901	1.014	0.760	1.892
东部地区	北京	0.985	1.031	1.086	1.118	1.208	1.294	1.303	1.228	1.303	1.173	1.323
	天津	0.898	0.909	0.967	0.850	0.982	1.050	1.055	1.126	1.217	1.006	1.355
	河北	0.468	0.502	0.505	0.578	0.718	0.721	0.749	0.814	1.153	0.690	2.463
	上海	1.136	1.189	1.245	1.268	1.321	1.408	1.483	1.537	1.695	1.365	1.492
	江苏	0.911	0.968	1.013	1.111	1.205	1.245	1.306	1.297	1.437	1.166	1.578
	浙江	0.997	1.052	1.104	1.163	1.194	1.219	1.240	1.265	1.340	1.175	1.345
	福建	0.760	0.807	0.898	0.939	1.038	1.127	1.176	1.184	1.270	1.022	1.670
	山东	0.653	0.737	0.745	0.849	0.924	0.958	0.995	1.050	1.140	0.895	1.745
	广东	0.724	0.761	0.913	0.988	0.902	0.980	1.042	1.061	1.249	0.958	1.725
	海南	0.532	0.545	0.669	0.700	0.655	0.677	0.502	0.727	1.022	0.670	1.922
	平均值	0.723	0.775	0.831	0.907	0.963	1.006	1.043	1.081	1.247	0.953	1.725
中部地区	山西	0.428	0.444	0.471	0.515	0.601	0.628	0.627	0.705	0.762	0.576	1.782
	安徽	0.477	0.516	0.642	0.695	0.770	0.872	0.949	0.984	1.115	0.780	2.338
	江西	0.436	0.467	0.543	0.564	0.649	0.712	0.777	0.820	0.916	0.654	2.103
	河南	0.321	0.367	0.494	0.537	0.647	0.663	0.719	0.780	0.855	0.598	2.659
	湖北	0.503	0.554	0.636	0.687	0.806	0.895	0.983	0.959	1.147	0.797	2.281
	湖南	0.430	0.485	0.608	0.672	0.670	0.721	0.761	0.797	0.921	0.674	2.142
	平均值	0.418	0.460	0.565	0.612	0.691	0.746	0.803	0.842	0.952	0.677	2.279

续表

省份 \ 年份		2013	2014	2015	2016	2017	2018	2019	2020	2021	时期平均值	2021年定基发展速度
西部地区	内蒙古	0.448	0.476	0.597	0.484	0.704	0.685	0.667	0.692	0.878	0.626	1.959
	广西	0.408	0.466	0.499	0.536	0.632	0.716	0.774	0.785	0.913	0.637	2.240
	重庆	0.432	0.472	0.534	0.597	0.750	0.836	0.897	0.952	1.070	0.727	2.480
	四川	0.402	0.490	0.527	0.569	0.747	0.844	0.906	0.910	1.022	0.713	2.542
	贵州	0.279	0.318	0.402	0.446	0.529	0.609	0.668	0.667	0.764	0.520	2.737
	云南	0.337	0.380	0.407	0.414	0.507	0.566	0.605	0.677	0.730	0.514	2.166
	陕西	0.423	0.452	0.475	0.574	0.645	0.655	0.777	0.798	0.862	0.629	2.038
	甘肃	0.298	0.315	0.399	0.454	0.510	0.570	0.601	0.633	0.704	0.498	2.362
	青海	0.336	0.349	0.355	0.475	0.476	0.400	0.374	0.439	0.633	0.426	1.883
	宁夏	0.479	0.518	0.643	0.665	0.735	0.772	0.811	0.889	1.005	0.724	2.096
	新疆	0.383	0.395	0.468	0.495	0.507	0.530	0.585	0.658	0.713	0.526	1.863
	平均值	0.377	0.425	0.477	0.513	0.623	0.684	0.737	0.767	0.865	0.608	2.296
东北地区	辽宁	0.481	0.533	0.619	0.679	0.707	0.719	0.656	0.653	0.798	0.650	1.658
	吉林	0.449	0.464	0.528	0.434	0.645	0.657	0.636	0.729	0.843	0.598	1.880
	黑龙江	0.312	0.332	0.333	0.415	0.489	0.505	0.566	0.574	0.735	0.473	2.358
	平均值	0.408	0.438	0.487	0.511	0.608	0.622	0.617	0.647	0.789	0.570	1.932

居全国领先地位。说明，东部地区正在领跑我国各类居民基于获得感的福利水平的增进，西部、中部和东北地区则需加快基于获得感的各类居民福利的增进步伐。

（三）从城乡来看，我国 30 个省份城镇居民基于获得感的福利水平普遍高于农村居民

2013—2021 年，我国 30 个省份城镇居民基于获得感的福利水平普遍高于农村居民。

从全国来看，2013 年城镇居民基于获得感的福利水平高出农村居民 0.823 个单位，2021 城镇居民基于获得感的福利水平高出农村居民 0.724 个单位；从东部地区来看，2013 年城镇居民基于获得感的福利水平高出农村居民 0.800 个单位，2021 年城镇居民基于获得感的福利水平高出农村居民 0.627 个单位；从中部地区来看，2013 年城镇居民基于获得感的

福利水平高出农村居民 0.766 个单位，2021 年城镇居民基于获得感的福利水平高出农村居民 0.637 个单位；从西部地区来看，2013 年城镇居民基于获得感的福利水平高出农村居民 0.851 个单位，2021 年城镇居民基于获得感的福利水平高出农村居民 0.771 个单位；从东北地区来看，2013 年城镇居民基于获得感的福利水平高出农村居民 0.921 个单位，2021 年城镇居民基于获得感的福利水平高出农村居民 0.896 个单位。

上述数据表明，虽然经过 9 年的快速发展，农村居民基于获得感的福利水平有了明显的提高，2021 年与城镇居民福利水平的差距也有了一定程度的下降，但农村居民的福利水平与城镇居民福利水平的差距依然比较大。所以，农村居民基于获得感的福利水平的提升，依然是我国民生工作的重中之重。

第二节 基于获得感的中国居民福利水平发展变化的合理性评价

利用各类居民基于获得感的福利水平数据和基于获得感的居民福利评价模型，可对我国各省份基于获得感的居民福利水平发展变化的合理性进行评价。

一 基于获得感的中国居民福利水平发展变化的递增性评价

基于获得感的居民福利水平发展变化的递增性评价，是依据"递增性"评价标准，通过递增系数 WSE_{cti} 的测算与分析，对基于获得感的居民福利水平发展变化的合理性，所进行的评价。递增系数 WSE_{cti} 测算模型的基本形式为：

$$WSE_{cti} = \frac{W_{cti}}{W_{c(t-1)i}} \tag{6-2}$$

评价规则为：当 $WSE_{cti} < 1$ 时，为递减状态，即 t 期第 i 类居民基于获得感的福利水平相对于上期存在损失，从而基于获得感的第 i 类居民福利水平的发展变化存在不合理性。

这样，将表 6-4 中的北京市各类居民基于获得感的福利水平数据代入式（6-2），可对 2014—2021 年的北京市各类居民基于获得感的福利水平发展变化的递增系数进行测度，测度结果如表 6-8 所示。

表6-8　北京市基于获得感的各类居民福利水平发展变化的递增系数

年份＼项目	WSE_{ct1}	WSE_{ct2}	WSE_{ct3}
2014	1.0303	1.0282	1.0464
2015	1.0421	1.0432	1.0541
2016	1.0153	1.0130	1.0291
2017	1.0192	1.0194	1.0801
2018	0.9965	0.9884	1.0718
2019	1.0318	1.0334	1.0069
2020	0.9101	0.9046	0.9423
2021	1.0544	1.0542	1.0611

同理，将表6-5、表6-6、表6-7中的相关数据代入式（6-2），可测算出我国30个省份基于获得感的各类居民福利水平发展变化的递增系数，并可据此对我国30个省份各类居民基于获得感的福利水平发展变化的递增情况进行分析，如表6-9、表6-10和表6-11所示。

表6-9　我国30个省份基于获得感的全体居民福利水平发展变化的递增系数

省份		2014	2015	2016	2017	2018	2019	2020	2021	递减年份数
全国		1.0640	1.0701	1.0553	1.0610	1.0374	1.0409	1.0020	1.0875	0
东部地区	北京	1.0303	1.0421	1.0153	1.0192	0.9965	1.0318	0.9101	1.0544	2
	天津	1.0370	1.0470	1.0352	1.0290	1.0272	1.0174	0.9481	1.0752	1
	河北	1.0572	1.0713	1.0933	1.0706	1.0266	1.0379	1.0182	1.1299	0
	上海	1.0424	1.0128	1.0283	1.0236	1.0523	1.0123	0.9463	1.0807	1
	江苏	1.0399	1.0477	1.0449	1.0392	1.0032	1.0268	0.9892	1.1004	1
	浙江	1.0506	1.0389	1.0367	1.0293	1.0228	1.0344	0.9878	1.0851	1
	福建	1.0519	1.0408	1.0331	1.0454	1.0483	1.0365	0.9923	1.0545	1
	山东	1.0924	1.0683	1.0642	1.0583	1.0247	1.0331	1.0187	1.0677	0
	广东	1.0436	1.0804	1.0481	1.0011	1.0076	1.0541	0.9903	1.0584	1
	海南	1.0549	1.0851	1.0391	1.0465	1.0414	1.0470	0.9795	1.1009	1
	平均值	1.0499	1.0532	1.0436	1.0360	1.0249	1.0331	0.9775	1.0805	0.9000

续表

省份\年份		2014	2015	2016	2017	2018	2019	2020	2021	递减年份数
中部地区	山西	1.0403	1.0669	1.0524	1.0778	1.0541	1.0367	1.0097	1.0516	0
	安徽	1.0715	1.1107	1.0835	1.0609	1.0522	1.0626	1.0013	1.1226	0
	江西	1.0655	1.0984	1.0426	1.0935	1.0538	1.0577	1.0145	1.0948	0
	河南	1.0799	1.1188	1.0496	1.1002	1.0322	1.0505	1.0123	1.0898	0
	湖北	1.0711	1.0915	1.0583	1.0804	1.0678	1.0583	0.9336	1.1730	1
	湖南	1.0801	1.1043	1.0761	1.0687	1.0475	1.0523	1.0164	1.0758	0
	平均值	1.0680	1.0983	1.0603	1.0801	1.0512	1.0530	0.9975	1.1006	0.1667
西部地区	内蒙古	1.0643	1.0788	1.0370	1.0412	1.0095	1.0258	0.9979	1.1014	1
	广西	1.0717	1.0735	1.0590	1.0797	1.0784	1.0480	1.0014	1.0937	0
	重庆	1.0509	1.0862	1.0609	1.0902	1.0509	1.0484	1.0286	1.0802	0
	四川	1.1276	1.0539	1.0581	1.1218	1.0704	1.0479	1.0138	1.0751	0
	贵州	1.1051	1.1735	1.1123	1.1063	1.0682	1.0431	1.0292	1.1367	0
	云南	1.0929	1.0925	1.0651	1.0800	1.0593	1.0546	1.0572	1.0924	0
	陕西	1.0578	1.0909	1.1057	1.0239	1.0397	1.0761	1.0067	1.0610	0
	甘肃	1.0849	1.1033	1.1227	1.0506	1.0619	1.0588	1.0387	1.0666	0
	青海	1.0798	1.0698	1.0985	1.0680	1.0373	1.0308	1.0673	1.0608	0
	宁夏	1.0703	1.1028	1.0614	1.0369	1.0370	1.0638	1.0064	1.0955	0
	新疆	1.0423	1.0930	1.0525	1.0506	1.0400	1.0622	1.0013	1.0707	0
	平均值	1.0768	1.0922	1.0754	1.0677	1.0501	1.0508	1.0223	1.0847	0.0909
东北地区	辽宁	1.0358	1.0518	1.0887	1.0269	1.0094	1.0073	0.9807	1.0899	1
	吉林	1.0350	1.0499	1.0355	1.0467	1.0738	1.0199	1.0160	1.1109	0
	黑龙江	1.0591	1.0748	1.0599	1.0660	1.0497	1.0414	0.9921	1.1305	1
	平均值	1.0433	1.0587	1.0612	1.0464	1.0440	1.0228	0.9962	1.1103	0.6667

注：各地区各年的递增系数平均值，为该地区各省份同年递增系数的几何平均数；各地区递减年份个数的平均值为该地区各省份递减年份个数与省份数的比值。表6-10、表6-11与此相同。

表6-10　　我国30个省份基于获得感的城镇居民福利水平发展变化的递增系数

省份\年份	2014	2015	2016	2017	2018	2019	2020	2021	递减年份数
全国	1.0412	1.0475	1.0392	1.0327	1.0193	1.0297	0.9722	1.0714	1

第六章 基于获得感的中国居民福利统计评估 / 163

续表

	年份 省份	2014	2015	2016	2017	2018	2019	2020	2021	递减 年份数
东部地区	北京	1.0282	1.0432	1.0130	1.0194	0.9884	1.0334	0.9046	1.0542	2
	天津	1.0370	1.0416	1.0383	1.0315	1.0267	1.0162	0.9330	1.0718	1
	河北	1.0361	1.0532	1.0534	1.0451	1.0103	1.0213	0.9855	1.0666	1
	上海	1.0421	1.0157	1.0290	1.0202	1.0498	1.0086	0.9382	1.0789	1
	江苏	1.0260	1.0391	1.0270	1.0241	0.9919	1.0163	0.9777	1.0964	2
	浙江	1.0435	1.0302	1.0252	1.0257	1.0195	1.0321	0.9712	1.0885	1
	福建	1.0410	1.0200	1.0241	1.0212	1.0317	1.0304	0.9785	1.0467	1
	山东	1.0624	1.0545	1.0396	1.0402	1.0156	1.0287	1.0002	1.0562	0
	广东	1.0396	1.0496	1.0429	1.0139	0.9898	1.0479	0.9722	1.0388	2
	海南	1.0498	1.0395	1.0164	1.0398	1.0278	1.0504	0.9527	1.0638	1
	平均值	1.0405	1.0386	1.0308	1.0281	1.0150	1.0285	0.9610	1.0661	1.2000
中部地区	山西	1.0265	1.0537	1.0376	1.0508	1.0446	1.0270	0.9779	1.0365	1
	安徽	1.0550	1.0573	1.0686	1.0317	1.0074	1.0437	0.9719	1.1135	1
	江西	1.0431	1.0578	1.0280	1.0641	1.0278	1.0346	0.9793	1.0798	1
	河南	1.0427	1.0408	1.0240	1.0604	1.0137	1.0250	0.9719	1.0772	1
	湖北	1.0477	1.0544	1.0446	1.0497	1.0393	1.0472	0.9105	1.1539	1
	湖南	1.0430	1.0576	1.0484	1.0518	1.0289	1.0408	0.9973	1.0492	1
	平均值	1.0429	1.0536	1.0418	1.0514	1.0269	1.0364	0.9677	1.0843	1
西部地区	内蒙古	1.0483	1.0405	1.0337	1.0172	1.0074	1.0140	0.9674	1.0831	1
	广西	1.0219	1.0562	1.0374	1.0454	1.0457	1.0250	0.9708	1.0623	1
	重庆	1.0268	1.0456	1.0338	1.0501	1.0249	1.0320	1.0068	1.0662	0
	四川	1.0606	1.0380	1.0379	1.0453	1.0338	1.0287	0.9951	1.0522	1
	贵州	1.0598	1.0886	1.0844	1.0620	1.0097	1.0111	1.0028	1.1262	0
	云南	1.0537	1.0518	1.0380	1.0375	1.0366	1.0367	1.0250	1.0887	0
	陕西	1.0404	1.0708	1.0669	1.0068	1.0298	1.0330	0.9791	1.0416	1
	甘肃	1.0698	1.0474	1.0938	1.0137	1.0384	1.0449	0.9993	1.0412	1
	青海	1.0605	1.0549	1.0705	1.0415	1.0281	1.0060	1.0271	1.0385	0
	宁夏	1.0455	1.0552	1.0532	1.0006	1.0249	1.0624	0.9557	1.0756	1
	新疆	1.0284	1.0610	1.0410	1.0397	1.0248	1.0307	0.9422	1.0582	1
	平均值	1.0468	1.0554	1.0535	1.0325	1.0276	1.0294	0.9879	1.0664	0.6364

续表

省份 \ 年份		2014	2015	2016	2017	2018	2019	2020	2021	递减年份数
东北地区	辽宁	1.0251	1.0371	1.0851	1.0164	1.0028	1.0088	0.9488	1.0761	1
	吉林	1.0223	1.0214	1.0258	1.0215	1.0734	1.0144	0.9562	1.0932	1
	黑龙江	1.0465	1.0607	1.0430	1.0393	1.0455	1.0270	0.9519	1.1120	1
	平均值	1.0312	1.0396	1.0510	1.0257	1.0401	1.0167	0.9523	1.0937	1

表 6-11　我国 30 个省份基于获得感的农村居民福利水平发展变化的递增系数

省份 \ 年份		2014	2015	2016	2017	2018	2019	2020	2021	递减年份数
全国		1.0952	1.0920	1.0647	1.1382	1.0684	1.0507	1.0332	1.1256	0
东部地区	北京	1.0464	1.0541	1.0291	1.0801	1.0718	1.0069	0.9423	1.0611	1
	天津	1.0117	1.0643	0.8790	1.1552	1.0684	1.0056	1.0669	1.0806	1
	河北	1.0725	1.0052	1.1450	1.2423	1.0040	1.0391	1.0872	1.4160	0
	上海	1.0464	1.0470	1.0183	1.0418	1.0659	1.0536	1.0364	1.1027	0
	江苏	1.0631	1.0463	1.0970	1.0846	1.0329	1.0491	0.9932	1.1077	1
	浙江	1.0556	1.0490	1.0538	1.0271	1.0206	1.0174	1.0197	1.0597	0
	福建	1.0620	1.1119	1.0464	1.1047	1.0857	1.0442	1.0068	1.0721	0
	山东	1.1272	1.0109	1.1406	1.0886	1.0366	1.0386	1.0553	1.0856	0
	广东	1.0514	1.1998	1.0815	0.9131	1.0869	1.0626	1.0183	1.1773	1
	海南	1.0257	1.2267	1.0458	0.9364	1.0328	0.7425	1.4462	1.4068	2
	平均值	1.0558	1.0792	1.0511	1.0634	1.0502	1.0012	1.0603	1.1502	0.6000
中部地区	山西	1.0373	1.0614	1.0936	1.1671	1.0439	0.9992	1.1249	1.0809	1
	安徽	1.0815	1.2438	1.0828	1.1087	1.1327	1.0881	1.0368	1.1329	0
	江西	1.0726	1.1617	1.0399	1.1492	1.0984	1.0900	1.0562	1.1166	0
	河南	1.1428	1.3456	1.0871	1.2033	1.0260	1.0837	1.0845	1.0965	0
	湖北	1.1011	1.1490	1.0804	1.1732	1.1103	1.0988	0.9753	1.1954	1
	湖南	1.1268	1.2553	1.1037	0.9972	1.0765	1.0562	1.0468	1.1559	1
	平均值	1.0931	1.1994	1.0811	1.1310	1.0807	1.0688	1.0531	1.1291	0.5000

续表

	年份 省份	2014	2015	2016	2017	2018	2019	2020	2021	递减年份数
西部地区	内蒙古	1.0634	1.2536	0.8105	1.4542	0.9732	0.9741	1.0365	1.2690	3
	广西	1.1427	1.0714	1.0737	1.1803	1.1323	1.0802	1.0143	1.1639	0
	重庆	1.0923	1.1334	1.1177	1.2559	1.1150	1.0723	1.0611	1.1249	0
	四川	1.2181	1.0757	1.0804	1.3125	1.1297	1.0734	1.0050	1.1227	0
	贵州	1.1407	1.2620	1.1108	1.1862	1.1498	1.0981	0.9975	1.1455	1
	云南	1.1284	1.0700	1.0178	1.2232	1.1159	1.0705	1.1188	1.0783	0
	陕西	1.0683	1.0521	1.2066	1.1255	1.0154	1.1852	1.0278	1.0797	0
	甘肃	1.0567	1.2654	1.1385	1.1230	1.1187	1.0546	1.0527	1.1127	0
	青海	1.0392	1.0146	1.3403	1.0017	0.8404	0.9340	1.1759	1.4413	2
	宁夏	1.0798	1.2422	1.0336	1.1066	1.0503	1.0496	1.0967	1.1303	0
	新疆	1.0310	1.1865	1.0565	1.0241	1.0447	1.1053	1.1240	1.0844	0
	平均值	1.0951	1.1442	1.0824	1.1749	1.0583	1.0615	1.0632	1.1552	0.5455
东北地区	辽宁	1.1069	1.1623	1.0965	1.0408	1.0175	0.9119	0.9954	1.2228	2
	吉林	1.0338	1.1386	0.8218	1.4857	1.0195	0.9677	1.1457	1.1571	2
	黑龙江	1.0665	1.0031	1.2443	1.1783	1.0338	1.1212	1.0134	1.2800	0
	平均值	1.0687	1.0991	1.0389	1.2214	1.0236	0.9965	1.0494	1.2189	1.3333

表6-9、表6-10、表6-11中的递增系数数据表明，2014—2021年我国30个省份基于获得感的各类居民福利水平发展变化的递增性，呈现出如下特点。

（一）在总体上，我国30个省份基于获得感的全体居民福利水平发展变化的递增性，处于合理的发展变化区间

2014—2021年，我国30个省份全体居民基于获得感的全体居民福利水平发展变化的递增系数，除了2020年东部、中部和东北地区小于1之外，其余年份和地区的递增系数均大于1；从30个省份递增系数小于1的情况来看，除北京市存在2018年全体居民的递增系数小于1之外，我国30个省份全体居民的递增系数小于1的情况，主要集中在受疫情冲击比较严重的2020年，且在2021年全部转化为大于1（见表6-9）。说明我国30个省份基于获得感的居民福利水平发展变化的递增性，在总体上处于一种合理的发展变化状态，且不递增问题主要存在于新冠疫情初期，

目前已得以缓解。

（二）在地区分布上，东部地区基于获得感的居民福利水平发展变化不递增问题要比其他地区更为严重

从各地区全体居民各年的递增系数小于1的情况来看，2020年各地区递增系数的平均值，东部地区为0.9775，中部地区为0.9975，西部地区为1.0223，东北地区为0.9962；东部地区10个省份有8个省份的递增系数小于1，中部地区6个省份有1个省份的递增系数小于1，西部地区11个省份有1个省份的递增系数小于1，东北地区3个省份有2省份的递增系数小于1；除西部地区外，东部、中部和东北地区的递增系数的平均值均小于1，且相对于中部和东北地区，东部地区的递增系数更低（见表6-9）。说明东部地区受新冠疫情的冲击更大，基于获得感的居民福利水平发展变化的不递增问题更为严重。

（三）在城乡分布上，基于获得感的居民福利水平发展变化不递增问题，城镇居民主要集中在新冠疫情时期，农村居民散发于各个年份

2014—2021年，我国大部分省份城镇居民递增系数小于1的情况，主要集中在2020年（见表6-10），农村居民递增系数小于1的情况，分别集中在2016年、2017年、2019年和2020年（见表6-11）。除北京、江苏、湖北、贵州、辽宁五省份农村居民递增系数小于1的情况发生在疫情时期之外，天津、山西、内蒙古、吉林、湖南、广东、海南、青海等省份农村居民递增系数小于1的情况，主要存在于非疫情时期。除此之外，辽宁省农村居民递增系数小于1的情况，分别存在于疫情和非疫情两类时期。说明新冠疫情对城镇居民各种生活消费活动的冲击要大于农村居民，农村居民基于获得感的福利水平发展变化不递增问题的形成原因，主要是非疫情原因。

二 基于获得感的中国居民福利水平发展变化的平衡性评价

基于获得感的居民福利水平发展变化的平衡性评价，是依据居民福利水平发展变化的"平衡性"评价标准，通过平衡系数 WBE_{ct} 的测算与分析，对基于获得感的居民福利水平发展变化的合理性所进行的评价。平衡系数 WBE_{ct} 的测算模型的基本形式为：

$$WBE_{ct} = 1 - \frac{1}{W_{ct1}}\sqrt{(W_{ct2}-W_{ct1})^2 \delta_{t2} + (W_{ct3}-W_{ct1})^2 \delta_{t3}} \qquad (6-3)$$

评价规则为：当 $WBE_{ct}<1$ 时，t 期本地区城乡居民之间基于获得感的

居民福利水平存在差距，本地区居民基于获得感的居民福利发展变化的平衡性处于不合理状态，且 WBE_{ct} 越远离于1，其不合理程度越高。

这样，将表6-4中的北京市各类居民基于获得感的福利水平和北京市城乡人口比重数据代入式（6-3），可测算出2013—2021年北京市城乡居民基于获得感的福利水平发展变化的平衡系数，如表6-12所示。

表6-12　北京市基于获得感的城乡居民福利水平发展变化的平衡系数

项目 年份	W_{ct1}	W_{ct2}	W_{ct3}	δ_{t2}	δ_{t3}	WBE_{ct}
2013	1.7339	1.8282	0.9849	0.8629	0.1371	0.8323
2014	1.7864	1.8797	1.0306	0.8634	0.1366	0.8363
2015	1.8615	1.9609	1.0863	0.8650	0.1350	0.8392
2016	1.8900	1.9863	1.1179	0.8652	0.1348	0.8427
2017	1.9262	2.0248	1.2075	0.8650	0.1350	0.8549
2018	1.9195	2.0013	1.2942	0.8649	0.1351	0.8739
2019	1.9805	2.0681	1.3031	0.8658	0.1342	0.8681
2020	1.8025	1.8707	1.2278	0.8753	0.1247	0.8820
2021	1.9007	1.9721	1.3029	0.8753	0.1247	0.8835

同理，将表6-5、表6-6、表6-7中的数据和收集整理的我国各省份城乡人口比重统计数据代入式（6-3），可测算出我国30个省份基于获得感的城乡居民福利水平发展变化的平衡系数，并可据此对我国30个省份基于获得感的城乡居民福利水平发展变化的平衡情况进行分析，如表6-13所示。

表6-13　我国30个省份基于获得感的城乡居民福利水平发展变化的平衡系数

年份 省份	2013	2014	2015	2016	2017	2018	2019	2020	2021	时期平均值	2021年定基发展速度
全国	0.589	0.612	0.633	0.646	0.685	0.706	0.717	0.748	0.769	0.678	1.305

续表

省份	年份	2013	2014	2015	2016	2017	2018	2019	2020	2021	时期平均值	2021年定基发展速度
东部地区	北京	0.832	0.836	0.839	0.843	0.855	0.874	0.868	0.882	0.884	0.857	1.062
	天津	0.821	0.816	0.823	0.788	0.812	0.822	0.821	0.860	0.862	0.825	1.051
	河北	0.569	0.587	0.580	0.617	0.680	0.683	0.693	0.736	0.851	0.666	1.494
	上海	0.892	0.893	0.891	0.890	0.894	0.900	0.911	0.939	0.945	0.906	1.059
	江苏	0.765	0.781	0.787	0.815	0.839	0.856	0.870	0.881	0.886	0.831	1.158
	浙江	0.777	0.783	0.792	0.806	0.808	0.811	0.809	0.831	0.823	0.805	1.060
	福建	0.713	0.724	0.758	0.768	0.801	0.824	0.830	0.845	0.856	0.791	1.201
	山东	0.667	0.695	0.687	0.726	0.747	0.756	0.761	0.785	0.798	0.736	1.196
	广东	0.700	0.704	0.750	0.762	0.732	0.764	0.771	0.795	0.837	0.757	1.196
	海南	0.612	0.608	0.673	0.689	0.659	0.665	0.574	0.693	0.796	0.663	1.300
	平均值	0.735	0.743	0.758	0.770	0.783	0.795	0.791	0.825	0.854	0.784	1.162
中部地区	山西	0.565	0.574	0.582	0.602	0.641	0.645	0.642	0.697	0.714	0.629	1.264
	安徽	0.588	0.602	0.670	0.679	0.712	0.765	0.785	0.817	0.826	0.716	1.404
	江西	0.556	0.573	0.614	0.624	0.657	0.687	0.711	0.748	0.764	0.659	1.374
	河南	0.436	0.474	0.573	0.600	0.652	0.662	0.688	0.737	0.747	0.619	1.714
	湖北	0.611	0.635	0.672	0.688	0.733	0.763	0.783	0.814	0.831	0.725	1.359
	湖南	0.524	0.559	0.626	0.651	0.641	0.661	0.670	0.693	0.731	0.640	1.396
	平均值	0.547	0.569	0.623	0.641	0.673	0.697	0.713	0.751	0.769	0.665	1.406
西部地区	内蒙古	0.544	0.555	0.612	0.560	0.653	0.646	0.640	0.678	0.725	0.624	1.332
	广西	0.519	0.569	0.579	0.597	0.646	0.681	0.706	0.730	0.770	0.644	1.485
	重庆	0.541	0.567	0.603	0.634	0.696	0.730	0.748	0.774	0.795	0.677	1.468
	四川	0.484	0.547	0.563	0.582	0.677	0.718	0.738	0.748	0.777	0.648	1.606
	贵州	0.389	0.425	0.496	0.512	0.559	0.618	0.654	0.662	0.671	0.554	1.724
	云南	0.438	0.472	0.491	0.496	0.557	0.587	0.602	0.640	0.638	0.547	1.458
	陕西	0.545	0.559	0.563	0.609	0.649	0.650	0.704	0.731	0.748	0.640	1.373
	甘肃	0.399	0.402	0.472	0.493	0.535	0.565	0.572	0.603	0.632	0.519	1.582
	青海	0.476	0.480	0.477	0.542	0.541	0.501	0.496	0.549	0.631	0.521	1.326
	宁夏	0.559	0.578	0.640	0.638	0.680	0.692	0.691	0.754	0.775	0.668	1.387
	新疆	0.456	0.462	0.503	0.512	0.513	0.525	0.554	0.628	0.640	0.533	1.405
	平均值	0.486	0.511	0.545	0.561	0.610	0.628	0.646	0.682	0.709	0.598	1.458

续表

省份\年份		2013	2014	2015	2016	2017	2018	2019	2020	2021	时期平均值	2021年定基发展速度
东北地区	辽宁	0.606	0.628	0.659	0.663	0.672	0.679	0.655	0.689	0.724	0.664	1.193
	吉林	0.550	0.558	0.596	0.544	0.651	0.638	0.627	0.702	0.723	0.621	1.316
	黑龙江	0.503	0.512	0.509	0.550	0.585	0.586	0.612	0.652	0.691	0.578	1.374
	平均值	0.553	0.566	0.588	0.585	0.636	0.634	0.631	0.681	0.713	0.621	1.289
最大最小值之差		0.503	0.491	0.420	0.397	0.382	0.398	0.415	0.390	0.313	—	—

注：各地区各年平衡系数的平均值，为该地区各省份同年平衡系数的简单算术平均数；各省份平衡系数时期平均数是该省份各年平衡系数的简单算术平均数；2021年各省份平衡系数的定基发展速度，为该省份2021年与2013年平衡系数的比值。

表6-13中的平衡系数数据表明，2013—2021年我国30个省份基于获得感的居民福利水平发展变化的平衡性，呈现出如下特点。

（一）从总体上来看，我国城乡居民基于获得感的福利水平发展变化的平衡程度正在不断提升

2013—2021年，我国30个省份各年基于获得感的居民福利水平发展变化的平衡系数均小于1，说明我国30个省份各年基于获得感的居民福利水平的发展变化，均处于不平衡状态。但从各地区各年的平衡系数值以及平衡系数平均值来看，除了东部地区、东北地区个别年份的平衡系数平均值相对于上年存在下降外，其余地区各年的平衡系数、平衡系数平均值均高于上一年，各地区2021年平衡系数定基发展速度也都大于1。说明，从总体来看，我国城乡居民基于获得感的福利水平发展变化的平衡程度正在不断提升。

（二）从各地区来看，东部地区城乡居民基于获得感的福利水平发展变化的平衡程度相对较高

2013—2021年，城乡居民基于获得感的福利水平发展变化的平衡系数的时期平均值，东部地区为0.784，中部地区为0.665，西部地区为0.598，东北地区为0.621，东部地区城乡居民基于获得感的福利水平发展变化的平衡程度相对较高。但从各年平衡系数的增减变动来看，东部地区要注意控制平衡系数的上下波动。

（三）从各省份来看，城乡居民基于获得感的福利水平发展变化平衡程度的省际差距，正在逐渐缩小

2013—2021年，我国30个省份城乡居民基于获得感的福利水平发展变化的平衡系数最大值与最小值的差值，2013年为0.503，2021年为0.313。说明2013年以来，我国30个省份城乡居民基于获得感的福利水平发展变化的平衡程度，不但保持了不断提升的趋势，而且省际差距也在逐渐减小。

三　基于获得感的中国居民福利水平发展变化的充分性评价

基于获得感的居民福利水平发展变化的充分性评价，是依据居民福利水平发展变化的"充分性"评价标准，通过充分系数 WAE_{cti} 的测算与分析，对基于获得感的居民福利水平发展变化的合理性所进行的评价。充分系数 WAE_{cti} 的测算模型的基本形式为：

$$WAE_{cti} = \frac{W_{cti}}{\max W_{cti}} \quad (6-4)$$

评价规则为：当 $WAE_{cti}<1$ 时，t 期本地区第 i 类居民基于获得感的居民福利水平低于先进地区水平，本地区第 i 类居民基于获得感的居民福利水平的发展变化，存在一定的不合理性。

由式（6-4）可以看出，我国30个省份基于获得感的居民福利水平发展变化的充分系数的测算，需先确定各年各类居民基于获得感的福利水平发展变化充分性的评价基准。其中，利用表6-5、表6-6、表6-7，所确定的我国30个省份各年各类居民基于获得感的福利水平发展变化充分性的评价基准，如表6-14所示。

表6-14　基于获得感的各类居民福利水平发展变化充分性的评价基准

年份 \ 项目	$\max W_{ct1}$ 省份	数值	$\max W_{ct2}$ 省份	数值	$\max W_{ct3}$ 省份	数值
2013	北京市	1.7339	北京市	1.8282	上海市	1.1364
2014	北京市	1.7864	北京市	1.8797	上海市	1.1892
2015	北京市	1.8615	北京市	1.9609	上海市	1.2451
2016	北京市	1.8900	北京市	1.9863	上海市	1.2679

续表

年份\项目	$\max W_{ct1}$ 省份	数值	$\max W_{ct2}$ 省份	数值	$\max W_{ct3}$ 省份	数值
2017	北京市	1.9262	北京市	2.0248	上海市	1.3208
2018	上海市	1.9618	上海市	2.0139	上海市	1.4079
2019	上海市	1.9859	北京市	2.0681	上海市	1.4833
2020	上海市	1.8792	浙江省	1.9220	上海市	1.5374
2021	上海市	2.0307	浙江省	2.0922	上海市	1.6953

这样，将表6-4、表6-14中的数据代入到式（6-4），可测算出北京市各类居民基于获得感的福利水平发展变化的充分系数，如表6-15所示。

表6-15　北京市各类居民基于获得感的福利水平发展变化的充分系数

年份\项目	全体居民 W_{ct1}	$\max W_{ct1}$	WAE_{ct1}	城镇居民 W_{ct2}	$\max W_{ct2}$	WAE_{ct2}	农村居民 W_{ct3}	$\max W_{ct3}$	WAE_{ct3}
2013	1.7339	1.7339	1.0000	1.8282	1.8282	1.0000	0.9849	1.1364	0.8667
2014	1.7864	1.7864	1.0000	1.8797	1.8797	1.0000	1.0306	1.1892	0.8666
2015	1.8615	1.8615	1.0000	1.9609	1.9609	1.0000	1.0863	1.2451	0.8725
2016	1.8900	1.8900	1.0000	1.9863	1.9863	1.0000	1.1179	1.2679	0.8818
2017	1.9262	1.9262	1.0000	2.0248	2.0248	1.0000	1.2075	1.3208	0.9142
2018	1.9195	1.9618	0.9784	2.0013	2.0139	0.9937	1.2942	1.4079	0.9192
2019	1.9805	1.9859	0.9973	2.0681	2.0681	1.0000	1.3031	1.4833	0.8785
2020	1.8025	1.8792	0.9592	1.8707	1.9220	0.9733	1.2278	1.5374	0.7987
2021	1.9007	2.0307	0.9359	1.9721	2.0922	0.9426	1.3029	1.6953	0.7685

同理，利用表6-5、表6-6、表6-7、表6-14中的数据和式（6-4），可测算出我国30个省份基于获得感的各类居民福利水平发展变化的充分系数，并可据此对我国30个省份基于获得感的各类居民福利水平发展变化的充分情况进行分析，如表6-16、表6-17、表6-18所示。

表 6-16　　我国 30 个省份基于获得感的全体居民福利水平发展变化的充分系数

省份	年份	2013	2014	2015	2016	2017	2018	2019	2020	2021	时期平均值	2021年定基发展速度
东部地区	北京	1.000	1.000	1.000	1.000	1.000	0.978	0.997	0.959	0.936	0.986	0.936
	天津	0.853	0.859	0.863	0.880	0.888	0.896	0.900	0.902	0.898	0.882	1.052
	河北	0.508	0.522	0.536	0.578	0.607	0.612	0.627	0.675	0.705	0.597	1.388
	上海	0.968	0.979	0.952	0.964	0.968	1.000	1.000	1.000	1.000	0.981	1.033
	江苏	0.777	0.785	0.789	0.812	0.828	0.815	0.827	0.865	0.880	0.820	1.133
	浙江	0.828	0.845	0.842	0.860	0.868	0.872	0.891	0.930	0.934	0.874	1.128
	福建	0.701	0.716	0.715	0.727	0.746	0.768	0.786	0.824	0.804	0.754	1.148
	山东	0.603	0.639	0.655	0.687	0.713	0.717	0.732	0.788	0.779	0.701	1.292
	广东	0.766	0.776	0.805	0.831	0.816	0.807	0.841	0.880	0.861	0.820	1.124
	海南	0.553	0.566	0.590	0.604	0.620	0.634	0.655	0.678	0.691	0.621	1.250
	平均值	0.756	0.769	0.775	0.794	0.805	0.810	0.826	0.850	0.849	0.804	1.123
中部地区	山西	0.504	0.509	0.521	0.540	0.571	0.591	0.605	0.646	0.628	0.568	1.247
	安徽	0.478	0.497	0.529	0.565	0.588	0.608	0.638	0.675	0.701	0.586	1.468
	江西	0.465	0.480	0.506	0.520	0.558	0.577	0.603	0.647	0.655	0.557	1.410
	河南	0.428	0.449	0.482	0.498	0.537	0.545	0.565	0.605	0.610	0.524	1.425
	湖北	0.522	0.542	0.568	0.592	0.628	0.658	0.688	0.679	0.737	0.624	1.412
	湖南	0.493	0.517	0.548	0.581	0.609	0.626	0.651	0.699	0.696	0.602	1.412
	平均值	0.481	0.499	0.526	0.549	0.582	0.601	0.625	0.658	0.671	0.577	1.394
西部地区	内蒙古	0.627	0.648	0.671	0.685	0.700	0.694	0.703	0.741	0.755	0.691	1.205
	广西	0.447	0.465	0.479	0.499	0.529	0.560	0.580	0.613	0.621	0.532	1.390
	重庆	0.570	0.582	0.606	0.633	0.678	0.699	0.724	0.787	0.787	0.674	1.380
	四川	0.470	0.514	0.520	0.542	0.597	0.627	0.649	0.695	0.692	0.590	1.472
	贵州	0.350	0.376	0.423	0.464	0.503	0.528	0.544	0.591	0.622	0.489	1.776
	云南	0.400	0.424	0.445	0.467	0.495	0.514	0.536	0.599	0.605	0.498	1.513
	陕西	0.497	0.510	0.534	0.582	0.584	0.596	0.634	0.675	0.662	0.586	1.333
	甘肃	0.405	0.426	0.451	0.499	0.514	0.536	0.561	0.615	0.607	0.513	1.502
	青海	0.470	0.493	0.506	0.547	0.574	0.584	0.595	0.671	0.659	0.567	1.401

续表

省份 \ 年份		2013	2014	2015	2016	2017	2018	2019	2020	2021	时期平均值	2021年定基发展速度
西部地区	宁夏	0.554	0.575	0.609	0.636	0.647	0.659	0.693	0.737	0.747	0.651	1.349
	新疆	0.509	0.515	0.541	0.560	0.578	0.590	0.619	0.655	0.649	0.580	1.274
	平均值	0.482	0.503	0.526	0.556	0.582	0.599	0.622	0.671	0.673	0.579	1.398
东北地区	辽宁	0.662	0.665	0.671	0.720	0.725	0.719	0.715	0.741	0.748	0.707	1.130
	吉林	0.560	0.563	0.567	0.578	0.594	0.626	0.631	0.678	0.697	0.610	1.243
	黑龙江	0.513	0.527	0.544	0.568	0.594	0.612	0.630	0.660	0.691	0.593	1.347
	平均值	0.578	0.585	0.594	0.622	0.638	0.652	0.659	0.693	0.712	0.637	1.231

注：各地区各年充分系数的平均值，为该地区各省份同年充分系数的简单算术平均数；各省份充分系数的时期平均值，为该省份各年充分系数的简单算术平均数；各省份2021年充分系数的定基发展速度，为该省份2021年与2013年充分系数的比值。表6-17、表6-18与此相同。

表6-17　　　　我国30个省份基于获得感的城镇居民福利
水平发展变化的充分系数

省份 \ 年份		2013	2014	2015	2016	2017	2018	2019	2020	2021	时期平均值	2021年定基发展速度
东部地区	北京	1.000	1.000	1.000	1.000	1.000	0.994	1.000	0.973	0.943	0.990	0.943
	天津	0.868	0.875	0.874	0.896	0.907	0.936	0.926	0.930	0.915	0.903	1.055
	河北	0.668	0.673	0.679	0.706	0.724	0.736	0.732	0.776	0.760	0.717	1.139
	上海	0.944	0.957	0.932	0.947	0.948	1.000	0.982	0.992	0.983	0.965	1.041
	江苏	0.859	0.857	0.854	0.866	0.870	0.867	0.858	0.903	0.909	0.871	1.059
	浙江	0.910	0.924	0.912	0.923	0.929	0.952	0.957	1.000	1.000	0.945	1.099
	福建	0.805	0.815	0.797	0.806	0.807	0.837	0.840	0.885	0.851	0.827	1.057
	山东	0.738	0.763	0.771	0.792	0.808	0.825	0.826	0.889	0.863	0.808	1.168
	广东	0.862	0.872	0.877	0.903	0.898	0.894	0.912	0.954	0.911	0.898	1.056
	海南	0.696	0.711	0.708	0.711	0.725	0.749	0.766	0.786	0.768	0.736	1.103
	平均值	0.835	0.845	0.841	0.855	0.862	0.879	0.880	0.909	0.890	0.866	1.066
中部地区	山西	0.647	0.646	0.652	0.668	0.689	0.723	0.723	0.761	0.725	0.693	1.121
	安徽	0.633	0.650	0.658	0.695	0.703	0.712	0.724	0.757	0.774	0.701	1.223
	江西	0.629	0.638	0.647	0.657	0.685	0.708	0.714	0.752	0.746	0.686	1.186
	河南	0.634	0.642	0.641	0.648	0.674	0.687	0.686	0.717	0.710	0.671	1.120

续表

省份\年份		2013	2014	2015	2016	2017	2018	2019	2020	2021	时期平均值	2021年定基发展速度
中部地区	湖北	0.661	0.673	0.680	0.702	0.722	0.755	0.770	0.754	0.799	0.724	1.210
	湖南	0.680	0.689	0.699	0.723	0.746	0.772	0.783	0.840	0.809	0.749	1.191
	平均值	0.647	0.656	0.663	0.682	0.703	0.726	0.733	0.763	0.761	0.704	1.175
西部地区	内蒙古	0.792	0.808	0.806	0.822	0.820	0.831	0.821	0.854	0.850	0.823	1.073
	广西	0.632	0.628	0.635	0.651	0.667	0.702	0.700	0.732	0.714	0.673	1.131
	重庆	0.739	0.738	0.740	0.755	0.777	0.801	0.805	0.872	0.854	0.787	1.156
	四川	0.681	0.702	0.699	0.716	0.734	0.763	0.765	0.819	0.791	0.741	1.162
	贵州	0.568	0.586	0.611	0.655	0.682	0.692	0.682	0.735	0.761	0.664	1.339
	云南	0.617	0.632	0.638	0.653	0.665	0.693	0.700	0.772	0.772	0.682	1.251
	陕西	0.658	0.666	0.684	0.720	0.711	0.737	0.741	0.781	0.747	0.716	1.135
	甘肃	0.628	0.654	0.656	0.709	0.705	0.736	0.749	0.805	0.770	0.712	1.226
	青海	0.645	0.665	0.673	0.711	0.726	0.751	0.735	0.813	0.775	0.722	1.202
	宁夏	0.723	0.735	0.744	0.773	0.759	0.782	0.809	0.832	0.822	0.776	1.137
	新疆	0.732	0.732	0.745	0.766	0.781	0.805	0.808	0.819	0.796	0.776	1.087
	平均值	0.674	0.686	0.694	0.721	0.730	0.754	0.756	0.803	0.787	0.734	1.167
东北地区	辽宁	0.785	0.783	0.778	0.834	0.831	0.838	0.823	0.841	0.831	0.816	1.058
	吉林	0.722	0.718	0.703	0.712	0.714	0.770	0.761	0.783	0.786	0.741	1.088
	黑龙江	0.653	0.665	0.676	0.696	0.709	0.746	0.746	0.764	0.780	0.715	1.195
	平均值	0.720	0.722	0.719	0.747	0.751	0.785	0.777	0.796	0.799	0.757	1.110

表 6-18 　　我国 30 个省份基于获得感的农村居民福利水平发展变化的充分系数

省份\年份		2013	2014	2015	2016	2017	2018	2019	2020	2021	时期平均值	2021年定基发展速度
东部地区	北京	0.867	0.867	0.873	0.882	0.914	0.919	0.879	0.799	0.769	0.863	0.887
	天津	0.791	0.764	0.777	0.671	0.744	0.745	0.712	0.732	0.718	0.739	0.908
	河北	0.412	0.422	0.405	0.456	0.543	0.512	0.505	0.529	0.680	0.496	1.651
	上海	1.000	1.000	1.000	1.000	1.000	1.000	1.000	1.000	1.000	1.000	1.000
	江苏	0.801	0.814	0.814	0.876	0.912	0.884	0.880	0.844	0.847	0.853	1.058

续表

省份\年份		2013	2014	2015	2016	2017	2018	2019	2020	2021	时期平均值	2021年定基发展速度
东部地区	浙江	0.877	0.885	0.886	0.917	0.904	0.866	0.836	0.823	0.791	0.865	0.902
	福建	0.669	0.679	0.721	0.741	0.786	0.800	0.793	0.770	0.749	0.745	1.120
	山东	0.575	0.619	0.598	0.670	0.700	0.681	0.671	0.683	0.673	0.652	1.170
	广东	0.637	0.640	0.734	0.779	0.683	0.696	0.702	0.690	0.737	0.700	1.156
	海南	0.468	0.459	0.537	0.552	0.496	0.481	0.339	0.473	0.603	0.490	1.289
	平均值	0.710	0.715	0.734	0.754	0.768	0.758	0.732	0.734	0.757	0.740	1.066
中部地区	山西	0.376	0.373	0.378	0.406	0.455	0.446	0.423	0.459	0.450	0.419	1.195
	安徽	0.420	0.434	0.515	0.548	0.583	0.620	0.640	0.640	0.658	0.562	1.567
	江西	0.383	0.393	0.436	0.445	0.491	0.506	0.524	0.534	0.540	0.472	1.409
	河南	0.283	0.309	0.397	0.424	0.490	0.471	0.485	0.507	0.504	0.430	1.783
	湖北	0.442	0.465	0.511	0.542	0.610	0.636	0.663	0.624	0.676	0.574	1.529
	湖南	0.379	0.408	0.489	0.530	0.507	0.512	0.513	0.518	0.543	0.489	1.436
	平均值	0.381	0.397	0.454	0.482	0.523	0.532	0.541	0.547	0.562	0.491	1.477
西部地区	内蒙古	0.394	0.401	0.480	0.382	0.533	0.487	0.450	0.450	0.518	0.455	1.313
	广西	0.359	0.392	0.401	0.423	0.479	0.509	0.522	0.510	0.539	0.459	1.502
	重庆	0.380	0.397	0.429	0.471	0.568	0.594	0.605	0.619	0.631	0.522	1.662
	四川	0.354	0.412	0.423	0.449	0.566	0.599	0.611	0.592	0.603	0.512	1.704
	贵州	0.246	0.268	0.323	0.352	0.401	0.432	0.451	0.434	0.450	0.373	1.834
	云南	0.297	0.320	0.327	0.327	0.384	0.402	0.408	0.441	0.431	0.371	1.452
	陕西	0.372	0.380	0.382	0.452	0.489	0.466	0.524	0.519	0.509	0.455	1.367
	甘肃	0.262	0.265	0.320	0.358	0.386	0.405	0.405	0.412	0.415	0.359	1.584
	青海	0.296	0.294	0.285	0.375	0.360	0.284	0.252	0.286	0.373	0.312	1.262
	宁夏	0.422	0.435	0.516	0.524	0.557	0.549	0.547	0.578	0.593	0.525	1.405
	新疆	0.337	0.332	0.376	0.390	0.384	0.376	0.395	0.428	0.421	0.382	1.249
	平均值	0.338	0.354	0.387	0.409	0.464	0.464	0.470	0.479	0.498	0.429	1.475
东北地区	辽宁	0.424	0.448	0.498	0.536	0.535	0.511	0.442	0.425	0.471	0.477	1.112
	吉林	0.395	0.390	0.424	0.342	0.488	0.467	0.429	0.474	0.497	0.434	1.260
	黑龙江	0.274	0.279	0.268	0.327	0.370	0.359	0.382	0.373	0.433	0.341	1.581
	平均值	0.364	0.373	0.396	0.402	0.464	0.446	0.418	0.424	0.467	0.417	1.283

由表 6-16、表 6-17、表 6-18 中的相关数据可以看出，2013—2021 年，我国 30 个省份基于获得感的各类居民福利水平发展变化的充分程度，具有如下特点。

（一）从总体来看，我国 30 个省份基于获得感的全体居民福利水平发展变化的充分程度正在逐年提升

从我国 30 个省份全体居民各年充分系数来看，各年的充分系数数值均相对于上一年有所提升，2021 年的充分系数定基发展速度除北京外都大于 1，说明我国各省份全体居民基于获得感的福利水平发展变化的充分程度正在逐年提高，与先进省份的差距正在逐渐缩小。从各地区全体居民充分系数的时期平均数来看，东部地区为 0.804，中部地区为 0.577，西部地区为 0.579，东北地区为 0.637（见表 6-16），说明我国中部、西部和东北地区各省份基于获得感的全体居民福利水平，与先进地区的差距依然较大，居民福利的增进任务较重。

（二）从城乡来看，各地区城镇居民基于获得感的福利水平发展变化的充分程度高于农村居民

从各地区城乡居民基于获得感的福利水平发展变化充分系数时期平均值来看，东部地区的城镇居民为 0.866、农村居民为 0.740，城乡差距为 0.126；中部地区的城镇居民为 0.704、农村居民为 0.491，城乡差距为 0.213；西部地区的城镇居民为 0.734、农村居民为 0.429，城乡差距为 0.305；东北地区的城镇居民为 0.757、农村居民为 0.417，城乡差距为 0.340（见表 6-17、表 6-18）。我国各地区城乡居民基于获得感的福利水平发展变化的充分程度，城镇居民均高于农村居民，且东北地区的城乡差异高于其他地区。

（三）从我国 30 个省份来看，部分省份存在基于获得感的居民福利水平发展变化的充分程度下降的情况

由表 6-16、表 6-17、表 6-18 中的相关数据可以看出，北京市的全体居民、城镇居民和农村居民，2021 年充分系数的定基发展速度均小于 1，天津市和浙江省的农村居民 2021 年充分系数的定基发展速度也小于 1。说明 2021 年相较于 2013 年，北京市城乡居民基于获得感的福利水平，与先进地区的差距正在加大；天津市和浙江省农村居民基于获得感的福利水平，与先进地区的差距也在加大。

第三节　基于获得感的中国居民福利水平增进路径分析——以北京市为例

基于获得感的居民福利增进路径分析，是在根据其不合理发展状态的表现来确立居民福利水平增进目标的基础上，运用相应的居民福利水平发展变化不合理成因分析模型和居民福利水平增进对策分析模型，所开展的基于获得感的居民福利水平增进对策分析工作。由于在基于获得感的居民福利水平发展变化过程中，各省份所存在的不递增、不平衡、不充分问题不尽相同、成因各异，所采取的对策也应具有针对性，所以，这里我们仅以北京市为例，来说明基于获得感的居民福利水平增进目标分析模型、居民福利水平发展变化不合理成因分析模型和居民福利水平增进对策分析模型运用的方法与步骤。由于城镇居民和农村居民福利水平的增进，必然带来全体居民福利水平的增进，所以，基于获得感的居民福利水平增进路径分析，我们仅以城镇居民和农村居民为对象。

一　北京市基于获得感的居民福利增进目标分析

由我国30个省份基于获得感的居民福利水平发展变化的递增性、平衡性和充分性分析可以看出，2013—2021年，北京市基于获得感的居民福利水平发展变化的不递增、不平衡、不充分等方面的问题，都有所表现。其中，北京市基于获得感的居民福利水平发展变化的不递增问题，主要存在于2018年和2020年，因2021年已得到扭转，可不再关注；基于获得感的居民福利水平发展变化的不平衡、不充分现象，是北京市居民福利增进目前需要解决的两个主要问题。从北京市基于获得感的居民福利水平发展变化的不平衡问题来看，其主要表现为农村居民基于获得感的福利水平相对于全体居民偏低，而北京市基于获得感的居民福利水平发展变化的不充分问题，则具体体现为2020年、2021年，北京市城镇居民相对于浙江省城镇居民基于获得感的福利水平偏低；2013—2021年，相对于上海市农村居民，北京市农村居民基于获得感的福利水平偏低。

这样，从提升北京市基于获得感的城乡居民福利水平发展变化的平衡性和充分性出发，北京市基于获得感的城镇居民福利水平的增进，自然应以浙江省基于获得感的城镇居民福利水平为目标。而北京市基于获得感的农村居民福利水平的增进,从提升平衡性来讲,应以北京市基于获得感的全体居民福利水平为目标,从提升充分性来讲,应以上海市基于获得感的农村居民福利水平为目标,具体应从这两个目标中选用哪个,则需要利用基于获得感的居民福利增进目标分析模型,做进一步的分析。其模型的基本形式为:

$$DWBE_{cti} = W_{ct1} - W_{cti} \tag{6-5}$$

$$DWAE_{cti} = \max W_{cti} - W_{cti} \tag{6-6}$$

分析规则为:在依据北京市基于获得感的居民福利水平发展变化的不平衡、不充分的现状,来确定农村居民获得感福利水平的增进目标时,应选取 $DWBE_{ct3}$、$DWAE_{ct3}$ 中最小的那个 $DWBE_{ct3}$ 或 $DWAE_{ct3}$ 所对应 W_{ct1} 或 $\max W_{ct3}$,作为北京市农村居民基于获得感的福利水平增进目标。

如此,将北京市和上海市的相关统计数据代入式(6-5)、式(6-6),可测算出北京市农村居民与全体居民、北京市农村居民与上海市农村居民基于获得感的福利水平偏差,并可按照循序渐进的原则,对北京市基于获得感的农村居民福利水平增进目标进行分析,如表6-19所示。

表 6-19　北京市基于获得感的农村居民福利水平增进目标分析

年份 项目	平衡性增进目标分析			充分性增进目标分析		
	W_{ct1}	W_{ct3}	$DWBE_{ct3}$	$\max W_{ct3}$	W_{ct3}	$DWAE_{ct3}$
2013	1.7339	0.9849	0.7490	1.1364	0.9849	0.1515
2014	1.7864	1.0306	0.7558	1.1892	1.0306	0.1586
2015	1.8615	1.0863	0.7752	1.2451	1.0863	0.1587
2016	1.8900	1.1179	0.7721	1.2679	1.1179	0.1499
2017	1.9262	1.2075	0.7187	1.3208	1.2075	0.1133
2018	1.9195	1.2942	0.6253	1.4079	1.2942	0.1137
2019	1.9805	1.3031	0.6775	1.4833	1.3031	0.1803
2020	1.8025	1.2278	0.5747	1.5374	1.2278	0.3095
2021	1.9007	1.3029	0.5978	1.6953	1.3029	0.3924

表 6-19 中的相关数据表明,如果将北京市基于获得感的全体居民福利水平作为增进目标,2021 年需将北京市基于获得感的农村居民福利水平提升 0.5978,如果将上海市基于获得感的农村居民福利水平作为增进目标,2021 年需将北京市基于获得感的农村居民福利水平提升 0.3924。消除不平衡现象所需的农村居民福利水平提升幅度,是消除不充分现象所需的农村居民福利水平提升幅度的 1.52 倍。相对而言,将北京市基于获得感的全体居民福利水平作为北京市农村居民福利水平的增进目标,

难度更大,即使将上海市基于获得感的农村居民福利水平作为北京市农村福利水平的增进目标,也是很难一步到位的。

考虑到农村居民福利水平的快速增进,不但可以提升农村居民福利水平发展变化的充分程度,也可改善城乡居民福利水平发展变化的不平衡程度,所以,按照循序渐进的原则,在北京市基于获得感的农村居民福利水平的增进过程中,应从提升农村居民福利水平发展变化的充分性入手,将上海市农村居民福利水平作为北京市农村居民福利水平的增进目标。

如此,北京市基于获得感的城乡居民福利水平的增进,应基于城镇居民和农村居民福利水平发展变化的充分程度的提升,将浙江省城镇居民福利水平作为北京市城镇居民福利水平的增进目标,将上海市农村居民福利水平作为北京市农村居民福利水平增进目标。

二 北京市基于获得感的城乡居民福利水平发展变化不充分的成因分析

基于获得感的居民福利水平发展变化不充分成因分析,是在利用基于获得感的居民福利水平发展变化不充分成因分析模型,来测算本地区与先进地区的居民福利水平偏差与各居民福利水平影响因素偏差的比较相对数的基础上,根据该偏差比较相对数的内涵,对基于获得感的居民福利影响因素,是否是本地区基于获得感的居民福利水平发展变化不充分的形成原因,所开展的相关分析。

(一)模型的基本形式和分析规则

按照居民福利影响因素,基于获得感的居民福利水平发展变化不充分成因分析模型,分为着眼于人均现金消费总支出的基于获得感的居民福利水平发展变化不充分成因分析模型 $RNID_{Wc\tilde{E}ti}$、着眼于各种消费定基价格指数的基于获得感的居民福利水平发展变化不充分成因分析模型 $RNID_{Wc\tilde{p}ti}$ 和着眼于各种生活消费活动公共服务享用量的基于获得感的居民福利水平发展变化不充分成因分析模型 $RNID_{Wc\tilde{g}tij}$、$RNID_{Wc\tilde{g}tijh}$。上述模型的基本形式为:

$$RNID_{Wc\tilde{E}ti} = \frac{W_{cti} - \max W_{cti}}{\tilde{E}_{ti} - \max \tilde{E}_{ti}} \quad (6-7)$$

$$RNID_{Wc\tilde{p}tij} = \frac{W_{cti} - \max W_{cti}}{\tilde{p}_{tij} - \max \tilde{p}_{tij}} \quad (6-8)$$

$$RNID_{Wc\tilde{g}tij} = \frac{W_{cti} - \max W_{cti}}{\tilde{g}_{tij} - \max \tilde{g}_{tij}} \quad (6-9)$$

$$RNID_{Wc\tilde{g}tijh} = \frac{W_{cti} - \max W_{cti}}{\tilde{g}_{tijh} - \max \tilde{g}_{tijh}} \quad (6-10)$$

分析规则为：当 $RNID_{Wc\tilde{E}ti}$、$RNID_{Wc\tilde{g}tij}$、$RNID_{Wc\tilde{g}tijh}$ 的数值为正以及 $RNID_{Wc\tilde{p}ti}$ 的数值为负时，偏低的 $\tilde{E}_{ti}$、$\tilde{g}_{tij}$、$\tilde{g}_{tijh}$ 以及偏高的 $\tilde{p}_{tij}$，是导致本地区该居民基于获得感的居民福利水平发展变化不充分的一个原因；当 $RNID_{Wc\tilde{E}ti}$、$RNID_{Wc\tilde{g}tij}$、$RNID_{Wc\tilde{g}tijh}$ 的数值为正且小于 1 以及 $RNID_{Wc\tilde{p}ti}$ 的数值为负且绝对值小于 1 时，偏低的 $\tilde{E}_{ti}$、$\tilde{g}_{tij}$、$\tilde{g}_{tijh}$ 以及偏高 $\tilde{p}_{tij}$，是导致本地区该居民基于获得感的居民福利水平发展变化不充分的一个主要原因；当 $RNID_{Wc\tilde{E}ti}$、$RNID_{Wc\tilde{g}tij}$、$RNID_{Wc\tilde{g}tijh}$ 的数值为正且大于等于 1 以及 $RNID_{Wc\tilde{p}ti}$ 的数值为负且绝对值大于等于 1 时，偏低的 $\tilde{E}_{ti}$、$\tilde{g}_{tij}$、$\tilde{g}_{tijh}$ 以及偏高的 $\tilde{p}_{tij}$，是导致本地区该居民基于获得感的居民福利水平发展变化不充分的一个次要原因。

（二）北京市基于获得感的城镇居民福利水平发展变化不充分的成因分析

将北京市和浙江省（先进省份）城镇居民的相关统计数据代入式（6-7）、式（6-8）、式（6-9），可以测算出北京市与浙江省基于获得感的城镇居民福利水平偏差，与城镇居民相对于他人的人均现金消费总支出 $\tilde{E}_{t2}$、城镇居民相对于他人的各种消费定基价格指数 $\tilde{p}_{t2j}$、城镇居民相对于他人的各种生活消费活动公共服务享用量 $\tilde{g}_{t2j}$ 偏差的比较相对数 $RNID_{Wc\tilde{E}t2}$、$RNID_{Wc\tilde{p}t2j}$ 和 $RNID_{Wc\tilde{g}t2j}$；并可据此利用居民福利水平发展变化不充分的成因分析规则，对北京市基于获得感的城镇居民福利水平发展变化不充分的成因进行分析，如表 6-20 所示。

由表 6-20 中的相关数据可以看出，2021 年，城镇居民福利水平偏差与相对于他人的社会交往活动公共服务享用量偏差的比较相对数、城镇居民福利水平偏差与相对于他人的人均现金消费总支出偏差的比较相对数等指标的数值为正且都小于 1，说明偏低的城镇居民相对于他人的人均现金消费总支出、偏低的城镇居民相对于他人的社会交往活动公共服务享用量，是导致北京市基于获得感的城镇居民福利水平发展变化不充分的主要原因；城镇居民福利水平偏差与相对于他人的社会交往消费定基价格指数偏差的比较相对数、城镇居民福利水平偏差与相对于他人的医疗保健消费定基价格指数偏差的比较相对数等指标的数值为负且绝对值都大于 1，说明偏高的城镇居民相对于他人的社会交往消费定基价格指数、

表 6-20　着眼于各因素的北京市城镇居民获得感福利水平发展变化不充分成因分析

年份\项目	$RNID_{W\bar{c}E t2}$	$RNID_{W\bar{c}\bar{p} t21}$	$RNID_{W\bar{c}\bar{p} t22}$	$RNID_{W\bar{c}\bar{p} t23}$	$RNID_{W\bar{c}\bar{p} t24}$	$RNID_{W\bar{c}\bar{g} t21}$	$RNID_{W\bar{c}\bar{g} t22}$	$RNID_{W\bar{c}\bar{g} t23}$	$RNID_{W\bar{c}\bar{g} t24}$
2020	0.3631	1.0222	-8.6330	1.1814	-0.5500	-1.0731	0.0974	-0.1183	0.1728
2021	0.3449	2.2281	-8.2972	1.5577	-1.4210	-2.9348	0.1567	-0.2706	-3.4214

城镇居民相对于他人的医疗保健消费定基价格指数,是导致北京市基于获得感的城镇居民福利水平发展变化不充分的次要原因。

为了进一步分析城镇居民相对于他人的社会交往活动公共服务享用量构成因素中,哪些是导致北京市城镇居民基于获得感的福利水平发展变化不充分的原因,可在此基础上,利用北京市和浙江省的相关统计数据和式(6-10),来测算北京市城镇居民基于获得感的福利水平偏差与社会交往各种公共服务享用量偏差的比较相对数,如表6-21所示。

表6-21　　　　着眼于 $\tilde{g}_{t22h}$ 的北京市城镇居民获得感福利水平发展变化不充分成因分析

年份 项目	$RNID_{Wc\tilde{g}t221}$	$RNID_{Wc\tilde{g}t222}$	$RNID_{Wc\tilde{g}t223}$
2020	0.0515	0.0630	−0.0769
2021	0.1281	0.0534	−0.1831

表6-21中的相关数据表明,城镇居民福利水平偏差与相对于他人的人均道路面积偏差的比较相对数、城镇居民福利水平偏差与相对于他人的万人均公共交通运营里程偏差的比较相对数等指标的数值为正且小于1,说明在城镇居民社会交往活动各种公共服务享用量中,偏低的城镇居民相对于他人的人均道路面积、偏低城镇居民相对于他人的万人均公共交通运营里程,是导致北京市基于获得感的城镇居民福利水平发展变化不充分的主要原因。

这样,综合来看,偏低的城镇居民相对于他人的人均现金消费总支出、城镇居民相对于他人的人均道路面积、城镇居民相对于他人的万人均公共交通运营里程,是导致北京市城镇居民基于获得感的福利水平发展变化不充分的主要原因;偏高的城镇居民相对于他人的社会交往消费定基价格指数、城镇居民相对于他人的医疗保健消费定基价格指数,是导致北京市基于获得感的城镇居民福利水平发展变化不充分的次要原因。

(三)北京市基于获得感的农村居民福利水平发展变化不充分的成因分析

将北京市和上海市农村居民的相关统计数据代入式(6-7)、式(6-8)、式(6-9),可以得到北京市与上海市基于获得感的农村居民福利水平偏差与福利水平各影响因素偏差的比较相对数,并可据此利用居民福利水平发展变化不充分的成因分析规则,对北京市基于获得感的农村居民福利水平发展变化不充分的成因进行分析,如表6-22所示。

表6-22　着眼于各因素的北京市农村居民获得感福利水平发展变化不充分成因分析

项目 年份	$RNID_{W_c\bar{E}i3}$	$RNID_{W_c\bar{p}i31}$	$RNID_{W_c\bar{p}i32}$	$RNID_{W_c\bar{p}i33}$	$RNID_{W_c\bar{p}i34}$	$RNID_{W_c\bar{g}i31}$	$RNID_{W_c\bar{g}i32}$	$RNID_{W_c\bar{g}i33}$	$RNID_{W_c\bar{g}i34}$
2013	-7.9679	-44.4708	10.7798	-4.0592	-38.4489	0.3534	-0.4007	0.3399	-1.0099
2014	88.6699	15.1512	6.8912	-3.0333	80.3325	0.3937	-0.4378	0.2758	-1.0584
2015	9.3354	5.3995	-5.5093	-2.7502	-77.6580	0.3540	-0.6641	0.5376	-1.0948
2016	12.6490	3.5602	-6.2754	-11.9415	2.3800	0.3254	-0.4592	0.6102	-1.0463
2017	-10.7591	2.3519	-5.6269	-4.1545	1.9278	0.3023	0.2023	-0.7357	-0.7774
2018	1.1079	2.9282	9.1386	-3.3986	2.1273	0.4179	0.3256	-0.2535	-0.7557
2019	3.4556	3.8654	9.9593	-5.6947	-47.8771	0.4101	0.7523	-0.6006	-1.1476
2020	1.3309	6.1008	12.2998	-6.4973	-6.1659	0.6039	0.9363	-1.4567	-2.3841
2021	0.9171	7.3510	24.4446	-13.8582	-6.3820	0.7734	0.9858	-0.7752	-3.3453

由表6-22中的相关数据可以看出，近年来，农村居民福利水平偏差与相对于他人的人均现金消费总支出偏差的比较相对数、农村居民福利水平偏差与相对于他人的基本生活活动公共服务享用量偏差的比较相对数、农村居民福利水平偏差与相对于他人的社会交往活动公共服务享用量偏差的比较相对数等指标的数值为正且小于1，说明偏低的农村居民相对于他人的人均现金消费总支出、偏低的农村居民相对于他人的基本生活活动公共服务享用量和偏低的农村居民相对于他人的社会交往活动公共服务享用量，是导致北京市基于获得感的农村居民福利水平发展变化不充分的主要原因；农村居民福利水平偏差与相对于他人的文教娱乐消费定基价格指数偏差的比较相对数、农村居民福利水平偏差与相对于他人的医疗保健消费定基价格指数偏差的比较相对数等指标的数值为负且绝对值大于1，说明偏高的农村居民相对于他人的文教娱乐消费定基价格指数和偏高的农村居民相对于他人的医疗保健消费定基价格指数，是导致北京市基于获得感的农村居民福利水平发展变化不充分的次要原因。

将北京市和上海市农村居民基本生活活动各种公共服务享用量、社会交往活动各种公共服务享用量等指标数据代入式（6-10），可进一步测算北京市和上海市农村居民福利水平偏差与农村居民基本生活活动各种公共服务享用量偏差、农村居民社会交往活动各种公共服务享用量偏差的比较相对数，并可利用上述分析规则，从公共服务享用方面，对导致北京市农村居民基于获得感的居民福利水平发展变化不充分的主要原因的具体影响因素做进一步的分析，如表6-23所示。

表6-23　　着眼于 $\tilde{g}_{t31}$ 和 $\tilde{g}_{t32}$ 北京市农村居民获得感福利水平发展变化不充分成因分析

项目 年份	基本生活活动公共服务享用量				社会交往活动公共服务享用量		
	$RNID_{Wc\bar{g}t311}$	$RNID_{Wc\bar{g}t312}$	$RNID_{Wc\bar{g}t313}$	$RNID_{Wc\bar{g}t314}$	$RNID_{Wc\bar{g}t321}$	$RNID_{Wc\bar{g}t322}$	$RNID_{Wc\bar{g}t323}$
2013	2.0813	0.2314	0.2269	1.9445	-0.2017	1.3282	-0.3625
2014	3.2504	0.2742	0.2374	1.7539	-0.2277	1.8990	-0.3939
2015	3.0959	0.2762	0.2197	0.6695	-1.4694	1.2186	-0.2183
2016	1.4561	0.2317	0.2234	0.7185	-0.6307	0.8329	-0.1630
2017	3.6318	0.1840	0.2080	0.6945	0.0559	0.4765	-0.0929
2018	-3.2859	0.1627	0.4101	9.2143	0.0860	0.4279	-0.2491

续表

年份\项目	基本生活活动公共服务享用量				社会交往活动公共服务享用量		
	$RNID_{Wc\bar{g}t311}$	$RNID_{Wc\bar{g}t312}$	$RNID_{Wc\bar{g}t313}$	$RNID_{Wc\bar{g}t314}$	$RNID_{Wc\bar{g}t321}$	$RNID_{Wc\bar{g}t322}$	$RNID_{Wc\bar{g}t323}$
2019	12.2497	0.2771	0.2192	−7.4457	0.1131	−0.2841	−0.5120
2020	9.0438	0.4548	0.3057	18.2185	0.1770	−0.4346	−1.3189
2021	12.8738	0.6401	0.3706	25.0690	0.2121	−0.5573	−2.6242

由表 6-23 中的相关数据可以看出，在农村居民基本生活活动公共服务享用方面，近年来，农村居民福利水平偏差与相对于他人的燃气普及率偏差的比较相对数、农村居民福利水平偏差与相对于他人的污水处理率偏差的比较相对数等指标的数值为正且小于 1，说明偏低的农村居民相对于他人的燃气普及率、偏低的农村居民相对于他人的污水处理率，是导致北京市农村居民基于获得感的居民福利水平发展变化不充分的主要原因；农村居民福利水平偏差与相对于他人的供水普及率偏差的比较相对数、农村居民福利水平偏差与相对于他人的生活垃圾处理率偏差的比较相对数等指标的数值为正且大于 1，说明偏低的农村居民相对于他人的供水普及率、农村居民相对于他人的生活垃圾处理率，是导致北京市农村居民基于获得感的居民福利水平发展变化不充分的次要原因。

在农村居民社会交往活动公共服务享用方面，近年来，只有农村居民福利水平偏差与相对于他人的人均道路面积偏差的比较相对数的数值为正，而且数值小于 1，所以，偏低的农村居民相对于他人的人均道路面积，是导致北京市农村居民基于获得感的居民福利水平发展变化不充分的主要原因。

这样，综合来看，偏低的农村居民相对于他人的人均现金消费总支出、偏低的农村居民相对于他人的燃气普及率、偏低的农村居民相对于他人的污水处理率以及偏低的农村居民相对于他人的人均道路面积，是导致北京市农村居民基于获得感的居民福利水平发展变化不充分的主要原因；偏低的农村居民相对于他人的供水普及率、偏低的农村居民相对于他人的生活垃圾处理率以及偏高的农村居民相对于他人的文教娱乐消费定基价格指数、农村居民相对于他人的医疗保健消费定基价格指数，是导致北京市农村居民基于获得感的福利水平发展变化不充分的次要原因。

三 北京市基于获得感的城乡居民福利水平增进对策分析

根据北京市城镇居民和农村居民基于获得感的福利水平发展变化不

充分的成因，可采用基于获得感的居民福利增进对策分析模型，对北京市城镇居民和农村居民基于获得感的福利水平增进对策进行分析。这种分析将以主要成因因素为主，并在组合对策中考虑各种次要因素的调控。

（一）基于获得感的居民福利增进对策模型的选用

上述分析表明，偏低的城镇居民相对于他人的人均现金消费总支出、城镇居民相对于他人的人均道路面积和城镇居民相对于他人的万人均公共交通运营里程，是导致北京市基于获得感的城镇居民福利水平发展变化不充分的主要原因；偏低的农村居民相对于他人的人均现金消费总支出、农村居民相对于他人的燃气普及率、农村居民相对于他人的污水处理率以及农村居民相对于他人的人均道路面积，是导致北京市基于获得感的农村居民福利水平发展变化不充分的主要原因。从而，北京市城镇居民和农村居民基于获得感的福利水平的增进对策分析，可自居民福利水平增进对策分析模型体系中，选用着眼于人均现金消费总支出的基于获得感的居民福利增进对策分析模型、着眼于各种公共服务享用量的基于获得感的居民福利增进对策分析模型和着眼于经济发展和收入分配的基于获得感的居民福利增进对策分析模型。上述模型的基本形式为：

$$E_{Wcti} = \left(\frac{\tilde{p}_{ti1}}{\tilde{\alpha}_{ti1}\tilde{g}_{ti1}}\right)^{\alpha_{ti1}} \left(\frac{\tilde{p}_{ti2}}{\tilde{\alpha}_{ti2}\tilde{g}_{ti2}}\right)^{\alpha_{ti2}} \left(\frac{\tilde{p}_{ti3}}{\tilde{\alpha}_{ti3}\tilde{g}_{ti3}}\right)^{\alpha_{ti3}} \left(\frac{\tilde{p}_{ti4}}{\tilde{\alpha}_{ti4}\tilde{g}_{ti4}}\right)^{\alpha_{ti4}} \overline{W}_{cti}^2 E_{011} \quad (6-11)$$

$$g_{Wctijh} = \frac{g_{011jh}}{\tilde{g}_{tij1}\cdots\tilde{g}_{tij(h-1)}\ \tilde{g}_{tij(h+1)}\cdots\tilde{g}_{tin}} \left(\frac{\tilde{p}_{ti1}^{\alpha_{ti1}}\tilde{p}_{ti2}^{\alpha_{ti2}}\tilde{p}_{ti3}^{\alpha_{ti3}}\tilde{p}_{ti4}^{\alpha_{ti4}}\overline{W}_{cti}^2}{\tilde{\alpha}_{ti1}^{\alpha_{ti1}}\tilde{\alpha}_{ti2}^{\alpha_{ti2}}\tilde{\alpha}_{ti3}^{\alpha_{ti3}}\tilde{\alpha}_{ti4}^{\alpha_{ti4}}\tilde{g}_{ti1}^{\alpha_{ti1}}\cdots\tilde{g}_{ti(j-1)}^{\alpha_{ti(j-1)}}\ \tilde{g}_{ti(j+1)}^{\alpha_{ti(j+1)}}\cdots\tilde{g}_{ti4}^{\alpha_{ti4}}\tilde{E}_{ti}}\right)^{\frac{n}{\alpha_{tij}}} \quad (6-12)$$

$$y_{Wct} = \frac{\tilde{p}_{ti1}^{\alpha_{ti1}}\tilde{p}_{ti2}^{\alpha_{ti2}}\tilde{p}_{ti3}^{\alpha_{ti3}}\tilde{p}_{ti4}^{\alpha_{ti4}}\overline{W}_{cti}^2 E_{011}}{\tilde{\alpha}_{ti1}^{\alpha_{ti1}}\tilde{\alpha}_{ti2}^{\alpha_{ti2}}\tilde{\alpha}_{ti3}^{\alpha_{ti3}}\tilde{\alpha}_{ti4}^{\alpha_{ti4}}\tilde{g}_{ti1}^{\alpha_{ti1}}\tilde{g}_{ti2}^{\alpha_{ti2}}\tilde{g}_{ti3}^{\alpha_{ti3}}\tilde{g}_{ti4}^{\alpha_{ti4}}\beta_{tic}\theta_{ti}} \quad (6-13)$$

$$\theta_{Wcti} = \frac{\tilde{p}_{ti1}^{\alpha_{ti1}}\tilde{p}_{ti2}^{\alpha_{ti2}}\tilde{p}_{ti3}^{\alpha_{ti3}}\tilde{p}_{ti4}^{\alpha_{ti4}}\overline{W}_{cti}^2 E_{011}}{\tilde{\alpha}_{ti1}^{\alpha_{ti1}}\tilde{\alpha}_{ti2}^{\alpha_{ti2}}\tilde{\alpha}_{ti3}^{\alpha_{ti3}}\tilde{\alpha}_{ti4}^{\alpha_{ti4}}\tilde{g}_{ti1}^{\alpha_{ti1}}\tilde{g}_{ti2}^{\alpha_{ti2}}\tilde{g}_{ti3}^{\alpha_{ti3}}\tilde{g}_{ti4}^{\alpha_{ti4}}\beta_{tic}y_t} \quad (6-14)$$

其中，E_{Wcti} 为 t 期第 i 类居民实现基于获得感的福利水平增进目标，所需的人均现金消费总支出提升目标值；g_{Wctijh} 为 t 期第 i 类居民实现基于获得感的福利水平增进目标，所需的第 j 种生活消费活动第 h 项公共服务享用量提升目标值；y_{Wct} 为 t 期第 i 类居民实现基于获得感的福利水平增进目标,所需的本地区人均地区生产总值提升目标值;θ_{Wcti} 为 t 期第 i 类居民实现基于获得感的福利水平增进目标,所需的该居民人均可支配收入占本地区人均地区生产总值比重的调控目标值。

需要说明的是,在式(6-13)、式(6-14)运用之前,还需就本地区和目标地区的人均地区生产总值和人均可支配收入占人均地区生产总值的比重进行对比分析,并针对本地区相对目标地区相对偏低的人均地区生产总值和人均可支配收入占人均地区生产总值的比重进行增进目标分析。

(二)北京市基于获得感的城镇居民福利水平增进对策分析

根据北京市基于获得感的城镇居民福利水平的增进目标和发展变化不充分的成因,可从人均现金消费总支出、各种社会交往活动公共服务享用量以及经济发展和收入分配等方面,运用相关对策分析模型对北京市基于获得感的城镇居民福利水平增进对策进行分析。

1. 着眼于人均现金消费总支出的北京市城镇居民基于获得感的福利水平增进对策分析

由于北京市城镇居民基于获得感的福利水平发展变化不充分,是多种成因共同作用的结果,所以,利用收集与整理的相关统计数据和式(6-11),可对单一人均现金消费总支出提升对策(其他主要和次要成因因素不变)和组合对策(如将其他主要和次要成因因素本地区与先进地区的差距缩减50%、缩减为零等)进行分析。这样,在城镇居民相对于他人的社会交往活动公共服务享用量、城镇居民相对于他人的社会交往消费定基价格指数、城镇居民相对于他人的医疗保健消费定基价格指数等其他因素,北京市与浙江省的差距不变、缩减50%、缩减为零的条件下,将相关指标数据代入式(6-11),可测算出实现北京市基于获得感的城镇居民福利水平增进目标,所需的人均现金消费总支出提升目标值,并可据此对着眼于人均现金消费总支出的北京市城镇居民基于获得感的福利水平增进对策进行分析,如表6-24所示。

表6-24 着眼于 E_{t2} 的北京市城镇居民获得感福利水平增进对策分析

年份 项目	其他因素差距不变			其他因素差距缩减50%			其他因素差距缩减为零		
	E_{Wct2}(元)	$\dfrac{E_{Wct2}}{E_{ti}}$	$\dfrac{E_{Wct2}}{\max E_{ti}}$	E_{Wct2}(元)	$\dfrac{E_{Wct2}}{E_{ti}}$	$\dfrac{E_{Wct2}}{\max E_{ti}}$	E_{Wct2}(元)	$\dfrac{E_{Wct2}}{E_{ti}}$	$\dfrac{E_{Wct2}}{\max E_{ti}}$
2020	27784	1.0556	0.9964	27123	1.0305	0.9727	26541	1.0084	0.9518

续表

年份	项目	其他因素差距不变 E_{Wct2}（元）	其他因素差距不变 $\dfrac{E_{Wct2}}{E_{ti}}$	其他因素差距不变 $\dfrac{E_{Wct2}}{\max E_{ti}}$	其他因素差距缩减50% E_{Wct2}（元）	其他因素差距缩减50% $\dfrac{E_{Wct2}}{E_{ti}}$	其他因素差距缩减50% $\dfrac{E_{Wct2}}{\max E_{ti}}$	其他因素差距缩减为零 E_{Wct2}（元）	其他因素差距缩减为零 $\dfrac{E_{Wct2}}{E_{ti}}$	其他因素差距缩减为零 $\dfrac{E_{Wct2}}{\max E_{ti}}$
2021		33096	1.1255	0.9951	32049	1.0898	0.9636	31175	1.0601	0.9373

表6-24中的相关数据表明，在其他因素与浙江省的差距不变时，2021年北京市城镇居民的人均现金消费总支出提升目标值，与北京市实际值的比值为1.1255，与浙江省实际值的比值为0.9951；在将其他因素与浙江省的差距缩减50%时，2021年北京市城镇居民的人均现金消费总支出提升目标值，与北京市实际值的比值为1.0898，与浙江省实际值的比值为0.9636；在将其他因素与浙江省的差距缩减为零时，2021年北京市城镇居民的人均现金消费总支出提升目标值，与北京市实际值的比值为1.0601，与浙江省实际值的比值为0.9373。说明伴随着其他因素与浙江省的差距的缩小，北京市实现城镇居民基于获得感的增进目标，所需的城镇居民人均现金消费总支出提升幅度正在不断缩小，且无须达到浙江省城镇居民人均现金消费总支出水平，组合对策效果明显高于单一对策。

2. 着眼于社会交往活动公共服务水平的北京市城镇居民基于获得感的福利水平增进对策分析

着眼于各种社会交往活动公共服务的北京市城镇居民基于获得感的福利水平发展变化不充分成因分析所得结论表明，北京市城镇居民的人均道路面积、万人均公共交通运营里程偏低，是导致北京市城镇居民基于获得感的福利水平发展变化不充分的具体原因。这样，北京市城镇居民基于获得感的福利水平发展变化不充分的其他主要与次要因素，在与浙江省城镇居民的差距不变、缩减50%、缩减为零的条件下，将北京市与浙江省相关统计数据代入式（6-12），可测算出实现北京市城镇居民基于获得感的福利水平增进目标，所需的城镇居民人均道路面积、万人均公共交通运营里程提升目标值，并可据此对着眼于人均道路面积、万人均公共交通运营里程的北京市城镇居民基于获得感的居民福利水平提升对策进行分析，如表6-25、表6-26所示。

第六章 基于获得感的中国居民福利统计评估 / 189

表 6-25 着眼于 g_{t221} 的北京市城镇居民获得感福利水平增进对策分析

年份 项目	其他因素差距不变			其他因素差距缩减 50%			其他因素差距缩减为零		
	g_{Wct221}（m²）	g_{Wct221}/g_{t221}	$g_{Wct221}/\max g_{t221}$	g_{Wct221}（m²）	g_{Wct221}/g_{t221}	$g_{Wct221}/\max g_{t221}$	g_{Wct221}（m²）	g_{Wct221}/g_{t221}	$g_{Wct221}/\max g_{t221}$
2020	23.7322	2.9705	1.2482	10.8752	1.3612	0.5720	5.1232	0.6413	0.2695
2021	88.4595	10.9495	4.7941	16.7958	2.0790	0.9103	3.6887	0.4566	0.1999

表 6-26 着眼于 g_{t222} 的北京市城镇居民获得感福利水平增进对策分析

年份 项目	其他因素差距不变			其他因素差距缩减 50%			其他因素差距缩减为零		
	g_{Wct222}（公里）	g_{Wct222}/g_{t222}	$g_{Wct222}/\max g_{t222}$	g_{Wct222}（公里）	g_{Wct222}/g_{t222}	$g_{Wct222}/\max g_{t222}$	g_{Wct222}（公里）	g_{Wct222}/g_{t222}	$g_{Wct222}/\max g_{t222}$
2020	103.61	7.7821	6.1848	31.724	2.3827	1.8937	11.826	0.8882	0.7059
2021	384.78	28.686	16.797	60.240	4.4909	2.6297	11.997	0.8944	0.5237

由表 6-25、表 6-26 中的相关数据可以看出，在其他因素与浙江省的差距不变时，2021 年北京市城镇居民人均道路面积提升目标值与实际值的比值为 10.950、与浙江省实际值的比值为 4.7941，2021 年北京市万人均公共交通运营里程提升目标值与实际值的比值为 28.686、与浙江省实际值的比值为 16.797；在其他因素与浙江省的差距缩减 50% 时，2021 年北京市城镇居民人均道路面积提升目标值与实际值的比值为 2.0790、与浙江省实际值的比值为 0.9103，2021 年北京市万人均公共交通运营里程提升目标值与实际值的比值为 4.4909、与浙江省实际值的比值为 2.6297；在其他因素与浙江省的差距缩减为零时，2021 年北京市城镇居民人均道路面积提升目标值与实际值的比值为 0.4566、与浙江省实际值的比值为 0.1999，2021 年北京市万人均公共交通运营里程提升目标值与实际值的比值为 0.8944、与浙江省实际值的比值为 0.5237。说明伴随着其他成因因素北京市与浙江省差距的不断缩小，北京市实现城镇居民基于获得感

的福利水平增进目标，所需的城镇居民人均道路面积和万人均公共交通运营里程的提升幅度正在下降，且在其他因素与浙江省的差距缩减为零时，城镇居民人均道路面积和万人均公共交通运营里程均无须进行调整。由此可见，组合对策效果明显高于单一对策。

3. 着眼于经济发展与收入分配的北京市城镇居民基于获得感的福利水平增进对策分析

上述分析表明，城镇居民人均现金消费总支出水平的提升，是北京市城镇居民基于获得感的福利水平增进的一个重要对策，而城镇居民人均现金消费总支出作为人均可支配收入的一个使用去向、人均可支配收入作为人均地区生产总值的分配结果，人均现金消费支出的提升一要靠居民消费偏好的调整，二要靠人均可支配收入的提升，人均可支配收入则需通过人均地区生产总值的提高以及收入分配制度的改善来提升。

由表 6-27 中的相关数据可以看出，虽然 2020—2021 年，北京市城镇居民人均可支配收入占人均地区生产总值比重低于浙江省，但北京市的城镇居民人均可支配收入和人均地区生产总值均高于浙江省，因此，北京市城镇居民的人均现金消费支出低于浙江省，并不是因为北京市人均地区生产总值偏低以及城镇居民人均可支配收入占人均地区生产总值比重偏低，而是因为北京市城镇居民消费偏好（人均消费支出占人均可支配收入的比重）低于浙江省城镇居民。所以，北京市不用从经济发展与收入分配方面来寻找本市城镇居民基于获得感的福利水平提升对策，而应通过各种消费激励政策的制定与实施，来激发城镇居民的消费意愿，改善城镇居民的消费偏好。

4. 综合分析

从着眼于城镇居民人均现金消费总支出、城镇居民人均道路面积和万人均公共交通运营里程的提升，所进行的北京市城镇居民基于获得感的福利水平增进对策分析结果可以看出，单一对策效果均小于组合对策效果，所以，在北京市城镇居民基于获得感的福利水平增进过程中，应采用组合对策。

由于在其他因素与浙江省的差距不变时，实现 2021 年北京市城镇居民基于获得感的福利水平增进目标，所需的城镇居民人均现金消费总支出提升幅度为 12.55%；所需的城镇居民人均道路面积提升幅度为 994.95%，所需的万人均公共交通运营里程提升幅度为 2768.6%。所以，

表6-27　北京市与浙江省主要经济指标的对比分析

项目 年份	北京市 E_{t2}（元）	北京市 I_{t2}（元）	北京市 y_t（元）	北京市 β_{t2c}	北京市 θ_{t2}	浙江省 $\max E_{t2}$（元）	浙江省 $\max I_{t2}$（元）	浙江省 $\max y_t$（元）	浙江省 $\max\beta_{t2c}$	浙江省 $\max\theta_{t2}$	北京市与浙江省之差 $E_{t2}-\max E_{t2}$（元）	北京市与浙江省之差 $I_{t2}-\max I_{t2}$（元）	北京市与浙江省之差 $y_t-\max y_t$（元）	北京市与浙江省之差 $\beta_{t2c}-\max\beta_{t2c}$	北京市与浙江省之差 $\theta_{t2}-\max\theta_{t2}$
2020	26321	75602	164852	0.3482	0.4586	27884	62699	100067	0.4447	0.6266	−1563	12902	64785	−0.0966	−0.1680
2021	29407	81518	183963	0.3607	0.4431	33259	68487	112409	0.4856	0.6093	−3853	13031	71554	−0.1249	−0.1661

从单一对策效果来看,城镇居民人均现金消费总支出提升对策效果要好于城镇居民人均道路面积提升对策,城镇居民人均道路面积提升对策效果要好于万人均公共交通运营里程提升对策。因此,建议在北京市城镇居民基于获得感的福利水平提升过程中,采用城镇居民人均现金消费总支出的提升为主,其他因素提升为辅的策略。

在该策略实施过程中,从提升实际可操作性出发,建议将城镇居民人均道路面积、万人均公共交通运营里程、社会交往消费定基价格指数、医疗保健消费定基价格指数等,与浙江省城镇居民的差距缩减50%时的数值,以及此时的北京市城镇居民的人均现金消费总支出提升目标值,作为各因素提升目标。同时,鉴于北京市城镇居民人均现金消费总支出相对于浙江省偏低的原因,主要是北京市城镇居民消费偏好偏低,所以,也应将基于城镇居民消费偏好提升的各种消费激励政策,列入北京市城镇居民基于获得感的福利水平增进的组合对策之中。

(三) 北京市基于获得感的农村居民福利水平增进对策分析

同样,根据北京市基于获得感的农村居民福利水平的增进目标和发展变化不充分的主要原因,可从人均现金消费总支出、各种基本生活活动公共服务享用量、各种社会交往活动公共服务享用量以及经济发展和收入分配等方面,对北京市基于获得感的农村居民福利水平增进对策进行分析。

1. 着眼于人均现金消费总支出的北京市农村居民基于获得感的福利水平增进对策分析

鉴于北京市基于获得感的农村居民福利水平发展变化不充分,是多种因素综合作用的结果,所以,以上海市基于获得感的农村居民福利水平为增进目标,可在农村居民相对于他人的基本生活活动公共服务享用量、农村居民相对于他人的社会交往活动公共服务享用量、农村居民相对于他人的文教娱乐消费定基价格指数、农村居民相对于他人的医疗保健消费定基价格指数等其他因素,北京市与上海市差距不变、缩减50%、缩减为零的条件下,将相关指标数据代入式(6-11),可测算出实现北京市基于获得感的农村居民福利水平增进目标,所需的人均现金消费总支出提升目标值,并可据此着眼于人均现金消费总支出,对北京市农村居民基于获得感的福利水平增进对策进行分析,如表6-28所示。

表 6-28　着眼于 E_{t3} 的北京市农村居民获得感福利
水平增进对策分析

年份 \ 项目	其他因素差距不变			其他因素差距缩减 50%			其他因素差距缩减为零		
	E_{Wct3}（元）	$\dfrac{E_{Wct3}}{E_{t3}}$	$\dfrac{E_{Wct3}}{\max E_{t3}}$	E_{Wct3}（元）	$\dfrac{E_{Wct3}}{E_{t3}}$	$\dfrac{E_{Wct3}}{\max E_{t3}}$	E_{Wct3}（元）	$\dfrac{E_{Wct3}}{E_{t3}}$	$\dfrac{E_{Wct3}}{\max E_{t3}}$
2013	14340	1.3314	1.3579	12439	1.1548	1.1779	11109	1.0313	1.0519
2014	15608	1.3315	1.3292	13726	1.1710	1.1690	12378	1.0560	1.0542
2015	16527	1.3136	1.2942	14368	1.1420	1.1252	12845	1.0209	1.0059
2016	17208	1.2862	1.2737	15001	1.1212	1.1103	13475	1.0072	0.9974
2017	17281	1.1965	1.2063	15129	1.0475	1.0560	13503	0.9350	0.9426
2018	18496	1.1835	1.1033	16915	1.0823	1.0089	15608	0.9987	0.9310
2019	22370	1.2958	1.2539	19405	1.1240	1.0876	17232	0.9981	0.9658
2020	25109	1.5678	1.3507	21039	1.3137	1.1317	18210	1.1370	0.9795
2021	30331	1.6931	1.3391	25393	1.4174	1.1211	21954	1.2255	0.9692

由表 6-28 中的相关数据可以看出，在其他因素与上海市的差距不变时，2021 年北京市农村居民人均现金消费总支出提升目标值与实际值的比值为 1.6931、与上海市实际值的比值为 1.3391；在其他因素与上海市的差距缩减 50% 时，2021 年北京市农村居民人均现金消费总支出提升目标值与实际值的比值为 1.4174、与上海市实际值的比值为 1.1211；在其他因素与上海市的差距缩减为零时，2021 年北京市农村居民人均现金消费总支出提升目标值与实际值的比值为 1.2255、与上海市实际值的比值为 0.9692。

说明为了实现北京市农村居民基于获得感的福利水平增进目标，在其他因素与上海市的差距不变时，需将 2021 年的北京市农村居民的人均现金消费总支出提升 69.31%；在将其他因素与上海市的差距缩减 50% 时，需将 2021 年北京市农村居民的人均现金消费总支出提升 41.74%；在将其他因素与上海市的差距缩减为零时，需将 2021 年的北京市农村居民的人均现金消费总支出提升 22.55%。很明显，在其他因素与上海市的差距不变时，实现北京市农村居民基于获得感的福利水平增进目标，2021 年所需的北京市农村居民的人均现金消费总支出提升幅度，是很难实现的；即使在将其他因素与上海市的差距缩减为零时，2021 年所需的北京市农村居民的人均现金消费总支出提升幅度，在具体实施上也存在较大难度，但已具备了一定的可行性。

2. 着眼于基本生活活动公共服务享用量的北京市农村居民基于获得感的福利水平增进对策分析

北京市农村居民基于获得感的福利水平发展变化不充分的成因分析表明，在基本生活活动各种公共服务享用量中，偏低的农村居民相对于他人的燃气普及率、偏低的农村居民相对于他人的污水处理率，是导致北京市农村居民基于获得感的福利水平发展变化不充分的主要原因，偏低的农村居民相对于他人的供水普及率、偏低的农村居民相对于他人的生活垃圾处理率，是导致北京市农村居民基于获得感的福利水平发展变化不充分的次要原因。从而，以上海市农村居民福利水平为增进目标，在其他主次要因素与上海市农村居民的差距不变、缩减50%、缩减为零的条件下，通过将相关统计数据代入式（6-12），可测算出实现北京市基于获得感的农村居民福利水平增进目标，所需的农村居民燃气普及率、污水处理率提升目标值，并可据此来分析基于燃气普及率、污水处理率的北京市农村居民获得感福利水平增进对策，如表6-29、表6-30所示。

表6-29 着眼于 g_{t312} 的北京市农村居民获得感福利水平增进对策分析

年份 \ 项目	其他因素差距不变 g_{Wct312}	$\dfrac{g_{Wct312}}{g_{t312}}$	$\dfrac{g_{Wct312}}{\max g_{t312}}$	其他因素差距缩减50% g_{Wct312}	$\dfrac{g_{Wct312}}{g_{t312}}$	$\dfrac{g_{Wct312}}{\max g_{t312}}$	其他因素差距缩减为零 g_{Wct312}	$\dfrac{g_{Wct312}}{g_{t312}}$	$\dfrac{g_{Wct312}}{\max g_{t312}}$
2013	178.533	5.3836	2.6489	117.215	3.5346	1.7391	90.7665	2.7370	1.3467
2014	197.602	5.4724	2.9787	123.455	3.4190	1.8610	90.7465	2.5131	1.3679
2015	181.911	5.3716	2.8474	100.884	2.9790	1.5791	66.2319	1.9558	1.0367
2016	153.656	4.7441	2.3205	92.719	2.8627	1.4003	65.1678	2.0120	0.9842
2017	114.392	3.1896	1.6821	69.599	1.9406	1.0234	46.3950	1.2936	0.6822
2018	109.505	2.9422	1.4866	70.384	1.8911	0.9555	46.5875	1.2517	0.6325
2019	212.771	5.3787	2.8953	100.275	2.5349	1.3645	58.6422	1.4824	0.7980
2020	591.459	15.2351	7.9499	168.641	4.3439	2.2667	65.6380	1.6907	0.8822
2021	1028.33	24.0672	13.7490	206.573	4.8347	2.7619	61.9297	1.4494	0.8280

表 6-30　着眼于 g_{t313} 的北京市农村居民获得感福利水平增进对策分析

年份	其他因素差距不变			其他因素差距缩减 50%			其他因素差距缩减为零		
项目	g_{Wct313} (%)	$\dfrac{g_{Wct313}}{g_{t313}}$	$\dfrac{g_{Wct313}}{\max g_{t313}}$	g_{Wct313} (%)	$\dfrac{g_{Wct313}}{g_{t313}}$	$\dfrac{g_{Wct313}}{\max g_{t313}}$	g_{Wct313} (%)	$\dfrac{g_{Wct313}}{g_{t313}}$	$\dfrac{g_{Wct313}}{\max g_{t313}}$
2013	127.841	5.3836	2.4185	89.2920	3.7602	1.6892	71.1855	2.9977	1.3467
2014	131.093	5.4724	2.4702	92.8194	3.8747	1.7490	72.5951	3.0304	1.3679
2015	136.708	5.3716	2.4018	85.0101	3.3403	1.4935	59.0098	2.3187	1.0367
2016	123.156	4.7441	2.2303	76.3343	2.9405	1.3824	54.3457	2.0934	0.9842
2017	107.998	3.1896	1.8759	61.2635	1.8093	1.0642	39.2755	1.1599	0.6822
2018	130.400	2.9422	2.3129	63.9231	1.4423	1.1338	35.6584	0.8046	0.6325
2019	124.356	5.3787	2.1117	72.7449	3.1464	1.2353	46.9931	2.0326	0.7980
2020	351.930	15.2351	5.2347	134.546	5.8245	2.0013	59.3137	2.5677	0.8822
2021	519.992	24.0672	7.6707	157.135	7.2728	2.3180	56.1304	2.5979	0.8280

由表 6-29、表 6-30 可以看出,在其他因素与上海的差距不变时,2021 年北京市农村居民燃气普及率提升目标值与实际值的比值为 24.0672、与上海市实际值的比值为 13.7490,2021 年北京市农村居民污水处理率提升目标值与实际值的比值为 24.0672、与上海市实际值的比值为 7.6707;在将其他因素与上海市的差距缩减 50% 时,2021 年北京市农村居民燃气普及率提升目标值与实际值的比值为 4.8347、与上海市实际值的比值为 2.7619,2021 年北京市农村居民污水处理率提升目标值与实际值的比值为 7.2728、与上海市实际值的比值为 2.3180;在将其他因素与上海市的差距缩减为零时,2021 年北京市农村居民燃气普及率提升目标值与实际值的比值为 1.4494、与上海市实际值的比值为 0.8280,2021 年北京市农村居民污水处理率提升目标值与实际值的比值为 2.5979、与上海市实际值的比值为 0.8280。说明伴随着其他因素与上海市的差距不断下降,北京市赶超上海市农村居民基于获得感的福利水平,所需的农村居民燃气普及率和农村居民污水处理率提升幅度也在不断下降,且当将其他因素与上海市的差距缩减为零时,北京市农村居民燃气普及率和农村居民污水处理率已不需调整到上海市的水平,由此可见,组合对策效果明显高于单一对策。

3. 着眼于社会交往活动公共服务享用量的北京市农村居民基于获得感的福利水平增进对策分析。

社会交往活动公共服务享用量偏低，是北京市农村居民基于获得感的福利水平发展变化不充分的另一个公共服务方面的原因，并具体表现为农村居民人均道路面积偏低。这样，以上海市农村居民基于获得感的福利水平为增进目标，在其他主要与次要成因因素北京市与上海市的差距不变、缩减50%、缩减为零的条件下，将相关统计数据代入式（6-12），可测算出实现北京市基于获得感的农村居民福利水平增进目标，所需的农村居民人均道路面积提升目标值，并可据此对着眼于农村居民人均道路面积的北京市农村居民基于获得感的福利水平增进对策进行分析，如表6-31所示。

表6-31 着眼于 g_{t321} 的北京市农村居民获得感福利水平增进对策分析

年份 \ 项目	其他因素差距不变 g_{Wct321} (m²)	g_{Wct321}/g_{t321}	$g_{Wct321}/\max g_{t321}$	其他因素差距缩减50% g_{Wct321} (m²)	g_{Wct321}/g_{t321}	$g_{Wct321}/\max g_{t321}$	其他因素差距缩减为零 g_{Wct321} (m²)	g_{Wct321}/g_{t321}	$g_{Wct321}/\max g_{t321}$
2013	14662.6	563.513	829.068	599.797	23.0514	33.9144	45.6656	1.7550	2.5821
2014	6648.07	258.305	369.025	419.711	16.3075	23.2976	42.0933	1.6355	2.3365
2015	2323.97	122.800	131.093	144.889	7.6560	8.1731	14.6222	0.7726	0.8248
2016	1698.75	80.1755	91.5734	113.846	5.3732	6.1370	12.6420	0.5967	0.6815
2017	203.237	17.3241	5.9478	38.8290	3.3098	1.1363	9.6380	0.8216	0.2821
2018	264.958	13.0213	7.5726	49.8668	2.4507	1.4252	10.7833	0.5299	0.3082
2019	957.539	52.7769	26.7554	98.0409	5.4037	2.7394	14.3255	0.7896	0.4003
2020	27488.4	1615.88	755.118	521.040	30.6289	14.3132	18.1726	1.0683	0.4992
2021	73351.3	4259.09	1942.81	779.923	45.2856	20.6573	16.8615	0.9790	0.4466

由表6-31中的相关数据可以看出，当其他因素差距不变时，2021年北京市农村居民人均道路面积提升目标值与实际值的比值为4259.09、与上海市实际值的比值为1942.81；当将其他因素与上海市的差距缩减50%

第六章 基于获得感的中国居民福利统计评估 / 197

时，2021年北京市农村居民人均道路面积提升目标值与实际值的比值为45.2856、与上海市实际值的比值为20.6573；当将其他因素与上海市的差距缩减为零时，2021年北京市农村居民人均道路面积提升目标值与实际值的比值为0.9790、与上海市实际值的比值为0.4466。说明伴随着其他因素与上海市的差距不断缩小，北京市农村居民基于获得感的福利水平增进所需的农村居民人均道路面积提升幅度也在逐渐缩小，且当将其他因素与上海市的差距缩减为零时，北京市农村居民人均道路面积已不需调整。组合对策效果明显大于单一对策效果。

4. 着眼于经济发展与收入分配的北京市农村居民基于获得感的福利水平增进对策分析

经济发展与收入分配是制约城乡居民人均可支配收入水平，进而影响城乡居民人均现金消费总支出的重要因素，所以，在城乡居民人均现金消费总支出偏低时，通常都需要从经济发展和收入分配等方面去查找原因，并据此提出相关对策。为了考察是否需要从经济发展和收入分配视角来寻找北京市农村居民基于获得感的福利水平增进对策，我们利用偏差指标对北京市和上海市相关经济指标进行了分析，如表6-32所示。

表6-32中的相关数据表明，北京市农村居民的人均现金消费总支出、人均可支配收入以及农村居民人均可支配收入占人均地区生产总值的比重，均低于上海市，但北京市的人均地区生产总值却高于上海市，所以，北京市农村居民人均现金消费总支出相对于上海市偏低，不是因为北京市的经济发展水平偏低，而是因为收入分配也即北京市农村居民人均可支配收入占人均地区生产总值的比重偏低。

据此，以上海市基于获得感的农村居民福利水平为增进目标，在农村居民消费偏好不变，以及其他因素与上海市的差距不变、缩减50%、缩减为零等条件下，将相关统计数据代入式（6-14），可测算出实现北京市农村居民基于获得感的福利水平增进目标，所需的农村居民人均可支配收入占人均地区生产总值比重的提升目标值，并可据此对着眼于收入分配的北京市农村居民基于获得感的福利水平增进对策进行分析，如表6-33所示。

表6-32　北京市与上海市相关经济指标对比分析

项目 年份	上海市					北京市					北京市与上海市的差值			
	$\max E_{t3}$（元）	$\max I_{t3}$（元）	$\max y_t$（元）	$\max\beta_{t3c}$	$\max\theta_{t3}$	E_{t3}（元）	I_{t3}（元）	y_t（元）	β_{t3c}	θ_{t3}	$E_{t3}-\max E_{t3}$（元）	$I_{t3}-\max I_{t3}$（元）	$y_t-\max y_t$（元）	$\beta_{t3c}-\max\beta_{t3c}$	$\theta_{t3}-\max\theta_{t3}$
2013	10561	19208	90344	0.5498	0.2126	10771	17101	93621	0.6298	0.1827	210	-2107	3277	0.0801	-0.0299
2014	11742	21192	97186	0.5541	0.2181	11722	18867	99121	0.6213	0.1903	-20	-2324	1935	0.0672	-0.0277
2015	12770	23205	104031	0.5503	0.2231	12582	20569	106009	0.6117	0.1940	-188	-2637	1978	0.0614	-0.0290
2016	13510	25520	116441	0.5294	0.2192	13379	22310	118128	0.5997	0.1889	-131	-3211	1687	0.0703	-0.0303
2017	14326	27825	126687	0.5149	0.2196	14443	24241	129042	0.5958	0.1879	117	-3585	2354	0.0809	-0.0318
2018	16765	30375	134818	0.5519	0.2253	15629	26490	140761	0.5900	0.1882	-1136	-3884	5943	0.0380	-0.0371
2019	17841	33195	157147	0.5375	0.2112	17264	28928	164212	0.5968	0.1762	-577	-4267	7065	0.0593	-0.0351
2020	18590	34911	155611	0.5325	0.2243	16016	30126	164852	0.5316	0.1827	-2574	-4786	9240	-0.0009	-0.0416
2021	22651	38521	173624	0.5880	0.2219	17915	33303	183963	0.5379	0.1810	-4736	-5218	10340	-0.0501	-0.0408

表 6-33　基于 θ_{t3} 的北京市农村居民获得感福利水平增进对策分析

项目 年份	其他因素差距不变 θ_{Wct3}	其他因素差距不变 $\theta_{Wct3}-\theta_{t3}$	其他因素差距缩减 50% θ_{Wct3}	其他因素差距缩减 50% $\theta_{Wct3}-\theta_{t3}$	其他因素差距缩减为零 θ_{Wct3}	其他因素差距缩减为零 $\theta_{Wct3}-\theta_{t3}$
2013	0.2432	0.0605	0.2109	0.0283	0.1884	0.0057
2014	0.2534	0.0631	0.2229	0.0325	0.2010	0.0107
2015	0.2549	0.0608	0.2216	0.0276	0.1981	0.0041
2016	0.2429	0.0541	0.2118	0.0229	0.1902	0.0014
2017	0.2248	0.0369	0.1968	0.0089	0.1756	−0.0122
2018	0.2227	0.0345	0.2037	0.0155	0.1879	−0.0002
2019	0.2283	0.0521	0.1980	0.0218	0.1758	−0.0003
2020	0.2865	0.1038	0.2401	0.0573	0.2078	0.0250
2021	0.3065	0.1255	0.2566	0.0756	0.2218	0.0408

表 6-33 中的相关数据表明，以上海市农村居民基于获得感的福利水平为增进目标，在北京市农村居民消费偏好不变、北京市与上海市其他因素的差距不变时，2021 年北京市农村居民基于获得感的福利水平的增进，所需的农村居民人均可支配收入占人均地区生产总值的比重提升幅度为 0.1255；当北京市农村居民消费偏好不变、北京市与上海市其他因素的差距缩减 50% 时，2021 年北京市农村居民基于获得感的福利水平的增进，所需的农村居民人均可支配收入占人均地区生产总值的比重提升幅度为 0.0756；当北京市农村居民消费偏好不变、北京市与上海市其他因素的差距缩减为零时，2021 年北京市农村居民基于获得感的福利水平的增进，所需的农村居民人均可支配收入占人均地区生产总值的比重提升幅度为 0.0408。说明组合对策所需的农村居民人均可支配收入占人均地区生产总值的比重提升幅度，要比单一对策小得多，组合对策效果更高。

第七章 基于安全感的中国居民福利统计评估

根据所构建的基于安全感的居民福利统计评估模型体系,利用收集整理的相关统计数据,可对我国各省份各类居民基于安全感的福利水平进行测度、评价以及增进路径分析。同样,限于数据的完备性,本项工作的开展,我们仅在除西藏、香港、澳门、台湾之外的其他 30 个省份范围内来进行。

第一节 基于安全感的中国居民福利水平的测度

基于安全感的中国居民福利水平的测度,也分为模型的选用、相关变量指标数据的再整理、模型的运用等步骤。

一 模型的选用

基于安全感的中国居民福利水平的测度,应选用基于安全感的居民福利测度模型 W_{sti},该模型的基本形式为:

$$W_{sti} = \left(\frac{\tilde{E}_{tis} \tilde{g}_{tis}}{\tilde{p}_{ti}} \right)^{0.5} \tag{7-1}$$

二 相关变量指标数据的再整理

式 (7-1) 表明,各地区各时期各类居民基于安全感的福利水平的测度,需要事先获得各地区各年各类居民相对于他人的人均储蓄储备支出 $\tilde{E}_{tis}$、生活保障公共服务享用量 $\tilde{g}_{tis}$、居民消费定基价格总指数 $\tilde{p}_{ti}$ 等变量指标的统计数据。所以,在利用基于安全感的居民福利测度模型来测度我国 30 个省份各年各类居民基于安全感的福利水平之前,应从收集与整理的我国 30 个省份各种居民福利统计评估指标数据中,对上述变量指标的数据进行再整理。

例如，根据式（7-1）进行再整理的 2013—2021 年北京市各类居民基于安全感的福利水平测度所需的相关统计数据，如表 7-1 所示。

表 7-1　北京市基于安全感的各类居民福利水平测度基础数据

年份 \ 项目	全体居民 $\tilde{E}_{t1s}$	$\tilde{g}_{t1s}$	$\tilde{p}_{t1}$	城镇居民 $\tilde{E}_{t2s}$	$\tilde{g}_{t2s}$	$\tilde{p}_{t2}$	农村居民 $\tilde{E}_{t3s}$	$\tilde{g}_{t3s}$	$\tilde{p}_{t3}$
2013	2.5318	2.3886	1.0068	2.8003	2.6003	1.0068	0.8424	0.7780	1.0068
2014	2.8250	2.5927	1.0229	3.1216	2.8125	1.0229	0.9509	0.8573	1.0229
2015	3.0899	2.8372	1.0413	3.4061	3.0727	1.0413	1.0629	0.9242	1.0413
2016	3.5455	3.2740	1.0559	3.9129	3.5618	1.0559	1.1884	0.8025	1.0559
2017	4.0812	3.4403	1.0760	4.5146	3.7354	1.0760	1.3039	0.9574	1.0760
2018	4.6797	3.7256	1.1029	5.1849	3.9925	1.1029	1.4454	1.4249	1.1029
2019	5.1446	4.1234	1.1283	5.7013	4.4477	1.1283	1.5523	1.4238	1.1283
2020	5.9747	4.3440	1.1474	6.5581	4.6577	1.1474	1.8777	1.4934	1.1474
2021	6.3253	4.9418	1.1601	6.9347	5.2843	1.1601	2.0478	1.9618	1.1601

三　各类居民基于安全感的福利水平的测度

将再整理出的相关统计数据代入式（7-1），可对基于安全感的各类居民福利水平进行测度。例如，将表 7-1 中的相关数据代入式（7-1），可测算出北京市各类居民基于安全感的福利水平，如表 7-2 所示。

表 7-2　北京市基于安全感的各类居民福利水平

年份 \ 项目	W_{st1}	W_{st2}	W_{st3}
2013	2.4509	2.6893	0.8068
2014	2.6759	2.9296	0.8927
2015	2.9015	3.1702	0.9713
2016	3.3156	3.6330	0.9504
2017	3.6123	3.9589	1.0771
2018	3.9760	4.3324	1.3666
2019	4.3361	4.7408	1.3996
2020	4.7560	5.1595	1.5633
2021	5.1909	5.6204	1.8609

同理，将再整理出的我国30个省份的上述指标的统计数据，代入式（7-1），可测算出我国30个省份2013—2021年全体居民、城镇居民和农村居民基于安全感的福利水平，并可据此对我国30个省份各类居民基于安全感的福利水平的发展状况进行分析，如表7-3、表7-4、表7-5所示。

表7-3　　我国30个省份基于安全感的全体居民福利水平

省份	年份	2013	2014	2015	2016	2017	2018	2019	2020	2021	时期平均值	2021年定基发展速度
	全国	1.000	1.113	1.232	1.347	1.499	1.650	1.797	1.979	2.097	1.524	2.097
东部地区	北京	2.451	2.676	2.902	3.316	3.612	3.976	4.336	4.756	5.191	3.691	2.118
	天津	1.528	1.666	1.810	1.992	2.172	2.364	2.471	2.828	2.889	2.191	1.891
	河北	0.872	0.955	1.066	1.189	1.293	1.498	1.684	1.761	1.843	1.351	2.113
	上海	2.413	2.629	2.950	3.178	3.587	3.810	4.184	4.555	4.677	3.554	1.938
	江苏	1.342	1.495	1.653	1.789	1.973	2.229	2.384	2.565	2.643	2.008	1.971
	浙江	1.541	1.711	1.887	2.094	2.306	2.497	2.675	2.899	3.051	2.296	1.979
	福建	1.080	1.195	1.358	1.556	1.712	1.879	2.043	2.242	2.372	1.715	2.197
	山东	1.141	1.298	1.382	1.497	1.630	1.754	1.876	2.005	2.194	1.642	1.924
	广东	1.128	1.253	1.374	1.443	1.647	1.886	2.145	2.298	2.442	1.735	2.164
	海南	0.871	0.968	1.085	1.173	1.298	1.359	1.487	1.616	1.707	1.285	1.958
	平均值	1.288	1.430	1.571	1.714	1.895	2.098	2.292	2.475	2.616	1.931	2.031
中部地区	山西	0.920	1.041	1.138	1.231	1.361	1.440	1.556	1.737	1.841	1.363	2.002
	安徽	0.863	0.960	1.057	1.105	1.218	1.539	1.577	1.741	1.810	1.319	2.097
	江西	0.845	0.951	1.041	1.158	1.306	1.450	1.588	1.771	1.896	1.334	2.244
	河南	0.735	0.815	0.925	1.002	1.153	1.321	1.452	1.546	1.602	1.172	2.179
	湖北	0.928	1.048	1.151	1.243	1.461	1.511	1.621	1.771	1.719	1.384	1.852
	湖南	0.815	0.891	0.988	1.124	1.248	1.381	1.501	1.628	1.719	1.255	2.108
	平均值	0.835	0.931	1.031	1.123	1.271	1.428	1.537	1.675	1.736	1.285	2.080
西部地区	内蒙古	0.948	1.033	1.139	1.263	1.409	1.656	1.790	1.999	2.061	1.478	2.173
	广西	0.828	0.935	1.020	1.154	1.230	1.362	1.486	1.647	1.739	1.267	2.100
	重庆	0.920	1.016	1.128	1.231	1.473	1.529	1.643	1.767	1.830	1.393	1.990
	四川	0.762	0.836	0.926	1.050	1.111	1.191	1.313	1.478	1.602	1.141	2.101

续表

	年份 省份	2013	2014	2015	2016	2017	2018	2019	2020	2021	时期平均值	2021年定基发展速度
西部地区	贵州	0.660	0.752	0.837	0.902	1.058	1.199	1.338	1.540	1.547	1.093	2.345
	云南	0.796	0.867	0.959	1.080	1.346	1.369	1.514	1.551	1.680	1.240	2.109
	陕西	0.776	0.884	1.024	1.128	1.320	1.410	1.572	1.755	1.959	1.314	2.526
	甘肃	0.611	0.680	0.760	0.800	0.885	0.987	1.084	1.241	1.379	0.936	2.256
	青海	0.707	0.776	0.858	0.962	1.100	1.261	1.505	1.621	1.765	1.173	2.498
	宁夏	0.782	0.861	0.948	1.077	1.267	1.359	1.444	1.703	1.687	1.236	2.158
	新疆	0.665	0.807	0.935	1.079	1.156	1.242	1.333	1.569	1.671	1.162	2.514
	平均值	0.775	0.865	0.963	1.074	1.213	1.312	1.440	1.599	1.704	1.216	2.199
东北地区	辽宁	1.112	1.244	1.350	1.297	1.436	1.596	1.728	1.941	1.957	1.518	1.760
	吉林	0.755	0.843	0.946	1.020	1.097	1.142	1.282	1.475	1.554	1.124	2.059
	黑龙江	0.842	0.964	1.078	1.139	1.200	1.245	1.328	1.533	1.513	1.205	1.797
	平均值	0.928	1.046	1.154	1.173	1.269	1.360	1.478	1.695	1.716	1.313	1.849

注：各省份福利水平时期平均数，为该省份各年福利水平的简单算术平均数；各地区各年福利水平平均值，是以各省份人口总数占该地区总人口数的比重为权数而计算的各省份同年福利水平的加权算术平均数；各省份 2021 年福利水平的定基发展速度，为该省份 2021 年与 2013 年福利水平的比值。表 7-4、表 7-5 上述指标测算的方法原理与此相同。

表 7-4　　我国 30 个省份基于安全感的城镇居民福利水平

	年份 省份	2013	2014	2015	2016	2017	2018	2019	2020	2021	时期平均值	2021年定基发展速度
	全国	1.509	1.649	1.800	1.936	2.132	2.323	2.502	2.659	2.792	2.145	1.851
东部地区	北京	2.689	2.930	3.170	3.633	3.959	4.332	4.741	5.160	5.620	4.026	2.090
	天津	1.723	1.866	2.017	2.209	2.395	2.596	2.698	3.084	3.139	2.414	1.821
	河北	1.439	1.551	1.678	1.810	1.931	2.195	2.437	2.462	2.587	2.010	1.798
	上海	2.570	2.794	3.171	3.393	3.835	4.062	4.463	4.840	4.970	3.789	1.934
	江苏	1.752	1.943	2.117	2.270	2.490	2.786	2.941	3.065	3.153	2.502	1.800
	浙江	1.986	2.176	2.378	2.615	2.833	3.029	3.216	3.430	3.583	2.805	1.805
	福建	1.507	1.647	1.851	2.037	2.263	2.422	2.616	2.796	2.937	2.231	1.948

续表

省份\年份		2013	2014	2015	2016	2017	2018	2019	2020	2021	时期平均值	2021年定基发展速度
东部地区	山东	1.703	1.825	1.960	2.072	2.216	2.374	2.522	2.642	2.864	2.242	1.682
	广东	1.442	1.592	1.728	1.802	2.049	2.361	2.677	2.789	2.953	2.155	2.047
	海南	1.268	1.371	1.531	1.634	1.788	1.867	2.039	2.209	2.316	1.780	1.826
	平均值	1.749	1.907	2.077	2.233	2.446	2.687	2.916	3.075	3.235	2.481	1.850
中部地区	山西	1.449	1.597	1.711	1.817	1.962	2.040	2.158	2.341	2.453	1.948	1.693
	安徽	1.407	1.525	1.657	1.698	1.831	2.280	2.305	2.465	2.533	1.967	1.801
	江西	1.309	1.455	1.564	1.704	1.885	2.061	2.240	2.435	2.578	1.914	1.969
	河南	1.195	1.323	1.459	1.536	1.731	1.972	2.141	2.230	2.300	1.765	1.925
	湖北	1.374	1.526	1.650	1.758	2.034	2.124	2.259	2.412	2.330	1.941	1.695
	湖南	1.325	1.421	1.536	1.710	1.841	2.008	2.159	2.310	2.414	1.858	1.822
	平均值	1.328	1.457	1.580	1.686	1.865	2.075	2.206	2.352	2.415	1.885	1.818
西部地区	内蒙古	1.413	1.529	1.664	1.818	1.998	2.310	2.482	2.617	2.682	2.057	1.899
	广西	1.420	1.559	1.682	1.885	1.998	2.162	2.331	2.470	2.571	2.008	1.811
	重庆	1.286	1.413	1.554	1.662	1.960	2.009	2.127	2.229	2.289	1.836	1.779
	四川	1.231	1.310	1.412	1.617	1.704	1.813	1.972	2.145	2.301	1.723	1.870
	贵州	1.302	1.418	1.514	1.585	1.810	2.022	2.239	2.432	2.382	1.856	1.829
	云南	1.446	1.552	1.680	1.847	2.268	2.275	2.455	2.472	2.613	2.068	1.807
	陕西	1.251	1.401	1.602	1.726	1.982	2.065	2.278	2.446	2.706	1.940	2.163
	甘肃	1.212	1.292	1.404	1.444	1.525	1.703	1.849	1.985	2.182	1.622	1.800
	青海	1.250	1.348	1.450	1.577	1.821	1.996	2.360	2.384	2.558	1.861	2.046
	宁夏	1.215	1.323	1.429	1.600	1.876	1.993	2.074	2.297	2.237	1.783	1.842
	新疆	1.132	1.328	1.507	1.697	1.775	1.872	1.970	2.225	2.350	1.762	2.076
	平均值	1.301	1.418	1.549	1.701	1.895	2.019	2.186	2.329	2.448	1.872	1.881
东北地区	辽宁	1.442	1.610	1.746	1.665	1.851	2.046	2.204	2.389	2.386	1.926	1.654
	吉林	1.075	1.184	1.341	1.431	1.542	1.573	1.761	1.955	2.040	1.545	1.898
	黑龙江	1.182	1.338	1.490	1.582	1.692	1.728	1.833	1.995	1.976	1.646	1.672
	平均值	1.272	1.423	1.569	1.584	1.727	1.831	1.978	2.168	2.180	1.748	1.714

表 7-5　　　我国 30 个省份基于安全感的农村居民福利水平

省份 \ 年份		2013	2014	2015	2016	2017	2018	2019	2020	2021	时期平均值	2021年定基发展速度
	全国	0.329	0.375	0.415	0.444	0.477	0.523	0.565	0.621	0.652	0.489	1.985
东部地区	北京	0.807	0.893	0.971	0.950	1.077	1.367	1.400	1.563	1.861	1.210	2.307
	天津	0.654	0.729	0.833	0.907	0.972	1.040	1.075	1.055	1.180	0.938	1.805
	河北	0.263	0.285	0.333	0.379	0.405	0.461	0.501	0.553	0.522	0.411	1.985
	上海	0.990	1.115	1.241	1.477	1.658	1.781	1.901	1.984	2.023	1.574	2.042
	江苏	0.496	0.531	0.594	0.634	0.664	0.745	0.830	0.964	0.975	0.715	1.966
	浙江	0.635	0.724	0.807	0.866	0.988	1.102	1.182	1.291	1.405	1.000	2.214
	福建	0.315	0.355	0.423	0.561	0.536	0.619	0.670	0.755	0.801	0.560	2.545
	山东	0.378	0.520	0.479	0.523	0.568	0.613	0.661	0.727	0.799	0.585	2.115
	广东	0.369	0.419	0.490	0.519	0.579	0.590	0.641	0.718	0.751	0.564	2.036
	海南	0.345	0.403	0.451	0.474	0.505	0.516	0.565	0.593	0.617	0.496	1.790
	平均值	0.410	0.479	0.523	0.575	0.625	0.686	0.742	0.825	0.870	0.637	2.121
中部地区	山西	0.260	0.304	0.346	0.369	0.407	0.457	0.514	0.552	0.592	0.422	2.277
	安徽	0.292	0.321	0.361	0.368	0.408	0.465	0.480	0.530	0.542	0.418	1.859
	江西	0.318	0.340	0.392	0.428	0.479	0.545	0.580	0.614	0.670	0.485	2.110
	河南	0.293	0.307	0.371	0.403	0.450	0.495	0.529	0.555	0.554	0.440	1.889
	湖北	0.308	0.343	0.390	0.413	0.480	0.459	0.489	0.544	0.490	0.435	1.594
	湖南	0.273	0.296	0.343	0.370	0.410	0.452	0.491	0.527	0.546	0.412	1.999
	平均值	0.291	0.316	0.367	0.392	0.439	0.479	0.512	0.551	0.559	0.434	1.918
西部地区	内蒙古	0.227	0.234	0.268	0.306	0.354	0.438	0.469	0.578	0.590	0.385	2.599
	广西	0.198	0.313	0.349	0.364	0.367	0.440	0.488	0.543	0.582	0.405	2.942
	重庆	0.321	0.344	0.384	0.416	0.453	0.493	0.537	0.568	0.598	0.457	1.862
	四川	0.320	0.359	0.415	0.392	0.405	0.428	0.455	0.497	0.532	0.423	1.662
	贵州	0.212	0.238	0.281	0.283	0.310	0.344	0.359	0.401	0.425	0.317	2.006
	云南	0.284	0.298	0.331	0.356	0.386	0.428	0.478	0.492	0.560	0.402	1.975
	陕西	0.228	0.258	0.297	0.319	0.357	0.402	0.418	0.458	0.497	0.359	2.174
	甘肃	0.160	0.188	0.219	0.223	0.263	0.252	0.279	0.333	0.361	0.253	2.256
	青海	0.145	0.158	0.200	0.233	0.185	0.291	0.325	0.357	0.402	0.255	2.765

续表

省份	年份	2013	2014	2015	2016	2017	2018	2019	2020	2021	时期平均值	2021年定基发展速度
西部地区	宁夏	0.258	0.266	0.298	0.326	0.351	0.377	0.426	0.494	0.500	0.366	1.939
	新疆	0.228	0.277	0.343	0.379	0.417	0.460	0.506	0.560	0.597	0.419	2.622
	平均值	0.251	0.291	0.333	0.344	0.368	0.408	0.442	0.487	0.524	0.383	2.091
东北地区	辽宁	0.342	0.378	0.429	0.424	0.455	0.512	0.569	0.626	0.649	0.487	1.895
	吉林	0.280	0.317	0.363	0.388	0.405	0.452	0.480	0.532	0.560	0.420	1.997
	黑龙江	0.291	0.333	0.382	0.393	0.385	0.421	0.441	0.530	0.517	0.410	1.778
	平均值	0.305	0.343	0.393	0.402	0.415	0.461	0.497	0.566	0.578	0.440	1.894

由表7-3、表7-4、表7-5中的相关数据可以看出，2013—2021年我国30个省份各类居民基于安全感的福利水平的发展变化，具有如下三个特点。

（一）从总体来看，我国30个省份全体居民基于安全感的福利水平正在不断提升

2013—2021年，我国30个省份全体居民基于安全感的福利水平，各年比上年均有所提升。从2021年基于安全感的居民福利水平定基发展速度来看，全国全体居民为2.097，东部地区全体居民为2.031，中部地区全体居民为2.080，西部地区全体居民为2.199，东北地区全体居民为1.849，我国各地区全体居民基于安全感的福利水平定基发展速度均大于1。说明2013年以来，我国30个省份全体居民基于安全感的福利水平，正在不断提升。

（二）从各地区来看，东部地区基于安全感的各类居民福利水平相对较高

从2013—2021年各地区各类居民基于安全感的福利水平时期平均值来看，各地区全体居民基于安全感的福利水平时期平均值，东部地区为1.931，中部地区为1.285，西部地区为1.216，东北地区为1.313；各地区城镇居民基于安全感的福利水平时期平均值，东部地区为2.481，中部地区为1.885，西部地区为1.872，东北地区为1.748；各地区农村居民基于安全感的福利水平时期平均值，东部地区为0.637，中部地区为

0.434，西部地区为0.383，东北地区为0.440。

由此可以看出，东部地区各类居民基于安全感的福利水平相对较高。

（三）从城乡来看，农村居民基于安全感的福利水平低于城镇居民

2013—2021年，我国各地区农村居民基于安全感的福利水平，均低于城镇居民。从各年基于安全感的居民福利水平的城乡差距来看，东部地区2013年的城乡差距为1.338，2021年的城乡差距为2.365；中部地区2013年的城乡差距为1.037，2021年的城乡差距为1.856；西部地区2013年的城乡差距为1.051，2021年的城乡差距为1.924；东北地区2013年的城乡差距为0.967，2021年的城乡差距为1.603。

说明我国各地区农村居民基于安全感的福利水平，不但明显低于城镇居民，而且城乡差距具有进一步扩大的趋势，遏制这种差距的扩大，是我国今后民生工作的重中之重。

第二节 基于安全感的中国居民福利水平发展变化的合理性评价

利用测算出的福利水平和居民福利评价模型，可对基于安全感的中国居民福利水平发展变化的递增性、平衡性和充分性进行评价。

一 基于安全感的中国居民福利水平发展变化的递增性评价

基于安全感的居民福利水平发展变化递增性评价，是基于"递增性"评价标准，通过递增系数 WSE_{sti} 的测算与分析，对基于安全感的居民福利水平发展变化的合理性进行的评价。递增系数 WSE_{sti} 测算模型的基本形式为：

$$WSE_{sti} = \frac{W_{sti}}{W_{s(t-1)i}} \tag{7-2}$$

评价规则为：当 $WSE_{sti} < 1$ 时，第 i 类居民基于安全感的居民福利水平相对于上期存在损失，该居民基于安全感的居民福利水平的发展变化存在不合理性。

这样，将表7-1中的数据代入式（7-2），可测算出北京市各类居民基于安全感的福利水平发展变化的递增系数，如表7-6所示。

表 7-6　北京市基于安全感的各类居民福利水平发展变化的递增系数

年份\项目	WSE_{st1}	WSE_{st2}	WSE_{st3}
2013	——	——	——
2014	1.0918	1.0894	1.1064
2015	1.0843	1.0821	1.0880
2016	1.1427	1.1460	0.9785
2017	1.0895	1.0897	1.1334
2018	1.1007	1.0943	1.2687
2019	1.0906	1.0943	1.0242
2020	1.0968	1.0883	1.1170
2021	1.0915	1.0893	1.1904

同理，将表 7-3、表 7-4、表 7-5 中的相关数据代入式（7-2），可得到我国 30 个省份各类居民基于安全感的福利水平发展变化的递增系数，并可据此对我国 30 个省份各类居民基于安全感的福利水平发展变化的递增情况进行分析，如表 7-7、表 7-8 和表 7-9 所示。

表 7-7　我国 30 个省份基于安全感的全体居民福利水平发展变化的递增系数

省份\年份		2014	2015	2016	2017	2018	2019	2020	2021	递减年份个数
全国		1.1125	1.1076	1.0931	1.1127	1.1009	1.0893	1.1012	1.0592	0
东部地区	北京	1.0918	1.0843	1.1427	1.0895	1.1007	1.0906	1.0968	1.0915	0
	天津	1.0901	1.0866	1.1004	1.0902	1.0885	1.0452	1.1446	1.0215	0
	河北	1.0958	1.1160	1.1154	1.0874	1.1581	1.1246	1.0458	1.0461	0
	上海	1.0894	1.1221	1.0772	1.1287	1.0622	1.0981	1.0887	1.0268	0
	江苏	1.1144	1.1053	1.0824	1.1034	1.1297	1.0695	1.0758	1.0305	0
	浙江	1.1099	1.1030	1.1097	1.1013	1.0829	1.0712	1.0838	1.0524	0
	福建	1.1059	1.1369	1.1457	1.1002	1.0979	1.0869	1.0974	1.0583	0
	山东	1.1380	1.0645	1.0837	1.0885	1.0761	1.0696	1.0686	1.0946	0
	广东	1.1103	1.0970	1.0504	1.1413	1.1448	1.1374	1.0716	1.0623	0
	海南	1.1104	1.1215	1.0812	1.1067	1.0469	1.0940	1.0866	1.0562	0
	平均值	1.1055	1.1035	1.0985	1.1036	1.0983	1.0884	1.0857	1.0538	0

续表

省份\年份		2014	2015	2016	2017	2018	2019	2020	2021	递减年份个数
中部地区	山西	1.1314	1.0932	1.0821	1.1051	1.0586	1.0807	1.1162	1.0600	0
	安徽	1.1116	1.1016	1.0457	1.1021	1.2637	1.0245	1.1042	1.0393	0
	江西	1.1255	1.0945	1.1120	1.1278	1.1105	1.0948	1.1152	1.0710	0
	河南	1.1085	1.1351	1.0829	1.1508	1.1455	1.0989	1.0648	1.0366	0
	湖北	1.1294	1.0982	1.0799	1.1757	1.0344	1.0729	1.0925	0.9703	1
	湖南	1.0929	1.1092	1.1371	1.1103	1.1065	1.0870	1.0850	1.0557	0
	平均值	1.1164	1.1052	1.0896	1.1283	1.1175	1.0762	1.0962	1.0383	0.1667
西部地区	内蒙古	1.0892	1.1027	1.1088	1.1160	1.1749	1.0811	1.1167	1.0310	0
	广西	1.1294	1.0914	1.1307	1.0659	1.1079	1.0904	1.1085	1.0558	0
	重庆	1.1041	1.1103	1.0917	1.1964	1.0379	1.0747	1.0752	1.0360	0
	四川	1.0968	1.1074	1.1335	1.0584	1.0727	1.1019	1.1257	1.0840	0
	贵州	1.1398	1.1124	1.0785	1.1725	1.1329	1.1165	1.1511	1.0043	0
	云南	1.0889	1.1057	1.1264	1.2465	1.0168	1.1060	1.0241	1.0834	0
	陕西	1.1403	1.1582	1.1017	1.1701	1.0681	1.1146	1.1166	1.1162	0
	甘肃	1.1120	1.1186	1.0517	1.1071	1.1146	1.0990	1.1440	1.1114	0
	青海	1.0987	1.1055	1.1214	1.1436	1.1457	1.1936	1.0773	1.0885	0
	宁夏	1.1015	1.1012	1.1354	1.1772	1.0719	1.0628	1.1793	0.9909	1
	新疆	1.2142	1.1580	1.1545	1.0713	1.0744	1.0734	1.1770	1.0651	0
	平均值	1.1190	1.1154	1.1118	1.1372	1.0916	1.1008	1.1169	1.0599	0.0909
东北地区	辽宁	1.1187	1.0856	0.9607	1.1069	1.1114	1.0826	1.1238	1.0078	1
	吉林	1.1166	1.1220	1.0786	1.0752	1.0410	1.1229	1.1503	1.0540	0
	黑龙江	1.1453	1.1183	1.0568	1.0533	1.0373	1.0669	1.1543	0.9869	1
	平均值	1.1268	1.1085	1.0307	1.0782	1.0627	1.0905	1.1427	1.0159	0.6667

注：各地区各年递增系数的平均值，为该地区各省份同年递增系数的几何平均数；各地区递减年份个数平均值，为该地区各省份递减年份个数与省份数的比值。表7-8、表7-9与此相同。

表7-8 我国30个省份基于安全感的城镇居民福利水平发展变化的递增系数

省份\年份	2014	2015	2016	2017	2018	2019	2020	2021	递减年份个数
全国	1.0929	1.0919	1.0754	1.1012	1.0894	1.0773	1.0626	1.0501	0

续表

省份	年份	2014	2015	2016	2017	2018	2019	2020	2021	递减年份个数
东部地区	北京	1.0894	1.0821	1.1460	1.0897	1.0943	1.0943	1.0883	1.0893	0
	天津	1.0831	1.0805	1.0956	1.0840	1.0840	1.0392	1.1433	1.0176	0
	河北	1.0776	1.0818	1.0787	1.0674	1.1363	1.1105	1.0102	1.0509	0
	上海	1.0869	1.1349	1.0703	1.1300	1.0593	1.0987	1.0843	1.0270	0
	江苏	1.1088	1.0896	1.0724	1.0971	1.1185	1.0557	1.0422	1.0289	0
	浙江	1.0957	1.0929	1.0997	1.0832	1.0693	1.0617	1.0667	1.0446	0
	福建	1.0928	1.1237	1.1004	1.1107	1.0705	1.0801	1.0688	1.0504	0
	山东	1.0714	1.0741	1.0571	1.0695	1.0712	1.0626	1.0474	1.0842	0
	广东	1.1038	1.0851	1.0433	1.1368	1.1525	1.1335	1.0419	1.0587	0
	海南	1.0811	1.1169	1.0672	1.0938	1.0443	1.0923	1.0836	1.0481	0
	平均值	1.0890	1.0960	1.0827	1.0960	1.0895	1.0825	1.0671	1.0498	0
中部地区	山西	1.1022	1.0716	1.0620	1.0795	1.0400	1.0578	1.0850	1.0476	0
	安徽	1.0843	1.0864	1.0247	1.0782	1.2454	1.0108	1.0696	1.0277	0
	江西	1.1114	1.0749	1.0898	1.1063	1.0932	1.0866	1.0874	1.0585	0
	河南	1.1068	1.1033	1.0529	1.1269	1.1389	1.0857	1.0419	1.0310	0
	湖北	1.1103	1.0810	1.0657	1.1568	1.0443	1.0637	1.0677	0.9661	1
	湖南	1.0722	1.0812	1.1131	1.0765	1.0908	1.0751	1.0701	1.0452	0
	平均值	1.0978	1.0830	1.0677	1.1036	1.1067	1.0630	1.0702	1.0289	0.1667
西部地区	内蒙古	1.0823	1.0887	1.0925	1.0990	1.1560	1.0742	1.0548	1.0246	0
	广西	1.0978	1.0790	1.1209	1.0597	1.0820	1.0783	1.0597	1.0409	0
	重庆	1.0982	1.0999	1.0696	1.1793	1.0249	1.0591	1.0477	1.0267	0
	四川	1.0648	1.0776	1.1448	1.0544	1.0639	1.0875	1.0878	1.0729	0
	贵州	1.0884	1.0684	1.0466	1.1420	1.1173	1.1070	1.0862	0.9795	1
	云南	1.0737	1.0823	1.0996	1.2276	1.0031	1.0793	1.0070	1.0566	0
	陕西	1.1204	1.1433	1.0769	1.1487	1.0418	1.1032	1.0738	1.1061	0
	甘肃	1.0659	1.0868	1.0281	1.0565	1.1168	1.0857	1.0735	1.0994	0
	青海	1.0785	1.0753	1.0876	1.1549	1.0963	1.1820	1.0103	1.0728	0
	宁夏	1.0894	1.0801	1.1193	1.1727	1.0625	1.0402	1.1078	0.9739	1
	新疆	1.1727	1.1349	1.1266	1.0457	1.0550	1.0520	1.1298	1.0561	0
	平均值	1.0935	1.0922	1.0915	1.1203	1.0737	1.0856	1.0665	1.0455	0.1818

续表

省份	年份	2014	2015	2016	2017	2018	2019	2020	2021	递减年份个数
东北地区	辽宁	1.1166	1.0843	0.9536	1.1117	1.1052	1.0773	1.0843	0.9984	2
	吉林	1.1019	1.1328	1.0672	1.0771	1.0200	1.1198	1.1101	1.0434	0
	黑龙江	1.1320	1.1139	1.0620	1.0694	1.0211	1.0608	1.0886	0.9902	1
	平均值	1.1168	1.1102	1.0262	1.0859	1.0480	1.0857	1.0943	1.0104	1

表 7-9　　我国 30 个省份基于安全感的农村居民福利水平发展变化的递增系数

省份	年份	2014	2015	2016	2017	2018	2019	2020	2021	递减年份个数
	全国	1.1403	1.1092	1.0688	1.0750	1.0965	1.0787	1.0994	1.0502	0
东部地区	北京	1.1064	1.0880	0.9785	1.1334	1.2687	1.0242	1.1170	1.1904	1
	天津	1.1156	1.1423	1.0895	1.0711	1.0705	1.0334	0.9814	1.1181	1
	河北	1.0811	1.1715	1.1377	1.0669	1.1397	1.0857	1.1047	0.9448	1
	上海	1.1260	1.1127	1.1905	1.1225	1.0737	1.0674	1.0437	1.0197	0
	江苏	1.0701	1.1194	1.0659	1.0476	1.1230	1.1135	1.1614	1.0120	0
	浙江	1.1397	1.1149	1.0730	1.1409	1.1161	1.0722	1.0921	1.0888	0
	福建	1.1267	1.1920	1.3253	0.9566	1.1548	1.0817	1.1273	1.0612	1
	山东	1.3767	0.9195	1.0923	1.0869	1.0794	1.0774	1.1003	1.0997	1
	广东	1.1361	1.1686	1.0586	1.1169	1.0176	1.0866	1.1203	1.0469	0
	海南	1.1687	1.1200	1.0508	1.0648	1.0230	1.0946	1.0504	1.0394	0
	平均值	1.1420	1.1124	1.1027	1.0795	1.1045	1.0734	1.0887	1.0602	0.5
中部地区	山西	1.1709	1.1373	1.0649	1.1041	1.1240	1.1233	1.0746	1.0720	0
	安徽	1.1012	1.1251	1.0174	1.1089	1.1400	1.0324	1.1052	1.0226	0
	江西	1.0693	1.1546	1.0907	1.1188	1.1395	1.0644	1.0579	1.0915	0
	河南	1.0465	1.2089	1.0859	1.1167	1.0999	1.0677	1.0499	0.9987	1
	湖北	1.1146	1.1372	1.0604	1.1619	0.9553	1.0665	1.1107	0.9022	2
	湖南	1.0832	1.1597	1.0789	1.1070	1.1021	1.0862	1.0732	1.0370	0
	平均值	1.0969	1.1535	1.0661	1.1194	1.0915	1.0731	1.0783	1.0187	0.6

续表

	年份 省份	2014	2015	2016	2017	2018	2019	2020	2021	递减 年份个数
西部地区	内蒙古	1.0318	1.1455	1.1412	1.1548	1.2380	1.0710	1.2318	1.0216	0
	广西	1.5834	1.1131	1.0432	1.0094	1.1995	1.1077	1.1133	1.0716	0
	重庆	1.0692	1.1174	1.0836	1.0897	1.0868	1.0902	1.0576	1.0536	0
	四川	1.1228	1.1546	0.9455	1.0337	1.0563	1.0622	1.0934	1.0692	1
	贵州	1.1215	1.1819	1.0079	1.0957	1.1076	1.0451	1.1174	1.0597	0
	云南	1.0522	1.1104	1.0750	1.0833	1.1101	1.1157	1.0301	1.1376	0
	陕西	1.1298	1.1496	1.0746	1.1188	1.1260	1.0396	1.0965	1.0848	0
	甘肃	1.1749	1.1642	1.0178	1.1826	0.9556	1.1092	1.1929	1.0834	1
	青海	1.0856	1.2665	1.1651	0.7932	1.5745	1.1186	1.0958	1.1275	1
	宁夏	1.0307	1.1224	1.0911	1.0774	1.0738	1.1317	1.1602	1.0111	0
	新疆	1.2148	1.2406	1.1031	1.1010	1.1027	1.0997	1.1079	1.0664	0
	平均值	1.1388	1.1596	1.0663	1.0621	1.1395	1.0897	1.1166	1.0709	0.2727
东北地区	辽宁	1.1039	1.1357	0.9881	1.0730	1.1243	1.1113	1.1000	1.0370	1
	吉林	1.1309	1.1463	1.0677	1.0442	1.1170	1.0614	1.1075	1.0526	0
	黑龙江	1.1459	1.1473	1.0279	0.9794	1.0948	1.0482	1.2018	0.9741	2
	平均值	1.1268	1.1431	1.0274	1.0315	1.1119	1.0733	1.1355	1.0207	1

表7-7、表7-8、表7-9中的递增系数数据表明，2014—2021年我国30个省份基于安全感的各类居民福利水平的发展变化的递增性，呈现出如下三个特点。

（一）从总体上看，我国30个省份全体居民基于安全感的福利水平发展变化的递增性，是一种逐年递增的合理状态

从我国30个省份全体居民基于安全感的福利水平发展变化的递增系数来看，全国全体居民各年的递增系数均大于1；东部、中部、西部以及东北地区各年递增系数的平均值也大于1；除湖北、宁夏、辽宁、黑龙江四个省份的全体居民个别年份的递增系数出现小于1的情况之外，其他省份全体居民各年的递增系数均大于1。

说明在总体上，2013—2021年我国30个省份全体居民基于安全感的福利水平发展变化的递增性，处于一种逐年递增的合理状态。但要注意的是，湖北、宁夏、黑龙江三个省份的全体居民的递增系数小于1的情

况,位于 2021 年,其对三个省份当前的基于安全感的全体居民福利水平发展变化的递增性正在产生影响,需要尽快治理。

(二)从地区上来看,基于安全感的各类居民福利水平发展变化的递增性,东部地区的全体居民和城镇居民要好于其他地区,西部地区的农村居民要好于其他地区

从各地区基于安全感的各类居民福利水平平均递减年份个数来看,东部地区的全体居民和城镇居民为零,农村居民为 0.5;中部地区的全体居民为 0.1667,城镇居民为 0.1667,农村居民为 0.6;西部地区的全体居民为 0.0909,城镇居民为 0.1818,农村居民为 0.2727;东北地区的全体居民为 0.6667,城镇居民为 1,农村居民为 1。

说明东部地区全体居民和城镇居民基于安全感的福利水平发展变化的递增性,好于其他地区;西部地区农村居民基于安全感的福利水平发展变化的递增性,好于其他地区。

(三)从城乡来看,城镇居民基于安全感的福利水平发展变化的递增性要好于农村居民

2013—2021 年,我国 30 个省份基于安全感的城镇居民福利水平发展变化存在递减情况的省份有 5 个,我国 30 个省份基于安全感的农村居民福利水平发展变化存在递减情况的省份有 12 个。农村居民基于安全感的福利水平发展变化存在递减情况的省份数为城镇居民的 2.4 倍。说明在整体上,城镇居民基于安全感的福利水平发展变化的递增性要好于农村居民。

二 基于安全感的中国居民福利水平发展变化的平衡性评价

基于安全感的居民福利水平发展变化的平衡性评价,是依据居民福利水平发展变化合理性的"平衡性"评价标准,通过平衡系数 WBE_{st} 的测算与分析,对基于安全感的居民福利水平发展变化的合理性所进行的评价。平衡系数 WBE_{st} 的测算模型的基本形式为:

$$WBE_{st} = 1 - \frac{1}{W_{st1}} \sqrt{(W_{st2} - W_{st1})^2 \delta_{t2} + (W_{st3} - W_{st1})^2 \delta_{t3}} \quad (7-3)$$

评价规则为:当 $WBE_{st} < 1$ 时,本地区基于安全感的城乡居民福利水平发展变化的平衡性处于一种不合理状态,而且 WBE_{st} 越远离于 1,该地区基于安全感的城乡居民福利水平发展变化的平衡程度越差。

这样,将表 7-2 中的北京市各类居民基于安全感的福利水平和北京

市城乡人口比重数据代入式（7-3），可测算出北京市城乡居民基于安全感的福利水平发展变化的平衡系数，如表7-10所示。

表7-10　北京市基于安全感的城乡居民福利水平发展变化的平衡系数

年份＼项目	W_{st1}	W_{st2}	W_{st3}	δ_{t2}	δ_{t3}	WBE_{st}
2013	2.4509	2.6893	0.8068	0.8629	0.1371	0.7357
2014	2.6759	2.9296	0.8927	0.8634	0.1366	0.7384
2015	2.9015	3.1702	0.9713	0.8650	0.1350	0.7409
2016	3.3156	3.6330	0.9504	0.8652	0.1348	0.7233
2017	3.6123	3.9589	1.0771	0.8650	0.1350	0.7272
2018	3.9760	4.3324	1.3666	0.8649	0.1351	0.7448
2019	4.3361	4.7408	1.3996	0.8658	0.1342	0.7372
2020	4.7560	5.1595	1.5633	0.8753	0.1247	0.7500
2021	5.1909	5.6204	1.8609	0.8753	0.1247	0.7606

同理，将表7-3、表7-4、表7-5中的数据和收集整理的我国30个省份城乡人口比重统计数据代入式（7-3），可测算出我国30个省份基于安全感的城乡居民福利水平发展变化的平衡系数，并可据此对我国30个省份基于安全感的城乡居民福利水平发展变化的平衡情况进行分析，如表7-11所示。

表7-11　我国30个省份基于安全感的城乡居民福利水平发展变化的平衡系数

省份＼年份		2013	2014	2015	2016	2017	2018	2019	2020	2021	时期平均值	2021年定基发展速度
全国		0.410	0.429	0.441	0.451	0.455	0.464	0.472	0.504	0.512	0.460	1.246
东部地区	北京	0.736	0.738	0.741	0.723	0.727	0.745	0.737	0.750	0.761	0.740	1.034
	天津	0.731	0.739	0.752	0.754	0.753	0.753	0.756	0.741	0.756	0.748	1.035
	河北	0.324	0.336	0.369	0.399	0.411	0.425	0.430	0.468	0.453	0.402	1.396
	上海	0.800	0.805	0.785	0.803	0.801	0.806	0.803	0.806	0.805	0.802	1.006

续表

省份\年份		2013	2014	2015	2016	2017	2018	2019	2020	2021	时期平均值	2021年定基发展速度
东部地区	江苏	0.550	0.549	0.564	0.571	0.570	0.578	0.596	0.638	0.638	0.584	1.160
	浙江	0.578	0.594	0.604	0.606	0.626	0.642	0.651	0.669	0.681	0.628	1.178
	福建	0.460	0.473	0.490	0.542	0.517	0.543	0.549	0.576	0.585	0.526	1.273
	山东	0.419	0.498	0.468	0.490	0.504	0.510	0.516	0.538	0.547	0.499	1.305
	广东	0.555	0.562	0.582	0.589	0.590	0.572	0.570	0.605	0.607	0.581	1.095
	海南	0.469	0.499	0.503	0.509	0.511	0.510	0.512	0.510	0.513	0.504	1.095
	平均值	0.562	0.579	0.586	0.599	0.601	0.608	0.612	0.630	0.635	0.601	1.129
中部地区	山西	0.354	0.380	0.402	0.415	0.433	0.457	0.480	0.500	0.512	0.437	1.447
	安徽	0.353	0.371	0.386	0.397	0.416	0.411	0.423	0.450	0.458	0.407	1.296
	江西	0.412	0.411	0.436	0.448	0.462	0.480	0.482	0.496	0.510	0.460	1.239
	河南	0.388	0.377	0.411	0.433	0.442	0.439	0.444	0.460	0.458	0.428	1.180
	湖北	0.426	0.437	0.456	0.465	0.476	0.460	0.467	0.490	0.486	0.463	1.140
	湖南	0.354	0.367	0.395	0.403	0.427	0.439	0.449	0.460	0.466	0.418	1.317
	平均值	0.381	0.391	0.415	0.427	0.443	0.448	0.457	0.476	0.482	0.435	1.264
西部地区	内蒙古	0.384	0.384	0.400	0.416	0.433	0.453	0.458	0.522	0.527	0.442	1.372
	广西	0.259	0.334	0.346	0.339	0.335	0.367	0.379	0.416	0.430	0.356	1.658
	重庆	0.481	0.482	0.493	0.510	0.508	0.528	0.543	0.566	0.578	0.521	1.200
	四川	0.404	0.431	0.461	0.414	0.414	0.418	0.423	0.447	0.454	0.430	1.123
	贵州	0.197	0.229	0.271	0.282	0.291	0.299	0.297	0.341	0.369	0.286	1.874
	云南	0.282	0.285	0.302	0.311	0.300	0.325	0.346	0.360	0.388	0.322	1.376
	陕西	0.340	0.354	0.364	0.380	0.389	0.417	0.418	0.451	0.457	0.397	1.342
	甘肃	0.155	0.198	0.227	0.240	0.288	0.264	0.275	0.334	0.340	0.258	2.195
	青海	0.218	0.232	0.271	0.301	0.257	0.325	0.327	0.387	0.403	0.302	1.853
	宁夏	0.388	0.387	0.406	0.412	0.405	0.414	0.440	0.495	0.512	0.429	1.321
	新疆	0.322	0.349	0.377	0.387	0.410	0.429	0.449	0.472	0.479	0.408	1.489
	平均值	0.312	0.333	0.356	0.363	0.366	0.385	0.396	0.436	0.449	0.377	1.439
东北地区	辽宁	0.532	0.533	0.542	0.551	0.544	0.551	0.558	0.592	0.604	0.556	1.137
	吉林	0.472	0.484	0.484	0.490	0.484	0.513	0.505	0.532	0.540	0.501	1.143
	黑龙江	0.474	0.483	0.492	0.485	0.464	0.485	0.488	0.545	0.541	0.495	1.141
	平均值	0.493	0.500	0.506	0.509	0.497	0.517	0.517	0.556	0.562	0.517	1.140

续表

年份 省份	2013	2014	2015	2016	2017	2018	2019	2020	2021	时期平均值	2021年定基发展速度
最大最小值之差	0.645	0.607	0.558	0.563	0.544	0.542	0.528	0.472	0.465	—	—

注：各地区各年平衡系数的平均值，为该地区各省份同年平衡系数的简单算术平均数；各省份平衡系数的时期平均数，是该省份各年平衡系数的简单算术平均数；各省份2021年平衡系数的定基发展速度，为该省份2021年与2013年平衡系数的比值。

表7-11中的平衡系数数据表明，2013—2021年我国30个省份基于安全感的居民福利水平发展变化的平衡性，呈现出如下三个特点。

（一）从整体来看，我国城乡居民基于安全感的福利水平发展变化的平衡程度正在逐年提升

2013—2021年，我国30个省份基于安全感的城乡居民福利水平发展变化的平衡系数均小于1，说明该时期我国30个省份基于安全感的城乡居民福利水平的发展变化，各年均处于不平衡状态。但从动态上来看，除东北地区2017年之外，东北地区其余年份以及东部、中部、西部地区各年份，城乡居民基于安全感的福利水平发展变化的平衡系数的平均值，也均比上年有所提升。同时，2021年我国30个省份基于安全感的城乡居民福利水平发展变化平衡系数的定基发展速度，也均大于1。说明自2013年以来，虽然我国30个省份基于安全感的城乡居民福利水平的发展变化处于不平衡状态，但平衡程度却在不断提升。

但需注意的是，我国30个省份城镇人口比重的提升，在基于安全感的城乡居民福利水平发展变化平衡程度的提升过程中，发挥了重要作用。因为城镇居民、农村居民与全体居民福利水平的离差以及人口比重，是福利水平发展变化平衡系数数值大小的两个重要影响因素，全体居民福利水平通常会偏向于人口比重较大的那类居民的福利水平，人口比重较大的那类居民的福利水平与全体居民福利水平的偏差相对较小，相对较小的偏差再乘以相对偏大的人口比重，使得人口比重产生放大效应，导致福利水平发展变化平衡系数数值快速下降。表7-2、表7-3中的相关数据表明，2013年以来，虽然我国城镇居民和农村居民基于安全感的福利水平都在不断提升，但城镇居民与农村居民基于安全感的福利水平的差

距却在逐年加大；同时，相关人口统计数据则表明，我国 2013 年的城镇人口比重就已经超过了 50%，达到了 53.73%，此后各年仍在不断提升，2021 年的城镇人口比重已提升到了 64.72%。所以，在我国 30 个省份基于安全感的城乡居民福利水平发展变化的平衡程度的提升过程中，城镇居民人口比重的上升、农村居民人口比重的下降发挥了较大的作用。

（二）从各地区来看，东部地区基于安全感的城乡居民福利水平发展变化的平衡程度相对较高，但波动程度也比较大

2013—2021 年，各地区基于安全感的城乡居民福利水平发展变化的平衡系数的平均值，东部地区为 0.601，中部地区为 0.435，西部地区为 0.377，东北地区为 0.517；按各地区所含省份数平均的平衡系数相对上一年下降的年数，东部地区为 1.6 年，中部地区为 1.17 年，西部地区为 1 年，东北地区为 2 年。

说明 2013—2021 年，各地区基于安全感的城乡居民福利水平发展变化的平衡程度，东部地区相对较高，但波动情况也比较严重。

（三）从我国 30 个省份来看，基于安全感的城乡居民福利水平发展变化的平衡程度省际之间的差距正在逐年缩小

从各省份各年平衡系数的最大值与最小值的差值来看，2013 年为 0.645，2014 年为 0.607，2015 年为 0.558，2016 年为 0.563，2017 年为 0.544，2018 年为 0.542，2019 年为 0.528，2020 年为 0.472，2021 年为 0.465。我国 30 个省份基于安全感的城乡居民福利水平发展变化的平衡程度的差距正在逐年缩小。

三　基于安全感的中国居民福利水平发展变化的充分性评价

基于安全感的居民福利水平发展变化的充分性评价，是依据居民福利水平发展变化合理性的"充分性"评价标准，通过充分系数 WAE_{sti} 的测算与分析，对基于安全感的居民福利水平发展变化的合理性所进行的评价。充分系数 WAE_{sti} 的测算模型的基本形式为：

$$WAE_{sti} = \frac{W_{sti}}{\max W_{sti}} \tag{7-4}$$

评价规则为：当 $WAE_{sti} < 1$ 时，t 期本地区第 i 类居民基于安全感的居民福利水平的发展变化，处于不充分即不合理状态。

由式（7-4）可以看出，基于安全感的居民福利水平发展变化的充分系数的测算，需先确定出各年各类居民基于安全感的福利水平发展变化

充分性的评价基准。其中，利用表 7-3、表 7-4、表 7-5 中的相关数据所确定的我国 30 个省份各年各类居民基于安全感的福利水平发展变化充分性的评价基准，如表 7-12 所示。

表 7-12　基于安全感的各类居民福利水平发展变化充分性的评价基准

项目 年份	$\max W_{st1}$ 省份	数值	$\max W_{st2}$ 省份	数值	$\max W_{st3}$ 省份	数值
2013	北京市	2.4509	北京市	2.6893	上海市	0.9904
2014	北京市	2.6759	北京市	2.9296	上海市	1.1153
2015	上海市	2.9503	上海市	3.1706	上海市	1.2410
2016	北京市	3.3156	北京市	3.6330	上海市	1.4774
2017	北京市	3.6123	北京市	3.9589	上海市	1.6583
2018	北京市	3.9760	北京市	4.3324	上海市	1.7806
2019	北京市	4.3361	北京市	4.7408	上海市	1.9005
2020	北京市	4.7560	北京市	5.1595	上海市	1.9836
2021	北京市	5.1909	北京市	5.6204	上海市	2.0226

这样，利用表 7-2、表 7-12 中的数据和式（7-4），可测算出北京市各类居民基于安全感的福利水平发展变化的充分系数，如表 7-13 所示。

表 7-13　北京市各类居民基于安全感的福利水平发展变化的充分系数

项目 年份	全体居民 W_{st1}	$\max W_{st1}$	WAE_{st1}	城镇居民 W_{st2}	$\max W_{st2}$	WAE_{st2}	农村居民 W_{st3}	$\max W_{st3}$	WAE_{st3}
2013	2.4509	2.4509	1.0000	2.6893	2.6893	1.0000	0.8068	0.9904	0.8146
2014	2.6759	2.6759	1.0000	2.9296	2.9296	1.0000	0.8927	1.1153	0.8004
2015	2.9015	2.9503	0.9835	3.1702	3.1706	0.9999	0.9713	1.2410	0.7827
2016	3.3156	3.3156	1.0000	3.6330	3.6330	1.0000	0.9504	1.4774	0.6433
2017	3.6123	3.6123	1.0000	3.9589	3.9589	1.0000	1.0771	1.6583	0.6495
2018	3.9760	3.9760	1.0000	4.3324	4.3324	1.0000	1.3666	1.7806	0.7675
2019	4.3361	4.3361	1.0000	4.7408	4.7408	1.0000	1.3996	1.9005	0.7364
2020	4.7560	4.7560	1.0000	5.1595	5.1595	1.0000	1.5633	1.9836	0.7881
2021	5.1909	5.1909	1.0000	5.6204	5.6204	1.0000	1.8609	2.0226	0.9201

同理，利用表 7-3、表 7-4、表 7-5、表 7-12 中的数据和式（7-4），可测算出我国 30 个省份基于安全感的各类居民福利水平发展变化的充分

系数，并可对我国30个省份基于安全感的福利水平发展变化的充分情况进行分析，如表7-14、表7-15、表7-16所示。

表7-14　　　我国30个省份基于安全感的全体居民福利
水平发展变化的充分系数

省份	年份	2013	2014	2015	2016	2017	2018	2019	2020	2021	时期平均值	2021年定基发展速度
东部地区	北京	1.000	1.000	0.984	1.000	1.000	1.000	1.000	1.000	1.000	0.998	1.000
	天津	0.624	0.623	0.614	0.601	0.601	0.595	0.570	0.595	0.557	0.597	0.893
	河北	0.356	0.357	0.361	0.359	0.358	0.377	0.388	0.370	0.355	0.365	0.998
	上海	0.985	0.983	1.000	0.959	0.993	0.958	0.965	0.958	0.901	0.967	0.915
	江苏	0.547	0.559	0.560	0.539	0.546	0.561	0.550	0.539	0.509	0.546	0.930
	浙江	0.629	0.639	0.640	0.632	0.638	0.628	0.617	0.610	0.588	0.625	0.935
	福建	0.441	0.446	0.460	0.469	0.474	0.473	0.471	0.471	0.457	0.463	1.037
	山东	0.465	0.485	0.468	0.452	0.451	0.441	0.433	0.422	0.423	0.449	0.908
	广东	0.460	0.468	0.466	0.435	0.456	0.474	0.495	0.483	0.470	0.468	1.022
	海南	0.356	0.362	0.368	0.354	0.359	0.342	0.343	0.340	0.329	0.350	0.925
	平均值	0.586	0.592	0.592	0.580	0.588	0.585	0.583	0.579	0.559	0.583	0.953
中部地区	山西	0.375	0.389	0.386	0.371	0.377	0.362	0.359	0.365	0.355	0.371	0.945
	安徽	0.352	0.359	0.358	0.333	0.337	0.387	0.364	0.366	0.349	0.356	0.990
	江西	0.345	0.356	0.353	0.349	0.362	0.365	0.366	0.372	0.365	0.359	1.059
	河南	0.300	0.305	0.314	0.302	0.319	0.332	0.335	0.325	0.309	0.316	1.029
	湖北	0.379	0.392	0.390	0.375	0.404	0.380	0.374	0.372	0.331	0.377	0.875
	湖南	0.333	0.333	0.335	0.339	0.345	0.347	0.346	0.342	0.331	0.339	0.996
	平均值	0.347	0.355	0.356	0.345	0.357	0.362	0.357	0.357	0.340	0.353	0.979
西部地区	内蒙古	0.387	0.386	0.386	0.381	0.390	0.416	0.413	0.420	0.397	0.397	1.026
	广西	0.338	0.349	0.346	0.348	0.340	0.343	0.343	0.346	0.335	0.343	0.992
	重庆	0.375	0.380	0.382	0.371	0.408	0.385	0.379	0.372	0.353	0.378	0.939
	四川	0.311	0.312	0.314	0.317	0.308	0.300	0.303	0.311	0.309	0.309	0.992
	贵州	0.269	0.281	0.284	0.272	0.293	0.301	0.309	0.324	0.298	0.292	1.107
	云南	0.325	0.324	0.325	0.326	0.373	0.344	0.349	0.326	0.324	0.335	0.996
	陕西	0.316	0.331	0.347	0.340	0.366	0.355	0.363	0.369	0.377	0.352	1.193

续表

省份\年份		2013	2014	2015	2016	2017	2018	2019	2020	2021	时期平均值	2021年定基发展速度
西部地区	甘肃	0.249	0.254	0.258	0.241	0.245	0.248	0.250	0.261	0.266	0.252	1.065
	青海	0.288	0.290	0.291	0.290	0.305	0.317	0.347	0.341	0.340	0.312	1.179
	宁夏	0.319	0.322	0.321	0.325	0.351	0.342	0.333	0.358	0.325	0.333	1.019
	新疆	0.271	0.302	0.317	0.325	0.320	0.312	0.307	0.330	0.322	0.312	1.187
	平均值	0.314	0.321	0.325	0.322	0.336	0.333	0.336	0.342	0.331	0.329	1.057
东北地区	辽宁	0.454	0.465	0.458	0.391	0.398	0.401	0.398	0.408	0.377	0.417	0.831
	吉林	0.308	0.315	0.321	0.308	0.304	0.287	0.296	0.310	0.299	0.305	0.972
	黑龙江	0.343	0.360	0.365	0.344	0.332	0.313	0.306	0.322	0.291	0.331	0.849
	平均值	0.368	0.380	0.381	0.348	0.344	0.334	0.333	0.347	0.323	0.351	0.876

注：各地区各年充分系数的平均值，为该地区各省份各年充分系数的简单算术平均数；各省份充分系数的时期平均值，为该省份各年充分系数的简单算术平均数；各省份2021年充分系数的定基发展速度，为该省份2021年与2013年充分系数的比值。表7-15、表7-16与此相同。

表7-15　　我国30个省份基于安全感的城镇居民福利水平发展变化的充分系数

省份\年份		2013	2014	2015	2016	2017	2018	2019	2020	2021	时期平均值	2021年定基发展速度
东部地区	北京	1.000	1.000	1.000	1.000	1.000	1.000	1.000	1.000	1.000	1.000	1.000
	天津	0.641	0.637	0.636	0.608	0.605	0.599	0.569	0.598	0.558	0.606	0.872
	河北	0.535	0.529	0.529	0.498	0.488	0.507	0.514	0.477	0.460	0.504	0.860
	上海	0.956	0.954	1.000	0.934	0.969	0.938	0.941	0.938	0.884	0.946	0.925
	江苏	0.652	0.663	0.668	0.625	0.629	0.643	0.620	0.594	0.561	0.628	0.861
	浙江	0.738	0.743	0.750	0.720	0.716	0.699	0.678	0.665	0.638	0.705	0.863
	福建	0.561	0.562	0.584	0.561	0.572	0.559	0.552	0.542	0.523	0.557	0.932
	山东	0.633	0.623	0.618	0.570	0.560	0.548	0.532	0.512	0.510	0.567	0.805
	广东	0.536	0.543	0.545	0.496	0.518	0.545	0.565	0.541	0.525	0.535	0.980
	海南	0.472	0.468	0.483	0.450	0.452	0.431	0.430	0.428	0.412	0.447	0.874
	平均值	0.672	0.672	0.681	0.646	0.651	0.647	0.640	0.629	0.607	0.650	0.903

续表

省份\年份		2013	2014	2015	2016	2017	2018	2019	2020	2021	时期平均值	2021年定基发展速度
中部地区	山西	0.539	0.545	0.540	0.500	0.496	0.471	0.455	0.454	0.436	0.493	0.810
	安徽	0.523	0.521	0.523	0.467	0.463	0.526	0.486	0.478	0.451	0.493	0.862
	江西	0.487	0.497	0.493	0.469	0.476	0.476	0.472	0.472	0.459	0.478	0.942
	河南	0.444	0.451	0.460	0.423	0.437	0.455	0.452	0.432	0.409	0.441	0.921
	湖北	0.511	0.521	0.520	0.484	0.514	0.490	0.477	0.468	0.415	0.489	0.811
	湖南	0.493	0.485	0.485	0.471	0.465	0.463	0.455	0.448	0.430	0.466	0.872
	平均值	0.499	0.503	0.503	0.469	0.475	0.480	0.466	0.459	0.433	0.477	0.867
西部地区	内蒙古	0.525	0.522	0.525	0.501	0.505	0.533	0.523	0.507	0.477	0.513	0.909
	广西	0.528	0.532	0.530	0.519	0.505	0.499	0.492	0.479	0.457	0.505	0.867
	重庆	0.478	0.482	0.490	0.457	0.495	0.464	0.449	0.432	0.407	0.462	0.851
	四川	0.458	0.447	0.445	0.445	0.431	0.419	0.416	0.416	0.410	0.432	0.895
	贵州	0.484	0.484	0.478	0.436	0.457	0.467	0.472	0.471	0.424	0.464	0.875
	云南	0.538	0.530	0.530	0.509	0.573	0.525	0.518	0.479	0.465	0.518	0.865
	陕西	0.465	0.478	0.505	0.475	0.501	0.477	0.481	0.474	0.481	0.482	1.035
	甘肃	0.451	0.441	0.443	0.397	0.385	0.393	0.390	0.385	0.388	0.408	0.862
	青海	0.465	0.460	0.457	0.434	0.460	0.461	0.498	0.462	0.455	0.461	0.979
	宁夏	0.452	0.452	0.451	0.440	0.474	0.460	0.437	0.445	0.398	0.446	0.881
	新疆	0.421	0.453	0.475	0.467	0.448	0.432	0.416	0.431	0.418	0.440	0.993
	平均值	0.479	0.480	0.485	0.462	0.476	0.466	0.463	0.453	0.435	0.466	0.908
东北地区	辽宁	0.536	0.550	0.551	0.458	0.468	0.472	0.465	0.463	0.424	0.487	0.792
	吉林	0.400	0.404	0.423	0.394	0.389	0.363	0.371	0.379	0.363	0.387	0.908
	黑龙江	0.439	0.457	0.470	0.436	0.427	0.399	0.387	0.387	0.352	0.417	0.800
	平均值	0.458	0.470	0.481	0.429	0.428	0.411	0.408	0.410	0.380	0.431	0.828

表 7-16　　我国 30 个省份基于安全感的农村居民福利水平发展变化的充分系数

省份	年份	2013	2014	2015	2016	2017	2018	2019	2020	2021	时期平均值	2021年定基发展速度
东部地区	北京	0.815	0.800	0.783	0.643	0.650	0.768	0.736	0.788	0.920	0.767	1.130
	天津	0.660	0.654	0.671	0.614	0.586	0.584	0.566	0.532	0.583	0.606	0.884
	河北	0.266	0.255	0.269	0.257	0.244	0.259	0.263	0.279	0.258	0.261	0.972
	上海	1.000	1.000	1.000	1.000	1.000	1.000	1.000	1.000	1.000	1.000	1.000
	江苏	0.501	0.476	0.479	0.429	0.400	0.419	0.437	0.486	0.482	0.457	0.963
	浙江	0.641	0.649	0.650	0.586	0.596	0.619	0.622	0.651	0.695	0.634	1.084
	福建	0.318	0.318	0.341	0.380	0.323	0.348	0.353	0.381	0.396	0.351	1.246
	山东	0.382	0.467	0.386	0.354	0.343	0.344	0.348	0.367	0.395	0.376	1.036
	广东	0.373	0.376	0.395	0.351	0.349	0.331	0.337	0.362	0.372	0.361	0.997
	海南	0.348	0.361	0.363	0.321	0.304	0.290	0.297	0.299	0.305	0.321	0.877
	平均值	0.530	0.536	0.534	0.493	0.480	0.496	0.496	0.514	0.541	0.513	1.020
中部地区	山西	0.262	0.273	0.279	0.249	0.245	0.257	0.270	0.278	0.293	0.267	1.115
	安徽	0.294	0.288	0.291	0.249	0.246	0.261	0.252	0.267	0.268	0.269	0.910
	江西	0.321	0.305	0.316	0.290	0.289	0.306	0.305	0.310	0.331	0.308	1.033
	河南	0.296	0.275	0.299	0.273	0.271	0.278	0.278	0.280	0.274	0.281	0.925
	湖北	0.311	0.307	0.314	0.280	0.290	0.258	0.258	0.274	0.242	0.281	0.781
	湖南	0.276	0.266	0.277	0.251	0.247	0.254	0.258	0.266	0.270	0.263	0.979
	平均值	0.293	0.286	0.296	0.265	0.265	0.269	0.270	0.279	0.280	0.278	0.954
西部地区	内蒙古	0.229	0.210	0.216	0.207	0.213	0.246	0.247	0.291	0.292	0.239	1.273
	广西	0.200	0.281	0.281	0.246	0.221	0.247	0.257	0.274	0.288	0.255	1.441
	重庆	0.324	0.308	0.309	0.282	0.273	0.277	0.283	0.286	0.296	0.293	0.912
	四川	0.323	0.322	0.334	0.265	0.244	0.240	0.239	0.251	0.263	0.276	0.814
	贵州	0.214	0.213	0.227	0.192	0.187	0.193	0.189	0.202	0.210	0.203	0.982
	云南	0.286	0.268	0.267	0.241	0.233	0.241	0.251	0.248	0.277	0.257	0.967
	陕西	0.231	0.231	0.239	0.216	0.215	0.226	0.220	0.231	0.246	0.228	1.065
	甘肃	0.162	0.169	0.176	0.151	0.159	0.141	0.147	0.168	0.178	0.161	1.105

续表

省份\年份		2013	2014	2015	2016	2017	2018	2019	2020	2021	时期平均值	2021年定基发展速度
西部地区	青海	0.147	0.142	0.161	0.158	0.111	0.163	0.171	0.180	0.199	0.159	1.354
	宁夏	0.260	0.238	0.240	0.220	0.212	0.212	0.224	0.249	0.247	0.234	0.949
	新疆	0.230	0.248	0.277	0.256	0.252	0.258	0.266	0.282	0.295	0.263	1.284
	平均值	0.237	0.239	0.248	0.221	0.211	0.222	0.227	0.242	0.254	0.233	1.071
东北地区	辽宁	0.346	0.339	0.346	0.287	0.275	0.287	0.299	0.315	0.321	0.313	0.928
	吉林	0.283	0.284	0.293	0.262	0.244	0.254	0.253	0.268	0.277	0.269	0.978
	黑龙江	0.293	0.299	0.308	0.266	0.232	0.236	0.232	0.267	0.255	0.265	0.871
	平均值	0.307	0.307	0.315	0.272	0.250	0.259	0.261	0.284	0.284	0.282	0.925

由表7-14、表7-15、表7-16中的相关数据可以看出，2013—2021年，我国30个省份基于安全感的各类居民福利水平发展变化的充分程度，具有如下三个特点。

（一）从总体上来看，大部分省份基于安全感的全体居民福利水平发展变化的充分程度正在下降

由表7-14可以看出，2021年我国各地区基于安全感的全体居民福利水平发展变化充分系数的定基发展速度，东部地区为0.953，中部地区为0.979，西部地区为1.057，东北地区为0.876，除西部地区外，其余三个地区的充分系数定基发展速度均小于1。

由此可以看出，2013—2021年，虽然我国30个省份基于安全感的全体居民福利水平正在逐年提升，但其发展变化的充分系数，大部分省份却存在下降趋势。

（二）从地区上来看，我国东部地区各类居民基于安全感的福利水平发展变化的充分程度相对较高

从2013—2021年各地区基于安全感的居民福利水平发展变化的充分系数的时期平均值来看，东部地区的全体居民为0.583，城镇居民为0.650，农村居民为0.513；中部地区的全体居民为0.353，城镇居民为0.477，农村地区为0.278；西部地区的全体居民为0.329，城镇居民为0.466，农村居民为0.233；东北地区的全体居民为0.351，城镇居民为

0.431，农村居民为0.282。说明2013—2021年，我国东部地区各类居民基于安全感的福利水平发展变化的充分程度相对较高。

（三）从城乡来看，我国30个省份基于安全感的福利水平发展变化的充分程度，城镇居民普遍高于农村居民，但城乡差距正在缩小

由表7-15、表7-16中的相关数据可看出，除天津市和上海市之外，其他28个省份城镇居民基于安全感的福利水平发展变化的充分程度均高于农村居民；各地区基于安全感的福利水平发展变化的充分系数平均值的城乡差距，东部地区2013年为0.142，2021年为0.067；中部地区2013年0.206，2021年为0.154；西部地区2013年为0.242，2021年为0.181；东北地区2013年为0.151，2021年为0.095。

说明2013—2021年，我国30个省份基于安全感的福利水平发展变化的充分程度，城镇居民普遍高于农村居民，但城乡差距正在缩小。

第三节 基于安全感的中国居民福利水平增进路径分析——以北京市为例

基于安全感的居民福利增进路径分析，是在针对基于安全感的居民福利水平发展变化不合理状态的表现，来确立居民福利水平增进目标的基础上，运用基于安全感的居民福利水平发展变化不合理状态成因分析模型和居民福利增进对策分析模型，所开展的基于安全感的居民福利水平增进对策分析工作。同样，鉴于各省份基于安全感的居民福利增进路径分析工作的复杂性，这里我们仅以北京市为例来说明这项工作的开展过程。

一 北京市基于安全感的居民福利增进目标分析

由我国各省份各类居民基于安全感的福利水平发展变化的递增性、平衡性和充分性评价结果可以看出，不平衡、不充分是北京市各类居民基于安全感的福利水平发展变化过程中所存在的主要问题，并具体表现为农村居民相对于全体居民的福利水平偏低、农村居民相对于上海市农村居民的福利水平偏低。为此，基于不平衡、不充分状态扭转的北京市基于安全感的居民福利水平的增进，应重点做好农村居民基于安全感的福利水平的提升工作。

基于此，可利用基于安全感的居民福利增进目标分析模型来对北京市农村居民基于安全感的福利水平增进目标进行分析。所用模型的基本形式为：

$$DWBE_{st3} = W_{st1} - W_{st3} \tag{7-5}$$

$$DWAE_{st3} = \max W_{st3} - W_{st3} \tag{7-6}$$

分析规则为：在依据北京市农村居民基于安全感的福利水平发展变化不平衡、不充分现状，来确定农村居民安全感福利水平的增进目标时，应选取 $DWBE_{st3}$、$DWAE_{st3}$ 中数值最小的那个 $DWBE_{st3}$、$DWAE_{st3}$ 所对应 W_{st1} 或者 $\max W_{sti}$，作为农村居民基于安全感的福利水平增进目标。

这样，将北京市和上海市的相关统计数据代入式（7-5）、式（7-6），可测算出北京市农村居民与全体居民、北京市农村居民与上海市农村居民基于安全感的福利水平偏差，并可据此按照循序渐进的原则，对北京市农村居民基于安全感的福利水平增进目标进行分析，如表7-17所示。

表7-17　北京市基于安全感的农村居民福利水平增进目标分析

年份	基于平衡性的增进目标分析			基于充分性的增进目标分析		
项目	W_{st1}	W_{st3}	$DWBE_{st3}$	$\max W_{st3}$	W_{st3}	$DWAE_{st3}$
2013	2.4509	0.8068	1.6441	0.9904	0.8068	0.1836
2014	2.6759	0.8927	1.7832	1.1153	0.8927	0.2226
2015	2.9015	0.9713	1.9302	1.2410	0.9713	0.2697
2016	3.3156	0.9504	2.3652	1.4774	0.9504	0.5270
2017	3.6123	1.0771	2.5352	1.6583	1.0771	0.5812
2018	3.9760	1.3666	2.6094	1.7806	1.3666	0.4140
2019	4.3361	1.3996	2.9365	1.9005	1.3996	0.5010
2020	4.7560	1.5633	3.1927	1.9836	1.5633	0.4203
2021	5.1909	1.8609	3.3300	2.0226	1.8609	0.1617

由表7-17可以看出，促使北京市基于安全感的城乡居民福利水平发展变化达到平衡所需的北京市农村居民福利水平提升幅度，远高于赶超上海市农村居民基于安全感的福利水平所需的北京市农村居民福利水平提升幅度，北京市基于安全感的城乡居民福利水平发展变化的不平衡问题的解决，要比基于安全感的农村居民福利水平发展变化的不充分问题

的解决难度大得多。为此，鉴于不充分问题的解决也将带来不平衡问题的改善，从循序渐进的原则出发，北京市基于安全感的居民福利水平的增进，应从农村居民基于安全感的福利水平发展变化的不充分问题的解决入手，并以上海市农村居民基于安全感的福利水平为增进目标。

二 北京市基于安全感的农村居民福利水平发展变化不充分的成因分析

北京市基于安全感的农村居民福利水平发展变化不充分的成因分析，可从居民福利水平发展变化不充分成因分析模型体系中，选用基于安全感的居民福利水平发展变化不充分成因分析模型。根据基于安全感的居民福利发展变化的影响因素，该模型分为着眼于人均储蓄储备支出的基于安全感的居民福利水平发展变化不充分成因分析模型 $RNID_{Ws\tilde{E}tis}$、着眼于居民消费定基价格总指数的基于安全感居民福利水平发展变化不充分成因分析模型 $RNID_{Ws\tilde{p}ti}$ 以及着眼于生活保障活动公共服务享用量的基于安全感的居民福利水平发展变化不充分成因分析模型 $RNID_{Ws\tilde{g}tis}$、$RNID_{Ws\tilde{g}tisz}$。上述模型的基本形式为：

$$RNID_{Ws\tilde{E}tis} = \frac{W_{sti} - \max W_{sti}}{\tilde{E}_{tis} - \max \tilde{E}_{tis}} \tag{7-7}$$

$$RNID_{Ws\tilde{p}ti} = \frac{W_{sti} - \max W_{sti}}{\tilde{p}_{ti} - \max \tilde{p}_{ti}} \tag{7-8}$$

$$RNID_{Ws\tilde{g}tis} = \frac{W_{sti} - \max W_{sti}}{\tilde{g}_{tis} - \max \tilde{g}_{tis}} \tag{7-9}$$

$$RNID_{Ws\tilde{g}tisz} = \frac{W_{sti} - \max W_{sti}}{\tilde{g}_{tisz} - \max \tilde{g}_{tisz}} \tag{7-10}$$

分析规则为：当 $RNID_{Ws\tilde{E}tis}$、$RNID_{Ws\tilde{g}tis}$、$RNID_{Ws\tilde{g}tisz}$ 的数值为正以及 $RNID_{Ws\tilde{p}ti}$ 的数值为负时，偏低的 $\tilde{E}_{tis}$、$\tilde{g}_{tis}$、$\tilde{g}_{tisz}$ 以及偏高的 $\tilde{p}_{ti}$，是导致本地区第 i 类居民基于安全感的居民福利水平发展变化不充分的一个原因；当 $RNID_{Ws\tilde{E}tis}$、$RNID_{Ws\tilde{g}tis}$、$RNID_{Ws\tilde{g}tisz}$ 的数值为正且小于 1 以及 $RNID_{Ws\tilde{p}ti}$ 的数值为负绝对值小于 1 时，偏低的 $\tilde{E}_{tis}$、$\tilde{g}_{tis}$、$\tilde{g}_{tisz}$ 以及偏高的 $\tilde{p}_{ti}$，是导致本地区第 i 类居民基于安全感的居民福利水平发展变化不充分的一个主要原因；当 $RNID_{Ws\tilde{E}tis}$、$RNID_{Ws\tilde{g}tis}$、$RNID_{Ws\tilde{g}tisz}$ 的数值为正且大于等于 1 以及 $RNID_{Ws\tilde{p}ti}$ 的数值为负且绝对值大于等于 1 时，偏低的 $\tilde{E}_{tis}$、$\tilde{g}_{tis}$、$\tilde{g}_{tisz}$ 以及偏高的 $\tilde{p}_{ti}$，是导致本地区第 i 类居民基于安全感的居民福利水平发展变

化不充分的一个次要原因。

这样，将北京市和上海市农村居民的相关统计数据，代入式（7-7）、式（7-8）、式（7-9），可测算出北京市与上海市农村居民基于安全感的福利水平偏差，与农村居民相对于他人的人均储蓄储备支出偏差、农村居民相对于他人的消费定基价格总指数偏差、农村居民相对于他人的生活保障活动公共服务享用量偏差的比较相对数，如表7-18所示。

表7-18 着眼于各因素的北京市农村居民安全感福利水平发展变化不充分成因分析

年份 项目	$RNID_{Ws\bar{E}t3}$	$RNID_{Ws\bar{g}t3}$	$RNID_{Ws\bar{p}t3}$
2013	0.5954	2.5530	-18.8404
2014	0.7258	1.4310	208.9406
2015	0.8279	1.1303	37.3146
2016	1.2858	0.7804	20.1107
2017	1.1801	0.7991	23.6869
2018	1.1321	0.7776	27.1548
2019	1.0203	0.8318	28.0908
2020	1.4284	0.6800	23.1750
2021	2.5215	0.5004	8.2902

表7-18中的相关数据表明，2021年，北京市农村居民福利水平偏差与相对于他人的生活保障活动公共服务享用量偏差的比较相对数的数值为正且小于1、北京市农村居民福利水平偏差与相对于他人的人均生活储蓄储备支出偏差的比较相对数的数值为正且大于1。说明偏低的农村居民相对于他人的生活保障活动公共服务享用量，是导致北京市基于安全感的农村居民福利水平发展变化不充分的主要原因；偏低的农村居民相对于他人的人均生活储蓄储备支出，是导致北京市基于安全感的农村居民福利水平发展变化不充分的次要原因。

在此基础上，将北京市和上海市农村居民的相关统计数据代入式（7-10），可测算北京市与上海市农村居民基于安全感的福利水平偏差，与农村居民相对于他人的基本养老保险基金人均支出偏差的比较相对数、北京市与上海市农村居民基于安全感的福利水平偏差与农村居民相对于他人的基本医疗保险基金人均支出偏差的比较相对数、北京市与上海市农村居民基于安全感的福利水平偏差与农村居民相对于他人的最低生活保障平均标准偏差的比较相对数，并可据此来进一步分析构成农村居民相对于他人的生活保障活动公共服务享用量的三个要素，哪些是北京市农村居民基于安全感的福利水平发展变化不充分的原因。如表7-19所示。

表7-19　着眼于 $\tilde{g}_{t3s}$ 的北京市农村居民安全感福利水平发展变化不充分成因分析

年份＼项目	$RNID_{Ws\tilde{g}t3s1}$	$RNID_{Ws\tilde{g}t3s2}$	$RNID_{Ws\tilde{g}t3s3}$
2013	1.2009	-312.40	-2.5098
2014	1.1107	2.2498	-28.390
2015	1.0677	2.0750	0.9927
2016	0.9033	0.9051	2.2165
2017	0.9014	0.9238	2.4446
2018	0.6239	-3.0482	1.7413
2019	0.7569	1.8027	2.4582
2020	0.5903	1.7555	1.7678
2021	0.3488	-3.7032	0.6284

表7-19中的相关数据表明，2016—2021年的北京市农村居民福利水平偏差，与相对于他人的基本养老保险基金人均支出偏差的比较相对数的数值为正且小于1，2021年的农村居民福利水平偏差，与相对于他人的最低生活保障平均标准偏差的比较相对数的数值为正且小于1，说明在农村居民相对于他人的生活保障活动公共服务享用量的三个构成要素中，偏低的农村居民相对于他人的基本养老保险基金人均支出和偏低的农村居民相对于他人的最低生活保障平均标准，是导致北京市农村居民基于安全感的福利水平发展变化不充分的主要原因。

综上所述，偏低的农村居民相对于他人的基本养老保险基金人均支出、农村居民相对于他人的最低生活保障平均标准，是导致北京市农村居民基于安全感的福利水平发展变化不充分的主要原因；偏低的相对于他人的人均生活储蓄储备支出,是导致北京市农村居民基于安全感的福利水平发展变化不充分的次要原因。

三 北京市基于安全感的农村居民福利水平增进对策分析

(一) 模型的选用

上述分析表明,农村居民相对于他人的基本养老保险基金人均支出偏低、农村居民相对于他人的最低生活保障平均标准偏低,是导致北京市农村居民基于安全感的福利水平发展变化不充分的主要原因。所以,北京市农村居民基于安全感的福利水平的增进,可重点从农村居民基本养老保险基金人均支出的提升和农村居民最低生活保障平均标准的提升入手。据此,可选用着眼于生活保障活动各种公共服务享用量的基于安全感的居民福利增进对策分析模型,对北京市农村居民基于安全感的福利水平增进对策进行分析。着眼于生活保障活动各种公共服务享用量的基于安全感的居民福利增进对策分析模型的基本形式为:

$$g_{Wstisz} = \frac{g_{001sz}}{\tilde{g}_{tis1} \cdots \tilde{g}_{tis(z-1)} \; \tilde{g}_{tis(z+1)} \cdots \tilde{g}_{tism}} \left(\frac{\tilde{p}_{ti} \overline{W}_{sti}^2}{\tilde{E}_{tis}}\right)^m \quad (7-11)$$

其中,g_{Wstisz} 为 t 期第 i 类居民实现基于安全感的福利水平增进目标,所需的该居民生活保障活动第 z 种公共服务享用量的提升目标值。

(二) 着眼于城乡居民基本养老保险基金人均支出的北京市农村居民基于安全感的福利水平增进对策分析

利用北京市和上海市农村居民相关统计数据和公式(7-11),可在农村居民相对于他人的最低生活保障平均标准、农村居民相对于他人的人均生活储蓄储备支出等其他因素,北京市与上海市的差距不变、缩减50%、缩减为零的条件下,对着眼于城乡居民基本养老保险基金人均支出的,北京市农村居民基于安全感的福利水平增进单一对策和组合对策进行分析,如表7-20所示。

表7-20 着眼于 g_{t3s1} 的北京市农村居民安全感福利水平增进对策分析

年份	其他因素差距不变			其他因素差距缩减50%			其他因素差距缩减为零		
	g_{Wst3s1} (元)	$\dfrac{g_{Wst3s1}}{g_{t3s1}}$	$\dfrac{g_{Wst3s1}}{\max g_{t3s1}}$	g_{Wst3s1} (元)	$\dfrac{g_{Wst3s1}}{g_{t3s1}}$	$\dfrac{g_{Wst3s1}}{\max g_{t3s1}}$	g_{Wst3s1} (元)	$\dfrac{g_{Wst3s1}}{g_{t3s1}}$	$\dfrac{g_{Wst3s1}}{\max g_{t3s1}}$
2013	18521	3.4225	2.5143	11421	2.1105	1.5504	7577	1.4002	1.0286

续表

年份 \ 项目	其他因素差距不变 g_{Wst3s1}（元）	其他因素差距不变 g_{t3s1}	其他因素差距不变 $\max g_{t3s1}$	其他因素差距缩减50% g_{Wst3s1}（元）	其他因素差距缩减50% g_{t3s1}	其他因素差距缩减50% $\max g_{t3s1}$	其他因素差距缩减为零 g_{Wst3s1}（元）	其他因素差距缩减为零 g_{t3s1}	其他因素差距缩减为零 $\max g_{t3s1}$
2014	22625	3.8027	2.6582	14474	2.4327	1.7005	9817	1.6500	1.1534
2015	29190	4.3510	2.9371	18015	2.6853	1.8127	11763	1.7533	1.1836
2016	49898	14.1102	4.5387	29664	8.3884	2.6982	18864	5.3343	1.7158
2017	57827	13.3186	4.5951	33125	7.6293	2.6322	20516	4.7253	1.6303
2018	26034	4.8931	1.8860	17596	3.3071	1.2747	12368	2.3245	0.8960
2019	40395	6.2698	2.7105	25313	3.9290	1.6985	16796	2.6070	1.1270
2020	29042	4.1734	1.8082	22487	3.2315	1.4001	17706	2.5444	1.1024
2021	18827	1.6485	1.0853	17423	1.5256	1.0044	16150	1.4141	0.9311

表7-20中的相关数据表明，当其他因素与上海市的差距不变时，2021年北京市城乡居民基本养老保险基金人均支出目标值与实际值的比值为1.6485，与上海市实际值的比值为1.0853；当将其他因素与上海市的差距缩减50%时，2021年北京市城乡居民基本养老保险基金人均支出目标值与实际值的比值为1.5256，与上海市实际值的比值为1.0044；当将其他因素与上海市的差距缩减为零时，2021年北京市城乡居民基本养老保险基金人均支出目标值与实际值的比值为1.4141，与上海市实际值的比值为0.9311。说明伴随着其他因素与上海市的差距逐渐缩小，北京市农村居民实现其福利水平增进目标所需的城乡居民基本养老保险基金人均支出提升幅度也在不断下降，当将其他因素与上海市的差距缩减为零时，北京市农村居民实现其福利水平增进目标所需的城乡居民基本养老保险基金人均支出提升幅度，也由其他因素与上海市的差距不变时的64.85%，下降到了41.41%。组合对策效果高于单一对策效果。

（三）着眼于农村最低生活保障平均标准的北京市农村居民基于安全感的福利水平增进对策分析

利用北京市和上海市农村居民相关统计数据和公式（7-11），可在农村居民相对于他人的基本养老保险基金人均支出、农村居民相对于他人的人均生活储蓄储备支出，北京市与上海市的差距不变、缩减50%、缩减为零的条件下，着眼于农村最低生活保障平均标准，对北京市农村居民基于安全感的福利水平增进单一对策和组合对策进行分析,如表 7-21 所示。

表 7-21　着眼于 g_{t3s3} 的北京市农村居民安全感福利水平增进对策分析

年份 \ 项目	其他因素差距不变 g_{Wst3s3} (元/人)	其他因素差距不变 $\dfrac{g_{Wst3s3}}{g_{t3s3}}$	其他因素差距不变 $\dfrac{g_{Wst3s3}}{\max g_{t3s3}}$	其他因素差距缩减 50% g_{Wst3s3} (元/人)	其他因素差距缩减 50% $\dfrac{g_{Wst3s3}}{g_{t3s3}}$	其他因素差距缩减 50% $\dfrac{g_{Wst3s3}}{\max g_{t3s3}}$	其他因素差距缩减为零 g_{Wst3s3} (元/人)	其他因素差距缩减为零 $\dfrac{g_{Wst3s3}}{g_{t3s3}}$	其他因素差距缩减为零 $\dfrac{g_{Wst3s3}}{\max g_{t3s3}}$
2013	21420	3.4225	3.5700	10957	1.7507	1.8261	6172	0.9862	1.0286
2014	28854	3.8027	3.8166	15161	1.9981	2.0055	8719	1.1491	1.1534
2015	37070	4.3510	3.9104	19479	2.2863	2.0548	11220	1.3169	1.1836
2016	135458	14.1102	12.9749	40912	4.2617	3.9188	17913	1.8660	1.7158
2017	143841	13.3186	12.3574	43915	4.0662	3.7728	18976	1.7571	1.6303
2018	58717	4.8931	4.5730	22854	1.9045	1.7799	11504	0.9587	0.8960
2019	82762	6.2698	5.9455	32161	2.4364	2.3104	15688	1.1885	1.1270
2020	58594	4.1734	3.9378	28251	2.0122	1.8986	16404	1.1684	1.1024
2021	23886	1.6485	1.5512	18103	1.2493	1.1756	14337	0.9895	0.9311

表 7-21 中的相关数据表明,当其他因素差距不变时,2021 年北京市农村最低生活保障平均标准目标值与实际值的比值为 1.6485、与上海市实际值的比值为 1.5512;当将其他因素与上海市的差距缩减 50% 时,2021 年北京市农村最低生活保障平均标准目标值与实际值的比值为 1.2493、与上海市实际值的比值为 1.1756;当将其他因素与上海市的差距缩减为零时,2021 年北京市农村最低生活保障平均标准目标值与实际值的比值为 0.9895、与上海市实际值的比值为 0.9311。说明随着其他因素与上海市的差距不断缩小,北京市农村居民实现其基于安全感的居民福利水平增进目标,所需的农村最低生活保障平均标准提升幅度也在不断缩小,当将其他因素与上海市的差距缩减为零时,2021 年北京市农村最低生活保障平均标准已不需进行调整。组合对策效果明显高于单一对策。

第八章 基于幸福感的中国居民福利统计评估

利用所构建的基于幸福感的居民福利统计评估模型体系和收集整理的相关统计数据，可对我国除西藏、香港、澳门、台湾之外的其他 30 个省份各类居民基于幸福感的福利水平进行测度、评价以及提升路径分析。

第一节 基于幸福感的中国居民福利水平的测度

基于幸福感的中国居民福利水平的测度，分为模型的选用、相关变量指标数据的再整理、模型的运用等步骤。

一 模型的选用

基于幸福感的我国 30 个省份各类居民福利水平的测度，可选用基于幸福感的居民福利测度模型 W_{Hti}，该模型的基本形式为：

$$W_{Hti} = \left(\frac{\hat{\beta}_{ti1}\hat{g}_{ti1}}{\hat{p}_{ti1}}\right)^{0.5\beta_{ti1}} \left(\frac{\hat{\beta}_{ti2}\hat{g}_{ti2}}{\hat{p}_{ti2}}\right)^{0.5\beta_{ti2}} \left(\frac{\hat{\beta}_{ti3}\hat{g}_{ti3}}{\hat{p}_{ti3}}\right)^{0.5\beta_{ti3}} \left(\frac{\hat{\beta}_{ti4}\hat{g}_{ti4}}{\hat{p}_{ti4}}\right)^{0.5\beta_{ti4}} \left(\frac{\hat{\beta}_{tis}\hat{g}_{tis}}{\hat{p}_{ti}}\right)^{0.5\beta_{tis}} \hat{I}_{ti}^{0.5}$$

(8-1)

二 相关变量指标数据的再整理

由式（8-1）可以看出，我国 30 个省份各类居民基于幸福感的福利水平的测度，需占有的相关统计指标数据主要有：各省份各类居民相对于他人和过去的人均可支配收入 $\hat{I}_{ti}$，各省份各类居民相对于他人和过去的各种消费定基价格指数 $\hat{p}_{tij}$、$\hat{p}_{ti}$，各省份各类居民相对于他人和过去的各种生活消费活动和生活保障活动公共服务享用量 $\hat{g}_{tij}$、$\hat{g}_{tis}$，各省份各类居民相对于他人和过去的各种生活人均支出占人均可支配收入水平的比重 $\hat{\beta}_{tij}$、$\hat{\beta}_{tij}$、$\hat{\beta}_{tis}$、$\hat{\beta}_{tis}$。所以，为了便于基于幸福感的各类居民福利水平的测度，需从收集与整理的各种居民福利统计评估指标数据中，对上述各种统计指标的数据做进一步的归纳与整理。

例如，根据式（8-1）再整理的北京市各类居民基于幸福感的福利水平测度所需的统计数据，如表 8-1、表 8-2、表 8-3 所示。

三 各类居民基于幸福感的福利水平的测度

将归纳与整理的相关统计数据代入式（8-1），可对各类居民基于幸福感的福利水平进行测度。例如，将表 8-1、表 8-2、表 8-3 中的统计数据代入式（8-1），可测算出北京市全体居民、城镇居民和农村居民基于幸福感的福利水平，如表 8-4 所示。

同理，将归纳与整理的我国 30 个省份各类居民的上述统计数据代入式（8-1），可测算出我国 30 个省份全体居民、城镇居民和农村居民基于幸福感的福利水平，并可据此对我国 30 个省份各类居民基于幸福感的福利水平发展状况进行分析，如表 8-5、表 8-6、表 8-7 所示。

由表 8-5、表 8-6、表 8-7 中的相关数据可以看出，2013—2021 年我国 30 个省份各类居民基于幸福感的福利水平的发展变化，具有如下几个方面的特点。

（一）从总体来看，我国 30 个省份基于幸福感的居民福利水平正在不断提升

表 8-5 中的相关数据表明，2021 年基于幸福感的居民福利水平定基发展速度，全国全体居民为 174.8%，东地区全体居民为 166.5%，中部地区全体居民为 182.9%，西部地区全体居民为 187.8%，东北地区全体居民为 158.5%，且各省份全体居民基于幸福感的福利水平的定基发展速度均在 100% 以上。说明从总体来看，我国 30 个省份基于幸福感的居民福利水平正在不断提升。

（二）从各地区来看，东部地区基于幸福感的各类居民福利水平相对较高

从各地区各类居民 2013—2021 年基于幸福感的福利水平时期平均值来看，东部地区的全体居民为 1.485，城镇居民为 1.606，农村居民为 1.068；中部地区的全体居民为 1.287，城镇居民为 1.437，农村居民为 0.958；西部地区的全体居民为 1.274，城镇居民为 1.442，农村居民为 0.917；东北地区的全体居民为 1.269，城镇居民为 1.405，农村居民为 0.849。说明东部地区全体居民、城镇居民和农村居民基于幸福感的福利水平相对较高。

表 8-1　北京市基于幸福感的全体居民福利水平测度基础数据

年份	$\hat{I}_{t1}$	$\hat{\beta}_{t11}$	$\hat{\beta}_{t12}$	$\hat{\beta}_{t13}$	$\hat{\beta}_{t14}$	$\hat{\beta}_{t1s}$	$\hat{\beta}_{t112}$	$\hat{\beta}_{t113}$	$\hat{\beta}_{t114}$	$\hat{\beta}_{t1s}$	$\hat{g}_{t11}$	$\hat{g}_{t12}$	$\hat{g}_{t13}$	$\hat{g}_{t14}$	$\hat{g}_{t1s}$	$\hat{p}_{t11}$	$\hat{p}_{t112}$	$\hat{p}_{t113}$	$\hat{p}_{t114}$	$\hat{p}_{t1}$
2013	1.4817	0.3421	0.0802	0.0754	0.0359	0.4663	0.9379	0.9513	0.9948	0.9260	1.0739	1.2425	1.2806	1.2580	1.0599	1.5455	1.0002	0.9970	1.0103	0.9985	1.0034
2014	1.6154	0.3331	0.0804	0.0734	0.0358	0.4773	1.0991	0.9133	0.9527	0.9687	0.9234	1.2546	1.2787	1.2623	1.0806	1.6776	1.0156	0.9890	1.0426	1.0095	1.0195
2015	1.7614	0.3174	0.0925	0.0750	0.0364	0.4787	0.8701	0.9972	0.9892	0.9380	0.9234	1.2647	1.3039	1.2626	1.1021	1.8358	1.0323	1.0167	1.0509	1.0206	1.0378
2016	1.9089	0.2995	0.0895	0.0702	0.0340	0.5069	0.8210	0.9257	0.8767	0.9380	0.8767	1.2696	1.3507	1.2609	1.1354	2.1184	1.0551	0.9821	1.0331	1.0471	1.0523
2017	2.0794	0.2750	0.0879	0.0684	0.0330	0.5356	0.7540	0.9027	0.8505	0.8767	0.8505	1.2933	1.3895	1.2921	1.1654	2.2259	1.0637	0.9851	1.0568	1.1246	1.0723
2018	2.2656	0.2642	0.0763	0.0641	0.0317	0.5637	0.7243	0.9044	0.8456	0.8179	0.8179	1.3151	1.2936	1.2896	1.1976	2.4106	1.0887	0.9910	1.0949	1.1584	1.0991
2019	2.4631	0.2630	0.0734	0.0636	0.0299	0.5700	0.7212	0.8704	0.8393	0.7711	0.7711	1.3023	1.4444	1.2913	1.2343	2.6679	1.1228	0.9632	1.1058	1.2557	1.1244
2020	2.5398	0.2342	0.0543	0.0398	0.0297	0.6420	0.6438	0.6438	0.5256	0.7654	0.7654	1.2971	1.4474	1.2888	1.2231	2.8107	1.1577	0.9228	1.1335	1.3172	1.1435
2021	2.7421	0.2412	0.0561	0.0447	0.0285	0.6295	0.6614	0.6650	0.5892	0.7346	0.7346	1.2993	1.4722	1.2868	1.2555	3.1975	1.1619	0.9698	1.1437	1.3146	1.1561

表 8-2　北京市基于幸福感的城镇居民福利水平测度基础数据

年份	$\hat{I}_{t2}$	$\hat{\beta}_{t21}$	$\hat{\beta}_{t22}$	$\hat{\beta}_{t23}$	$\hat{\beta}_{t24}$	$\hat{\beta}_{t2s}$	$\hat{\beta}_{t21}$	$\hat{\beta}_{t22}$	$\hat{\beta}_{t23}$	$\hat{\beta}_{t24}$	$\hat{\beta}_{t2s}$	$\hat{g}_{t21}$	$\hat{g}_{t22}$	$\hat{g}_{t23}$	$\hat{g}_{t24}$	$\hat{g}_{t2s}$	$\hat{p}_{t21}$	$\hat{p}_{t22}$	$\hat{p}_{t23}$	$\hat{p}_{t24}$	$\hat{p}_{t2}$
2013	1.2425	1.2806	1.2580	1.0599	1.5455	1.0002	0.9970	1.0103	0.9985	1.0034	1.5485	0.3368	0.0799	0.0767	0.0343	0.4722	0.9307	0.9495	1.0034	0.9051	1.0806
2014	1.2546	1.2787	1.2623	1.0806	1.6776	1.0156	0.9890	1.0426	1.0095	1.0195	1.6864	0.3279	0.0794	0.0744	0.0350	0.4833	0.9059	0.9430	0.9727	0.9242	1.1061
2015	1.2647	1.3039	1.2626	1.1021	1.8358	1.0323	1.0167	1.0509	1.0206	1.0378	1.8368	0.3125	0.0919	0.0762	0.0352	0.4842	0.8635	0.0910	0.9961	0.9297	1.1081
2016	1.2696	1.3507	1.2609	1.1354	2.1184	1.0551	0.9821	1.0331	1.0471	1.0523	1.9903	0.2941	0.0886	0.0708	0.0331	0.5134	0.8126	1.0528	0.9257	0.8738	1.1749
2017	1.2933	1.3895	1.2921	1.1654	2.2259	1.0637	0.9851	1.0568	1.1246	1.0723	2.1686	0.2693	0.0864	0.0693	0.0313	0.5436	0.7442	1.0268	0.9063	0.8261	1.2441

续表

项目\年份	$\hat{I}_{t2}$	$\hat{\beta}_{t21}$	$\hat{\beta}_{t22}$	$\hat{\beta}_{t23}$	$\hat{\beta}_{t24}$	β_{t2s}	$\hat{\beta}_{t21}$	$\hat{\beta}_{t22}$	$\hat{\beta}_{t23}$	$\hat{\beta}_{t24}$	$\hat{g}_{t21}$	$\hat{g}_{t22}$	$\hat{g}_{t23}$	$\hat{g}_{t24}$	$\hat{g}_{t2s}$	$\hat{p}_{t21}$	$\hat{p}_{t22}$	$\hat{p}_{t23}$	$\hat{p}_{t24}$	$\hat{p}_{t2}$
2018	1.3151	1.2936	1.2896	1.1976	2.4106	1.0887	0.9910	1.0949	1.1584	1.0991	2.3626	0.2578	0.0739	0.0647	0.0305	0.5730	0.7124	0.8774	0.8463	0.8054	1.3114
2019	1.3023	1.4444	1.2913	1.2343	2.6679	1.1228	0.9632	1.1058	1.2557	1.1244	2.5662	0.2567	0.0708	0.0642	0.0282	0.5801	0.7092	0.8407	0.8390	0.7451	1.3277
2020	1.2971	1.4474	1.2888	1.2231	2.8107	1.1577	0.9228	1.1335	1.3172	1.1435	2.6271	0.2275	0.0519	0.0400	0.0288	0.6518	0.6287	0.6163	0.5225	0.7593	1.4918
2021	1.2993	1.4722	1.2868	1.2555	3.1975	1.1619	0.9698	1.1437	1.3146	1.1561	2.8326	0.2345	0.0534	0.0450	0.0278	0.6393	0.6481	0.6348	0.5880	0.7330	1.4630

表8-3 北京市基于幸福感的农村居民福利水平测度基础数据

项目\年份	$\hat{I}_{t3}$	$\hat{\beta}_{t31}$	$\hat{\beta}_{t32}$	$\hat{\beta}_{t33}$	$\hat{\beta}_{t34}$	β_{t3s}	$\hat{\beta}_{t31}$	$\hat{\beta}_{t32}$	$\hat{\beta}_{t33}$	$\hat{\beta}_{t34}$	$\hat{g}_{t31}$	$\hat{g}_{t32}$	$\hat{g}_{t33}$	$\hat{g}_{t34}$	$\hat{g}_{t3s}$	$\hat{p}_{t31}$	$\hat{p}_{t32}$	$\hat{p}_{t33}$	$\hat{p}_{t34}$	$\hat{p}_{t3}$
2013	0.9593	0.4283	0.0854	0.0539	0.0622	0.3702	1.0495	0.9812	0.8412	1.2187	0.9568	0.9236	1.4933	0.8462	1.0599	0.8820	1.0001	0.9970	1.0103	0.9985	1.0034
2014	1.0584	0.4186	0.0961	0.0581	0.0485	0.3787	1.0256	1.1042	0.9068	0.9498	0.9789	0.9496	1.4934	0.8084	1.0806	0.9719	1.0155	0.9890	1.0426	1.0095	1.0195
2015	1.1538	0.3970	0.1040	0.0557	0.0550	0.3883	0.9726	1.1958	0.8681	1.0783	1.0037	0.9527	1.4111	1.1021	1.1102	1.0478	1.0321	1.0167	1.0509	1.0206	1.0378
2016	1.2514	0.3878	0.1033	0.0601	0.0485	0.4003	0.9502	1.1871	0.9381	0.9499	1.0347	0.9408	1.5033	1.1810	1.1354	0.9098	1.0547	0.9821	0.9851	1.0471	1.0523
2017	1.3598	0.3687	0.1124	0.0542	0.0605	0.4042	0.9033	1.2924	0.8447	1.1862	1.0448	1.0472	1.3336	1.2194	1.1654	1.0854	1.0633	0.9851	1.0568	1.1246	1.0723
2018	1.4860	0.3684	0.1162	0.0542	0.0512	0.4100	0.9026	1.3352	0.8454	1.0041	1.0598	1.1625	1.4294	1.3895	1.1976	1.6155	1.0882	0.9910	1.0949	1.1584	1.0991
2019	1.6227	0.3677	0.1170	0.0549	0.0573	0.4032	0.9008	1.3444	0.8557	1.1226	1.0422	1.0055	1.5488	1.3719	1.2343	1.6142	1.1222	0.9632	1.1058	1.2557	1.1244
2020	1.6899	0.3511	0.0971	0.0379	0.0456	0.4684	0.8602	1.1157	0.5916	0.8925	1.2106	1.0057	1.5283	1.4347	1.2231	1.6932	1.1571	0.9228	1.1335	1.3172	1.1435
2021	1.8681	0.3562	0.1017	0.0395	0.0405	0.4621	0.8727	1.1687	0.6167	0.7941	1.1943	1.0087	1.5549	1.5237	1.2555	2.2242	1.1612	0.9698	1.1437	1.3146	1.1561

表 8-4　　　　北京市基于幸福感的各类居民福利水平

年份 \ 项目	W_{Ht1}	W_{Ht2}	W_{Ht3}
2013	1.4274	1.4811	0.9565
2014	1.5148	1.5697	1.0215
2015	1.6089	1.6673	1.0861
2016	1.7477	1.8145	1.0968
2017	1.8666	1.9419	1.2019
2018	1.9931	2.0636	1.3809
2019	2.1297	2.2131	1.3975
2020	2.2855	2.3659	1.4438
2021	2.4378	2.5200	1.6125

表 8-5　　　　我国 30 个省份基于幸福感的全体居民福利水平

	省份 \ 年份	2013	2014	2015	2016	2017	2018	2019	2020	2021	时期平均值	2021年定基发展速度
	全国	1.000	1.084	1.176	1.259	1.365	1.455	1.546	1.640	1.748	1.364	1.748
东部地区	北京	1.427	1.515	1.609	1.748	1.867	1.993	2.130	2.286	2.438	1.890	1.708
	天津	1.223	1.292	1.371	1.453	1.533	1.609	1.662	1.776	1.836	1.528	1.501
	河北	0.937	1.005	1.094	1.206	1.299	1.405	1.512	1.576	1.713	1.305	1.828
	上海	1.417	1.510	1.618	1.708	1.857	1.945	2.076	2.207	2.260	1.844	1.595
	江苏	1.160	1.242	1.333	1.415	1.516	1.625	1.710	1.798	1.873	1.519	1.615
	浙江	1.217	1.310	1.401	1.502	1.604	1.693	1.784	1.882	1.978	1.597	1.625
	福建	1.078	1.156	1.247	1.346	1.445	1.550	1.643	1.736	1.830	1.448	1.697
	山东	1.044	1.161	1.238	1.328	1.424	1.495	1.569	1.638	1.766	1.407	1.693
	广东	1.118	1.194	1.297	1.362	1.433	1.529	1.655	1.724	1.825	1.460	1.632
	海南	0.960	1.035	1.139	1.204	1.290	1.345	1.430	1.482	1.594	1.276	1.660
	平均值	1.119	1.206	1.297	1.387	1.481	1.575	1.674	1.759	1.864	1.485	1.665
中部地区	山西	0.945	1.021	1.100	1.172	1.276	1.345	1.423	1.526	1.610	1.269	1.703
	安徽	0.918	0.999	1.107	1.182	1.274	1.452	1.516	1.606	1.724	1.309	1.878
	江西	0.908	0.992	1.088	1.171	1.297	1.404	1.505	1.617	1.741	1.303	1.918
	河南	0.860	0.938	1.056	1.124	1.261	1.363	1.462	1.530	1.613	1.245	1.875

续表

省份\年份		2013	2014	2015	2016	2017	2018	2019	2020	2021	时期平均值	2021年定基发展速度
中部地区	湖北	0.956	1.047	1.147	1.223	1.370	1.438	1.528	1.557	1.652	1.324	1.728
	湖南	0.916	0.994	1.099	1.208	1.309	1.401	1.494	1.570	1.675	1.296	1.828
	平均值	0.910	0.991	1.096	1.176	1.295	1.401	1.489	1.565	1.665	1.287	1.829
西部地区	内蒙古	1.022	1.095	1.188	1.259	1.345	1.448	1.522	1.634	1.724	1.360	1.687
	广西	0.893	0.982	1.061	1.158	1.243	1.354	1.444	1.531	1.645	1.257	1.842
	重庆	0.981	1.051	1.151	1.235	1.396	1.462	1.552	1.631	1.724	1.354	1.757
	四川	0.891	0.996	1.069	1.159	1.274	1.364	1.456	1.542	1.664	1.268	1.867
	贵州	0.792	0.886	1.018	1.119	1.264	1.385	1.488	1.629	1.731	1.257	2.185
	云南	0.859	0.935	1.026	1.121	1.292	1.342	1.447	1.508	1.637	1.241	1.906
	陕西	0.912	0.991	1.104	1.219	1.316	1.385	1.514	1.621	1.761	1.314	1.930
	甘肃	0.819	0.897	0.992	1.094	1.167	1.256	1.346	1.451	1.572	1.177	1.918
	青海	0.887	0.963	1.035	1.143	1.245	1.333	1.452	1.563	1.697	1.258	1.913
	宁夏	0.947	1.024	1.130	1.218	1.323	1.391	1.476	1.609	1.675	1.310	1.768
	新疆	0.904	0.984	1.096	1.188	1.257	1.325	1.413	1.542	1.635	1.261	1.809
	平均值	0.893	0.979	1.073	1.168	1.282	1.368	1.464	1.562	1.677	1.274	1.878
东北地区	辽宁	1.065	1.138	1.212	1.257	1.326	1.390	1.446	1.535	1.590	1.329	1.494
	吉林	0.944	1.002	1.077	1.131	1.196	1.268	1.338	1.453	1.565	1.220	1.658
	黑龙江	0.934	1.017	1.106	1.170	1.242	1.296	1.359	1.452	1.539	1.235	1.647
	平均值	0.989	1.062	1.141	1.195	1.264	1.327	1.389	1.488	1.568	1.269	1.585

注：各省份福利水平的时期平均数，为各省份各年福利水平的简单算术平均数；各地区各年福利水平的平均值，是以各省份人口总数占所在地区总人口数比重为权数计算的该地区各省份同年福利水平的加权算术平均数；各省份2021年福利水平的定基发展速度，为该省份2021年与2013年福利水平的比值。表8-6、表8-7中上述指标测算的方法原理与此相同。

表8-6　　　　我国30个省份基于幸福感的城镇居民福利水平

省份\年份	2013	2014	2015	2016	2017	2018	2019	2020	2021	时期平均值	2021年定基发展速度
全国	1.191	1.267	1.352	1.426	1.519	1.603	1.688	1.743	1.832	1.513	1.538

续表

省份	年份	2013	2014	2015	2016	2017	2018	2019	2020	2021	时期平均值	2021年定基发展速度
东部地区	北京	1.481	1.570	1.667	1.815	1.942	2.064	2.213	2.366	2.520	1.960	1.702
	天津	1.279	1.347	1.422	1.509	1.591	1.666	1.715	1.820	1.873	1.580	1.465
	河北	1.145	1.208	1.287	1.369	1.445	1.548	1.647	1.665	1.765	1.453	1.541
	上海	1.450	1.543	1.668	1.755	1.908	1.994	2.128	2.257	2.308	1.890	1.592
	江苏	1.283	1.364	1.449	1.522	1.619	1.728	1.800	1.852	1.918	1.615	1.496
	浙江	1.343	1.434	1.522	1.621	1.714	1.795	1.880	1.958	2.046	1.702	1.523
	福建	1.219	1.294	1.377	1.458	1.558	1.643	1.732	1.799	1.884	1.551	1.545
	山东	1.228	1.308	1.392	1.459	1.539	1.608	1.680	1.721	1.838	1.530	1.497
	广东	1.235	1.313	1.396	1.456	1.545	1.647	1.774	1.812	1.900	1.564	1.539
	海南	1.127	1.199	1.285	1.337	1.422	1.471	1.567	1.612	1.694	1.413	1.503
	平均值	1.270	1.349	1.435	1.512	1.605	1.697	1.793	1.852	1.942	1.606	1.528
中部地区	山西	1.139	1.211	1.287	1.351	1.433	1.491	1.555	1.624	1.691	1.420	1.485
	安徽	1.125	1.202	1.289	1.349	1.422	1.598	1.640	1.708	1.798	1.459	1.598
	江西	1.106	1.189	1.269	1.345	1.455	1.548	1.638	1.727	1.833	1.457	1.658
	河南	1.083	1.157	1.235	1.284	1.401	1.508	1.595	1.631	1.697	1.399	1.567
	湖北	1.130	1.215	1.297	1.366	1.500	1.560	1.640	1.658	1.710	1.453	1.514
	湖南	1.129	1.193	1.272	1.367	1.452	1.534	1.621	1.683	1.765	1.446	1.564
	平均值	1.116	1.191	1.272	1.339	1.441	1.540	1.616	1.669	1.745	1.437	1.564
西部地区	内蒙古	1.199	1.270	1.344	1.421	1.495	1.612	1.687	1.736	1.808	1.508	1.508
	广西	1.127	1.194	1.274	1.373	1.450	1.538	1.620	1.668	1.755	1.444	1.558
	重庆	1.152	1.214	1.297	1.362	1.498	1.541	1.615	1.661	1.731	1.452	1.502
	四川	1.113	1.183	1.246	1.341	1.412	1.480	1.560	1.625	1.729	1.410	1.553
	贵州	1.069	1.146	1.237	1.320	1.444	1.541	1.635	1.736	1.784	1.435	1.670
	云南	1.123	1.194	1.270	1.357	1.532	1.563	1.652	1.680	1.789	1.462	1.594
	陕西	1.105	1.182	1.300	1.395	1.489	1.543	1.645	1.717	1.847	1.469	1.672
	甘肃	1.083	1.155	1.228	1.317	1.357	1.441	1.530	1.578	1.686	1.375	1.558
	青海	1.096	1.172	1.246	1.337	1.448	1.527	1.645	1.690	1.809	1.441	1.651
	宁夏	1.133	1.201	1.279	1.370	1.470	1.533	1.605	1.674	1.701	1.441	1.502
	新疆	1.129	1.209	1.315	1.405	1.465	1.520	1.578	1.645	1.727	1.444	1.529
	平均值	1.122	1.193	1.275	1.363	1.459	1.528	1.611	1.670	1.761	1.442	1.570

续表

省份\年份		2013	2014	2015	2016	2017	2018	2019	2020	2021	时期平均值	2021年定基发展速度
东北地区	辽宁	1.199	1.273	1.346	1.386	1.458	1.522	1.585	1.632	1.668	1.452	1.391
	吉林	1.111	1.163	1.234	1.286	1.341	1.407	1.483	1.540	1.633	1.355	1.470
	黑龙江	1.091	1.175	1.269	1.334	1.402	1.449	1.506	1.540	1.609	1.375	1.475
	平均值	1.143	1.216	1.295	1.346	1.413	1.471	1.535	1.582	1.642	1.405	1.436

表8-7　我国30个省份基于幸福感的农村居民福利水平

省份\年份		2013	2014	2015	2016	2017	2018	2019	2020	2021	时期平均值	2021年定基发展速度
全国		0.669	0.745	0.818	0.873	0.974	1.052	1.115	1.174	1.297	0.969	1.938
东部地区	北京	0.957	1.022	1.086	1.097	1.202	1.381	1.398	1.444	1.613	1.244	1.686
	天津	0.873	0.918	1.003	0.940	1.096	1.191	1.256	1.357	1.460	1.122	1.673
	河北	0.626	0.674	0.709	0.811	0.962	1.001	1.053	1.148	1.467	0.939	2.345
	上海	1.034	1.118	1.203	1.322	1.432	1.512	1.608	1.672	1.753	1.406	1.696
	江苏	0.859	0.917	0.981	1.071	1.151	1.213	1.298	1.364	1.461	1.146	1.702
	浙江	0.914	0.994	1.068	1.132	1.212	1.289	1.346	1.421	1.520	1.211	1.663
	福建	0.756	0.821	0.932	1.052	1.106	1.229	1.297	1.356	1.448	1.111	1.915
	山东	0.715	0.884	0.858	0.962	1.047	1.105	1.165	1.247	1.364	1.039	1.907
	广东	0.758	0.817	0.970	1.050	1.022	1.095	1.171	1.222	1.394	1.055	1.839
	海南	0.668	0.722	0.857	0.899	0.883	0.910	0.768	1.002	1.280	0.888	1.916
	平均值	0.759	0.844	0.906	0.995	1.068	1.136	1.196	1.273	1.435	1.068	1.891
中部地区	山西	0.602	0.649	0.704	0.761	0.870	0.936	0.976	1.089	1.176	0.863	1.953
	安徽	0.634	0.688	0.832	0.896	0.990	1.136	1.235	1.288	1.437	1.015	2.266
	江西	0.613	0.658	0.765	0.810	0.921	1.028	1.114	1.178	1.308	0.933	2.133
	河南	0.556	0.613	0.791	0.856	1.000	1.052	1.132	1.222	1.317	0.949	2.368
	湖北	0.645	0.714	0.821	0.883	1.030	1.135	1.234	1.227	1.422	1.012	2.206
	湖南	0.607	0.680	0.829	0.909	0.932	1.015	1.080	1.141	1.283	0.942	2.113
	平均值	0.603	0.662	0.798	0.862	0.968	1.058	1.138	1.202	1.333	0.958	2.211
西部地区	内蒙古	0.636	0.676	0.833	0.706	0.986	0.993	0.978	1.083	1.288	0.909	2.026
	广西	0.547	0.718	0.781	0.829	0.921	1.071	1.168	1.224	1.384	0.960	2.532
	重庆	0.619	0.676	0.766	0.848	1.014	1.128	1.211	1.286	1.432	0.998	2.312

续表

	年份 省份	2013	2014	2015	2016	2017	2018	2019	2020	2021	时期平均值	2021年定基发展速度
西部地区	四川	0.608	0.723	0.796	0.822	1.013	1.143	1.229	1.253	1.397	0.998	2.296
	贵州	0.503	0.568	0.701	0.759	0.880	1.018	1.109	1.126	1.276	0.882	2.537
	云南	0.559	0.613	0.668	0.692	0.802	0.896	0.972	1.064	1.166	0.826	2.085
	陕西	0.602	0.655	0.704	0.824	0.922	0.961	1.096	1.149	1.249	0.907	2.074
	甘肃	0.516	0.558	0.692	0.768	0.872	0.964	1.013	1.079	1.194	0.851	2.314
	青海	0.559	0.586	0.606	0.784	0.783	0.705	0.679	0.791	1.106	0.733	1.978
	宁夏	0.639	0.692	0.845	0.873	0.963	1.019	1.077	1.178	1.315	0.956	2.060
	新疆	0.580	0.623	0.747	0.794	0.826	0.884	0.981	1.106	1.187	0.859	2.046
	平均值	0.574	0.656	0.743	0.787	0.918	1.018	1.099	1.160	1.296	0.917	2.260
东北地区	辽宁	0.647	0.710	0.821	0.874	0.924	0.968	0.944	0.981	1.131	0.889	1.748
	吉林	0.615	0.659	0.751	0.673	0.883	0.925	0.921	1.051	1.183	0.851	1.922
	黑龙江	0.552	0.600	0.622	0.720	0.802	0.843	0.923	1.023	1.219	0.812	2.210
	平均值	0.602	0.654	0.727	0.759	0.867	0.909	0.930	1.016	1.176	0.849	1.953

（三）从城乡来看，我国30个省份城镇居民基于幸福感的福利水平，普遍高于农村居民

由表8-6和表8-7中的相关数据可以看出，我国30个省份各年基于幸福感的居民福利水平，城镇居民均大于农村居民；我国30个省份基于幸福感的居民福利水平的时期平均值，城镇居民也均大于农村居民。从各地区基于幸福感的居民福利水平的时期平均值来看，城镇居民与农村居民基于幸福感的福利水平差距，东部地区为0.538，中部地区为0.479，西部地区为0.526，东北地区为0.556。说明基于幸福感的居民福利水平，城镇居民普遍高于农村居民。

第二节　基于幸福感的中国居民福利水平发展变化的合理性评价

利用测算出的福利水平和居民福利评价模型，可对我国30个省份基于幸福感的居民福利水平发展变化的递增性、平衡性和充分性进行评价。

一 基于幸福感的中国居民福利水平发展变化的递增性评价

基于幸福感的居民福利水平发展变化的递增性评价，是依据"递增性"居民福利水平发展变化合理性评价标准，通过递增系数 WSE_{Hti} 的测算与分析，对基于幸福感的居民福利水平发展变化的合理性进行的评价。递增系数 WSE_{Hti} 的测算模型的基本形式为：

$$WSE_{Hti} = \frac{W_{Hti}}{W_{H(t-1)i}} \tag{8-2}$$

评价规则为：当 $WSE_{Hti} < 1$ 时，本地区第 i 类居民基于幸福感的福利水平的发展变化存在不合理性。

这样，将表 8-1、表 8-2、表 8-3 中北京市各类居民基于幸福感的福利水平数据代入式（8-2），可测算出北京市各类居民基于幸福感的福利水平发展变化的递增系数，如表 8-8 所示。

表 8-8　北京市基于幸福感的各类居民福利水平发展变化的递增系数

年份 项目	WSE_{Ht1}	WSE_{Ht2}	WSE_{Ht3}
2013	——	——	——
2014	1.0612	1.0598	1.0680
2015	1.0621	1.0622	1.0632
2016	1.0862	1.0883	1.0099
2017	1.0681	1.0702	1.0959
2018	1.0678	1.0627	1.1489
2019	1.0685	1.0724	1.0120
2020	1.0731	1.0691	1.0331
2021	1.0666	1.0651	1.1168

同理，将表 8-5、表 8-6、表 8-7 中的我国 30 个省份各类居民基于幸福感的福利水平数据代入式（8-2），可测算出我国 30 个省份基于幸福感的全体居民、城镇居民和农村居民福利水平发展变化的递增系数，并可据此对我国 30 个省份各类居民基于幸福感的福利水平发展变化递增情况进行分析，如表 8-9、表 8-10 和表 8-11 所示。

表 8-9　我国 30 个省份基于幸福感的全体居民福利水平发展变化递增系数

省份	年份	2014	2015	2016	2017	2018	2019	2020	2021	递减年份个数
	全国	1.0835	1.0854	1.0704	1.0840	1.0661	1.0624	1.0613	1.0654	0
东部地区	北京	1.0612	1.0621	1.0862	1.0681	1.0678	1.0685	1.0731	1.0666	0
	天津	1.0560	1.0614	1.0595	1.0551	1.0500	1.0330	1.0684	1.0339	0
	河北	1.0728	1.0888	1.1018	1.0776	1.0818	1.0761	1.0423	1.0866	0
	上海	1.0657	1.0720	1.0554	1.0874	1.0472	1.0673	1.0632	1.0239	0
	江苏	1.0707	1.0731	1.0618	1.0714	1.0718	1.0523	1.0517	1.0417	0
	浙江	1.0763	1.0689	1.0728	1.0675	1.0559	1.0534	1.0552	1.0507	0
	福建	1.0722	1.0788	1.0797	1.0737	1.0727	1.0595	1.0566	1.0541	0
	山东	1.1123	1.0666	1.0730	1.0723	1.0496	1.0497	1.0438	1.0783	0
	广东	1.0674	1.0865	1.0496	1.0524	1.0672	1.0825	1.0416	1.0586	0
	海南	1.0776	1.1010	1.0566	1.0719	1.0421	1.0635	1.0363	1.0755	0
	平均值	1.0731	1.0758	1.0696	1.0697	1.0605	1.0605	1.0532	1.0568	
中部地区	山西	1.0802	1.0780	1.0653	1.0886	1.0543	1.0577	1.0727	1.0545	0
	安徽	1.0885	1.1077	1.0676	1.0777	1.1401	1.0439	1.0594	1.0738	0
	江西	1.0931	1.0964	1.0762	1.1082	1.0822	1.0718	1.0748	1.0765	0
	河南	1.0912	1.1255	1.0641	1.1221	1.0808	1.0727	1.0465	1.0540	0
	湖北	1.0951	1.0951	1.0664	1.1201	1.0502	1.0625	1.0185	1.0615	0
	湖南	1.0850	1.1057	1.0986	1.0834	1.0707	1.0664	1.0507	1.0671	0
	平均值	1.0888	1.1013	1.0730	1.0999	1.0793	1.0624	1.0536	1.0646	
西部地区	内蒙古	1.0711	1.0849	1.0605	1.0679	1.0763	1.0517	1.0732	1.0550	0
	广西	1.0996	1.0803	1.0911	1.0740	1.0886	1.0666	1.0604	1.0746	0
	重庆	1.0709	1.0958	1.0731	1.1298	1.0478	1.0612	1.0510	1.0567	0
	四川	1.1171	1.0731	1.0846	1.0993	1.0710	1.0671	1.0589	1.0795	0
	贵州	1.1179	1.1490	1.1000	1.1291	1.0959	1.0744	1.0948	1.0626	0
	云南	1.0892	1.0974	1.0924	1.1523	1.0386	1.0781	1.0423	1.0858	0
	陕西	1.0859	1.1147	1.1042	1.0793	1.0523	1.0933	1.0706	1.0863	0
	甘肃	1.0944	1.1066	1.1020	1.0670	1.0764	1.0718	1.0775	1.0835	0
	青海	1.0864	1.0747	1.1038	1.0896	1.0705	1.0891	1.0767	1.0853	0

续表

省份\年份		2014	2015	2016	2017	2018	2019	2020	2021	递减年份个数
西部地区	宁夏	1.0809	1.1042	1.0776	1.0861	1.0515	1.0613	1.0898	1.0409	0
	新疆	1.0885	1.1145	1.0840	1.0576	1.0544	1.0662	1.0916	1.0602	0
	平均值	1.0910	1.0994	1.0884	1.0934	1.0656	1.0709	1.0714	1.0699	0
东北地区	辽宁	1.0687	1.0656	1.0369	1.0548	1.0484	1.0406	1.0616	1.0359	0
	吉林	1.0612	1.0749	1.0503	1.0573	1.0596	1.0557	1.0860	1.0772	0
	黑龙江	1.0888	1.0876	1.0577	1.0610	1.0434	1.0487	1.0686	1.0599	0
	平均值	1.0728	1.0760	1.0483	1.0577	1.0505	1.0483	1.0720	1.0575	0

注：各地区各年递增系数的平均值，为该地区各省份同年递增系数的几何平均数；各地区递减年份个数平均值，为该地区各省份递减年个数与省份数的比值。表 8-10、表 8-11 与此相同。

表 8-10　　我国 30 个省份基于幸福感的城镇居民福利水平发展变化递增系数

省份\年份		2014	2015	2016	2017	2018	2019	2020	2021	递减年份个数
全国		1.0633	1.0672	1.0548	1.0653	1.0551	1.0530	1.0330	1.0511	0
东部地区	北京	1.0598	1.0622	1.0883	1.0702	1.0627	1.0724	1.0691	1.0651	0
	天津	1.0537	1.0557	1.0607	1.0544	1.0475	1.0294	1.0609	1.0294	0
	河北	1.0545	1.0654	1.0636	1.0557	1.0710	1.0646	1.0109	1.0599	0
	上海	1.0644	1.0812	1.0519	1.0874	1.0447	1.0671	1.0609	1.0226	0
	江苏	1.0630	1.0628	1.0500	1.0642	1.0670	1.0418	1.0287	1.0360	0
	浙江	1.0672	1.0619	1.0648	1.0571	1.0477	1.0473	1.0412	1.0452	0
	福建	1.0614	1.0642	1.0591	1.0683	1.0543	1.0542	1.0388	1.0471	0
	山东	1.0652	1.0640	1.0481	1.0548	1.0450	1.0444	1.0245	1.0682	0
	广东	1.0631	1.0629	1.0431	1.0614	1.0658	1.0771	1.0218	1.0485	0
	海南	1.0633	1.0721	1.0399	1.0637	1.0344	1.0655	1.0289	1.0506	0
	平均值	1.0615	1.0652	1.0569	1.0637	1.0539	1.0563	1.0384	1.0472	0
中部地区	山西	1.0634	1.0624	1.0500	1.0610	1.0401	1.0430	1.0445	1.0413	0
	安徽	1.0678	1.0730	1.0460	1.0543	1.1237	1.0263	1.0413	1.0529	0
	江西	1.0754	1.0671	1.0599	1.0818	1.0638	1.0586	1.0542	1.0612	0
	河南	1.0684	1.0679	1.0391	1.0914	1.0761	1.0580	1.0227	1.0399	0

续表

省份 \ 年份		2014	2015	2016	2017	2018	2019	2020	2021	递减年份个数
中部地区	湖北	1.0752	1.0673	1.0534	1.0980	1.0401	1.0515	1.0110	1.0313	0
	湖南	1.0563	1.0669	1.0747	1.0616	1.0566	1.0567	1.0385	1.0489	0
	平均值	1.0677	1.0674	1.0538	1.0746	1.0664	1.0490	1.0353	1.0459	0
西部地区	内蒙古	1.0598	1.0583	1.0569	1.0524	1.0778	1.0466	1.0292	1.0414	0
	广西	1.0601	1.0663	1.0784	1.0557	1.0606	1.0535	1.0296	1.0520	0
	重庆	1.0536	1.0685	1.0501	1.1000	1.0291	1.0475	1.0288	1.0418	0
	四川	1.0628	1.0527	1.0763	1.0530	1.0483	1.0542	1.0419	1.0641	0
	贵州	1.0721	1.0797	1.0673	1.0938	1.0670	1.0613	1.0621	1.0276	0
	云南	1.0633	1.0642	1.0685	1.1283	1.0202	1.0569	1.0174	1.0648	0
	陕西	1.0702	1.0998	1.0730	1.0670	1.0367	1.0661	1.0434	1.0762	0
	甘肃	1.0674	1.0629	1.0727	1.0299	1.0622	1.0614	1.0314	1.0688	0
	青海	1.0701	1.0631	1.0722	1.0833	1.0544	1.0774	1.0278	1.0702	0
	宁夏	1.0606	1.0648	1.0713	1.0726	1.0429	1.0472	1.0426	1.0164	0
	新疆	1.0702	1.0882	1.0680	1.0432	1.0371	1.0381	1.0429	1.0493	0
	平均值	1.0645	1.0698	1.0686	1.0705	1.0486	1.0554	1.0360	1.0519	0
东北地区	辽宁	1.0615	1.0575	1.0297	1.0519	1.0442	1.0409	1.0300	1.0219	0
	吉林	1.0475	1.0605	1.0422	1.0433	1.0491	1.0540	1.0384	1.0602	0
	黑龙江	1.0777	1.0794	1.0514	1.0513	1.0329	1.0399	1.0222	1.0448	0
	平均值	1.0621	1.0657	1.0411	1.0488	1.0420	1.0449	1.0302	1.0422	0

表 8-11　　我国 30 个省份基于幸福感的农村居民福利水平发展变化递增系数

省份 \ 年份		2014	2015	2016	2017	2018	2019	2020	2021	递减年份个数
	全国	1.1129	1.0984	1.0668	1.1154	1.0809	1.0596	1.0527	1.1053	0
东部地区	北京	1.0680	1.0632	1.0099	1.0959	1.1489	1.0120	1.0331	1.1168	0
	天津	1.0522	1.0926	0.9366	1.1658	1.0874	1.0544	1.0803	1.0757	1
	河北	1.0776	1.0507	1.1439	1.1863	1.0415	1.0514	1.0906	1.2777	0
	上海	1.0815	1.0764	1.0988	1.0831	1.0557	1.0639	1.0395	1.0485	0
	江苏	1.0672	1.0707	1.0915	1.0741	1.0546	1.0694	1.0510	1.0717	0
	浙江	1.0877	1.0746	1.0595	1.0711	1.0638	1.0436	1.0560	1.0693	0

续表

	年份 省份	2014	2015	2016	2017	2018	2019	2020	2021	递减年份个数
东部地区	福建	1.0864	1.1349	1.1285	1.0519	1.1106	1.0558	1.0454	1.0676	0
	山东	1.2358	0.9706	1.1211	1.0888	1.0552	1.0541	1.0710	1.0933	1
	广东	1.0780	1.1873	1.0823	0.9736	1.0715	1.0691	1.0439	1.1403	1
	海南	1.0803	1.1878	1.0484	0.9822	1.0311	0.8439	1.3051	1.2767	2
	平均值	1.0904	1.0891	1.0704	1.0754	1.0715	1.0295	1.0792	1.1210	0.4
中部地区	山西	1.0778	1.0843	1.0809	1.1432	1.0760	1.0428	1.1163	1.0795	0
	安徽	1.0851	1.2092	1.0771	1.1049	1.1474	1.0865	1.0430	1.1158	0
	江西	1.0728	1.1624	1.0593	1.1362	1.1165	1.0838	1.0577	1.1104	0
	河南	1.1026	1.2894	1.0824	1.1681	1.0524	1.0759	1.0795	1.0778	0
	湖北	1.1075	1.1500	1.0755	1.1660	1.1020	1.0876	0.9947	1.1587	1
	湖南	1.1201	1.2192	1.0961	1.0254	1.0888	1.0641	1.0562	1.1249	0
	平均值	1.0942	1.1840	1.0785	1.1229	1.0968	1.0733	1.0573	1.1108	0.1667
西部地区	内蒙古	1.0633	1.2321	0.8474	1.3978	1.0069	0.9854	1.1064	1.1896	3
	广西	1.3137	1.0878	1.0607	1.1117	1.1624	1.0907	1.0481	1.1307	0
	重庆	1.0920	1.1327	1.1067	1.1964	1.1118	1.0737	1.0622	1.1137	0
	四川	1.1883	1.1012	1.0321	1.2335	1.1276	1.0753	1.0199	1.1143	0
	贵州	1.1291	1.2337	1.0828	1.1592	1.1574	1.0893	1.0153	1.1335	0
	云南	1.0962	1.0889	1.0356	1.1595	1.1175	1.0849	1.0943	1.0965	0
	陕西	1.0880	1.0747	1.1701	1.1198	1.0425	1.1405	1.0484	1.0862	0
	甘肃	1.0812	1.2407	1.1098	1.1345	1.1059	1.0513	1.0649	1.1066	0
	青海	1.0483	1.0336	1.2941	0.9978	0.9010	0.9635	1.1650	1.3979	3
	宁夏	1.0844	1.2211	1.0324	1.1030	1.0587	1.0569	1.0935	1.1164	0
	新疆	1.0734	1.2000	1.0622	1.0407	1.0700	1.1097	1.1269	1.0741	0
	平均值	1.1122	1.1473	1.0708	1.1462	1.0758	1.0644	1.0759	1.1389	0.2727
东北地区	辽宁	1.0976	1.1564	1.0640	1.0572	1.0474	0.9758	1.0392	1.1527	1
	吉林	1.0717	1.1386	0.8960	1.3119	1.0480	0.9957	1.1416	1.1250	2
	黑龙江	1.0883	1.0369	1.1571	1.1141	1.0504	1.0951	1.1085	1.1911	0
	平均值	1.0858	1.1094	1.0333	1.1561	1.0486	1.0209	1.0956	1.1559	1

由表8-9、表8-10、表8-11中的递增系数数据可以看出，2014—2021年，我国30个省份基于幸福感的各类居民福利水平发展变化的递增

性，具有如下三个特点。

（一）从总体来看，我国30个省份基于幸福感的居民福利水平的发展变化，处于逐年递增的合理状态

表8-9中的相关数据表明，2014—2021年，我国30个省份基于幸福感的全体居民福利水平发展变化的递增系数均大于1，说明从总体来看，我国30个省份基于幸福感的福利水平正在逐年递增，基于幸福感的居民福利水平发展变化的递增性，处于合理的状态。

（二）从各地区来看，中部地区基于幸福感的居民福利水平发展变化的递增性相对较高

表8-9、表8-10、表8-11中的数据表明，2014—2021年，我国30个省份全体居民和城镇居民基于幸福感的福利水平发展变化的递增系数均大于1，但各省份农村居民基于幸福感的福利水平发展变化的递增系数，却存在小于1的情况，且按地区所含省份数平均的农村居民基于幸福感的福利水平发展变化的递减年份数，东部地区为0.4，中部地区为0.1667，西部地区为0.2727，东北地区为1。说明各地区基于幸福感的居民福利水平发展变化的递增性，中部地区相对较高。

（三）从城乡来看，城镇居民基于幸福感的福利水平发展变化的递增性，好于农村居民

表8-10、表8-11中的相关数据表明，2014—2021年，我国30个省份城镇居民基于幸福感的福利水平发展变化的递增系数均大于1，但却有9个省份的农村居民基于幸福感的福利水平发展变化的递增系数小于1。说明从城乡来看，我国城镇居民基于幸福感的福利水平发展变化的递增性，要好于农村居民。

二 基于幸福感的中国居民福利水平发展变化的平衡性评价

基于幸福感的居民福利水平发展变化的平衡性评价，是依据居民福利水平发展变化的"平衡性"评价标准，通过平衡系数 WBE_{Ht} 的测算与分析，对基于幸福感的居民福利水平发展变化的合理性所进行的评价。平衡系数 WBE_{Ht} 的测算模型的基本形式为：

$$WBE_{Ht} = 1 - \frac{1}{W_{Ht1}}\sqrt{(W_{Ht2}-W_{Ht1})^2 \delta_{t2} + (W_{Ht3}-W_{Ht1})^2 \delta_{t3}} \qquad (8-3)$$

评价规则为：当 $WBE_{Ht}<1$ 时，该地区城乡居民基于幸福感的福利水平发展变化的平衡性，处于不合理状态，而且 WBE_{Ht} 小于1的程度越大，

不合理的程度越高。

这样，将表 8-4 中北京市全体居民、城镇居民、农村居民基于幸福感的福利水平和城乡居民人口比重统计数据代入式（8-3），可测算出北京市城乡居民基于幸福感的福利水平发展变化的平衡系数，如表 8-12 所示。

表 8-12　北京市基于幸福感的城乡居民福利水平发展变化的平衡系数

项目 年份	W_{Ht1}	W_{Ht2}	W_{Ht3}	δ_{t2}	δ_{t3}	WBE_{Ht}
2013	1.4274	1.4811	0.9565	0.8629	0.1371	0.8729
2014	1.5148	1.5697	1.0215	0.8634	0.1366	0.8750
2015	1.6089	1.6673	1.0861	0.8650	0.1350	0.8759
2016	1.7477	1.8146	1.0968	0.8652	0.1348	0.8587
2017	1.8666	1.9419	1.2019	0.8650	0.1350	0.8639
2018	1.9931	2.0636	1.3809	0.8649	0.1351	0.8824
2019	2.1298	2.2131	1.3975	0.8658	0.1342	0.8689
2020	2.2855	2.3659	1.4438	0.8753	0.1247	0.8659
2021	2.4378	2.5200	1.6125	0.8753	0.1247	0.8763

同理，将表 8-5、表 8-6、表 8-7 中的我国 30 个省份各类居民基于幸福感的福利水平数据和城乡人口比重数据代入式（8-3），即可测算出我国 30 个省份基于幸福感的居民福利水平发展变化的平衡系数，并可利用上述规则对我国 30 个省份基于幸福感的居民福利水平发展变化的平衡性进行分析。如表 8-13 所示。

表 8-13　　我国 30 个省份基于幸福感的城乡居民福利水平发展变化的平衡系数

省份	年份	2013	2014	2015	2016	2017	2018	2019	2020	2021	时期平均值	2021年定基发展速度
全国		0.735	0.755	0.769	0.776	0.796	0.807	0.811	0.822	0.842	0.790	1.146
东部地区	北京	0.873	0.875	0.876	0.859	0.864	0.882	0.869	0.866	0.876	0.871	1.004
	天津	0.872	0.872	0.883	0.850	0.877	0.889	0.897	0.905	0.918	0.885	1.053
	河北	0.715	0.726	0.724	0.755	0.807	0.796	0.791	0.823	0.908	0.783	1.269
	上海	0.910	0.914	0.905	0.917	0.916	0.920	0.919	0.918	0.924	0.916	1.015

续表

省份\年份		2013	2014	2015	2016	2017	2018	2019	2020	2021	时期平均值	2021年定基发展速度
东部地区	江苏	0.823	0.827	0.832	0.849	0.854	0.851	0.862	0.873	0.886	0.851	1.077
	浙江	0.829	0.838	0.844	0.844	0.851	0.858	0.858	0.866	0.875	0.852	1.056
	福建	0.787	0.798	0.825	0.852	0.847	0.869	0.871	0.874	0.883	0.845	1.122
	山东	0.750	0.814	0.778	0.808	0.822	0.827	0.831	0.850	0.859	0.815	1.146
	广东	0.798	0.803	0.846	0.860	0.829	0.833	0.832	0.846	0.876	0.836	1.098
	海南	0.756	0.764	0.809	0.814	0.781	0.781	0.695	0.785	0.867	0.784	1.148
	平均值	0.811	0.823	0.832	0.841	0.845	0.851	0.843	0.861	0.887	0.844	1.094
中部地区	山西	0.709	0.717	0.728	0.741	0.772	0.787	0.788	0.818	0.832	0.766	1.173
	安徽	0.728	0.736	0.790	0.804	0.826	0.836	0.862	0.863	0.889	0.815	1.222
	江西	0.723	0.724	0.761	0.763	0.785	0.807	0.818	0.821	0.840	0.782	1.163
	河南	0.685	0.700	0.783	0.802	0.834	0.824	0.832	0.857	0.873	0.799	1.275
	湖北	0.743	0.757	0.789	0.799	0.826	0.852	0.867	0.861	0.912	0.823	1.228
	湖南	0.709	0.735	0.795	0.805	0.790	0.804	0.808	0.816	0.846	0.790	1.194
	平均值	0.716	0.728	0.774	0.786	0.805	0.818	0.829	0.839	0.865	0.796	1.209
西部地区	内蒙古	0.723	0.727	0.786	0.708	0.814	0.788	0.767	0.801	0.852	0.774	1.178
	广西	0.663	0.754	0.764	0.758	0.782	0.824	0.840	0.849	0.883	0.791	1.332
	重庆	0.728	0.744	0.769	0.792	0.826	0.859	0.869	0.882	0.908	0.820	1.248
	四川	0.711	0.762	0.783	0.765	0.837	0.872	0.882	0.870	0.892	0.819	1.253
	贵州	0.641	0.666	0.725	0.732	0.757	0.793	0.805	0.783	0.821	0.747	1.281
	云南	0.668	0.682	0.694	0.683	0.695	0.734	0.745	0.777	0.788	0.719	1.181
	陕西	0.719	0.728	0.722	0.758	0.780	0.784	0.812	0.816	0.820	0.771	1.141
	甘肃	0.649	0.657	0.724	0.740	0.784	0.803	0.799	0.812	0.828	0.755	1.276
	青海	0.688	0.683	0.674	0.750	0.719	0.664	0.631	0.682	0.776	0.697	1.128
	宁夏	0.734	0.746	0.805	0.790	0.804	0.812	0.816	0.838	0.874	0.802	1.192
	新疆	0.686	0.689	0.731	0.730	0.730	0.744	0.772	0.807	0.816	0.745	1.190
	平均值	0.692	0.712	0.743	0.746	0.775	0.789	0.795	0.811	0.842	0.767	1.217
东北地区	辽宁	0.751	0.763	0.795	0.807	0.809	0.811	0.789	0.802	0.844	0.797	1.124
	吉林	0.731	0.741	0.771	0.712	0.805	0.805	0.782	0.825	0.848	0.780	1.160
	黑龙江	0.704	0.709	0.698	0.732	0.754	0.761	0.782	0.820	0.873	0.759	1.240
	平均值	0.729	0.738	0.754	0.750	0.789	0.792	0.784	0.816	0.855	0.779	1.174

续表

年份省份	2013	2014	2015	2016	2017	2018	2019	2020	2021	时期平均值	2021年定基发展速度
最大最小值之差	0.269	0.257	0.231	0.235	0.220	0.255	0.288	0.236	0.096	—	—

注：各地区各年平衡系数的平均值，为该地区各省份同年平衡系数的简单算术平均数；各省份平衡系数的时期平均数，是该省份各年平衡系数的简单算术平均数；各省份2021年平衡系数的定基发展速度，为该省份2021年与2013年平衡系数的比值。

表8-13中的平衡系数数据表明，2013—2021年我国30个省份基于幸福感的居民福利水平发展变化的平衡性，具有如下三个特点。

（一）从总体来看，我国30个省份基于幸福感的居民福利水平发展变化的平衡程度，正在不断提升

由表8-7中的相关数据可以看出，2013—2021年，我国30个省份各年的基于幸福感的居民福利水平发展变化的平衡系数均小于1，且多数省份的平衡系数存在相对于上一年递减的情况，但2021年各省份基于幸福感的居民福利水平发展变化平衡系数的定基发展速度却大于1。说明虽然我国30个省份基于幸福感的居民福利水平发展变化的平衡性，处于一种不平衡的不合理状态，且平衡程度存在波动，但从总体上来看，我国30个省份基于幸福感的居民福利水平发展变化的平衡程度是一个不断提升的趋势。

（二）从各地区来看，东部地区基于幸福感的居民福利水平发展变化的平衡程度相对较高

2013—2021年，从各地区基于幸福感的居民福利水平发展变化平衡系数的时期平均值来看，东部地区为0.844，中部地区为0.796，西部地区为0.767，东北地区为0.779，东部地区基于幸福感的居民福利水平发展变化的平衡程度相对较高。

（三）从我国30个省份来看，基于幸福感的城乡居民福利水平发展变化平衡程度的省际差距，总体上是一个缩减趋势，但近年波动较大

2013—2021年，我国30个省份各年基于幸福感的福利水平发展变化平衡系数的最大最小值之差，2013年为0.269，2014年为0.257，2015年为0.231，2016年为0.235，2017年为0.220，2018年为0.255，2019

年为 0.288，2020 年为 0.236，2021 年为 0.096。说明 2013 年以来，基于幸福感的福利水平发展变化的平衡程度，我国 30 个省份之间的差距，在总体上是一个缩减趋势，但 2018—2019 年，存在着较大的反向波动。

三 基于幸福感的中国居民福利水平发展变化的充分性评价

基于幸福感的居民福利水平发展变化的充分性评价，是依据居民福利水平发展变化的"充分性"评价标准，通过充分系数 WAE_{Hti} 的测算与分析，对基于幸福感的居民福利水平发展变化的合理性所进行的评价。充分系数 WAE_{Hti} 的测算模型的基本形式为：

$$WAE_{Hti} = \frac{W_{Hti}}{\max W_{Hti}} \qquad (8-4)$$

评价规则为：当 $WAE_{Hti}<1$ 时，t 期本地区第 i 类居民基于幸福感的福利水平的发展变化，处于不充分即不合理状态。

式（8-4）表明，基于幸福感的居民福利水平发展变化充分性评价模型的运用，需先确定出各年各类居民基于幸福感的居民福利水平发展变化充分性的评价基准，为此，通过对表 8-5、表 8-6、表 8-7 中的相关数据进行分析，我们确定了我国 30 个省份各年各类居民基于幸福感的福利水平发展变化充分性的评价基准，如表 8-14 所示。

表 8-14　基于幸福感的各类居民福利水平发展变化充分性的评价基准

年份	项目 $\max W_{Ht1}$ 省份	数值	$\max W_{Ht2}$ 省份	数值	$\max W_{Ht3}$ 省份	数值
2013	北京市	1.4274	北京市	1.4811	上海市	1.0335
2014	北京市	1.5148	北京市	1.5697	上海市	1.1177
2015	上海市	1.6183	上海市	1.6683	上海市	1.2031
2016	北京市	1.7477	北京市	1.8145	上海市	1.3220
2017	北京市	1.8666	北京市	1.9419	上海市	1.4318
2018	北京市	1.9931	北京市	2.0636	上海市	1.5115
2019	北京市	2.1297	北京市	2.2131	上海市	1.6081
2020	北京市	2.2855	北京市	2.3659	上海市	1.6715
2021	北京市	2.4378	北京市	2.5200	上海市	1.7527

这样，利用表 8-4、表 8-14 中的数据和式（8-4），可测算出北京市各类居民基于幸福感的福利水平发展变化的充分系数，如表 8-15 所示。

表 8-15　北京市基于幸福感的各类居民福利水平发展变化的充分系数

项目 年份	全体居民 W_{Ht1}	$\max W_{Ht1}$	WAE_{Ht1}	城镇居民 W_{Ht2}	$\max W_{Ht2}$	WAE_{Ht2}	农村居民 W_{Ht3}	$\max W_{Ht3}$	WAE_{Ht3}
2013	1.4274	1.4274	1.0000	1.4811	1.4811	1.0000	0.9565	1.0335	0.9254
2014	1.5148	1.5148	1.0000	1.5697	1.5697	1.0000	1.0215	1.1177	0.9139
2015	1.6089	1.6183	0.9942	1.6673	1.6683	0.9994	1.0861	1.2031	0.9027
2016	1.7477	1.7477	1.0000	1.8146	1.8146	1.0000	1.0968	1.3220	0.8297
2017	1.8666	1.8666	1.0000	1.9419	1.9419	1.0000	1.2019	1.4318	0.8395
2018	1.9931	1.9931	1.0000	2.0636	2.0636	1.0000	1.3809	1.5115	0.9136
2019	2.1298	2.1298	1.0000	2.2131	2.2131	1.0000	1.3975	1.6081	0.8690
2020	2.2855	2.2855	1.0000	2.3659	2.3659	1.0000	1.4438	1.6716	0.8638
2021	2.4378	2.4378	1.0000	2.5200	2.5200	1.0000	1.6125	1.7527	0.9200

同理，利用表 8-5、表 8-6、表 8-7、表 8-14 中的数据和式（8-4），可测算出我国 30 个省份基于幸福感的居民福利水平发展变化的充分系数，并可利用上述规则对我国 30 个省份基于幸福感的居民福利水平发展变化的充分情况进行分析，如表 8-16、表 8-17、表 8-18 所示。

表 8-16　我国 30 个省份基于幸福感的全体居民福利水平发展变化的充分系数

省份	年份	2013	2014	2015	2016	2017	2018	2019	2020	2021	时期平均值	2021 年定基发展速度
东部地区	北京	1.000	1.000	0.994	1.000	1.000	1.000	1.000	1.000	1.000	0.999	1.000
	天津	0.857	0.853	0.847	0.831	0.821	0.807	0.781	0.777	0.753	0.814	0.879
	河北	0.656	0.663	0.676	0.690	0.696	0.705	0.710	0.690	0.703	0.688	1.071
	上海	0.992	0.997	1.000	0.977	0.995	0.976	0.975	0.966	0.927	0.978	0.934
	江苏	0.813	0.820	0.824	0.810	0.812	0.815	0.803	0.787	0.768	0.806	0.946
	浙江	0.853	0.865	0.865	0.860	0.859	0.850	0.838	0.824	0.811	0.847	0.951
	福建	0.755	0.763	0.770	0.770	0.774	0.778	0.771	0.759	0.751	0.766	0.994
	山东	0.731	0.766	0.765	0.760	0.763	0.750	0.737	0.717	0.725	0.746	0.991

续表

省份\年份		2013	2014	2015	2016	2017	2018	2019	2020	2021	时期平均值	2021年定基发展速度
东部地区	广东	0.784	0.788	0.802	0.779	0.768	0.767	0.777	0.754	0.749	0.774	0.956
	海南	0.673	0.683	0.704	0.689	0.691	0.675	0.672	0.648	0.654	0.677	0.972
	平均值	0.811	0.820	0.825	0.817	0.818	0.812	0.806	0.792	0.784	0.810	0.966
中部地区	山西	0.662	0.674	0.680	0.671	0.684	0.675	0.668	0.668	0.660	0.671	0.997
	安徽	0.643	0.660	0.684	0.676	0.682	0.729	0.712	0.703	0.707	0.688	1.100
	江西	0.636	0.655	0.672	0.670	0.695	0.704	0.707	0.708	0.714	0.685	1.123
	河南	0.602	0.619	0.653	0.643	0.676	0.684	0.686	0.669	0.661	0.655	1.098
	湖北	0.670	0.691	0.709	0.700	0.734	0.722	0.718	0.681	0.678	0.700	1.012
	湖南	0.642	0.656	0.679	0.691	0.701	0.703	0.702	0.687	0.687	0.683	1.071
	平均值	0.643	0.659	0.679	0.675	0.695	0.703	0.699	0.686	0.685	0.680	1.066
西部地区	内蒙古	0.716	0.723	0.734	0.721	0.721	0.726	0.715	0.715	0.707	0.720	0.988
	广西	0.626	0.648	0.656	0.662	0.666	0.679	0.678	0.670	0.675	0.662	1.079
	重庆	0.687	0.694	0.711	0.707	0.748	0.734	0.729	0.714	0.707	0.714	1.029
	四川	0.625	0.657	0.660	0.663	0.683	0.685	0.684	0.675	0.683	0.668	1.093
	贵州	0.555	0.585	0.629	0.641	0.677	0.695	0.699	0.713	0.710	0.656	1.280
	云南	0.602	0.617	0.634	0.642	0.692	0.673	0.679	0.660	0.672	0.652	1.116
	陕西	0.639	0.654	0.682	0.698	0.705	0.695	0.711	0.709	0.722	0.691	1.130
	甘肃	0.574	0.592	0.613	0.626	0.625	0.630	0.632	0.635	0.645	0.619	1.123
	青海	0.621	0.636	0.640	0.654	0.667	0.669	0.682	0.684	0.696	0.661	1.120
	宁夏	0.664	0.676	0.699	0.697	0.709	0.698	0.693	0.704	0.687	0.692	1.035
	新疆	0.633	0.649	0.677	0.680	0.673	0.665	0.663	0.675	0.671	0.665	1.059
	平均值	0.631	0.648	0.667	0.672	0.688	0.686	0.688	0.687	0.689	0.673	1.091
东北地区	辽宁	0.746	0.751	0.749	0.719	0.710	0.697	0.679	0.672	0.652	0.708	0.875
	吉林	0.662	0.662	0.666	0.647	0.641	0.636	0.628	0.636	0.642	0.647	0.971
	黑龙江	0.655	0.672	0.684	0.670	0.665	0.650	0.638	0.635	0.631	0.655	0.964
	平均值	0.687	0.695	0.699	0.679	0.672	0.661	0.648	0.648	0.642	0.670	0.934

注：各地区各年充分系数平均值，为该地区各省份同年充分系数的简单算术平均数；各省份充分系数的时期平均值，为该省份各年充分系数的简单算术平均数；各省份2021年充分系数的定基发展速度，为该省份2021年与2013年充分系数的比值。表8-17、表8-18与此相同。

表 8-17　　　我国 30 个省份基于幸福感的城镇居民福利
水平发展变化的充分系数

省份		2013	2014	2015	2016	2017	2018	2019	2020	2021	时期平均值	2021年定基发展速度
东部地区	北京	1.000	1.000	0.999	1.000	1.000	1.000	1.000	1.000	1.000	1.000	1.000
	天津	0.863	0.858	0.853	0.831	0.819	0.807	0.775	0.769	0.743	0.813	0.861
	河北	0.773	0.769	0.771	0.754	0.744	0.750	0.744	0.704	0.700	0.746	0.906
	上海	0.979	0.983	1.000	0.967	0.983	0.966	0.961	0.954	0.916	0.968	0.936
	江苏	0.866	0.869	0.869	0.839	0.834	0.837	0.813	0.783	0.761	0.830	0.879
	浙江	0.907	0.913	0.913	0.893	0.882	0.870	0.850	0.828	0.812	0.874	0.895
	福建	0.823	0.824	0.825	0.804	0.802	0.796	0.782	0.760	0.747	0.796	0.908
	山东	0.829	0.834	0.834	0.804	0.793	0.779	0.759	0.727	0.729	0.788	0.880
	广东	0.834	0.836	0.837	0.802	0.796	0.798	0.802	0.766	0.754	0.803	0.904
	海南	0.761	0.764	0.770	0.737	0.732	0.713	0.708	0.682	0.672	0.727	0.883
	平均值	0.864	0.865	0.867	0.843	0.839	0.832	0.820	0.797	0.784	0.834	0.907
中部地区	山西	0.769	0.772	0.771	0.745	0.738	0.723	0.703	0.687	0.671	0.731	0.873
	安徽	0.760	0.766	0.773	0.743	0.732	0.774	0.741	0.722	0.714	0.747	0.939
	江西	0.747	0.758	0.761	0.741	0.749	0.750	0.740	0.730	0.727	0.745	0.974
	河南	0.731	0.737	0.741	0.707	0.721	0.731	0.721	0.690	0.673	0.717	0.921
	湖北	0.763	0.774	0.777	0.753	0.772	0.756	0.741	0.701	0.679	0.746	0.890
	湖南	0.762	0.760	0.763	0.754	0.748	0.743	0.732	0.711	0.701	0.741	0.919
	平均值	0.755	0.761	0.764	0.740	0.743	0.746	0.730	0.707	0.694	0.738	0.919
西部地区	内蒙古	0.809	0.809	0.806	0.783	0.770	0.781	0.762	0.734	0.717	0.775	0.887
	广西	0.761	0.761	0.763	0.757	0.747	0.745	0.732	0.705	0.696	0.741	0.915
	重庆	0.778	0.773	0.777	0.750	0.771	0.747	0.730	0.702	0.687	0.746	0.883
	四川	0.752	0.754	0.747	0.739	0.727	0.717	0.705	0.687	0.686	0.724	0.913
	贵州	0.721	0.730	0.741	0.727	0.743	0.747	0.739	0.734	0.708	0.732	0.982
	云南	0.758	0.761	0.762	0.748	0.789	0.757	0.746	0.710	0.710	0.749	0.937
	陕西	0.746	0.753	0.779	0.769	0.767	0.748	0.743	0.726	0.733	0.752	0.983
	甘肃	0.731	0.736	0.736	0.726	0.699	0.698	0.691	0.667	0.669	0.706	0.916
	青海	0.740	0.747	0.747	0.737	0.746	0.740	0.743	0.715	0.718	0.737	0.970

续表

省份\年份		2013	2014	2015	2016	2017	2018	2019	2020	2021	时期平均值	2021年定基发展速度
西部地区	宁夏	0.765	0.765	0.767	0.755	0.757	0.743	0.725	0.708	0.675	0.740	0.883
	新疆	0.763	0.770	0.788	0.774	0.755	0.737	0.713	0.695	0.685	0.742	0.899
	平均值	0.757	0.760	0.765	0.751	0.752	0.742	0.730	0.707	0.699	0.740	0.923
东北地区	辽宁	0.810	0.811	0.807	0.764	0.751	0.738	0.716	0.690	0.662	0.750	0.818
	吉林	0.750	0.741	0.739	0.709	0.691	0.682	0.670	0.651	0.648	0.698	0.864
	黑龙江	0.736	0.749	0.761	0.735	0.722	0.702	0.681	0.651	0.638	0.708	0.867
	平均值	0.765	0.767	0.769	0.736	0.721	0.707	0.689	0.664	0.649	0.670	0.849

表8-18 我国30个省份基于幸福感的农村居民福利水平发展变化的充分系数

省份\年份		2013	2014	2015	2016	2017	2018	2019	2020	2021	时期平均值	2021年定基发展速度
东部地区	北京	0.925	0.914	0.903	0.830	0.840	0.914	0.869	0.864	0.920	0.886	0.994
	天津	0.844	0.822	0.834	0.711	0.765	0.788	0.781	0.812	0.833	0.799	0.986
	河北	0.606	0.603	0.589	0.613	0.672	0.663	0.655	0.687	0.837	0.658	1.383
	上海	1.000	1.000	1.000	1.000	1.000	1.000	1.000	1.000	1.000	1.000	1.000
	江苏	0.831	0.820	0.816	0.810	0.804	0.803	0.807	0.816	0.834	0.816	1.003
	浙江	0.884	0.889	0.888	0.856	0.847	0.853	0.837	0.850	0.867	0.863	0.981
	福建	0.731	0.735	0.775	0.795	0.773	0.813	0.807	0.811	0.826	0.785	1.130
	山东	0.692	0.791	0.713	0.728	0.731	0.731	0.724	0.746	0.778	0.737	1.125
	广东	0.733	0.731	0.806	0.794	0.714	0.724	0.728	0.731	0.795	0.751	1.085
	海南	0.646	0.646	0.712	0.680	0.616	0.602	0.478	0.600	0.730	0.634	1.130
	平均值	0.789	0.795	0.804	0.782	0.776	0.789	0.769	0.792	0.842	0.793	1.067
中部地区	山西	0.583	0.581	0.585	0.576	0.608	0.619	0.607	0.652	0.671	0.609	1.151
	安徽	0.614	0.616	0.692	0.678	0.692	0.752	0.768	0.770	0.820	0.711	1.336
	江西	0.594	0.589	0.636	0.613	0.643	0.680	0.693	0.705	0.747	0.655	1.258
	河南	0.538	0.549	0.657	0.647	0.698	0.696	0.704	0.731	0.751	0.664	1.397

续表

省份\年份		2013	2014	2015	2016	2017	2018	2019	2020	2021	时期平均值	2021年定基发展速度
中部地区	湖北	0.624	0.639	0.682	0.668	0.719	0.751	0.767	0.734	0.812	0.711	1.301
	湖南	0.588	0.609	0.689	0.688	0.651	0.672	0.672	0.682	0.732	0.665	1.246
	平均值	0.590	0.597	0.657	0.645	0.668	0.695	0.702	0.712	0.755	0.669	1.281
西部地区	内蒙古	0.615	0.605	0.692	0.534	0.689	0.657	0.608	0.648	0.735	0.642	1.195
	广西	0.529	0.643	0.649	0.627	0.643	0.709	0.726	0.732	0.790	0.672	1.493
	重庆	0.599	0.605	0.637	0.641	0.708	0.746	0.753	0.769	0.817	0.697	1.364
	四川	0.589	0.647	0.662	0.622	0.708	0.756	0.764	0.750	0.797	0.699	1.354
	贵州	0.487	0.508	0.583	0.574	0.614	0.674	0.690	0.674	0.728	0.615	1.496
	云南	0.541	0.549	0.555	0.523	0.560	0.593	0.605	0.636	0.665	0.581	1.229
	陕西	0.582	0.586	0.585	0.623	0.644	0.636	0.682	0.688	0.712	0.638	1.223
	甘肃	0.499	0.499	0.575	0.581	0.609	0.638	0.630	0.646	0.681	0.595	1.365
	青海	0.541	0.525	0.504	0.593	0.547	0.466	0.422	0.473	0.631	0.523	1.166
	宁夏	0.618	0.619	0.703	0.660	0.672	0.674	0.670	0.705	0.750	0.675	1.215
	新疆	0.562	0.557	0.621	0.601	0.577	0.585	0.610	0.661	0.678	0.606	1.207
	平均值	0.560	0.577	0.615	0.598	0.634	0.649	0.651	0.671	0.726	0.631	1.296
东北地区	辽宁	0.626	0.635	0.683	0.661	0.645	0.640	0.587	0.587	0.645	0.634	1.031
	吉林	0.595	0.590	0.624	0.509	0.616	0.612	0.573	0.629	0.675	0.603	1.134
	黑龙江	0.534	0.537	0.517	0.545	0.560	0.558	0.574	0.612	0.695	0.570	1.303
	平均值	0.585	0.587	0.608	0.572	0.607	0.603	0.578	0.609	0.672	0.602	1.149

表8-16、表8-17、表8-18中的相关数据表明，2013—2021年，我国30个省份基于幸福感的各类居民福利水平发展变化的充分程度，具有如下三个特点。

（一）从总体来看，我国大部分省份基于幸福感的居民福利水平发展变化的充分程度，正在不断提升

由表8-16中的相关数据可以看出，在我国30个省份中，有17个省份充分系数的定基发展速度大于1，有13个省份充分系数的定基发展速度小于1，充分系数定基发展速度大于1的省份，多于充分系数定基发展速度小于1的省份。说明2013—2021年，我国大部分省份基于幸福感的

居民福利水平发展变化的充分程度，是一个提升的变化趋势。

（二）从各地区来看，东部地区基于幸福感的各类居民福利水平发展变化的充分程度相对较高

从各地区基于幸福感的各类居民福利水平发展变化的充分系数的时期平均值来看，东部地区的全体居民为0.810，城镇居民为0.834，农村居民为0.793；中部地区的全体居民为0.680，城镇居民为0.738，农村居民为0.669；西部地区的全体居民为0.673，城镇居民为0.740，农村居民为0.631；东北地区的全体居民为0.670，城镇居民为0.670，农村居民为0.602。说明在我国30个省份中，基于幸福感的各类居民福利水平发展变化的充分程度，东部地区相对较高。

（三）从城乡来看，城镇居民基于幸福感的福利水平发展变化的充分程度，在总体上高于农村居民

从我国30个省份基于幸福感的各类居民福利水平发展变化的充分系数来看，各省份城镇居民充分系数的时期平均数均大于农村居民，但各省份各年充分系数的城乡差距却在不断缩小。说明在整体上，我国30个省份城镇居民基于幸福感的福利水平发展变化的充分程度要高于农村居民。

第三节　基于幸福感的中国居民福利水平增进路径分析——以北京市为例

同样，鉴于各省份在基于幸福感的各类居民福利水平发展变化的不合理状态的具体表现不同，居民福利水平增进路径各异，所以，我们仅以北京市为例，来说明基于幸福感的居民福利水平增进路径分析的基本原理。

一　北京市基于幸福感的各类居民福利水平的增进目标分析

我国各省份基于幸福感的各类居民福利水平发展变化的递增性、平衡性和充分性评价结果表明，2013—2021年，北京市基于幸福感的各类居民福利水平发展变化的不合理性，主要是不平衡和不充分，并具体表现为北京市基于幸福感的居民福利水平，农村居民相对于全体居民偏低、农村居民相对于上海市农村居民偏低。从而，农村居民福利水平的增进是北京市基于幸福感的居民福利水平增进的主要任务。

由于从不平衡、不充分问题的扭转出发，北京市农村居民基于幸福感的福利水平的增进，存在本市全体居民基于幸福感的福利水平和上海市农村居民基于幸福感的福利水平两个目标，为了便于这一任务的完成，需运用基于幸福感的居民福利增进目标分析模型和循序渐进原则，对北京市农村居民基于幸福感的福利水平的增进目标进行分析。基于幸福感的农村居民福利水平增进目标分析模型的基本形式是：

$$DWBE_{Ht3} = W_{Ht1} - W_{Ht3} \quad (8-5)$$

$$DWAE_{Ht3} = \max W_{Ht3} - W_{Ht3} \quad (8-6)$$

分析规则为：在依据北京市农村居民基于幸福感的福利水平发展变化的不平衡、不充分现状，来确定北京市农村居民基于幸福感的福利水平增进目标时，应选取 $DWBE_{Ht3}$ 和 $DWAE_{Ht3}$ 中，数值最小的那个 $DWBE_{Ht3}$ 或者 $DWAE_{Ht3}$ 所对应的 W_{Ht1} 或者 $\max W_{Ht3}$，作为北京市农村居民基于幸福感的福利水平增进目标。

这样，将北京市和上海市相关统计数据代入式（8-5）、式（8-6），可对 $DWBE_{Ht3}$ 和 $DWAE_{Ht3}$ 进行测算，并利用循序渐进原则，对北京市农村居民基于幸福感的福利水平增进目标进行分析，见表 8-19 所示。

表 8-19　　北京市基于幸福感的农村居民福利水平增进目标分析

项目 年份	基于平衡性的增进目标分析			基于充分性的增进目标分析		
	W_{Ht1}	W_{Ht3}	$DWBE_{Ht3}$	$\max W_{Ht3}$	W_{Ht3}	$DWAE_{Ht3}$
2013	1.4274	0.9565	0.4710	1.0335	0.9565	0.0771
2014	1.5148	1.0215	0.4933	1.1177	1.0215	0.0962
2015	1.6089	1.0861	0.5229	1.2031	1.0861	0.1170
2016	1.7477	1.0968	0.6509	1.3220	1.0968	0.2252
2017	1.8666	1.2019	0.6647	1.4318	1.2019	0.2298
2018	1.9931	1.3809	0.6122	1.5115	1.3809	0.1306
2019	2.1297	1.3975	0.7323	1.6081	1.3975	0.2106
2020	2.2855	1.4438	0.8417	1.6715	1.4438	0.2277
2021	2.4378	1.6125	0.8253	1.7527	1.6125	0.1402

表 8-19 中的相关数据表明，从提高北京市城乡居民基于幸福感的福利水平发展变化的平衡性来讲，以北京市全体居民福利水平为增进目标，

2021年需将北京市农村居民的福利水平在现有水平的基础上再提升0.8253；从提高北京市城乡居民基于幸福感的福利水平发展变化的充分性来看，以上海市农村居民福利水平为增进目标，2021年需将北京市农村居民的福利水平在现有水平的基础上再提升0.1402，比提高平衡性所需的农村居民的福利水平提升幅度，降低了0.6851，实现起来将更为容易。

这样，鉴于居民福利水平充分性的提升也将带来平衡性的提升，所以，根据居民福利增进机理，北京市农村居民基于幸福感的福利水平发展变化不充分问题的解决，将是北京市居民福利增进工作的重点，上海市农村居民基于幸福感的福利水平，也就成为了北京市农村居民基于幸福感的福利水平的增进目标。

二 北京市基于幸福感的农村居民福利水平发展变化不充分的成因分析

因基于幸福感的居民福利水平的影响因素较多，关于北京市基于幸福感的农村居民福利水平发展变化不充分的成因分析，我们将从居民相对于他人和过去的人均可支配收入、各种消费定基价格指数、各种生活活动公共服务享用量三个方面去分析。

（一）着眼于人均可支配收入的北京市农村居民基于幸福感的福利水平发展变化不充分的成因分析

着眼于人均可支配收入的基于幸福感的居民福利水平发展变化不充分的成因分析，是在运用相关模型来测算本地区与先进地区基于幸福感的居民福利偏差，与居民相对于他人和过去的人均可支配收入偏差的比较相对数的基础上，依据相关分析规则，对居民相对于他人和过去的人均可支配收入是否是基于幸福感的居民福利水平发展变化不充分的原因，所进行的分析与判断。其中，用于测算本地区与先进地区基于幸福感的居民福利水平偏差，与居民相对于他人和过去的人均可支配收入偏差的比较相对数$RNID_{W\hat{H}ti}$的模型，即着眼于人均可支配收入的基于幸福感的居民福利水平发展变化不充分成因分析模型，该模型的基本形式为：

$$RNID_{W\hat{H}ti}=\frac{W_{Hti}-\max W_{Hti}}{\hat{I}_{ti}-\max \hat{I}_{ti}} \qquad (8-7)$$

分析规则为：当$RNID_{W\hat{H}ti}$为正时，偏低的$\hat{I}_{ti}$，是基于幸福感的居民福利水平发展变化不充分的一个原因；当$RNID_{W\hat{H}ti}$的数值为正且小于1

时，偏低的 $\hat{I}_{ti}$，是导致基于幸福感的居民福利水平发展变化不充分的一个主要原因；当 $RNID_{WH\hat{I}ti}$ 的数值为正且大于等于 1 时，偏低的 $\hat{I}_{ti}$，是导致基于幸福感的居民福利水平发展变化不充分的一个次要原因。

这样，将北京市和上海市农村居民的相关统计数据代入式（8-7），即可求得北京市与上海市基于幸福感的农村居民福利偏差，与农村居民相对于他人和过去的人均可支配收入偏差的比较相对数，并可利用上述规则，来分析农村居民相对于他人和过去的人均可支配收入，是否是北京市基于幸福感的农村居民福利水平发展变化不充分的原因，如表 8-20 所示。

表 8-20　着眼于 $\hat{I}_{t3}$ 的北京市农村居民幸福感福利水平发展变化不充分的成因分析

项目 年份	福利水平 W_{Ht3}	$\max W_{Ht3}$	人均可支配收入 $\hat{I}_{t3}$	$\max \hat{I}_{t3}$	$RNID_{WH\hat{I}t3}$
2013	0.9565	1.0335	0.9593	1.0167	1.3434
2014	1.0215	1.1177	1.0584	1.1216	1.5206
2015	1.0861	1.2031	1.1538	1.2282	1.5721
2016	1.0968	1.3220	1.2514	1.3508	2.2674
2017	1.2019	1.4318	1.3598	1.4727	2.0345
2018	1.3809	1.5115	1.4860	1.6077	1.0730
2019	1.3975	1.6081	1.6227	1.7570	1.5686
2020	1.4438	1.6715	1.6899	1.8478	1.4422
2021	1.6125	1.7527	1.8681	2.0388	0.8209

表 8-20 中的相关数据表明，2013—2021 年，北京市与上海市农村居民基于幸福感的福利水平偏差，与相对于他人和过去的人均可支配收入偏差的比较相对数为正，且 2021 年的数值小于 1。所以，从当前来看，偏低的农村居民相对于他人和过去的人均可支配收入，是导致北京市农村居民基于幸福感的福利水平发展变化不充分的主要原因。

据此，为便于从经济发展和收入分配方面，来进一步寻找解决北京市农村居民基于幸福感的福利水平发展变化不充分的对策，可采用偏差指标，分析北京市农村居民人均可支配收入偏低的经济发展和收入分配方面的原因，如表 8-21 所示。

表 8-21　　　　　北京市与上海市相关经济指标对比分析

年份	上海市 maxI$_{t3}$（元）	上海市 maxy$_t$（元）	上海市 maxθ$_{t3}$	北京市 I$_{t3}$（元）	北京市 y$_t$（元）	北京市 θ$_{t3}$	北京市与上海市的差值 I$_{t3}$-maxI$_{t3}$（元）	北京市与上海市的差值 y$_t$-maxy$_t$（元）	北京市与上海市的差值 θ$_{t3}$-maxθ$_{t3}$
2013	19208	90344	0.2126	17101	93621	0.1827	-2107	3277	-0.0299
2014	21192	97186	0.2181	18867	99121	0.1903	-2324	1935	-0.0277
2015	23205	104031	0.2231	20569	106009	0.1940	-2637	1978	-0.0290
2016	25520	116441	0.2192	22310	118128	0.1889	-3211	1687	-0.0303
2017	27825	126687	0.2196	24241	129042	0.1879	-3585	2354	-0.0318
2018	30375	134818	0.2253	26490	140761	0.1882	-3884	5943	-0.0371
2019	33195	157147	0.2112	28928	164212	0.1762	-4267	7065	-0.0351
2020	34911	155611	0.2243	30126	164852	0.1827	-4786	9240	-0.0416
2021	38521	173624	0.2219	33303	183963	0.1810	-5218	10340	-0.0408

表 8-21 中的相关数据表明，2013—2021 年，在北京市农村居民各年的人均可支配收入均低于上海市的背景下，北京市各年的人均地区生产总值均高于上海市，北京市各年的农村居民人均可支配收入占人均地区生产总值的比重均低于上海市。说明导致北京市农村居民人均可支配收入相对于上海市偏低的原因，不是北京市人均地区生产总值偏低，而是北京市农村居民人均可支配收入占人均地区生产总值的比重偏低，从经济发展与收入分配来看，北京市应从收入分配方面，去寻找解决农村居民基于幸福感的福利水平发展变化不充分的对策。

（二）着眼于各种消费定基价格指数的北京市农村居民基于幸福感的福利水平发展变化不充分的成因分析

着眼于各种消费定基价格指数的基于幸福感的居民福利水平发展变化不充分的成因分析，是在运用相关模型来测算本地区与先进地区基于幸福感的居民福利水平偏差，与居民相对于他人和过去的各种消费定基价格指数偏差的比较相对数的基础上，运用相关分析规则，对居民相对于他人和过去的各种消费定基价格指数，是否是基于幸福感的居民福利水平发展变化不充分的原因，所进行的分析与判断。其中，用于测算本地区与先进地区基于幸福感的居民福利水平偏差，与居民相对于他人和过去的各种消费定基价格指数 $\hat{p}_{tij}$、$\hat{p}_{ti}$ 偏差的比较相对数 $RNID_{WH\hat{p}tij}$、$RNID_{WH\hat{p}ti}$ 的模型，也即着眼于各种消费定基价格指数的基于幸福感的居民福利水平发展变化不充分的成因分析模型。模型的基本形式为：

$$RNID_{WH\hat{p}tij} = \frac{W_{Hti} - \max W_{Hti}}{\hat{p}_{tij} - \max \hat{p}_{tij}} \quad (8-8)$$

$$RNID_{WH\hat{p}ti} = \frac{W_{Hti} - \max W_{Hti}}{\hat{p}_{ti} - \max \hat{p}_{ti}} \quad (8-9)$$

分析规则为：当 $RNID_{WH\hat{p}tij}$、$RNID_{WH\hat{p}ti}$ 的数值为负时，偏高的 $\hat{p}_{tij}$、$\hat{p}_{ti}$，是导致基于幸福感的居民福利水平发展变化不充分的一个原因；当 $RNID_{WH\hat{p}tij}$、$RNID_{WH\hat{p}ti}$ 的数值为负且其绝对值小于 1 时，偏高的 $\hat{p}_{tij}$、$\hat{p}_{ti}$，是导致基于幸福感的居民福利水平发展变化不充分的一个主要原因；当 $RNID_{WH\hat{p}tij}$、$RNID_{WH\hat{p}ti}$ 的数值为负且其绝对值大于等于 1 时，偏高的 $\hat{p}_{tij}$、$\hat{p}_{ti}$，是导致基于幸福感的居民福利水平发展变化不充分的一个次要原因。

这样，将北京市和上海市相关统计指标数据代入式（8-8）、式（8-9），即可测算出北京市与上海市基于幸福感的农村居民福利水平偏差，与农村居民相对于他人和过去的各种消费定基价格指数偏差的比较相对数，并可利用上述规则，来分析哪些消费定基价格指数，是北京市农村居民基于幸福感的福利水平发展变化不充分的原因，如表 8-22 所示。

表 8-22 着眼于 $\hat{p}_{t3j}$ 和 $\hat{p}_{t3}$ 的北京市农村居民幸福感福利水平发展变化不充分成因分析

年份\项目	$RNID_{WH\hat{p}t31}$	$RNID_{WH\hat{p}t32}$	$RNID_{WH\hat{p}t33}$	$RNID_{WH\hat{p}t34}$	$RNID_{WH\hat{p}t3}$
2013	−45.2174	10.9739	−4.1342	−39.0256	−15.8338
2014	7.8760	6.0129	−2.9051	24.1659	15.9395
2015	3.7496	−3.2675	−3.0439	−4191.6278	9.5130
2016	5.1205	−7.3430	33.2876	3.4491	7.1777
2017	4.5897	−8.5276	−30.0961	3.7544	7.7125
2018	3.2045	23.9141	−9.9260	2.3347	6.3316
2019	4.3310	18.6564	−18.9266	−163.3674	9.0216
2020	4.3140	12.2381	−8.5202	−4.7681	9.5938
2021	2.5277	15.2290	−19.8820	−2.3717	5.5690

表8-22中的相关数据表明,近年来,北京市农村居民福利水平偏差与相对于他人和过去的文教娱乐消费定基价格指数偏差的比较相对数、农村居民福利水平偏差与相对于他人和过去的医疗保健消费定基价格指数偏差的比较相对数,均存在为负的情况,但其绝对值大于1。说明偏高的北京市农村居民相对于他人和过去的文教娱乐消费定基价格指数,以及偏高的农村居民相对于他人和过去的医疗保健消费定基价格指数,是导致北京市农村居民基于幸福感的福利水平发展变化不充分的次要原因。

(三)着眼于各种公共服务享用量的北京市农村居民基于幸福感的福利水平发展变化不充分的成因分析

着眼于各种公共服务享用量的基于幸福感的居民福利水平发展变化不充分的成因分析,是在运用相关模型测算基于幸福感的某类居民福利水平偏差,与该居民相对于他人和过去的各种公共服务享用量偏差的比较相对数的基础上,依据相关分析规则,对该居民相对于他人和过去的各种公共服务享用量,是否是基于幸福感的该居民福利水平发展变化不充分的原因,所进行的分析与判断。其中,用于测算基于幸福感的居民福利水平偏差,与居民相对于他人和过去的各种公共服务享用量偏差的比较相对数 $RNID_{WHgtij}$、$RNID_{WHgtis}$ 的模型,即着眼于各种公共服务享用量的基于幸福感的居民福利水平发展变化不充分的成因分析模型,模型的基本形式为:

$$RNID_{WHgtij} = \frac{W_{Hti} - \max W_{Hti}}{\hat{g}_{tij} - \max \hat{g}_{tij}} \tag{8-10}$$

$$RNID_{WHgtis} = \frac{W_{Hti} - \max W_{Hti}}{\hat{g}_{tis} - \max \hat{g}_{tis}} \tag{8-11}$$

分析规则为:当 $RNID_{WHgtij}$、$RNID_{WHgtis}$ 的数值为正时,偏低的 $\hat{g}_{tij}$、$\hat{g}_{tis}$,是导致基于幸福感的居民福利水平发展变化不充分的一个原因;当 $RNID_{WHgtij}$、$RNID_{WHgtis}$ 的数值为正且小于1时,偏低的 $\hat{g}_{tij}$、$\hat{g}_{tis}$,是导致基于幸福感的居民福利水平发展变化不充分的一个主要原因;当 $RNID_{WHgtij}$、$RNID_{WHgtis}$ 的数值为正且大于等于1时,偏低的 $\hat{g}_{tij}$、$\hat{g}_{tis}$,是导致基于幸福感的居民福利水平发展变化不充分的一个次要原因。

当偏低的 $\hat{g}_{tij}$、$\hat{g}_{tis}$,是导致基于幸福感的居民福利水平发展变化不充分的一个原因时,可利用相关模型和与上述相似的规则,进一步分析构

成 $\hat{g}_{tij}$、$\hat{g}_{tis}$ 的 $\hat{g}_{tijh}$、$\hat{g}_{tisz}$，哪些是导致基于幸福感的居民福利水平发展变化不充分的一个原因。所使用的模型如下：

$$RNID_{WH\hat{g}tijh} = \frac{W_{Hti} - \max W_{Hti}}{\hat{g}_{tijh} - \max \hat{g}_{tijh}} \quad (8-12)$$

$$RNID_{WH\hat{g}tisz} = \frac{W_{Hti} - \max W_{Hti}}{\hat{g}_{tisz} - \max \hat{g}_{tisz}} \quad (8-13)$$

这样，将北京市和上海市农村居民的相关统计数据，代入式（8-10）、式（8-11），可测算出北京市与上海市基于幸福感的农村居民福利水平偏差，与农村居民各种生活活动公共服务享用量偏差的比较相对数，进而可依据上述规则，从各种生活活动公共服务享用方面，来分析北京市农村居民基于幸福感的福利水平发展变化不充分的形成原因。如表8-23所示。

表8-23　着眼于 $\hat{g}_{t3j}$ 和 $\hat{g}_{t3s}$ 的北京市农村居民幸福感福利水平发展变化不充分成因分析

年份\项目	$RNID_{WHgt31}$	$RNID_{WHgt32}$	$RNID_{WHgt33}$	$RNID_{WHgt34}$	$RNID_{WHgt3s}$
2013	0.3696	-0.5818	0.3327	-1.0515	1.9334
2014	0.5321	-0.7965	0.2675	-1.3441	0.7596
2015	0.5306	-3.0617	5.8407	-1.7987	0.5480
2016	0.9639	-2.4076	-6.5849	-3.6996	0.3249
2017	1.6623	0.4244	-0.5205	-3.7581	0.3098
2018	4.9846	0.3300	-0.1837	-2.0550	0.2573
2019	1.0373	0.6442	-0.3588	-3.1204	0.3609
2020	0.8514	0.5813	-0.4608	-5.5942	0.3813
2021	0.5343	0.3157	-0.1758	-5.4746	0.5512

由表8-23中的相关数据可以看出，北京市2013—2021年的农村居民基于幸福感的福利水平偏差与相对于他人和过去的基本生活活动公共服务享用量偏差的比较相对数、2017—2021年的农村居民基于幸福感的福利水平偏差与相对于他人和过去的社会交往活动公共服务享用量偏差的比较相对数、2014—2021年的农村居民基于幸福感的福利水平偏差与相对于他人和过去的生活保障活动公共服务享用量偏差的比较相对数，

均存在数值为正且小于1的情况,说明偏低的农村居民相对于他人和过去的基本生活活动公共服务享用量、偏低的农村居民相对于他人和过去的社会交往活动公共服务享用量、偏低的农村居民相对于他人和过去的生活保障活动公共服务享用量,是导致北京市农村居民基于幸福感的福利水平发展变化不充分的主要原因。

为了分析构成农村居民基本生活活动公共服务享用量、社会交往活动公共服务享用量以及生活保障活动公共服务享用量的因素,哪些是导致北京市基于幸福感的农村居民福利水平发展变化不充分的具体原因,可利用相关统计数据和式(8-12)、式(8-13),来测算北京市与上海市农村居民基于幸福感的福利水平的偏差与农村居民基本生活活动公共服务享用量、社会交往活动公共服务享用量以及生活保障活动公共服务享用量各构成因素的偏差比较相对数,如表8-24所示。

表8-24中的相关数据表明,在基本生活活动公共服务方面,北京市2013—2021年的农村居民基于幸福感的福利水平偏差,与相对于他人和过去的燃气普及率偏差的比较相对数的数值为正且小于1;北京市2019—2021年的农村居民基于幸福感的福利水平偏差,与相对于他人和过去的污水处理率偏差的比较相对数的数值也为正且小于1。说明偏低的农村居民相对于他人和过去的燃气普及率和污水处理率,是导致北京市农村居民基于幸福感的福利水平发展变化不充分的两个主要原因。

在社会交往活动公共服务方面,北京市2015—2021年的农村居民基于幸福感的福利水平偏差,与相对于他人和过去的人均道路面积偏差的比较相对数的数值为正且小于1;北京市2020—2021年的农村居民基于幸福感的福利水平偏差,与相对于他人和过去的移动互联网普及率偏差的比较相对数的数值为正且大于1。说明偏低的农村居民相对于他人和过去的人均道路面积,是导致北京市农村居民基于幸福感的福利水平发展变化不充分的一个主要原因;偏低的农村居民相对于他人和过去的移动互联网普及率,是导致北京市农村居民基于幸福感的福利水平发展变化不充分的一个次要原因。

第八章　基于幸福感的中国居民福利统计评估 / 265

表 8-24　着眼于 $\hat{g}_{t31}$、$\hat{g}_{t32}$ 和 $\hat{g}_{t3s}$ 的北京市农村居民幸福感福利水平发展变化不均分成因分析

年份	基本生活公共服务					社会交往公共服务			生活保障公共服务		
项目	$RNID_{WHgt311}$	$RNID_{WHgt312}$	$RNID_{WHgt313}$	$RNID_{WHgt314}$		$RNID_{WHgt321}$	$RNID_{WHgt322}$	$RNID_{WHgt323}$	$RNID_{WHgt3s1}$	$RNID_{WHgt3s2}$	$RNID_{WHgt3s3}$
2013	2.3169	0.2265	0.2111	2.2764		−0.2864	2.0590	−0.5089	0.7107	−207.80	−2.7753
2014	8.6539	0.3829	0.2651	2.1624		−0.4203	5.5722	−0.6911	0.5949	0.7682	3.3913
2015	8.6470	0.4433	0.2948	0.6914		0.7702	2.4438	−0.3241	0.5378	0.7113	0.4734
2016	3.6555	0.6644	0.6520	1.5600		2.9100	2.7824	−0.4602	0.3182	0.3062	0.9966
2017	−45.2029	0.8054	1.5561	2.1855		0.1313	1.9320	−0.3511	0.2966	0.2892	0.9933
2018	−1.9916	0.3749	−0.6399	−4.9626		0.1003	0.9536	−0.8647	0.1668	−0.7671	0.5515
2019	−10.2549	0.7285	0.4121	−3.5859		0.1414	−0.4574	−2.9631	0.2767	0.5987	0.9739
2020	−89.7173	0.7069	0.3318	−9.2084		0.1424	−0.4440	12.9969	0.2783	0.7511	0.9255
2021	−26.4112	0.5971	0.1882	−5.4109		0.0832	−0.2756	1.5714	0.3382	−2.6003	0.5327

在生活保障活动公共服务方面，北京市 2013—2021 年的农村居民基于幸福感的福利水平偏差，与相对于他人和过去的基本养老保险基金人均支出偏差的比较相对数的数值为正且小于 1；北京市 2014—2021 年的农村居民基于幸福感的福利水平偏差，与相对于他人和过去的最低生活保障平均标准偏差的比较相对数的数值也为正且小于 1。说明偏低的农村居民相对于他人和过去的基本养老保险基金人均支出、农村居民相对于他人和过去的最低生活保障平均标准，是导致北京市农村居民基于幸福感的福利水平发展变化不充分的两个主要原因。

三　北京市基于幸福感的农村居民福利水平增进对策分析

上述分析表明，偏低的农村居民相对于他人和过去的人均可支配收入、基本生活活动公共服务享用量、社会交往活动公共服务享用量、生活保障活动公共服务享用量，是导致北京市基于幸福感的农村居民福利水平发展变化的主要原因，偏高的北京市农村居民相对于他人和过去的文教娱乐消费定基价格指数、医疗保健消费定基价格指数，是导致北京市基于幸福感的农村居民福利水平发展变化不充分的次要原因。为此，按照抓主要矛盾的基本方针，北京市基于幸福感的农村居民福利水平的增进，可在其他主、次要因素与上海市的差距不变、缩减 50%、缩减为零的条件下，运用相关统计数据和基于幸福感的居民福利增进对策分析模型，从农村居民人均可支配收入、基本生活活动公共服务享用量、社会交往活动公共服务享用量、生活保障活动公共服务享用量的提升以及经济快速发展、收入分配制度不断完善等方面，去寻找北京市基于幸福感的农村居民福利水平的增进对策。

（一）模型的选用

上述对策分析，主要涉及了居民人均可支配收入、各种生活活动公共服务享用量以及经济发展和收入分配三个方面，在我们所构建的基于幸福感的居民福利增进对策分析模型体系中，可用于上述对策分析的模型分别是：

着眼于人均可支配收入的基于幸福感的居民福利增进对策分析模型：

$$I_{WHti} = \frac{\hat{p}_{ti1}^{\hat{\beta}_{ti1}} \hat{p}_{ti2}^{\hat{\beta}_{ti2}} \hat{p}_{ti3}^{\hat{\beta}_{ti3}} \hat{p}_{ti4}^{\hat{\beta}_{ti4}} \hat{p}_{tis}^{\hat{\beta}_{tis}} W_{Hti}^2 I_{0 1 1}^{0.5} I_{1 i}^{0.5}}{\hat{\beta}_{ti1}^{\hat{\beta}_{ti1}} \hat{\beta}_{ti2}^{\hat{\beta}_{ti2}} \hat{\beta}_{ti3}^{\hat{\beta}_{ti3}} \hat{\beta}_{ti4}^{\hat{\beta}_{ti4}} \hat{\beta}_{tis}^{\hat{\beta}_{tis}} \hat{g}_{ti1}^{\hat{\beta}_{ti1}} \hat{g}_{ti2}^{\hat{\beta}_{ti2}} \hat{g}_{ti3}^{\hat{\beta}_{ti3}} \hat{g}_{ti4}^{\hat{\beta}_{ti4}} \hat{g}_{tis}^{\hat{\beta}_{tis}}} \qquad (8-14)$$

着眼于各种生活活动公共服务享用量的基于幸福感的居民福利增进对策分析模型：

$$g_{WHtijh} = \frac{g_{011jh}^{0.5} g_{1ijh}^{0.5}}{\hat{g}_{tij1} \cdots \hat{g}_{tij(h-1)} \quad \hat{g}_{tij(h+1)} \cdots \hat{g}_{tijn}}$$

$$\left(\frac{\hat{p}_{ti1}^{\beta_{ti1}} \hat{p}_{ti2}^{\beta_{ti2}} \hat{p}_{ti3}^{\beta_{ti3}} \hat{p}_{ti4}^{\beta_{ti4}} \hat{p}_{tis}^{\beta_{tis}} W_{Hti}^2}{\hat{\beta}_{ti1}^{\beta_{ti1}} \hat{\beta}_{ti2}^{\beta_{ti2}} \hat{\beta}_{ti3}^{\beta_{ti3}} \hat{\beta}_{ti4}^{\beta_{ti4}} \hat{\beta}_{tis}^{\beta_{tis}} \hat{g}_{ti1}^{\beta_{ti1}} \cdots \hat{g}_{ti(j-1)}^{\beta_{ti(j-1)}} \hat{g}_{ti(j+1)}^{\beta_{ti(j+1)}} \cdots \hat{g}_{ti4}^{\beta_{ti4}} \hat{g}_{tis}^{\beta_{tis}} \hat{I}_{ti}}\right)^{\frac{n}{\beta_{tij}}} \quad (8-15)$$

$$g_{WHtisz} = \frac{g_{011sz}^{0.5} g_{1isz}^{0.5}}{\hat{g}_{tis1} \cdots \hat{g}_{tis(z-1)} \quad \hat{g}_{tis(z+1)} \cdots \hat{g}_{tism}}$$

$$\left(\frac{\hat{p}_{ti1}^{\beta_{ti1}} \hat{p}_{ti2}^{\beta_{ti2}} \hat{p}_{ti3}^{\beta_{ti3}} \hat{p}_{ti4}^{\beta_{ti4}} \hat{p}_{ti}^{\beta_{tis}} W_{Hti}^2}{\hat{\beta}_{ti1}^{\beta_{ti1}} \hat{\beta}_{ti2}^{\beta_{ti2}} \hat{\beta}_{ti3}^{\beta_{ti3}} \hat{\beta}_{ti4}^{\beta_{ti4}} \hat{\beta}_{tis}^{\beta_{tis}} \hat{g}_{ti1}^{\beta_{ti1}} \hat{g}_{ti2}^{\beta_{ti2}} \hat{g}_{ti3}^{\beta_{ti3}} \hat{g}_{ti4}^{\beta_{ti4}} \hat{I}_{ti}}\right)^{\frac{m}{\beta_{tis}}} \quad (8-16)$$

着眼于经济发展和收入分配的基于幸福感的居民福利增进对策分析模型：

$$y_{WHt} = \frac{\hat{p}_{ti1}^{\beta_{ti1}} \hat{p}_{ti2}^{\beta_{ti2}} \hat{p}_{ti3}^{\beta_{ti3}} \hat{p}_{ti4}^{\beta_{ti4}} \hat{p}_{ti}^{\beta_{tis}} W_{Hti}^2 I_{011}^{0.5} I_{1i}^{0.5}}{\hat{\theta}_{ti} \hat{\beta}_{ti1}^{\beta_{ti1}} \hat{\beta}_{ti2}^{\beta_{ti2}} \hat{\beta}_{ti3}^{\beta_{ti3}} \hat{\beta}_{ti4}^{\beta_{ti4}} \hat{\beta}_{tis}^{\beta_{tis}} \hat{g}_{ti1}^{\beta_{ti1}} \hat{g}_{ti2}^{\beta_{ti2}} \hat{g}_{ti3}^{\beta_{ti3}} \hat{g}_{ti4}^{\beta_{ti4}} \hat{g}_{tis}^{\beta_{tis}}} \quad (8-17)$$

$$\theta_{WHti} = \frac{\hat{p}_{ti1}^{\beta_{ti1}} \hat{p}_{ti2}^{\beta_{ti2}} \hat{p}_{ti3}^{\beta_{ti3}} \hat{p}_{ti4}^{\beta_{ti4}} \hat{p}_{ti}^{\beta_{tis}} W_{Hti}^2 I_{011}^{0.5} I_{1i}^{0.5}}{y_t \hat{\beta}_{ti1}^{\beta_{ti1}} \hat{\beta}_{ti2}^{\beta_{ti2}} \hat{\beta}_{ti3}^{\beta_{ti3}} \hat{\beta}_{ti4}^{\beta_{ti4}} \hat{\beta}_{tis}^{\beta_{tis}} \hat{g}_{ti1}^{\beta_{ti1}} \hat{g}_{ti2}^{\beta_{ti2}} \hat{g}_{ti3}^{\beta_{ti3}} \hat{g}_{ti4}^{\beta_{ti4}} \hat{g}_{tis}^{\beta_{tis}}} \quad (8-18)$$

其中，I_{WHti} 为 t 期第 i 类居民实现基于幸福感的福利水平增进目标，所需的人均可支配收入提升目标值；g_{WHtijh} 为 t 期第 i 类居民实现基于幸福感的福利水平增进目标，所需的第 j 种生活消费活动第 h 项公共服务享用量提升目标值；g_{WHtisz} 为 t 期第 i 类居民实现基于幸福感的福利水平增进目标，所需的生活保障活动第 z 项公共服务享用量提升目标值；y_{WHt} 为 t 期本地区第 i 类居民实现基于幸福感的福利水平增进目标，所需的本地区人均地区生产总值提升目标值；θ_{WHti} 为 t 期本地区第 i 类居民实现基于幸福感的福利水平增进目标，所需的该居民人均可支配收入占本地区人均地区生产总值比重的提升目标值。

上述基于幸福感的居民福利增进对策分析模型，实际上是基于幸福感的居民福利水平影响因素调控目标值测度模型。在居民福利水平增进目标已定、其他居民福利水平发展变化不合理影响因素不变或按照既定幅度变动的条件下，可利用上述模型，对基于幸福感居民福利水平增进的单一对策和组合对策进行分析。

（二）着眼于人均可支配收入的北京市农村居民基于幸福感的福利水平增进对策分析

以上海市农村居民基于幸福感的福利水平为增进目标，在农村居民相对于他人和过去的基本生活活动公共服务享用量、农村居民相对于他人和过去的社会交往活动公共服务享用量、农村居民相对于他人和过去的生活保障活动公共服务享用量、农村居民相对于他人和过去的文教娱乐消费定基价格指数、农村居民相对于他人和过去的医疗保健消费定基价格指数等其他因素，北京市与上海市的差距不变、缩减50%、缩减为零的条件下，可利用相关统计数据和式（8-14），对着眼于人均可支配收入的北京市农村居民基于幸福感的福利水平增进单一对策和组合对策进行分析。

这样，将收集与整理的北京市和上海市农村居民相关统计数据，代入式（8-14），可在上述其他因素北京市与上海市的差距不变、缩减50%、缩减为零的条件下，对着眼于农村居民可支配收入的北京市农村居民基于幸福感的福利水平提升目标值进行测度，并在此基础上，分析着眼于人均可支配收入的北京市农村居民基于幸福感的福利水平增进的单一对策和组合对策效果。如表8-25所示。

表8-25　着眼于I_{t3}的北京市农村居民幸福感福利水平增进对策分析

年份 项目	其他因素差距不变时			其他因素差距缩减50%时			其他因素差距缩减为零时		
	I_{WHt3}（元）	$\dfrac{I_{WHt3}}{I_{t3}}$	$\dfrac{I_{WHt3}}{\max I_{t3}}$	I_{WHt3}（元）	$\dfrac{I_{WHt3}}{I_{t3}}$	$\dfrac{I_{WHt3}}{\max I_{t3}}$	I_{WHt3}（元）	$\dfrac{I_{WHt3}}{I_{t3}}$	$\dfrac{I_{WHt3}}{\max I_{t3}}$
2013	19969	1.1677	1.0396	18980	1.1099	0.9881	18127	1.0600	0.9437
2014	22590	1.1973	1.0660	21299	1.1289	1.0050	20177	1.0694	0.9521
2015	25239	1.2271	1.0877	23281	1.1319	1.0033	21639	1.0520	0.9325
2016	32411	1.4528	1.2700	27354	1.2261	1.0719	23945	1.0733	0.9383
2017	34398	1.4190	1.2362	29260	1.2071	1.0516	25693	1.0599	0.9234
2018	31738	1.1981	1.0449	29353	1.1081	0.9664	27403	1.0344	0.9022
2019	38303	1.3241	1.1539	34163	1.1810	1.0292	30892	1.0679	0.9306
2020	40379	1.3404	1.1566	35354	1.1736	1.0127	31477	1.0449	0.9016
2021	39343	1.1814	1.0214	36180	1.0864	0.9392	33527	1.0067	0.8704

表8-25中的相关数据表明，为了实现北京市农村居民基于幸福感的福利水平增进目标，在农村居民相对于他人和过去的基本生活活动公共服务享用量、农村居民相对于他人和过去的社会交往活动公共服务享用量、农村居民相对于他人和过去的生活保障活动公共服务享用量、农村居民相

对于他人和过去的文教娱乐消费定基价格指数、农村居民相对于他人和过去的医疗保健消费定基价格指数等其他因素,北京市与上海市的差距不变时,2021 年需将北京市农村居民的人均可支配收入提升 18.14%,使其超过上海市农村居民人均可支配收入 2.14%;在将其他因素北京市与上海市的差距缩减 50% 时,2021 年需将北京市农村居民的人均可支配收入提升 8.64%,且无须达到上海市农村居民人均可支配收入水平;在将其他因素北京市与上海市的差距缩减为零时,2021 年需将北京市农村居民人均可支配收入提升 0.67%,且无须达到上海市农村居民人均可支配收入水平。组合对策效果明显高于单一对策。

(二)着眼于基本生活活动公共服务享用量的北京市农村居民基于幸福感的福利水平增进对策分析

上述分析表明,在基本生活活动公共服务享用量的构成因素中,偏低的农村居民相对于他人和过去的燃气普及率和污水处理率,是近年来导致北京市农村居民基于幸福感的福利水平发展变化不充分的主要原因,为此,从基本生活活动公共服务享用量提升出发,来增进北京市农村居民基于幸福感的福利水平,应着眼于农村居民燃气普及率和污水处理率的提升。

这样,在农村居民相对于他人和过去的人均可支配收入、农村居民相对于他人和过去的社会交往活动公共服务享用量、农村居民相对于他人和过去的生活保障活动公共服务享用量、农村居民相对于他人和过去的污水处理率、农村居民相对于他人和过去的文教娱乐消费定基价格指数、农村居民相对于他人和过去的医疗保健消费定基价格指数等指标的数值,北京市与上海市的差距不变、缩减 50%、缩减为零的条件下,将相关统计数据代入式(8-15),可对着眼于农村居民燃气普及率的北京市农村居民基于幸福感的福利水平增进对策进行分析,如表 8-26 所示。

表 8-26 着眼于 g_{t312} 的北京市农村居民幸福感福利水平增进对策分析

年份 \ 项目	其他因素差距不变时			其他因素差距缩减 50% 时			其他因素差距缩减为零时		
	g_{WHt312} (%)	$\dfrac{g_{WHt312}}{g_{t312}}$	$\dfrac{g_{WHt312}}{\max g_{t312}}$	g_{WHt312} (%)	$\dfrac{g_{WHt312}}{g_{t312}}$	$\dfrac{g_{WHt312}}{\max g_{t312}}$	g_{WHt312} (%)	$\dfrac{g_{WHt312}}{g_{t312}}$	$\dfrac{g_{WHt312}}{\max g_{t312}}$
2013	148.769	4.4861	2.2073	86.5681	2.6104	1.2844	53.0093	1.5985	0.7865

续表

年份	其他因素差距不变时			其他因素差距缩减50%时			其他因素差距缩减为零时		
	g_{WHt312} (%)	$\dfrac{g_{WHt312}}{g_{t312}}$	$\dfrac{g_{WHt312}}{\max g_{t312}}$	g_{WHt312} (%)	$\dfrac{g_{WHt312}}{g_{t312}}$	$\dfrac{g_{WHt312}}{\max g_{t312}}$	g_{WHt312} (%)	$\dfrac{g_{WHt312}}{g_{t312}}$	$\dfrac{g_{WHt312}}{\max g_{t312}}$
2014	209.366	5.7982	3.1560	104.267	2.8875	1.5717	55.2431	1.5299	0.8327
2015	280.814	8.2921	4.3955	112.095	3.3101	1.7546	48.6738	1.4373	0.7619
2016	1609.82	49.7025	24.3116	246.670	7.6158	3.7252	54.9214	1.6957	0.8294
2017	1786.65	49.8167	26.2720	239.732	6.6844	3.5252	45.6737	1.2735	0.6716
2018	297.670	7.9980	4.0411	93.0478	2.5001	1.2632	32.9412	0.8851	0.4472
2019	945.059	23.8906	12.8600	190.118	4.8061	2.5871	46.8781	1.1851	0.6379
2020	1407.35	36.2510	18.9164	205.507	5.2935	2.7623	39.2236	1.0103	0.5272
2021	351.494	8.2264	4.6995	87.2390	2.0417	1.1664	26.1685	0.6124	0.3499

表 8-26 中的相关数据表明，为了实现北京市农村居民基于幸福感的福利水平增进目标，在其他因素北京市与上海市的差距不变时，2021 年北京市农村居民燃气普及率提升目标值与实际值的比值应达到 8.2264、与上海市农村居民燃气普及率的比值应达到 4.6995；在其他因素北京市与上海市的差距缩减 50% 时，2021 年北京市农村居民燃气普及率提升目标值与实际值的比值应达到 2.0417、与上海市农村居民燃气普及率的比值应达到 1.1664；在其他因素北京市与上海市的差距缩减为零时，2021 年北京市农村居民燃气普及率提升目标值与实际值的比值应达到 0.6124、与上海市农村居民燃气普及率的比值应达到 0.3499。很明显，在其他因素北京市与上海市的差距不变时，2021 年北京市农村居民基于幸福感的福利水平增进所需的农村居民燃气普及率的提升幅度是不符合实际的，而在将其他因素北京市与上海市的差距缩减 50% 以后，2021 年北京市农村居民基于幸福感的福利水平增进所需的农村居民燃气普及率的提升幅度已具有了一定的现实性，且在将其他因素北京市与上海市的差距缩减为零时，北京市农村居民燃气普及率已无须再进行调整。

说明在北京市农村居民基于幸福感的居民福利水平增进过程中，必须实施农村居民燃气普及率提升与其他因素提升相结合的组合对策，而一个比较合意的组合对策，是将位于其他因素北京市与上海市的差距缩减 50% 以上的某一个节点上的农村居民燃气普及率提升目标值，与其他成因因素提升目标值相结合的对策组合。

同样，在农村居民相对于他人和过去的人均可支配收入、农村居民相对于他人和过去的社会交往活动公共服务享用量、农村居民相对于他人和过去的生活保障活动公共服务享用量、农村居民相对于他人和过去的燃气普及率、农村居民相对于他人和过去的文教娱乐消费定基价格指数、农村居民相对于他人和过去的医疗保健消费定基价格指数等其他因素，北京市与上海市的差距不变、缩减50%、缩减为零的条件下，将相关统计数据代入式（8-15），可对着眼于农村居民污水处理率的北京市农村居民基于幸福感的福利水平增进对策进行分析，如表8-27所示。

表8-27 着眼于 g_{t313} 的北京市农村居民幸福感福利水平增进对策分析

年份 \ 项目	其他因素差距不变时			其他因素差距缩减50%时			其他因素差距缩减为零时		
	g_{WHt313}（%）	$\dfrac{g_{WHt313}}{g_{t313}}$	$\dfrac{g_{WHt313}}{\max g_{t313}}$	g_{WHt313}（%）	$\dfrac{g_{WHt313}}{g_{t313}}$	$\dfrac{g_{WHt313}}{\max g_{t313}}$	g_{WHt313}（%）	$\dfrac{g_{WHt313}}{g_{t313}}$	$\dfrac{g_{WHt313}}{\max g_{t313}}$
2013	106.528	4.4861	2.0153	63.6839	2.6818	1.2048	39.7246	1.6729	0.7515
2014	138.898	5.7982	2.6173	75.1009	3.1350	1.4152	42.2278	1.7628	0.7957
2015	211.035	8.2921	3.7076	90.6140	3.5605	1.5920	41.4376	1.6282	0.7280
2016	1290.28	49.7025	23.3661	197.030	7.5898	3.5681	43.7640	1.6858	0.7925
2017	1686.79	49.8167	29.2999	207.830	6.1379	3.6100	36.9453	1.0911	0.6417
2018	354.471	7.9980	6.2872	85.9524	1.9394	1.5245	24.0920	0.5436	0.4273
2019	552.350	23.8906	9.3793	130.614	5.6494	2.2179	35.8952	1.5526	0.6095
2020	837.399	36.2510	12.4557	153.915	6.6630	2.2894	33.8679	1.4661	0.5038
2021	177.738	8.2264	2.6219	61.4412	2.8437	0.9064	22.6632	1.0489	0.3343

表8-27中的相关数据表明，为了达到上海市农村居民基于幸福感的福利水平、扭转北京市农村居民基于幸福感的福利水平发展变化的不充分状态，在其他因素北京市与上海市的差距不变时，2021年所需的北京市农村居民污水处理率提升目标值与实际值的比值为8.2264、与上海市实际值的比值为2.6219；在其他因素北京市与上海市的差距缩减50%时，2021年所需的北京市农村居民污水处理率提升目标值与实际值的比值为2.8437、与上海市实际值的比值为0.9064；在其他因素北京市与上海市的差距缩减为零时，2021年所需的北京市农村居民污水处理率提升目标

值与实际值的比值为 1.0489、与上海市实际值的比值为 0.3343。在其他因素北京市与上海市差距不变时的北京市农村居民污水处理率提升目标值，是一个不切实际的目标值，当将其他因素北京市与上海市差距 50% 以后，北京市农村居民污水处理率提升目标值，已是一个具有实际意义的目标值，但相对于实际值，其提升幅度过大，短期内实现存在一定的难度。说明单一的农村居民污水处理率提升，并不能完成北京市农村居民基于幸福感的福利水平增进任务，必须采取组合对策。而该组合对策应为其他成因因素北京市与上海市的差距缩减 50% 以上时的提升幅度，与此时农村居民污水处理率提升幅度的组合。

（三）着眼于社会交往活动公共服务享用量的北京市农村居民基于幸福感的福利水平增进对策分析

成因分析所得结论表明，北京市农村居民相对于他人和过去的社会交往活动公共服务享用量偏低，是北京市基于幸福感的农村居民福利水平发展变化不充分的一个主要原因，并具体表现为其构成因素中，农村居民相对于他人和过去的人均道路面积偏低、农村居民相对于他人和过去的移动互联网普及率偏低。且偏低的农村居民相对于他人和过去的人均道路面积，是导致北京市基于幸福感的农村居民福利水平发展变化不充分的一个主要原因，偏低的农村居民相对于他人和过去的移动互联网普及率，是导致北京市基于幸福感的农村居民福利水平发展变化不充分的一个次要原因。所以，从农村居民社会交往活动公共服务享用量提升入手，来寻找北京市农村居民基于幸福感的福利水平的增进对策时，应侧重于农村居民人均道路面积的提升。

这样，将相关统计数据代入式（8-15），可在农村居民相对于他人和过去的人均可支配收入、农村居民相对于他人和过去的基本生活活动公共服务享用量、农村居民相对于他人和过去的生活保障活动公共服务享用量、农村居民相对于他人和过去的移动互联网普及率、农村居民相对于他人和过去的文教娱乐消费定基价格指数、农村居民相对于他人和过去的医疗保健消费定基价格指数等其他因素，北京市与上海的差距不变、缩减 50%、缩减为零的条件下，来分析着眼于人均道路面积的北京市农村居民基于幸福感的福利水平增进对策，如表 8-28 所示。

表 8-28　着眼于 g_{t321} 的北京市农村居民幸福感福利水平增进对策分析

年份 项目	其他因素差距不变时			其他因素差距缩减50%时			其他因素差距缩减为零时		
	g_{WHt321} (m²)	$\dfrac{g_{WHt321}}{g_{t321}}$	$\dfrac{g_{WHt321}}{\max g_{t321}}$	g_{WHt321} (m²)	$\dfrac{g_{WHt321}}{g_{t321}}$	$\dfrac{g_{WHt321}}{\max g_{t321}}$	g_{WHt321} (m²)	$\dfrac{g_{WHt321}}{g_{t321}}$	$\dfrac{g_{WHt321}}{\max g_{t321}}$
2013	6041.83	232.200	341.624	331.599	12.7440	18.7496	22.1093	0.8497	1.2501
2014	7118.62	276.588	395.145	419.074	16.2828	23.2623	29.2989	1.1384	1.6263
2015	6910.35	365.146	389.808	289.873	15.3170	16.3515	15.8036	0.8351	0.8915
2016	1090046	51446.8	58760.6	2673.76	126.193	144.133	20.1559	0.9513	1.0865
2017	133193	11353.5	3897.93	1211.04	103.230	35.4413	25.2028	2.1483	0.7376
2018	2165.80	106.438	61.8992	157.703	7.7503	4.5072	14.5921	0.7171	0.4170
2019	24289.5	1338.77	678.694	630.556	34.7545	17.6189	23.5971	1.3006	0.6593
2020	145358	8544.72	3993.03	832.999	48.9671	22.8828	8.1967	0.4818	0.2252
2021	2354.79	136.729	62.3698	77.290	4.4878	2.0471	3.2131	0.1866	0.0851

表 8-28 中的相关数据表明，为了实现赶超上海市的农村居民基于幸福感的福利水平增进目标，在其他因素北京市与上海市的差距不变时，2021 年所需的北京市农村居民人均道路面积提升目标值与实际值的比值为 136.729、与上海市实际值的比值为 62.3698；在将其他因素北京市与上海市的差距缩减 50% 时，2021 年所需的北京市农村居民人均道路面积提升目标值与实际值的比值为 4.4878、与上海市实际值的比值为 2.0471；在将其他因素北京市与上海市的差距缩减为零时，2021 年所需的北京市农村居民人均道路面积提升目标值与实际值的比值为 0.1866、与上海市实际值的比值为 0.0851。很明显，在其他因素北京市与上海市的差距不变以及缩减 50% 时的北京市农村居民人均道路面积提升目标值，都是不符合实际的，但在将其他因素北京市与上海市的差距缩减为零时，又不需采用北京市农村居民人均道路面积提升对策。说明单一的北京市农村居民人均道路面积提升对策，在北京市农村居民基于幸福感的福利水平增进过程中无效，而在将农村居民人均道路面积提升对策与其他对策相组合时，所需的其他因素北京市与上海市偏差的缩减幅度，远大于 50%。

（四）着眼于生活保障活动公共服务享用量的北京市农村居民基于幸福感的福利水平增进对策分析

农村居民相对于他人和过去的生活保障活动公共服务享用量偏低，也是北京市农村居民基于幸福感的福利水平发展变化不充分的一个主要原因，并具体表现为农村居民相对于他人和过去的基本养老保险基金人均支出偏低、农村居民相对于他人和过去的最低生活保障平均标准偏低，且二者均为北京市农村居民基于幸福感的福利水平发展变化不充分的主要原因。所以，从农村居民相对于他人和过去的生活保障活动服务享用量的提升入手，来增进北京市农村居民基于幸福感的福利水平，应侧重于北京市城乡居民基本养老保险基金人均支出和农村最低生活保障平均标准的提升。

这样，利用相关统计数据和式（8-16），可在农村居民相对于他人和过去的人均可支配收入、农村居民相对于他人和过去的基本生活活动公共服务享用量、农村居民相对于他人和过去的社会交往活动公共服务享用量、农村居民相对于他人和过去的最低生活保障平均标准、农村居民相对于他人和过去的文教娱乐消费定基价格指数、农村居民相对于他人和过去的医疗保健消费定基价格指数等其他因素，北京市与上海市的差距不变、缩减 50%、缩减为零的条件下，来分析着眼于城乡居民基本养老保险基金人均支出提升的北京市农村居民基于幸福感的福利水平增进对策，如表 8-29 所示。

表 8-29　着眼于 g_{t3s1} 的北京市农村居民幸福感福利水平增进对策分析

年份 项目	其他因素差距不变时 g_{WHt3s1}（元）	其他因素差距不变时 g_{t3s1}	其他因素差距不变时 $\max g_{t3s1}$	其他因素差距缩减50%时 g_{WHt3s1}（元）	其他因素差距缩减50%时 g_{t3s1}	其他因素差距缩减50%时 $\max g_{t3s1}$	其他因素差距缩减为零时 g_{WHt3s1}（元）	其他因素差距缩减为零时 g_{t3s1}	其他因素差距缩减为零时 $\max g_{t3s1}$
2013	19010	3.5129	2.5807	10719	1.9809	1.4552	6319	1.1677	0.8578
2014	24772	4.1636	2.9105	14743	2.4780	1.7322	9070	1.5245	1.0657
2015	32600	4.8592	3.2802	17120	2.5519	1.7226	9403	1.4016	0.9461
2016	58096	16.4286	5.2844	30373	8.5889	2.7627	16690	4.7196	1.5181
2017	58313	13.4306	4.6337	29844	6.8736	2.3715	16032	3.6924	1.2739
2018	19965	3.7525	1.4464	12442	2.3384	0.9013	7958	1.4958	0.5765
2019	52013	8.0731	3.4901	26036	4.0412	1.7470	13622	2.1143	0.9140
2020	45438	6.5295	2.8290	22635	3.2527	1.4093	11895	1.7093	0.7406
2021	33706	2.9513	1.9432	16580	1.4518	0.9559	8619	0.7546	0.4969

由表8-29中的相关数据可以看出，为了扭转北京市基于幸福感的农村居民福利水平发展变化不充分的状况，在其他因素北京市与上海市的差距不变时，2021年所需的北京市城乡居民基本养老保险基金人均支出提升目标值与实际值的比值为2.9513、与上海市实际值的比值为1.9432；在其他因素北京市与上海市的差距缩减50%时，2021年所需的北京市城乡居民基本养老保险基金人均支出提升目标值与实际值的比值为1.4518、与上海市实际值的比值为0.9559；在其他因素北京市与上海市的差距缩减为零时，2021年所需的北京市城乡居民基本养老保险基金人均支出提升目标值与实际值的比值为0.7546、与上海市实际值的比值为0.4969。很明显，在其他因素北京市与上海市的差距不变时，着眼于城乡居民基本养老保险基金人均支出提升的，北京市农村居民基于幸福感的福利水平增进对策，是没有现实意义的；在将其他因素北京市与上海市的差距缩减50%时，着眼于城乡居民基本养老保险基金人均支出提升的，北京市农村居民基于幸福感的福利水平增进对策，已具有了一定的可操作性，但所需的城乡居民基本养老保险基金人均支出还是偏高；在将其他因素北京市与上海市的差距缩减为零时，则无须出台城乡居民基本养老保险基金人均支出提升对策。说明在北京市农村居民基于幸福感的福利水平增进过程中，单一的城乡居民基本养老保险基金人均支出提升对策不可行，需采用与其他对策相结合的组合对策；而一个合意的组合对策，是在其他因素北京市与上海市的差距缩减50%以上时的提升值，与此时所需的城乡居民基本养老保险基金人均支出提升值的组合。

同样，利用相关统计数据和式（8-16），可在农村居民相对于他人和过去的人均可支配收入、农村居民相对于他人和过去的基本生活活动公共服务享用量、农村居民相对于他人和过去的社会交往活动公共服务享用量、农村居民相对于他人和过去的城乡居民基本养老保险基金人均支出、农村居民相对于他人和过去的文教娱乐消费定基价格指数、农村居民相对于他人和过去的医疗保健消费定基价格指数等其他因素，北京市与上海市的差距不变、缩减50%、缩减为零的条件下，来分析着眼于农村最低生活保障平均标准提升的北京市农村居民基于幸福感的福利水平增进对策，如表8-30所示。

表 8-30　着眼于 g_{t3s3} 的北京市农村居民幸福感福利水平增进对策分析

年份	其他因素差距不变时 g_{WHt3s3}（元/人）	其他因素差距不变时 g_{WHt3s3}/g_{t3s3}	其他因素差距不变时 $g_{WHt3s3}/\max g_{t3s3}$	其他因素差距缩减50%时 g_{WHt3s3}（元/人）	其他因素差距缩减50%时 g_{WHt3s3}/g_{t3s3}	其他因素差距缩减50%时 $g_{WHt3s3}/\max g_{t3s3}$	其他因素差距缩减为零时 g_{WHt3s3}（元/人）	其他因素差距缩减为零时 g_{WHt3s3}/g_{t3s3}	其他因素差距缩减为零时 $g_{WHt3s3}/\max g_{t3s3}$
2013	21985	3.5129	3.6642	11324	1.8094	1.8874	6133	0.9799	1.0221
2014	31592	4.1636	4.1789	17041	2.2458	2.2541	9600	1.2652	1.2698
2015	41401	4.8592	4.3672	20465	2.4020	2.1588	10688	1.2544	1.1274
2016	157714	16.4286	15.1067	47490	4.9469	4.5488	18886	1.9673	1.8090
2017	145050	13.4306	12.4614	44758	4.1442	3.8452	17669	1.6360	1.5180
2018	45030	3.7525	3.5070	18217	1.5181	1.4188	8821	0.7351	0.6870
2019	106564	8.0731	7.6555	37147	2.8142	2.6686	15161	1.1485	1.0891
2020	91674	6.5295	6.1609	31932	2.2743	2.1459	13132	0.9353	0.8825
2021	42765	2.9513	2.7771	19059	1.3153	1.2377	9117	0.6292	0.5920

　　由表 8-30 中的相关数据可以看出，为了实现北京市农村居民基于幸福感的福利水平增进目标，在其他因素北京市与上海市的差距不变时，2021 年北京市所需的农村最低生活保障平均标准提升目标值与实际值的比值为 2.9513、与上海市实际值的比值为 2.7771；在将其他因素北京市与上海市的差距缩减 50% 时，2021 年北京市所需的农村最低生活保障平均标准提升目标值与实际值的比值为 1.3153、与上海市实际值的比值为 1.2377；在将其他因素北京市与上海市的差距缩减为零时，2021 年北京市所需的农村最低生活保障平均标准提升目标值与实际值的比值为 0.6292、与上海市实际值的比值为 0.5920。显然，在其他成因因素北京市与上海市的差距不变时，着眼于农村最低生活保障平均标准提升的，北京市农村居民基于幸福感的福利水平提升对策是不可行的；当将其他因素北京市与上海市的差距缩减 50% 时，着眼于农村最低生活保障平均标准提升的，北京市农村居民基于幸福感的福利水平提升对策，已具有了一定的可行性，但提升幅度还是偏高；当将其他因素北京市与上海市的差距缩减为零时，则无需出台着眼于农村最低生活保障平均标准提升的，北京市农村居民基于幸福感的福利水平提升对策。说明单一的着眼于农村最低生活保障平均标准提升的，北京市农村居民基于幸福感的福

利水平提升对策不可行,应采用农村最低生活保障平均标准提升与其他成因因素提升相结合的组合对策,一个合意的组合对策,应是在将其他因素北京市与上海市差距缩减50%以上时,所需的其他因素提升值,与此时所需的农村最低生活保障平均标准提升值的组合。

(五)着眼于收入分配的北京市农村居民基于幸福感的福利水平增进对策分析

北京市农村居民基于幸福感的福利水平发展变化不充分的成因分析所得结论表明,导致北京市农村居民人均可支配收入相对上海市偏低的原因,不是北京市人均地区生产总值相对上海市偏低,而是北京市农村居民人均可支配收入占地区生产总值的比重相对于上海市偏低。为此,以上海市农村居民基于幸福感的福利水平为目标,利用相关统计数据和式(8-18),可在农村居民相对于他人和过去的基本生活活动公共服务享用量、农村居民相对于他人和过去的社会交往活动公共服务享用量、农村居民相对于他人和过去的生活保障活动公共服务享用量、农村居民相对于他人和过去的文教娱乐消费定基价格指数、农村居民相对于他人和过去的医疗保健消费定基价格指数等其他因素,北京市与上海市的差距不变、缩减50%、缩减为零的条件下,来分析基于收入分配的北京市农村居民幸福感福利水平增进对策,如表8-31所示。

表8-31 着眼于 θ_{t3} 的北京市农村居民幸福感福利水平增进对策分析

年份 项目	其他因素差距不变时			其他因素差距缩减50%时			其他因素差距缩减为零时		
	θ_{WHt3}	$\dfrac{\theta_{WHt3}}{\theta_{t3}}$	$\dfrac{\theta_{WHt3}}{\max\theta_{t3}}$	θ_{WHt3}	$\dfrac{\theta_{WHt3}}{\theta_{t3}}$	$\dfrac{\theta_{WHt3}}{\max\theta_{t3}}$	θ_{WHt3}	$\dfrac{\theta_{WHt3}}{\theta_{t3}}$	$\dfrac{\theta_{WHt3}}{\max\theta_{t3}}$
2013	0.2133	1.1677	1.0032	0.2027	1.1099	0.9535	0.1936	1.0600	0.9107
2014	0.2279	1.1973	1.0452	0.2149	1.1289	0.9854	0.2036	1.0694	0.9335
2015	0.2381	1.2271	1.0674	0.2196	1.1319	0.9845	0.2041	1.0520	0.9151
2016	0.2744	1.4528	1.2519	0.2316	1.2261	1.0566	0.2027	1.0733	0.9249
2017	0.2666	1.4190	1.2137	0.2268	1.2071	1.0324	0.1991	1.0599	0.9065
2018	0.2255	1.1981	1.0008	0.2085	1.1081	0.9256	0.1947	1.0344	0.8641
2019	0.2333	1.3241	1.1042	0.2080	1.1810	0.9849	0.1881	1.0679	0.8906
2020	0.2449	1.3404	1.0918	0.2145	1.1736	0.9559	0.1909	1.0449	0.8511
2021	0.2139	1.1814	0.9640	0.1967	1.0864	0.8864	0.1822	1.0067	0.8214

由表 8-31 可以看出，为实现北京市基于幸福感的农村居民福利水平增进目标，在其他因素北京市与上海市的差距不变时，2021 年所需的北京市农村居民人均可支配收入占人均地区生产总值的比重提升目标值，与实际值的比值为 1.1814、与上海市实际值的比值为 0.9640；在其他因素北京市与上海市的差距缩减 50%时，2021 年所需的北京市农村居民人均可支配收入占人均地区生产总值的比重提升目标值，与实际值的比值为 1.0864、与上海市实际值的比值为 0.8864；在其他因素北京市与上海市的差距缩减为零时，2021 年所需的北京市农村居民人均可支配收入占人均地区生产总值的比重提升目标值，与实际值的比值为 1.0067、与上海市实际值的比值为 0.8214。很明显，随着其他因素北京市与上海市的差距不断缩小，实现北京市农村居民基于幸福感的福利水平增进目标，所需的农村居民人均可支配收入占人均地区生产总值比重的提升幅度也在不断缩小，说明组合对策效果明显高于单一对策。

第九章 结论与对策建议

通过对居民福利统计评估的理论、方法与实证的系统研究，我们得到了相关研究结论，并据此提出了我国居民福利增进的对策建议。

第一节 结 论

我们所得到的相关研究结论，可分为理论研究、方法研究与实证研究三个方面。

一 居民福利统计评估理论研究所得到的主要研究结论

由居民福利统计评估理论研究，我们所得到的研究结论主要有如下几个方面。

（一）居民福利是居民源自各种生活活动所得的获得感、安全感和幸福感

由传统福利经济理论可知，居民福利即个人福利，是指个人所渴望的物品被得到后所感觉到的满足，是指能与货币尺度建立联系的满足与不满足。阿马蒂亚·森则认为，福利关系一个人的成就，表现为他或她的生活内容向量，在评估个体福利时，其判定标准应是生活内容和能力，即个人对各种可能的生活内容组合进行选择的能力。而由党的十九大报告关于我国新时代社会主要矛盾和美好生活的相关论述可以看出，居民福利应为人民美好生活需要的满足程度，并体现为人民的获得感、幸福感、安全感更加充实、更有保障、更可持续。

如此，将传统的福利经济理论、阿马蒂亚·森的可行能力理论与我国当代的美好生活理论相结合，居民福利应为居民源自各种生活活动所得的获得感、安全感和幸福感，并可将其分为基于获得感的居民福利、基于安全感的居民福利和基于幸福感的居民福利。其中，基于获得感的

居民福利是指居民由各种生活消费活动所得而获得的满足感；基于安全感的居民福利是指居民由生活保障活动所得而获得的满足感；基于幸福感的居民福利是由各种生活消费活动所得和生活保障活动所得而获得的长期满足感。

（二）居民各种生活活动所得的形成过程，以及居民将其与他人、与他人和过去进行比较的过程，即各种居民福利的形成过程

阿马蒂亚·森的可行能力理论表明，居民各种生活活动所得实质上是居民个人所取得的各种功能性生活活动成就，它们是个人生活物品的使用与相关公共服务的享用相互结合、相互作用的结果，居民各种生活活动所得的形成过程即个人生活物品的使用与相关公共服务的享用相互结合、相互作用的过程。根据行为经济学家尼克·威尔金森、丹尼尔·卡尼曼以及社会学者米克劳斯的相关论述，居民的获得感、安全感和幸福感，形成于居民各种生活活动所得与他人、与他人和过去进行比较的过程。我国相关专家学者认为，获得感是人们获得某种利益后而获得的满足感、安全感是人们由安全保障而产生的满足感、幸福感是建立在获得感和安全感基础上的一种长期满足感。由此，我们可将基于获得感的居民福利的形成过程，归结为居民各种生活消费活动所得与他人进行比较的过程；可将基于安全感的居民福利的形成过程，归结为居民生活保障活动所得与他人进行比较的过程；可将基于幸福感的居民福利的形成过程，归结为居民各种生活消费活动所得和生活保障活动所得与他人和过去进行比较的过程。

如此，将居民各种生活活动所得的形成过程与居民各种生活活动所得与他人、与他人和过去进行比较的过程相结合，也就构成了各种居民福利的形成过程。

（三）通过将他人的、过去的生活活动所得界定为全国全体居民基期的生活活动所得、该居民基期的生活活动所得，可对各种居民福利进行量化与测度

居民福利的形成过程表明，居民福利水平决定于居民相对于他人、相对于他人和过去的各种生活活动所得，各种生活活动所得则是居民各种生活物品的使用与相应的公共服务享用相互结合、相互作用的过程。从而，基于获得感的居民福利水平，可以表现为居民相对于他人的各种生活消费物品的使用量与相应的居民相对于他人的各种生活消费活动公

共服务享用量的函数；基于安全感的居民福利水平，可以表现为居民相对于他人的生活保障物品的储蓄储备量与相应的居民相对于他人的生活保障活动公共服务享用量的函数；基于幸福感的居民福利水平，可以表现为居民相对于他人和过去的各种生活物品的使用量、储蓄储备量与相应的居民相对于他人和过去的各种生活消费活动公共服务享用量、生活保障活动公共服务享用量的函数。

这样，如果将他人的生活活动所得定义为全国全体居民基期的生活活动所得、将过去的生活活动所得定义为该居民基期的生活活动所得，那么，基于获得感的居民福利水平，也就是该居民本期的各种生活消费物品使用量、各种生活消费活动公共服务享用量，与全国全体居民基期对应指标的比值的函数；基于安全感的居民福利水平，也就是居民本期的生活保障物品储蓄储备量、生活保障活动各种公共服务享用量，与全国全体居民基期对应指标的比值的函数；基于幸福感的居民福利水平，也就是居民本期的各种生活消费物品使用量、生活保障物品储蓄储备量、各种生活消费活动公共服务享用量、生活保障活动公共服务享用量，与全体居民基期和该居民基期对应指标比值的几何平均数的函数。进而可将基于获得感、安全感和幸福感的居民福利进行量化与测度。

（四）递增性、平衡性和充分性是居民福利水平发展变化的合理性评价标准，并可据此对各种居民福利水平发展变化的合理性进行评价

居民福利的评价是对居民福利水平发展变化的合理性评价，根据行为经济学的损失厌恶理论，居民福利水平的发展变化应保持递增性；根据我国当代社会主要矛盾的表现和抓主要矛盾的指导思想，居民福利水平的发展变化应保持平衡性和充分性。所以，递增性、平衡性和充分性，也就构成了我国居民福利水平发展变化的合理性评价标准，并可据此对我国基于获得感、安全感和幸福感的居民福利水平发展变化状态的合理性进行评价。

（五）居民福利增进的目的是改变居民福利水平发展变化的不合理状态，并可依据不合理状态的成因，来分析居民福利的增进对策与路径

在居民福利水平的发展变化过程中，居民福利水平发展变化不递增，通常是一种短期的现象，但居民福利水平发展变化不平衡、不充分则是两个长期存在的问题。因此，改变居民福利水平发展变化不递增、不平衡、不充分状态，也就成为居民福利增进的基本目的。

由于居民福利水平发展变化的不递增、不平衡、不充分，通常表现为本地区居民福利水平相对于上期、相对于全体居民、相对于先进地区居民福利水平偏低，所以，从改变居民福利水平发展变化的不合理状态出发，居民上期、全体居民、先进地区居民的福利水平，也就构成了居民福利水平的增进目标，并可据此来寻找本地区居民福利水平相对于上期、相对于全体居民、相对于先进地区居民福利水平偏低的成因，进而制定本地区居民福利水平增进的对策与路径。

二 居民福利统计评估方法研究所得到的主要研究结论

由居民福利统计评估方法研究，我们所得到的研究结论主要有如下几个方面。

（一）在居民理性、显示性偏好和对偶原理成立的条件下，可通过货币度量福利函数的求解与拓展，来构建居民福利测度模型

虽然在居民理性和显示性偏好成立的假设条件下，居民实际得到的福利水平即居民能够获得的最大福利水平，但为了保障科学性，居民福利测度模型仍需在居民理性、显示性偏好和对偶原理成立的条件下，利用消费者支出最小化分析框架，通过货币度量福利函数的求解与拓展来构建。

利用消费者支出最小化分析框架，来构建居民福利测度模型的关键是居民福利函数的定义，我们认为在依据显示性偏好理论，将居民各种生活偏好定义为居民各种生活支出占总支出或总收入的比重，并假定个人生活物品的使用或储蓄储备与相应的公共服务享用同等重要的条件下，可采用柯布道格拉斯函数，将基于获得感的居民福利函数定义为，居民相对于他人的各种个人生活消费物品使用量、各种生活消费活动公共服务享用量的函数；将基于安全感的居民福利函数定义为，居民相对于他人的个人生活保障物品储蓄储备量、生活保障活动公共服务享用量的函数；将基于幸福感的居民福利函数定义为，居民相对于他人和过去的各种个人生活消费物品的使用量、生活保障物品储蓄储备量、各种生活消费活动公共服务享用量、生活保障活动公共服务享用量的函数。

同时，鉴于居民的生活保障活动支出无细分的统计数据，基于安全感的居民福利测度模型不适宜采用消费者支出最小化分析框架来构建，可依据显示性偏好理论，通过基于安全感的居民福利函数的拓展来构建。

(二) 利用动态相对数、变异系数和二元对比系数，可分别构建各类居民各种福利水平发展变化的递增性、平衡性和充分性评价模型

从本质上讲，居民福利水平发展变化的递增性，考察的是本期相对于上期是递增还是递减，相对于上期递增即为合理，相对于上期递减即为不合理；居民福利水平发展变化的平衡性，考察的是城乡居民福利水平相对全体居民福利水平的集中程度，集中程度越高、平衡性越强，集中程度越低、平衡程度越差；居民福利水平发展变化的充分性，考察的是本地区相对于先进地区居民福利水平的偏差程度，偏差程度越高，充分性越低。

据此，可利用动态相对数，来构建居民福利水平发展变化递增性评价模型，对基于递增性评价标准的居民福利水平发展变化的合理性进行评价与分析；可利用变异系数，来构建居民福利水平发展变化平衡性评价模型，对基于平衡性评价标准的居民福利水平发展变化的合理性进行评价；可利用二元对比系数，来构建居民福利水平发展变化充分性评价模型，对基于充分性评价标准的居民福利水平发展变化的合理性进行评价。

(三) 采用偏差、偏差比较相对数和货币度量福利函数的再拓展，可分别构建各种居民福利水平增进路径分析模型

居民福利水平增进路径分析，分为居民福利水平增进目标的确定、居民福利水平发展变化不合理的成因分析和居民福利水平增进对策分析三个环节。

其中，在居民福利水平增进目标确定环节，通常会遇到两种以上居民福利水平发展变化不合理状态并存，进而某居民福利的增进存在两个以上目标的情况，此时，需采用偏差指标来构建居民福利水平增进目标分析模型，并通过本地区居民的本期福利水平，与上期、与全体居民、与先进地区居民福利水平偏差的测度，依据循序渐进的原则，来制定居民福利水平增进目标。

居民福利水平发展变化不合理成因分析的目的，主要在于寻找居民福利水平增进对策的着力点。由于在居民福利水平发展变化处于不递增、不平衡、不充分状态时，居民福利水平必定低于目标水平，即居民福利水平实际值与目标值之差必定为负。此时，如果居民福利水平正向（反向）影响因素也低于（高于）目标时期、目标居民、目标地区居民对应

因素的数值，即福利正向（反向）影响因素实际值与目标数值之差为负（为正）时，则该正向（反向）影响因素必定是居民福利实际水平低于目标水平的一个原因，且当正向（反向）影响因素实际值与目标数值之差大于福利水平实际值与目标值之差时，偏低（偏高）的影响因素正在拉大福利水平实际值与目标值之间的差距，则该正向（反向）影响因素必定是居民福利实际水平低于目标水平的一个主要原因。据此，可用居民福利水平实际值与目标值偏差与影响因素实际值与目标数值偏差的比较相对数，来构建居民福利水平发展变化不合理成因分析模型，并通过该模型的运用，即福利水平偏差与影响该因素偏差的比较相对数的测算与分析，来判断哪些影响因素为居民福利水平偏低的影响因素。而且，当福利水平偏差与正向（反向）影响因素偏差的比值为正（为负）且小于1（绝对值小于1）时，偏低（偏高）的正向（反向）影响因素，是导致居民福利实际水平低于目标水平即居民福利发展变化不合理的一个主要原因；当福利水平偏差与正向（反向）影响因素偏差的比值为正（为负）且大于等于1（绝对值大于等于1）时，偏低（偏高）的正向（反向）影响因素，是导致居民福利实际水平低于目标水平即居民福利发展变化不合理的一个次要原因。

居民福利水平增进对策分析，是依据居民福利水平增进目标，着眼于居民福利水平发展变化不合理的主次要因素，通过居民福利水平对策分析模型的运用，对达到居民福利水平增进目标所需的居民福利水平发展变化不合理的主次要因素的调整方向和调整幅度所进行的测算与分析。其中居民福利水平对策分析模型，可通过货币度量福利函数的再拓展，即居民福利测度模型的变换来构建。

三 居民福利统计评估实证研究所得到的主要研究结论

通过基于获得感、安全感和幸福感中国居民福利统计评估实证研究工作的开展，我们得到了如下五方面的结论。

（一）总的来看，2013—2021年我国30个省份各类居民各种福利水平正在不断提升，但农村居民的各种福利水平依然偏低

从居民福利水平的提升情况来看，第六、七、八章中的相关数据表明，2021年我国30个省份各类居民各种福利水平的定基发展速度均大于1，且2021年全国农村居民各种福利水平的定基发展速度均高于城镇居民。说明2013年以来，我国城乡居民基于获得感、安全感和幸福感的福

利水平均在不断提升，特别是农村居民各种福利水平均有了迅猛的提升，我国农村城镇化建设以及社会保障城乡一体化建设的效果正在凸显。

从居民福利水平的城乡差异来看，第六章、第七章、第八章中的相关数据表明，2013—2021年，我国30个省份基于获得感、安全感和幸福感的居民福利水平的时期平均值，农村居民普遍低于全国城镇居民。说明虽然近年来，我国农村居民各类居民福利水平有了大幅度的提升，但农村居民的福利水平依然偏低，农村居民福利水平的增进，仍是我国民生工作的重中之重，而在农村居民福利水平增进过程中，应更为侧重于基于安全感的福利水平的提升。

（二）不平衡、不充分，是目前我国大部分省份城乡居民各种福利水平发展变化不合理的主要表现，且不充分问题比不平衡问题更为严重

第六章、第七章、第八章中的相关数据表明，2013—2021年，我国大部分省份各类居民各种福利水平发展变化的递增系数，都存在小于1的情况，但从2021年来看，递增系数小于1的情况仅存在于基于安全感的福利水平发展变化过程之中，且仅涉及个别省份，并不具有普遍性。

与此相对应的是，不平衡、不充分则是我国30个省份各类居民各种福利水平发展变化过程中普遍存在的问题。

第六章、第七章、第八章中的相关数据表明，2013—2021年，我国30个省份城乡居民各种福利水平发展变化的平衡系数的时期平均值均小于1，2021年各省份城乡居民各种福利水平发展变化的平衡系数的定基发展速度均大于1。说明城乡居民各种福利水平发展变化的不平衡，是我国30个省份普遍存在的问题，但不平衡程度是一个递减趋势。

第六章、第七章、第八章中的相关数据表明，2013—2021年，除先进省份之外，其他省份各类居民各种福利水平发展变化的充分系数均小于1，从理论上来讲这是一个必然现象，关键的问题是，2021年城镇居民和农村居民，基于安全感和幸福感的福利水平发展变化的充分系数的定基发展速度，我国30个省份均存在小于1的情况。说明2013—2021年，我国大部分省份城乡居民基于安全感和幸福感的福利水平，存在相对先进省份下降的趋势。为此，我国30个省份各类居民各种福利水平发展变化的不充分问题比不平衡问题更为严重，应重点加以解决。

(三) 各种居民福利水平发展变化的不合理，是多种主次要原因相互关联、共同作用的结果

居民福利水平是多种因素共同决定的结果，居民福利水平的影响因素越多，导致居民福利水平发展变化的主次要因素也会越多。

由表9-1可以看出，在北京市农村居民各种福利水平的发展变化过程中，如果将各种生活消费活动公共服务享用量的构成因素全部考虑在内，基于获得感的农村居民福利水平的影响因素一共有19个，导致北京市农村居民基于获得感的福利水平发展变化不充分的因素共有8个，其中主要因素有4个、次要因素有4个；如果将生活保障活动公共服务享用量的构成因素全部考虑在内，基于安全感的农村居民福利水平的影响因素一共有5个，导致北京市农村居民基于安全感的福利水平发展变化不充分的因素共有3个，其中主要因素有2个、次要因素有1个；如果将各种生活活动公共服务享用量的构成因素全部考虑在内，基于幸福感的农村居民福利水平的影响因素一共有23个，导致北京市农村居民基于幸福感的福利水平发展变化不充分的因素共有9个，其中主要因素有6个、次要因素有3个。很明显，伴随着居民福利水平的影响因素的增多，导致北京市农村居民福利水平发展变化不充分的影响因素也在增多。

这充分说明，居民福利水平发展变化的不递增、不平衡、不充分，是各种主次要因素相互关联、共同作用的结果。

表9-1 北京市农村居民各种福利水平发展变化不充分的主次要成因

项目	获得感福利水平	安全感福利水平	幸福感福利水平
影响因素个数	19	5	23
主要成因	4个：$\bar{E}_{t3}$、$\tilde{g}_{t312}$、$\tilde{g}_{t313}$、$\tilde{g}_{t321}$ 偏低	2个：$\tilde{g}_{t3s1}$、$\tilde{g}_{t3s3}$ 偏低	6个：I_{t3}、$\hat{g}_{t312}$、$\hat{g}_{t313}$、$\hat{g}_{t321}$、$\hat{g}_{t3s1}$、$\hat{g}_{t3s3}$ 偏低
次要成因	4个：$\tilde{g}_{t311}$、$\tilde{g}_{t314}$ 偏低，$\tilde{p}_{t33}$、$\tilde{p}_{t34}$ 偏高	1个：$\bar{E}_{t3s}$ 偏低	3个：$\hat{g}_{t323}$ 偏低，$\hat{p}_{t33}$、$\hat{p}_{t34}$ 偏高

(四) 制定并实施组合对策是以扭转不合理状态为目的的居民福利水平增进的主要方法路径

正因为各种居民福利水平发展变化的不递增、不平衡、不充分状态，是多种因素相互关联、共同作用的结果，所以，基于单一主要成因的居

民福利水平增进对策往往无效或效果欠佳，而当与其他成因对策相结合时，其对策效果将会大大提升。

表9-2中的相关数据表明，在以上海市农村居民福利水平为目标的北京市农村居民福利水平增进对策分析过程中，当其他因素与上海市的差距不变时，北京市农村居民基于获得感的福利水平增进所需的农村居民人均现金消费总支出的提升幅度、北京市农村居民基于安全感的福利水平增进所需的城乡居民养老保险基金人均支出和农村最低生活保障平均标准的提升幅度、北京市农村居民基于幸福感的福利水平增进所需的农村居民人均可支配收入的提升幅度，均比较大，在实施上存在一定的难度；北京市农村居民基于获得感的福利水平增进所需的农村居民燃气普及率、农村居民污水处理率、农村居民人均道路面积等指标的提升幅度，则不具有现实性；北京市农村居民基于幸福感的福利水平增进所需的农村居民燃气普及率、农村居民污水处理率、农村居民人均道路面积、城乡居民基本养老保险基金人均支出、农村居民最低生活保障平均标准等指标的提升幅度也不可行。但伴随着其他因素北京市与上海市的差距逐渐缩小，北京市农村居民各种福利水平增进所需的上述指标的提升幅度也在逐渐缩小，大部分增进对策也具有了一定的可行性。

说明组合对策效果明显高于单一对策效果，制定并实施组合对策，是各类居民各种福利水平增进的最佳路径。

表9-2 2021年北京市农村居民各种福利水平增进对策效果分析

福利增进任务	对策种类	调控目标值与实际值的比值		
		其他因素差距不变	其他因素差距缩减50%	其他因素差距缩减为零
获得感福利水平增进	提高 E_{t3}	1.6931	1.4174	1.2255
	提升 g_{t312}	24.0672	4.8347	1.4494
	提升 g_{t313}	24.0672	7.2728	2.5979
	提升 g_{t321}	4259.0914	45.2856	0.9790
安全感福利水平增进	提升 g_{t3s1}	1.6485	1.5256	1.4141
	提升 g_{t3s3}	1.6485	1.2493	0.9895

续表

福利增进任务	对策种类	调控目标值与实际值的比值		
		其他因素 差距不变	其他因素 差距缩减50%	其他因素 差距缩减为零
幸福感福利 水平增进	提高 I_{f3}	1.1814	1.0864	1.0067
	提升 g_{f312}	8.2264	2.0417	0.6124
	提升 g_{f313}	8.2264	2.8437	1.0489
	提升 g_{f321}	136.7292	4.4878	0.1866
	提升 g_{f3s1}	2.9513	1.4518	0.7546
	提升 g_{f3s3}	2.9513	1.3153	0.6292

（五）在组合对策制定与实施过程中，应充分发挥各级政府的主导作用

居民福利的形成机制表明，居民福利形成于居民各种生活活动所得与他人、与他人和过去进行比较的过程，居民各种生活活动所得形成于居民个人物品的使用与公共服务享用相互结合、相互作用的过程。可以认为居民福利是居民个人行为与政府和企事业单位行为相互关联与作用的结果。其中，居民既是个人物品的购置与使用者，也是福利的获得者；政府既是经济运行的调控者，也是各种公共服务的提供者，还是居民福利提升对策的制定与实施者。

所以，虽然居民个人是各种福利的获得者，但在各种福利的形成过程中，政府从中发挥了一个非常重要的协助与调节作用。因此，组合对策作为居民福利增进过程中多种对策的关联与组合，组合对策的制定与实施，一定要充分发挥各级政府的主导作用。

第二节　对策建议

一　我国基于获得感、安全感和幸福感的居民福利水平的增进，应以农村居民为重点

从我国目前的各种居民福利水平发展变化不合理的具体形式来看，不递增是暂时的、个别存在的状态，不平衡、不充分则是更为普遍存在的状态。且从居民福利增进的视角来看，我国城乡居民各种福利水平发

展变化的不平衡，主要体现为相对于全体居民的各种福利水平，农村居民的福利水平偏低；我国城乡居民各种福利水平发展变化的不充分，具体体现为相对于先进省份城乡居民的各种福利水平，本省城乡居民的福利水平偏低。

这样，为了扭转居民福利水平发展变化的不平衡状态，就需要以全体居民的各种福利水平为目标，来提升农村居民的各种福利水平，不断缩小并最终消除各种福利水平的城乡差距；为了扭转居民福利水平发展变化的不充分状态，就需要以先进省份城乡居民各种福利水平为目标，来提升本省城乡居民的福利水平，不断缩小城乡居民各种福利水平的省际差异。在这一过程中，以不平衡现象的消除为目标的居民福利的增进，与以不充分问题的消除为目标的居民福利的增进，很可能会出现矛盾，那就是当先进省份城乡居民各种福利水平的发展变化的不平衡程度，高于本省城乡居民各种福利水平发展变化的不平衡程度时，以先进省份城乡居民各种福利水平为目标的本省居民福利水平的增进，在消除本省城乡居民各种福利水平发展变化不充分问题的同时，可能会加大本省城乡居民各种福利水平发展变化的不平衡程度。

我们认为，这一矛盾可在确保城镇居民各种福利水平逐年稳步提升的基础上，通过农村居民各种福利水平提升幅度的不断加大来加以解决。因为，城镇居民各种福利水平的逐年稳步提升，可确保城镇居民各种福利水平的发展变化不会出现"递减"现象，农村居民各种福利水平提升幅度的加大，意味着农村居民各种福利水平的提升要快于城镇居民，其在解决农村居民发展变化不递增、不充分的问题的同时，可不断提升本省城乡居民各种福利水平发展变化的平衡程度。

当然，这一矛盾的上述解决方法也存在一个弊端，那就是有可能不能缩小本省城镇居民与先进省份城镇居民各种福利水平之间的差距，进而导致本省城镇居民各种福利水平发展变化不充分的问题更加严重。虽然存在上述弊端，但鉴于我国各省份城镇居民各种福利水平，均远远高于农村居民的福利水平，缩小城乡差距是我国今后一个时期的一个主要任务。因此，上述矛盾的解决方案，在我国目前仍存在广泛的适应性。

据此，我们建议，在我国基于获得感、安全感和幸福感的居民福利水平的增进过程中，应将农村居民各种福利水平的提升作为工作重点。

二 居民福利增进目标的制定，要坚持循序渐进的原则

以农村居民各种福利水平的提升为重点来开展各类居民各种福利水平的增进工作，实际上还存在一个农村居民各种福利水平增进目标的确定问题。因为在农村居民各种福利水平发展变化不递增、不平衡、不充分问题并存时，针对这三个问题的农村居民福利水平的增进，就会存在上期福利水平、全体居民福利水平、先进省份农村居民福利水平三个增进目标，并由此而产生了一个农村居民福利水平增进目标的选择问题。即使在城镇居民各种福利水平增进对策研究过程中，也会在不递增、不充分现象并存时，存在一个是以上期福利水平为增进目标，还是以先进省份城镇居民福利水平为增进目标的确定问题。

我们认为，无论是农村居民各种福利水平的增进，还是城镇居民各种福利水平的增进，居民各种福利水平增进目标的确定，都应该从现实性、可行性出发，按照循序渐进的原则，从多个居民福利水平增进目标中，选取与居民当前福利水平更为接近的那个增进目标，作为该居民福利水平增进的执行目标。北京市农村居民各种福利水平增进对策分析工作的开展，证实了上述做法是可行的。为此，我们建议在城乡居民各种福利水平增进目标的制定过程中，应坚持循序渐进的原则。

不过，按照循序渐进的原则来确定居民各种福利水平的增进目标，也会存在本期的居民福利水平与该居民福利增进目标水平的差距过大，进而难以实现的问题。特别是不存在不递增问题且居民各种福利水平相对偏低的省份，上述问题的存在将更为普遍。上述问题的产生，首先是因为各省份城乡居民各种福利水平之间的差距较大，将本省全体居民的福利水平作为农村居民福利水平的增进目标，通常不具有可行性；其次是因为随着本省与先进省份城乡居民福利水平差距的不断加大，也会导致将先进省份城乡居民的福利水平，作为本省城乡居民福利水平的增进目标，不具有现实性。

在此背景下，我们建议按照循序渐进的原则，用相对于本省城乡居民福利水平略高的省份来替代先进省份，并将该省份城乡居民的福利水平，作为本省城乡居民福利水平的增进目标。因为相对于本省城乡居民福利水平略高的省份，其各种社会经济情况与本省更为类似，从而将该省份城乡居民的福利水平，作为本省城乡居民福利水平的增进目标，将更具有现实性和可行性。

三 居民福利水平的增进，应坚持以居民人均可支配收入的提升为主、各种公共服务水平的提升为辅的多对策联动

北京市城乡居民各种福利水平增进路径与对策分析所得结论表明，城乡居民各种福利水平发展变化的不合理状态，是多种主次要因素相互关联、共同作用的结果，所以，制定与实施组合对策，是居民福利水平增进的最佳路径。

由于在居民福利水平的各种影响因素中，居民收支因素相对于价格、公共服务等因素更具有综合性，所以，居民收支因素在居民福利水平的发展变化过程中，也比价格、公共服务等因素更具影响力，基于居民收支因素的居民福利水平增进效果也明显高于基于价格、公共服务等因素的居民福利水平增进效果。因此，居民福利水平增进组合对策的制定，应以居民收支水平的提升为主、价格水平调控和公共服务水平的提升为辅。

但无论是基于获得感的居民福利水平的提升，还是基于安全感的福利水平的提升，在居民收支对策的制定上，都应与基于幸福感的居民福利水平提升对策保持一致，那就是将居民人均可支配收入的提升放在首位。因为在居民人均可支配收入水平一定时，居民人均现金消费总支出的增加，必定会带来居民人均储蓄储备支出的减少，进而在居民基于获得感的福利水平提升的同时，居民基于安全感的福利水平会出现相应的下降，反之亦然。所以，只有在居民人均可支配收入提升的条件下，才能确保在基于安全感（获得感）的居民福利水平不下降的情况下，基于获得感（安全感）的居民福利水平得以提升。为此，将居民人均可支配收入的提升作为组合对策的主导对策是非常必要的。

当然，将居民人均可支配收入的提升作为组合对策的主导对策，也不能忽视各种公共服务水平提升的重要性。因为各种公共服务水平的提升，不但可以直接带来居民各种生活活动所得的提升、居民各种福利水平的增进，而且可以通过居民消费的拉动带来居民生活消费活动所得的再次提升、居民基于获得感和幸福感的福利水平的再次增进。

所以，我们建议在居民福利水平的增进过程中，应坚持以居民人均可支配收入提升为主、各种公共服务水平提升为辅的多对策联动。

四　要在大力发展经济、完善收入分配制度的基础上，积极引导城乡居民消费偏好的增强

居民人均可支配收入水平的高低是居民各种福利水平高低的一个重要影响因素，提高居民人均可支配收入也是居民各种福利水平增进的一条重要路径。而从居民人均可支配收入的形成过程来看，本省居民人均可支配收入水平的高低，一方面决定于本省人均地区生产总值的高低，另一方面决定于本省的收入分配比例，是本省人均地区生产总值水平和人均可支配收入占人均地区生产总值比重共同作用的结果。所以，本省居民各种福利水平的增进，必然要建立在本省经济的快速发展、收入分配制度的不断完善的基础之上。

同时，在北京市城镇居民基于获得感的福利水平增进对策分析过程中，我们也发现，北京市相对于浙江省城镇居民人均现金消费总支出偏低，作为北京市城镇居民基于获得感的福利水平发展变化不充分的一个主要原因，其并不是因为北京市城镇居民人均可支配收入以及人均地区生产总值低于浙江省，而是因为北京市城镇居民人均现金消费总支出占人均可支配收入的比重偏低。所以，居民的消费偏好不高，也会导致居民消费不足，进而致使居民基于获得感的福利水平发展变化不充分问题的产生。在此情况下，我们建议地方政府出台各种消费激励政策，来鼓励城乡居民的消费行为、提高居民的消费偏好，提升城乡居民的消费水平。

五　要不断加大农村基础公共设施建设力度，稳步推进农村城镇化的建设进程

由城乡居民福利水平发展变化的平衡系数测算公式可以看出，各省份城乡居民各种福利水平发展变化的平衡程度，不仅取决于各省份城乡居民的各种福利水平，而且取决于各省份城乡人口占该省份总人口的比重。从我国各省份的实际情况来看，我国各省份农村居民各种福利水平的提升越快，各省份城乡居民各种福利水平发展变化的平衡程度越高；各省份城镇人口占本省总人口的比重提升越快，各省份城乡居民各种福利水平发展变化的平衡程度也越高。提高农村居民的各种福利水平和提高城镇人口的比重，是提高城乡居民各种福利水平发展变化平衡程度的两条并行路径，从而快速推进农村城镇化的建设进程，是提高我国各省份城乡居民各种福利水平发展变化平衡程度的一个重要举措。

近年来,从加快农村城镇化的建设进程入手,来提升城乡居民各种福利水平发展变化的平衡性,已在我国各界取得了广泛共识,我国许多省份也都在通过"撤乡建镇"来加快农村城镇化的步伐。但在这一过程中,我们建议务必要将"撤乡建镇"这一居民福利水平增进举措,建立在城乡居民收入水平和城乡基础设施水平整体提升的基础之上,否则,将会伴随着城镇人口的增加,导致城镇居民人均收支以及人均公共服务享用水平的降低,进而致使城镇居民各种福利水平的下降。

北京市农村居民基于获得感和幸福感的福利水平发展变化不充分的成因分析所得结论表明,北京市在农村居民基本生活活动和社会交往活动公共服务设施建设方面,都存在一些短板,偏低的燃气普及率、偏低的污水处理率、偏低的人均道路面积等,均是北京市农村居民基于获得感和幸福感的福利水平发展变化不充分的重要原因。所以,为了快速提升农村居民的福利水平,应不断加大农村基础公共设施建设力度,稳步推进农村城镇化的建设进程。

参考文献

［加拿大］A.米克劳斯：《生活质量的国际研究》，韦鲁英译，《国外社会科学》1990年第4期。

［印度］阿马蒂亚·森：《集体选择与社会福利》，胡的的、胡毓达译，上海科学技术出版社2004年版。

［印度］阿马蒂亚·森：《论经济不平等/不平等之再考察》，王利文、于占杰译，社会科学文献出版社2006年版。

［印度］阿马蒂亚·森：《商品与能力》，李酣译，中国人民大学出版社2021年版。

［印度］阿马蒂亚·森：《以自由看待发展》，任赜、于真译，中国人民大学出版社2002年版。

［印度］阿马蒂亚·森等：《生活水平》，沈国华译，机械工业出版社2015年版。

［英］阿瑟·塞西尔·庇古：《福利经济学》，朱泱、张胜记、吴良健译，商务印书馆2020年版。

［美］保罗·萨缪尔森：《经济分析基础》，费方域、金菊平译，商务印书馆1992年版。

［英］边沁：《道德与立法原理导论》，时殷弘译，商务印书馆2000年版。

陈春娥：《我国福利评价准则探析》，《经济问题》1992年第10期。

陈志鸿、李扬：《中国分区域城镇居民福利水平测度》，《财经研究》2018年第10期。

［荷兰］Des Gaspe：《人类福利：概念和概念化》，卢丽娜译，《世界经济文汇》2005年第3期。

高进云、乔荣锋、张安录：《农地城市流转前后农户福利变化的模糊评价——基于森的可行能力理论》，《管理世界》2007年第6期。

葛菲、代飞：《基于威尔逊系数的我国制造业收入差距与 FDI 关系探讨》，《世界贸易组织动态与研究》2013 年第 2 期。

韩岩博：《中国各省区经济福利发展水平综合评价分析》，《石家庄铁道大学学报》（社会科学版）2020 年第 3 期。

［德］赫尔曼·海因里希·戈森：《人类交换规律与人类行为准则的发展》，陈秀山译，商务印书馆 1997 年版。

［英］亨利·西季威克：《伦理学方法》，廖申白译，中国社会科学出版社 1993 年版。

贾晶：《城镇居住福利测度研究——基于可行能力理论视角》，《中国房地产》2015 年第 27 期。

［美］杰拉德·德布鲁：《价值理论》，刘勇、梁日杰译，北京经济学院出版社 1988 年版。

［美］肯尼思·阿罗：《社会选择与个人价值》，陈志武、崔之元译，四川人民出版社 1987 年版。

［法］莱昂·瓦尔拉斯：《纯粹经济学要义》，蔡受百译，商务印书馆 1989 年版。

赖昇兰：《民生"三感"的逻辑理路与时代价值》，《学理论》2022 年第 1 期。

［英］李特尔：《福利经济学评述》，陈彪如译，商务印书馆 2014 年版。

梁辰、陈谦明：《比较域下中国社会福利水平及动态模拟测度》，《统计与决策》2014 年第 12 期。

林佳丽：《福建省城乡居民收入非均衡现象探究——基于泰尔指数的视角》，《福建行政学院学报》2012 年第 3 期。

刘琼芳、廖添土：《河北省各城市社会福利水平的综合评价研究》，《华北理工大学学报》（社会科学版）2018 年第 2 期。

［英］马歇尔：《经济学原理》，朱志泰、陈良璧译，商务印书馆 2019 年版。

孟大虎、许晨曦：《教育扩展与我国教育不平等的变化——基于教育基尼系数的考察》，《杭州师范大学学报》（社会科学版）2022 年第 1 期。

莫思凡：《西北地区社会福利水平的评价及提升路径研究》，《赤峰学院学报》（汉文哲学社会科学版）2018 年第 7 期。

［美］尼克·威尔金森：《行为经济学》，贺京同、那艺等译，中国人民大学出版社 2012 年版。

彭定贇、王磊：《财政调节、福利均等化与地区收入差距——基于泰尔指数的实证分析》，《经济学家》2013 年第 5 期。

秦永超：《福祉、福利与社会福利的概念内涵及关系辨析》，《河南社会科学》，2015 年第 9 期。

［法］萨伊：《政治经济学概论》，陈福生、陈振骅译，商务印书馆 1963 年版。

［英］斯坦利·杰文斯：《政治经济学理论》，郭大力译，商务印书馆 1984 年版。

王冰、钟晓华：《城镇居民多维福利的追踪测度——基于可行能力理论的视角》，《城市问题》2014 年第 5 期。

王帆：《中国居民收入分配的福利评价与演进——基于社会福利函数理论》，《新疆农垦经济》2015 年第 11 期。

王维国、李秀军、李宏：《我国社会福利总体水平测度与评价研究》，《财经问题研究》2018 年第 9 期。

吴士炜、汪小勤：《基于 Sen 可行能力理论测度中国社会福利指数》，《中国人口·资源与环境》2016 年第 8 期。

武康平、张国胜、周伟：《民生福利评价的理论与实践》，《南京社会科学》2012 年第 7 期。

习近平：《习近平谈治国理政》（第三卷），外文出版社 2020 年版。

习近平：《习近平谈治国理政》，外文出版社 2014 年版。

熊德斌、石聪：《中国不平衡不充分发展的时空差异分析——基于 2000—2016 年两类县域面板数据的实证研究》，《经济论坛》2019 年第 9 期。

［英］休谟：《道德原则研究》，曾晓平译，商务印书馆 2001 年版。

徐斌：《从"获得感"到"获得感幸福感安全感"的逻辑跃升》，《国家治理》2017 年第 3 期。

许宪春、郑正喜、张钟文：《中国平衡发展状况及对策研究——基于"清华大学中国平衡发展指数"的综合分析》，《管理世界》2019 年第 5 期。

杨爱婷、宋德勇：《中国社会福利水平的测度及对低福利增长的分析——基于功能与能力的视角》，《数量经济技术经济研究》2012 年第 11 期。

杨缅昆：《论国民福利核算框架下的福利概念》，《统计研究》2008 年第 6 期。

［英］约翰·穆勒：《功利主义》，徐大建译，商务印书馆 2019 年版。

张青卫：《获得感幸福感安全感的科学内涵与实践路径》，《中国高校社会科学》2021 年第 3 期。

张伟：《经济福利测度：理论分析与中国经验研究》，博士学位论文，华中科技大学，2010 年。

赵维良、张卓希：《辽宁城镇居民福利水平的测度》，《大连海事大学学报》（社会科学版）2010 年第 6 期。

赵鑫铖、梁双陆：《中国区域经济福利的水平测度与增长测度研究》，《数量经济技术经济研究》2020 年第 7 期。

邹克、郑石明：《高等教育不平衡不充分发展统计测度研究》，《清华大学教育研究》2020 年第 1 期。

Amartya Sen and John Muellbauer, Ravi Kanbur Keith Hart, Bernard Williams, *The Standard of Living*, Cambridge：Cambridge University Press, 1987a.

Amartya Sen, "Well-Being, Agency and Freedom: The Dewey Lectures 1984", *The Journal of Philosophy*, Vol. 82, No. 4, Apr. 1985.

Amartya Sen, *Commodities and Capabilities*, Oxford：Oxford University Press, 1987b.

Amartya Sen, *Development as Freedom*, New York：Alfred A. Knopf, Inc., 1999.

Amartya Sen, Equality of What? *The Tanner Lecture on Human Values*, Delivered at Stanford University, May 22, 1979.

Amartya Sen, *Inequality Reexamined*, Oxford：Oxford University Press, 1992.

Amartya Sen, *The Idea of Justice*, Boston：The Belknap Press of Harvard University Press, 2009.

Anthony B. Atkinson, "On the measurement of inequality", *Journal of Economic Theory*, Vol 2, No3, 1970.

Charles Blackorby; David Donaldson, "Market demand curves and Dupuit-Marshall consumers' surpluses: a general equilibrium analysis", *Mathematical Social Sciences*, Vol. 37, No. 2, 1999.

Daniel Kahneman and Amos Tversky, "Prospect Theory: An Analysis of Decision under Risk", *Econometrica*, Vol. 47, No. 2, Mar. 1979.

E. E. Zajac, "Dupuit-Marshall consumer's surplus, utility, and revealed preference", *Journal of Economic Theory*, Vol. 20, No. 2, 1979.

Harold Hotelling, "The General Welfare in Relation to Problems of Taxation and of Railway and Utility Rates", *Econometrica*, Vol. 6, No. 3, Jul. 1938.

J. R. Hicks, "The Four Consumer's Surpluses", *The Review of Economic Studies*, Vol. 11, No. 1, 1943.

J. R. Hicks, "The Rehabilitation of Consumers' Surplus", *The Review of Economic Studies*, Vol. 8, No. 2, 1941.

Jules Dupuit, "On the measurement of the utility of public works", *International Economic Papers*, No. 2, 1952 (1844).

Markus Jäntti; Ravi Kanbur; Milla Nyyssölä; Jukka Pirttilä, "Poverty and Welfare Measurement on the Basis of P rospect Theory", *Review of Income and Wealth*, Vol. 60, No. 1, 2014.

Nicholas Kaldor, "Welfare Propositions of Economics and Interpersonal Comparisons of Utility", *The economic journal*, Vol. 49, No. 195, Sep. 1939.

Patrick Lloyd-Smith, "A new approach to calculating welfare measures in Kuhn-Tucker demand models", *Journal of Choice Modelling*, Vol. 26, 2018.

Richard Cookson; Ieva Skarda; Owen Cotton-Barratt; Matthew Adler; Miqdad Asaria; Toby Ord, "Quality adjusted life years based on health and consumption: A summary wellbeing measure for cross-sectoral economic evaluation", *Health Economics*, Vol. 30, No. 1, Jan. 2021.

Roger H von Haefen, "Incorporating observed choice into the construction of welfare measures from random utility models", *Journal of Environmental Economics and Management*, Vol. 45, No. 2, 2003.

Russel J. Cooper; Keith R. McLaren; Fahd Rehman; Wojciech A. Szewczyk, "Economic welfare evaluation in an era of rapid technological change", *Economics Letters*, Vol. 131, 2015.

Simon Kuznets, "National Income, 1929-1932", NBER, June 1934. http://www.nber.org/books/kuzn34-1.

Vilfredo Pareto, *Manual of Political Economy*, Oxford: Oxford University Press, 2014.